監修　岡野　加穂留

現代臨床政治学叢書 1

岡野 加穂留・藤本 一美 編著

はしがき――政治の〝臨床政治〟学的分析――

当該国家の政治研究、あるいは政治の本質を分析し、考察する場合に、私はこれまで「比較政治」の視点から行ってきた。しかし、この研究分野をたんに、抽象的・観念的に考えるのではなく、従来から、議会・政党・選挙のこの三点を、直接現場に足を運んでいわば〝臨床的〟に考察を進めてきた。

明治大学の学長に就任するまで、私は、大学での講義の時間以外はできるだけ、衆議院・参議院の院内、首相官邸、国会記者会館、両院議員会館などにでかけ、国会議員や、マスコミ界の人々と会いナマのデータの取材を行った。外国で生活している時には、教授としての拘束時間が極めて少ないので、いわば〝基礎病理〟学研究室から飛びだして、毎日のように、当該国家の議会の本会議や委員会を傍聴し、楽しい時間を過ごした。これは〝臨床政治〟学的体験であり、また政治の〝外来診察〟でもある。

私が今もし可能ならば、大学で「臨床政治学」(注)とでも名付けたいような内容の講座を開きたいと思っている。極めて、ささやかな〝臨床政治〟学的体験であるが、日本の政界の〝病状〟は、もし〝カルテ〟に記入するとすれば、明らかに全般的には〝要注意〟であり、ものによっては〝絶対安静〟が必要なところまできている。

実際、政界人が事もなげに使う「民主主義」という言葉一つにしても、それは、決して欧米でいわれているデモクラシーと同じ内容のものでないことが、〝臨床政治〟を通じて理解することができる。つまり、彼らが使う「民主主義」というものの中味は、日本社会の中で、明治以来実行してきた日本特有の政治のやり方そのものを表現する際に使用しているのである。

スウェーデンにも、ノルウェーにも、スイスにも、ベネルックス三国にも、イギリスにも、ラテン系諸国にも、そして、アメリカにも、日本でいうところの「民主主義」は存在しなかった。日本には、目下のところ、一般論としてキリスト教を背景に、原罪論的政治・社会観を内実する市民社会を基礎にしたデモクラシーは、この意味から存在しないことになる。デモクラシーは、絶対に強固なものではない。政治的背徳行為は〝見えざる手〟で、デモクラシーを絶えず侵食し続けていく。したがって、デモクラシーの存在と、政治モラルの存在は、相関関係にある。この問題の処理には、相当の時間とデモクラシーを大切にしようという勇気が必要であることはいうまでもない。インスタントで即席の民主政治なんてものは世界中どこにも存在しない。成功しているのは、すべて〝手造り〟で、時間をかけて創り上げて行く「民芸品」のような個性豊かな民主政治である。

岡野　加穂留

二〇〇〇年七月

（注）〝臨床政治〟の方法については、『岡野加穂留教授古稀記念論文集』（明治大学政治経済研究所刊《政経論叢》第六八巻、二〇〇〇年三月）第五・六章所収の拙稿「『臨床政治』"Clinical Politics" 学の覚え書」を参照されたい。

目次　村山政権とデモクラシーの危機

第一〇章 村山内閣と東南アジア……伊藤 重行 251

村山政権とデモクラシーの危機
——臨床政治学的分析——

第一部　村山政権論

第一章　村山富市考
――社会党首相論の落とし穴――

岡野　加穂留

一　はじめに

三木武夫首相（自民党総裁、専門部商科・法学部卒）に次いで明治大学卒業生で二人目の村山総理大臣（社会民主党委員長・明治大学専門部政経科卒）が、一九九六年一月五日に内閣記者会見で辞任声明を発表した。私は、そのテレビ記者会見の直後に、官邸の総理大臣執務室で二人だけで話し合う機会を持った。文字通り「政変」である。正月は未だ松の内。本来なら一月中下旬に開会の通常国会までは、慣例としては政局の目立った動きはない。しかし、河野洋平外務大臣の後任の自民党総裁に就任した橋本龍太郎通産大臣が、自民党・社会民主党・さきがけ三党合意の議会多数派を背景に、国会で首班指名されることは規定の事実とはいえ、総理大臣が交替をする前後の首相官邸は火事場のような雰囲気であった。官邸玄関から執拗に付きまとう官邸記者クラブの一団を尻目に見て、秘書官室の前にある十畳ほどの部屋を衝立てで仕切った古いソファーのある応接間で数分の間待っていた。幾人かの大臣や新旧大蔵事務次官が数分おきに出入りをしていた。

翌日の全国紙の「首相日々」（1、一九九六年一月六日）、「首相動静」（朝日）には次のように記録されていた。「三時三二分首相記者会見。四時一〇分早川首相補佐。一六分野中前自治相、亀井運輸相。二八分小川、篠沢新旧大蔵事務次官。三八分五十嵐官房長官。四六分岡野加穂留明大学長。五時五分桜井元環境庁長官。八分……」。この記録を見るとあの火事場のような雰囲気の中で、私だけがかなりの時間を過ごしたことになる。

「先生は、外の人とは別ですから、時間を気になさらないで、総理もお喜びになられますからどうぞ」との社会民主党から派遣された政務秘書官(秘書官は外に外務・大蔵・警察・通産などから来ている)の声で総理執務室に入った。この部屋は、NHKの『総理と語る』(後に『総理に聞く』と改称)の時にいくどか入ったことがある。総理大臣が変わると部屋の模様替えをするようだ。しかし小さな古びた機能的でない部屋である。ヨーロッパ諸国やアメリカのホワイト・ハウスに比べると極めて貧弱な感じがする。秘書官室もところ狭しと机が並べられ、総理大臣の部屋に真っすぐに歩いて行けないような具合である。

首相執務室の外や廊下には政府与党首脳者が詰めかけていた。当然、重要な時期に何を最高権力者と話したかで、廊下に出た私は、官邸記者に取り囲まれ執拗に食い下がられたが無言で官邸を後にした。その中の一人が、そばに来て車に乗る直前に小さな声で「先生の講義を聞きました」と言ったので「好い記事を書きなさい」とポンと肩をたたいておいた。以前、内閣改造の時に、法務大臣に推挙の話と、文部大臣に就任かでマスコミの取材を受けたことがあった。後者の方は、記者の「与謝野薫(よさの・かおる)」と「おかの・かおる」の早とちりとわかった。この際多少、記者をからかってみようかとも思ったが時期が少々早い……。

二　村山首相の退陣

「総理辞任を決めたのはいつごろでしたか」。

「就任の時期から、辞任すべきタイミングを考えていたが、私は、初めから総理なんてやる積もりはなかったので、あんな具合になってしまって、当初は一九九六年度予算の編成が終わった段階と考え、一九九五年一二月の中旬ぐらいを辞任の時期と考えていたが、現村山内閣の閣僚たちは、まだ現役の大臣として選挙区で正月を迎えていない。それで辞職するのは気の毒だと思い、年末年始を考え、人情として正月明けにしたのです。先生、まぁ許されるんではありませんか」

（村山首相は、私が就任の時と辞任に至るまでの間に、いくどかお目に掛かった際に、一貫してこの首相就任の時の状況を話されていた）。

「世間の常識ですか……」。

「一月四日は、慣例で首相の伊勢神宮参拝があり、予定通り記者会見を宇治山田市で行い、本年度の施政の進め方や方針と首相の決意などを述べました」。

「一日置いた今日の内閣総辞職は、全く考えられないような淡々とした会見でしたね」。

「首相辞任の件はおくびにも出せません。一度、最高責任者として決めたことは、そのとおりにしなければなりませんので。今日のこの五日にすべてをやろうと思い、どなたにも言わずに極秘にしておいたのです」。

「歴代の首相としては、極めて稀なケースですが、村山さん御自身が御辞めになるという意思表示をなさらなければ、当分は村山内閣は存続するわけでしたが」。

「そうでしょうが……。社会党は三党連立内閣の第二党で本来は第一党の自民党が首相をだすべきなので、その判断の時期をもねらっていた訳です」。

「総理辞任の意志を最初にお話をされたのは」。

「野坂浩賢官房長官です」。

「それはいつ頃でしたか」。

「昨日の四日。伊勢神宮から帰ってきてホテル・オークラの部屋から、最初に野坂さんに明日、記者会見をして内閣総辞職を発表するので、と言ったのです」。

「野坂さんは、賛成をされましたか」。

「とんでもありません。相当に強く断固として辞任反対を述べられましてね。でも野坂さん、総理として辞任を決断したのだからと、私は、これで突っ張りましてどんなに言われても辞任の決意は変えませんよと言ったんです。しばらくしたら、野坂さんの方が、総理がそのように決意を変えないならば……やむを得ないと言ってました」。

「辞任の件をお話になったのは野坂官房長官だけですか？　橋本総裁と武村大蔵大臣には？」

「かれらには、辞任は昨日は言いませんでした。ただ、野坂さんと話した後、まず橋本さんに明日朝に話したいことがあるので、官邸に来てほしいと言いました。次いで、武村さんにも同じような電話をしました」。

「お二人の反応は？　理由を聞かれましたか？」

「二人とも、大体わかっていたと思います。ただ、総理、では明日伺います、とだけでした。朝来て、二人に辞任の件を話し、二人は淡々と聞いていました。勿論、慰労の言葉はありましたが、順序立てて辞任の決意のいきさつを話しました。首班指名・通常国会開会・予算審議の予定から、次いで、三党の幹事長・書記長をそこのテーブル（執務室の中央にある古ぼけたもの）に来てもらい、三党連立は崩さず政党間の政策の調整を早急にやるように指示をして、記者会見に臨んだわけです。その前に、辞任反対やそのための説得や辞任撤回・慰留の電話や面会が各方面からかなりありました。しかし、それには一切応じませんでした。一度、心に決意した事を翻してはいけませんよ。記者会見が終わって執務室に戻った途端に電話が来た。鯨岡衆議院副議長からで、総理！　村山さん！　おれはうれしいよ！　奇麗な立派な辞めかただ！　人間、辞めるときはああじゃなきゃだめだ！　そう言っていましたよ。電話口で泣いているような感じでしたね」。

この辞任の問題は、それから約半年後に書かれた「私の履歴書」（2、一九九六年六月三〇日）に次のように記されている。

「今年の一月五日朝、私は娘の由利に笑顔で手を振って公邸を出た。そして午後に記者会見をし、退陣を表明した。だれにも相談せず、一人で熟慮して下した決断だった」。

何人かの人が、一九九五年の暮れ前に、総理から辞任の件を打ち明けられたというのは、事実と違うことがこれで明確である。村山さんが当日話されたのが事実であった(辞任の時期については、連立三党の政治家が、直接に村山首相から「打ち明けられた」という話が、新聞談話で出ていたので、リーダーシップと政治責任の観点からあえて伺ったわけだ)。

三　村山首相の業績

「神戸大震災、オウム問題……住専問題は、極めて難しいですね。やはりこの解決には時間がかかりますね。選挙制度の件も困ったものです……先生が前からおっしゃっておられた小選挙区の件は何とか阻止する方法をね……」。

村山さんは、辞任に際しての厳しい問題の幾つかを挙げたが、私は特に選挙制度の改悪を述べておいた。小選挙区制度の実現は、事実上の〝憲法改悪〟と同じような政治的な意味を持つゆえ、小選挙区制度を廃案にするか、「施行延期臨時措置法」(〝モラトリアム法案〟)のようなものを通常国会に上程したらどうかという提案をした。村山さんは相当に深刻に考え、なんとかそうしたいという気持ちであることは間違いないと判断した(「小選挙区制」の廃案または施行延期のための何らかの措置を、一九九六年の通常国会または、臨時国会で決着を着けたいという村山首相の決意は充分にくみ取れたが、首相の立場で直接にこの件に触れる意思表示は当然のことになかった。しかし、そのための法の正当な手続などについては、極めて周到な研究と準備作業をしていたのは事実であった。現実の国会審議の日程から、通常国会での法案審議は不可能になり、一九九六年秋の臨時国会に期待をかけたが、「折角のいいご提案ですが、……国会は既に走り出しております……」という一九九六年八月二六日付の私あての書簡に、議員は衆議院総選挙に向けて走り出していて、時期を逸し極めて残念だという意味を述べられている)。

「総理大臣としては、出来なくとも社会民主党の委員長なら出来るのではないか」、「小選挙区法は、困ったものです…

…」(村山首相との話の中で、毎回「小選挙区制」が話題になった。私は、政治学者として専門の立場から国連加盟各国の選挙制度の分析をし、日本で小選挙区制を軸にした制度を採用すると、多元的な価値観を前提とした多党制デモクラシーの基盤が脆弱になり、やがては民主体制の危機的な状況を招来することになる点を力説した。この点は、村山首相と同じ見解で、「衆議院では、あの法案は通過したが、参議院では否決されたので、それをまた強引に通すというのは、二院での審議という二院制を無視したことになるんですね」と再三述べられていた。この希代の悪法を強引に通過させたのと、機を一にする「政党助成法」の通過には、社会民主党も賛成をしているが、これに関しては当時の政治的な背景を充分に考察をしておかなければならない。更に、かつて社会党委員長でもあった土井たか子衆議院議員が、自民党主導で衆議院議長に就任をしたことの成り行きをも看過してはならない重要な問題ではある)。

私は、村山さんが一九九三年秋に社会党中央執行委員長選挙に立候補した際に、明治大学の先輩の丸谷金保参議院議員(氏の末弟の故・丸谷保は明大政経の同級生。氏は「一村一品」の〝元祖〟発案者。北海道池田町長として『十勝ワイン』を造り、自治体で初めて醸造の権利を取得した「ワイン町長」)から依頼されて、選挙制度研究の専門家として首相官邸裏にあるキャピタル東急ホテルでの『村山激励会』に出席して、「村山君をサポートして欲しい」と要請を受けた。そこで、民主的な多元社会の構築には、多党制つまり保守独裁や保守二党ではなく、四党ないしは五党が政策的に拮抗する競合関係を基礎に、連立内閣による政治展開がふさわしいと考え、多数保守派を生み出す小選挙区制には賛成できないと反対のスピーチをした。村山さんは、非常に喜んでくれたが、その席にいた小選挙区制に傾斜していた田辺誠元委員長と、久保亘参議院議員(第一次橋本内閣の副総理・大蔵大臣)らは、いつの間にか姿を消していた。田辺氏は、議院運営委員会(いわゆる議運族)や国会対策委員会(国対族)で、自社なれあいの法案通過のシナリオを書いた金丸信自民党副総裁と親しかったし、久保氏は「民主リベラル新党」結成のためと称し、一九九六年一二月三〇日付で社会民主党に離党手続きをし、一九九七年一月六日に離党の記者会見をした(山花貞夫委員長の要請で、選挙制度研究会で小選挙区制という選挙制度は、理論的にも実際的にも日本の民主化には逆行する悪法であるという観点からもっぱら選挙制度論を展開したし、小選挙区制は、〝天敵排除法〟で、革新政党を潰す意図があるから、反対するように主張した。しかし、会場の雰囲気は社会党が一本にまとまって、断固として悪法に反対をするという具合には採れるものではなかった。その後、細川内閣に、山花氏は政治改革担当大臣、佐藤観樹氏は自治大臣、伊藤茂氏は運輸大臣として入閣した）。

四　村山首相と人となり

村山さんとは、明治大学駿河台哲学研究部（通称「駿哲会」）のＯＢ会で、明大先輩の飛鳥田一雄横浜市長（成田知巳氏の次の社会党委員長・弁護士。父娘ともに三代にわたる明大卒業生）、丸谷金保北海道池田町長らに誘われて、四半世紀前にお会いしたのが最初である。主として池田町経営の『レストラン十勝』（日本テレビ社屋・赤坂田町通り日本橋広瀬ビル）での会合であった。もっぱら、他人の意見に充分に耳を傾け、明るい人柄で、自分の言葉でごく自然にズバリ意見を開陳していた。社会党委員長のときもそうだし、総理就任後も、普段と変わらぬ態度を終始堅持していた。

大分の県・市の自治体議会の議員や労働組合など、社会の先端で地味な人間的努力の積み重ねによって培われた人柄がにじみ出ている印象を面会の度に感じた（前掲2が参考になる）。なお、村山さんの政治的人格論に関しては、明治大学主催「村山内閣総理大臣就任祝賀会―名誉博士授与式」における本学政経学部出身の原田憲自民党所属衆議院議員（文部大臣など歴任・一九一九―九七）が述べた韓国大統領の村山評にも的確に表現されている。

「権力と酒は、使い方を誤ると頭にくる」（イギリスのことわざ）ものである。私は、比較政治学（各国の政治制度・リーダー・政治文化の比較研究）研究の立場から、内外の多くの組織のリーダーに会い、その顛末を観察してきている（詳しくは3参照）。村山さんは、政治のスタートからして労働組合出身ではあるが、いわゆる組合「上がりの」労働貴族化した通俗の社会党員でもなく、ましていわんや千代田区永田町に巣くう政界人タイプの代議士でもない。西欧社会でも通用するコモン・センスの豊かなリーダー型の政治家である。

人格的な影響力や思想形成は、青春時代の体験・人間の交流に拠るところが大きい。村山さんを語る時には、明治大学時代の恩師・大島豊先生(日本における科学哲学論の先駆者・哲学研究部部長)と「哲研」(明大哲学研究部)の仲間と、穂積五一氏の影響を無視してはいけない。「……先輩の丸谷金保氏に強く勧誘されて、昭和一九年(一九四四年)東大正門前にあった「至軒寮」に入り、寮長の穂積五一先生の影響……先生は求道者ともいうべき立派な人だった……度量の大きい人で、先生を慕って右翼から左翼、また意外な人物も出入りしていた……」(2)。太平洋戦争後、先生は戦争の歴史と反省から、東大の近くにアジア文化会館を創立し、理事長としてアジア・アフリカ諸国の青年留学生の受け入れや世話を親身になって実行していた。当時の事務局長は田井重治さん(明治大学専門部興亜科卒)で、そのころ穂積先生の依頼で田井さんが来られ同会館で留学生のために講演をした際に、村山氏と同じ印象を穂積先生に抱いた。二代目理事長が大河内一男氏(東大学長)、三代目は田井重治氏が就任した。

村山人物評について、有馬輝武氏(明治大学理事一九九二―九六年。社会党前議員会事務局長。商学部卒)の「懐の深い政治家・村山総理」(4)は、村山さんをよく理解している方ならではの興味深い文章である。

五　村山首相と戦後五〇年

一九九四年七月一八日の国会での所信表明演説とそれに続く質疑応答で村山首相は、日米安全保障条約の堅持、自衛隊の合憲、日の丸・君が代の容認など、従来の社会党の主張を大きく転換する見解を表明した。また、懸案であった被爆者援護法の制定、水俣病について国の政治責任において患者団体と国・企業の和解を成立させ、従軍慰安婦問題にも一つの区切りを付けた。また、戦後五〇年の節目に日本の戦争責任を明確にし、謝罪の気持ちを込めて「八・一五首相談話」を発表している(「……財団法人日中友好会館は、平成六年八月三一日付村山内閣総理大臣の談話にもとづき、本年度より日本政府の委託を受けて、日中関係の歴史的認識を深めるため、歴史図書・資料の収集、研究者に対する支援並びに広く一般国民に対する啓蒙活動を行う歴史研究支援事業を実施することになり、そのため、日中歴史研究センターを設置して、この事業を推進することに致しました」（一九九五年一二月六日。後藤田正晴日中友好会館館長のセンター開設式典でのあいさつ）。なお、これに関連して、一九九六年六月一七日に日中学術交流機構が設立された（顧問に隅谷三喜男・竹内実。代表理事に岡野加穂留・上田正昭・松前紀男。理事に石井寛治・中西進らが就任）。今までの歴代首相とは異なり、日中問題を謙虚に受け止めた政治姿勢が汲み取られるが、在るべき日中関係の構築という意図とは多少ずらされた感じがなくもないのである）。

村山さんと話した中で、印象的だったことは「……東西冷戦の終焉の現実や国民大衆の意思を尊重して、もっと柔軟な政策を持つ必要がある……歴史は非情ですね。党が今まで大切にしてきたことを捨てなければならない。心情的には辛いが、政治家は決断をしなければならない」という点である。勿論、捨ててはならぬ理念として、平和憲法擁護・保守が進める軍事大国化路線反対・文民統制・専守防衛・自衛隊の武装派兵反対・集団的自衛権の不行使・非核三原則の堅持をいくども強調していた。宮沢喜一氏（細川首相の前の首相）は、村山内閣について次のような見解を述べている。

「……村山さんが社会党の何十年の看板を思い切って架け替えられたことは、勇気もいったと思うし、敬意を表します……村山内閣は緊急避難の内閣だと思っていました。自民党には傷が、社会党には大転換という問題があって、お互い家庭の事情を持ちながら政権に帰りたかったということでしょう。ただ社会党首班を長期間続けることは無理だと思っていました。村山さんもそうお感じだったんじゃないですか。……外交・安保でもとことんつめていくと、中には昔の歌を歌いたい方もいらして……欧州の社会主義政党はソシアル・デモクラットです。マルキシズムとはとっくに縁を切っていて、金持ちから貧しい人へ所得を移転するために政治はあるという思想が基本です。日本でもそうなった。しかし、自由な経済活動という私たちの考え方とは合わないいんですよ。それは、税制で一番はっきりしていたように思うんです。予算編成時になると、譲渡所得や土地課税をどうする、所得税、法人税の最高税率をどうするかで意見が対立した。それぞれ理屈のある対立といっていいでしょう。更に、社会党の方は、社会保障はもとより大事だし、産業政策も雇用政策も大事だろう。政府が持っている役割は大きいということに行き着きますね。そこも基本として合わない」(5、一九九六年九月一四日、傍点は岡野)。

六　村山首相と戦後政治

村山内閣は、新しい政治状況に対応するために必要とする理念や政治綱領を構築できず、もはや時代のレーゾン・デートルを失った自民党の〝緊急避難〟を明確な目的としたために造られた〝アド・ホック〟(adhoc)内閣であったことは間違いはあるまい。村山内閣「五百五十日」が、今後の日本の政治にいかなる影響を与えるかの問題は、村山内閣を作り協力した人々の今後の政治活動における〝政治的な付加価値〟の側面で評価する視点も必要である。それと共に、評価に必要な一定の歴史的・時間的な経過をも考慮の中に入れるべきであろう。

村山内閣成立後のマスコミ・ジャーナリズムにおける内閣論を中心とした政治評論は、一種の戸惑いがあったのは事実である。自民党政権になれきったマスコミ・評論家は、批評の術を失い、ただただ社会党左派の闘士が首相に!?　という驚きであった。戦後日本の政治記事や評論の主流は、戦前の伝統的手法を踏襲している面がかなりある。つまり、天皇制支配体制下での報道手法の影響を未だに脱却はしていないのである。それが政治報道の手法の中に見られる。天皇主権の政治体制下では、政治権力・国家権力の批判は全く影を潜め、当時は報道記事とはいっても単なる内閣の閣僚の〝人事異動〟報告あるいは上からの〝辞令通達〟に過ぎなかった。

日本の新聞社には、西欧社会でのマスコミの政治部は見られず「政界部」といわれる所以がここにある。厳しい政治批判の取材記者精神がその根底になければならないのに、それができないために、「インテリやじ馬」(マックス・ウェーバー)になり下がり、政界の人事異動・政界裏話・政界ゴシップにうつつを抜かす為体(ていたらく)なのである。せいぜい政界評論で、先進デモクラシー諸国に見られる政治評論にまでは、成長していないのが現実である。

戦前の明治憲法下の政友会・民政党の〝政界亡霊〟の怨念が戦後の保守政党の中に温存され、その側面をトータルに否定しないままに、自民党単独政権は極めて巧妙に〝政界遊泳〟を続けてきた。また、主権者にはわからない政界舞台裏で、政権与党は「非自民」・「反自民」を名乗る政治団体と、「政―官―業」界の権力の「三すくみ構造」を媒介して、法案通過のための提携工作をやってきた。つまり、野党にも適度な利益誘導という政治取引で政治を引っ張り転がしてきた一面があるという点は見逃すことはできない。第一線のマスコミ人なら知っていることではあるが、権力の中枢批判になる問題からは、彼らは意識的に回避する面があるのである。

保守政治にどっぷり浸かった政治ジャーナリズムは、〝社会主義者〟の村山首相には「なれていない」し〝夜討ち朝駆け〟で自民党の派閥の首領や実力者・大臣といった類の取材はしていないために、社会党「違和感」→内閣「違和感」→村山「違和感」に増幅され、更に突発事故でも発生すると、事故の究明や原因追求の報道よりも、リーダーシップや人格論や能力論に論議がすり替えられていく。踏んだり蹴ったりの議論の落ち着く先は、決まって「クライシス・マネージメント」(危機管理)論に矮小化されていく。政治スキャンダルといえば、政界人の政治責任はいつのまにかぼかされ、官僚や民間人に焦点が絞られていく。ついで、制度の仕組みからも生まれる汚職を、倫理・道徳の精神的な側面にもっていく。そして、〝公務員倫理法〟の成立が唱えられる。「インテリやじ馬」を脱皮できない権力に甘いジャーナリストは、政界人の巧妙な政治テクニックである「暗転」(ダーク・チェンジ)の虚構にいとも簡単に乗せられ、マスコミの使命である根源悪に対する政界批判を忘れて、結果として彼らの手法に拠って有権者の批判の目を誤魔化すことになってしまうのである(詳しくは6参照)。

つまるところ、今の日本には、伝統的なアカデミズムに埋没する権威主義的な役にも立たぬ抽象的な政治理論などはあるにしても、生きた政治を捌《さば》いて見せる本格的な政治評論は育っていないように思われる。例えば、誰それが総裁だ、幹事長だの類の慣れっこになっている人の動きを軸に構成する「保守党論」はあったとしても、「野党論」や〝前代未聞〟の社会党首班内閣といったものは皆無に等しいといえよう。決まりきった手法での理論展開では、結論は見え透いている。ここに、野党(西欧における保守対革新の意味での野党)の存在を無視した日本の政治ジャーナリズムの落し穴がある。

村山内閣の存在理由は、自民単独政権などでは見られなかった政策決定作成過程における地道な手順を踏もうとする政治姿勢である。つまり、デモクラシーの諸原理に拠って創造された政治体制を、日本社会に定礎するために、議会を通じて非暴力の民主的な平和手段で、民主化過程の中身と手順を「知る権利」による情報公開を通じて展開してきた点である。主権者の関心に訴え、そこから彼らの参加・協力を引き出し、社会の進歩発展のためには、絶えず繰り返し改革を展開する〝永久革命〟のたゆまざる努力の必要性を認識させる一助になったことで、この意味から真の民主化プロセスの中で、このような内閣をもう少し存続させる時間が欲しかったように思える。

現実政治の権力のかじ取りになった途端に、うれしさのあまり社民党は、党本来の原点を忘れてしまった。やはり革新勢力は、永久に革新勢力でなければならない。政治における現実化と保守化の意味を取り違えて、精神の保守化にまで突き進んでいく危険性こそ指摘をしておかねばなるまい。そのためには、絶えず厳しい自律の心がけを忘れずに、不断に自己変革の哲学をもって改革・革新を連続させる〝永久革命〟を心がけることであろう。敗戦以来、〝擬似政党〟政治で、非西欧型政治を繰り返し展開して来たが、今や日本政界は、小選挙区制の実施以来、寄る辺なき政党〝ホームレス〟の渦中に突入してしまった。

コラム――生活は質素に、思想は高潔に

政治の動きを、政党活動、選挙運動、議会の立法過程に焦点をしぼり、「臨床政治」的に、直接その実態を考察する際、当然のことに、政治のリーダーたちと話すことになる。私は、主として、スカンジナビア諸国の比較政治研究をして、北欧デモクラシーの視点から、日本を中心とした他国との比較考察を行ってきている。そして、どうしたら、日本の政治を良いものにできるかを考えるのである。興味深いのは、政党人である。各地方自治体のグラスルーツで寝食を忘れて働く活動家、町長、市長、知事ら、そして労働組合のリーダーたち、国会議員、首相に大統領といった人々など、私の知る北欧諸国のリーダーたちは、みながみな「生活は質素に、思想は高潔に」("Plain Living and High Thinking")の持ち主である。「料亭政治」とかゴルフ場での「そろい踏み」にうつつを抜かすようなたぐいは、トップ・リーダーにはなれないお国柄である。

引用・参考文献

(1)「首相日々」『毎日新聞』。
(2) 村山富市「私の履歴書」『日本経済新聞』。
(3) 岡野加穂留『内閣総理大臣』(現代評論社、一九八五年)。
(4) 有馬輝武「懐の深い政治家・村山総理」(『明治大学広報』三六七号、一九九四年四月)。
(5)「登場・元総理」『朝日新聞』。
(6) 岡野加穂留『日本国にもの申す――絶えざる警告こそ自由の代価』(東洋経済往来社、一九九五年)。

第二章　村山内閣の歴史的位置
――〈革新的〉側面と〈保守的〉側面――

藤本　一美

一　はじめに――問題の所在

一九九四年六月二三日、一九九四年度予算が参議院で可決・成立した。これを受けて、当時野党であった自民党は、羽田孜内閣が少数与党で民意を反映していないこと、また、二重権力構造と強権的政治手法で支えられ民主主義に背く内閣であるとして、羽田内閣不信任決議案を衆議院に提出し可決された。これに対して、羽田首相は、衆議院の解散は政治的空白を招くとともに、中選挙区制の下での総選挙は政治改革の趣旨に反するとの立場をとり、六月二五日、臨時閣議において内閣総辞職を決定した。越えて六月二九日、衆議院および参議院の本会議が開かれ、羽田首相の後継を決める首班氏名投票が行われた。しかし、第一回の投票では過半数を制するものがおらず、村山富市社会党委員長と海部俊樹元首相の決戦投票となり、自民党、社会党および新党さきがけが擁立した村山社会党委員長が新生党の擁立した海部元首相を破って、第八一代、五二人目の首相に選出された。社会党首相の誕生は、一九四七年六月一日に成立した片山哲内閣以来、実に四七年ぶりのことであった。

いわゆる「一九五五年体制」の下で、かつて激しく敵対し合ってきた自民党と社会党が手を結ぶことができたのは、何よりも、両党の分断による新たな多数派工作を展開した新生党代表幹事の小沢一郎への反感＝〈反小沢〉いう契機に他ならない。自民党は、社会党と新党さきがけを取り込めば、衆議院において再び過半数の議員を確保できて与党に返り咲くことができると考えたのである。一方、社会党は、統一会派「改新」結成の時点ですでに連立政権を離脱していたものの、落ちこぼれを気にしながら党の分裂をさけるために自民党との連携にかけたのである。こうして、反小沢で一致した内閣であるとか、また、各党の基本的政策の相違をあいまいにした「野合」政権であるとの批判を受けながらも、六月三〇日、ここに社会党の村山委員長を首班とする「自社さ」連立政権が発足したのである(1、三一頁)。

村山内閣は、成立の契機からも明らかなように、「総選挙を経てかち取った政権ではない」(2、三頁)。新たな連立政権は、新党さきがけが作成した「新しい連立政権の樹立に関する合意事項」に社会党が同意を与え、それに自民党が乗った形をとっており、村山内閣は、自民党および自民党から分裂した新党さきがけの支援で実現したという事実である。こうして発足した村山内閣は、副総理・外相に河野洋平自民党総裁を、そして蔵相に武村正義新党さきがけ代表を配し、衆議院では自民党が二二三議席、社会党が七〇議席、新党さきがけが一三議席で合計三〇六議席を擁し、また、閣僚の数では自民党が一三、社会党が五、そして新党さきがけが二という布陣であった。つまり、村山内閣は議席数では、自民党が社会党の約三倍と絶対的多数を占め、しかも重要閣僚は自民党が独占したという点で、実質的には〈自民党主導〉の政権であったといってよい。こうして自民党は、ほぼ一年たらずでもって与党＝政権への復帰を果たしたのである(3、一八八頁)。

社会党と長らく対立していた自民党が新党さきがけと一緒に村山富市社会党委員長を擁立したのは、既述のように、何よりも政権復帰への強い願望と反・小沢という契機であり、ここに、いわゆる「一九五五年体制」が実質的に終わりをつげたといえる。しかし、その背景として留意すべきは、日本を取り巻く国際的環境が大きく変化したことを忘れてはならない。すなわち、一九八九年以降の「米ソ冷戦構造」の崩壊がそれである。かくして、自民党と社会党との間には決定的な対立・争点がなくなったのである。したがってある意味で、細川政権の下で社会党が新生党など自民党から分離した政党と連立を組んだ一九九三年八月の時点で、すでに日本の政治は大きな歴史的曲がり角をこえていたのかもしれない(4、二七頁、5、五八―九頁)。

村山首相は、内閣の発足にあたり初閣議の席で次のような首相談話を発表した。「戦後長きにわたった保守政治を虚心に見つめ直し、連立政権発足によってもたらされたこの一年の政治の変化について反省すべきは反省する。……政策決定過程の透明な、開かれた民主的な政治体制の確立をめざす。そして新内閣は、人々の心を映す政治を基本とする」(6、一九九四年七月一日、二面)。

七月一日、村山首相は初めて記者会見を行い、その中で外交を中心にこれまで政府がとってきた政策を継続する姿勢を強調し、極力無難さを印象づけることに努めた。それは、四七年ぶりの社会党政権誕生に対する内外の不安感を払拭する必要があったからに他ならない。村山内閣に対する不安は、何よりも四〇年近くにわたり対立・抗争を繰り返してきた二つの政党が一つにまとまって果たしてうまく機能するのかという疑問であり、そしてまた、「野合」という批判もそこから生じてきたのである。

これらの批判に対して、村山首相は、「自民党と社会党の対立を永遠のものとみるのは誤りだ。自民党も変わろうとしているし、社会党も変わらなければいけない。その中で協力できるところは協力すればよい」と答え、また、野合批判に対しては「理念や政策が違っても、当面の課題について合意して成り立つのが連立政権だ」と述べて、まず、新党さきがけとの間で政策協議を煮詰め、「新しい合意事項」に自民党からもおおむね合意できるとの回答を得た上で連立に踏み切った、と強調した。

なお、村山首相は退陣後、インタビューに答える形で社会党中心の連立政権の歴史的意義について、次のように語っている。「社会党委員長の私が総理になったのは、ひとつの歴史的役割があってのことだろう。その役割とは何か、どういう任務を背負わされているのか、をつねに念頭に置きながら、総理の職務を遂行してきた。そのひとつは、この政権でなければ解決できない問題は何か、ということだ。自民党単独政権では成し得なかった問題解決に、連立政権の良さを生かして突っ走ろうと考えた」(1、一二頁)。

本章の目的は、以上の認識に立って、四七年ぶりに誕生した社会党中軸の村山内閣が遂行した主要な政策を取り上げて、その歴史的評価を試みようとするものである。その際、分析枠組みとして、村山首相が決断し遂行した政策の中で、〈革新的〉側面と〈保守的〉側面との両方に焦点をあてて、その総合的評価を行い、戦後日本における「民主主義」の成熟の度合いを検討してみたい。なお、ここでいうところの革新的とは、「戦後民主主義」の文脈の中で〈進歩的〉な政策のことを指し、また、保守的側面とは「戦後民主主義」の文脈の中で〈後退的〉な政策のことを指している。

二　村山内閣の〈革新的〉側面

1　村山内閣と戦後処理の姿勢

一九九四年七月一八日、第一三〇回臨時国会が召集され、村山首相は、初めての所信表明演説を行い、次のように内閣の基本的姿勢を明らかにした。「冷戦の終結によって、思想やイデオロギーの対立が世界を支配するといった時代は終わりを告げ、旧来の資本主義対社会主義の図式を離れた平和と安定のための新たな秩序が提案されています。このような世界情勢に対応して、わが国も戦後政治を特色づけた保革対立の時代から、党派を越えて現実に面した政策論争を行う時代へと大きく変わろうとしています。

この内閣は、こうした時代の変化を背景に、既存の枠組みを越えた新たな政治体制として誕生いたしました。今、求められているのは、イデオロギー論争ではなく、情勢の変化に対応して、闊達な政策論議が展開され、国民の多様な意見が反映される政治、さらにその政策の実行される政治であります。これまで別の道を歩んできた三党派が、長く続いたいわゆる五五年体制に終始符を打ち、さらに一年間の連立政権の経験を検証する中から、より国民の意思を反映し、より安定した政権を目指して、互いに自己変革を遂げる決意の下に終結したのがこの内閣であります。これによって、国民にとって何が最適の政策選択であるかを課題ごとに虚心に話し合い、合意を得た政策は、責任を持って実行に移す体制が歩き始めました。私は、この内閣誕生の歴史的意義をしっかりと心に刻んで、国民の期待を裏切ることのないように懸命の努力を傾けたいと思います。

我々が目指すべき政治は、まず国家あり、産業ありという発想ではなく、額に汗して働く人々や地道に生活している人々がいかに平和に、安心して、豊かな暮らしを送ることができるかを発想の中心に置く政治、すなわち、人にやさしい政治、安心できる政治であります」(7、一九九四年七月一八日、二頁)。

村山首相の初めての所信表明演説に続いて、二二日までの五日間、衆参両議院の本会議において、各党の代表質問が行われた。周知のように、一連の質疑・応答の中で村山首相は、①自衛隊は合憲、②日米安保体制を堅持する、③非武装中立はその政策的役割を終えた、④日の丸、君が代を国旗、国歌として容認する、と次々に従来の社会党の「政策転換」を表明し、連立政権の維持を最優先させた。このような村山首相の答弁は、社会党にとってはもちろんのこと、戦後の日本の安全保障論議にとって歴史的な転換点となった(8、二三七頁)。とくに自衛隊の合憲について、村山首相は、「現実に三つの自衛隊の最高指揮官になったわけだから、違憲では、首相を辞めざる得ない」と語り、首相という立場を重視した答弁であったことを強調した(8、一九九四年七月二二日、三面)。

その後多くの批判にさらされ、苦渋の中で選択し決定した政策転換について、村山首相は退陣後、次のように述べている。「冷戦構造が崩壊し、サミットに出かけていくと、あれだけ敵対してきたロシアの大統領が同じテーブルについて議論する時代になった。社会党が自民党と同じテーブルにつくのはおかしい、というのはバカげている。そんな時代のなかにあって、国民的なコンセンサスが得られたものについては、常識的に判断して政策を転換していくのは当然だ。社会党がこれまで持ってきた理念は変えないが、情勢の変化に対応して柔軟に政策を変えていくのは当たり前のこと。私が総理になって、社会党の政策転換を積極的に図ったことに後悔はあまりない」(1、七二―七三頁)。

ところで、村山内閣は、ちょうど戦後五〇年の節目に直面した内閣であった。そのため村山首相は、「戦後処理の問題を日本自身のけじめの問題である」と位置づけて、自民党単独政権でははかどらなかった戦後処理問題について、積極的に取り組む姿勢を示した。村山内閣が手がけた主な戦後処理として、さしあたり、次の点をあげることができる。

①一九九四年九月、「戦後五〇年に向けての首相談話」―一〇年間で一〇〇〇億円の事業となる「平和友好交流計画」を一九九五年度から開始することを発表、②一九九四年一二月、「被爆者援護法」の成立―原爆投下直後から一九六九年の葬祭料創設以前に亡くなった被爆者の遺族のうち、自身も被爆者である人に一人一〇万の特別葬祭給付金を支給、③一九九四年一二月、台湾の「確定債務」返却方針を決定―未払い給与、軍事郵便貯金など一律一二〇倍の計三五二億円の返却を決定し、一〇月から五年間受けつける、④一九九五年三月、サハリン残留韓国人永住帰国支援―帰国受け入れのための療養院と集団住宅建設に三二億円の支出を決定、⑤一九九五年六月、「戦後五〇年の国会決議」―世界の近代史上における数々の植民地支配や侵略行為に思いをいたし……などとした決議を衆議院が採択、⑥一九九五年七月、「女性のためのアジア平和国民基金」発足―元従軍慰安婦への一時金の支給などの償いの事業をする任意団体で、政府も基金を通じて福祉や医療面での支援事業に拠出する(6、一九九五年八月一五日、二面)。

村山内閣の下で実現された主な戦後処理は、そのいずれも自民党単独政権がやり残した「負の遺産」であった(9、六頁)。自衛隊や日米安保などで基本政策を転換した社会党内閣にとって、戦後処理の問題は、いわばその代償として独自色を発揮できるテーマであったといってよい。こうした状況の中で、戦後五〇年の敗戦記念日にあたる一九九五年八月一五日、村山首相は、次のような談話を発表した。「わが国は遠くない過去の一時期、国策を誤り、戦争への道を歩んで国民を存亡の危機に陥れ、植民地支配と侵略によって、多くの国々、とりわけアジアの諸国の人々に対して多大な損害と苦痛を与えました。私は未来に過ち無からしめんとするがゆえに、疑いべくもないこの歴史の事実を謙虚に受け止め、改めて痛切な反省の意を表し、心からお詫びの気持ちを表明いたします。また、この歴史がもたらした内外すべての犠牲者に深い哀悼の念を捧げます」(6、一九九五年八月一五日、[夕]、二面)。

この談話は本来なら、村山首相が計画していた政府主催の集会で読み上げられるはずであった。しかし集会は、自民党の反対で先送りされたのである。このような状況の中で、その内容を閣議決定＝内閣の方針という形で歴史に残すことができたのも、やはり社会党の首相をいだく連立政権であったからであろう(9、一一九―一二〇頁)。

次に、戦後五〇年も積み残されてきた「負の遺産」の中で、村山内閣が一気に処理した重要な戦後処理の問題、すなわち、被爆者援護法、元従軍慰安婦対策および水俣病未確認患者の救済を取り上げ、これらの政策遂行を村山内閣の「革新的側面」と位置づけて、その意義と問題点を検討することにしたい。

2　被爆者援護法の制定

一九九四年一二月九日、これまでの原爆医療法と被爆者特別措置法を一本化し、新たに特別葬祭給付金を加えた形で、被爆者援護法が成立し、それは、一九九五年七月一日から施行された。この被爆者援護法の最大のポイントは、①埋葬料制度(一九六九年度以降の死亡者に部分適用、一九七四年一〇月から全面適用)の対象となる以前に死亡した被爆者の遺族(ただし、その遺族も被爆者あること)に対する特別葬祭給付金(一〇万円)の支給(対象者二〇万人以上、必要経費二〇〇億円以上)、②相談事業や居宅生活支援事業などの福祉事業の法定化、③所得制限の完全撤廃など、を内容とするものであった。被爆者援護法は、一九九四年八月以来、連立与党間で調整が難航しており、ようやくその内容が一一月に入り固まったものである。後述するように、それは、自社両党がお互いに譲れない一線だけは守りながら、しかし、連立の枠組みを崩したくないという理由で歩み寄った結果の「政治的妥協の産物」であった(10、「社説―援護法案を機に核廃絶を」、一九九四年一一月三日)。

被爆者援護法案について、これまで被爆者団体や社会党が求めてきたのは、戦争の国家責任を明確にして謝罪と補償を行い、将来の不戦の誓いを込めた国家補償法の制定であって、それに基づいた被爆死亡者への弔慰金の支給だった。これに対して、今回の与党合意案は、国の不法行為責任、賠償責任を認める趣旨ではなく、放射線による健康障害という特別の犠牲者につき、結果責任として被害相応の補償を認めるという、従来の考え方の域をでていなかった。したがって、給付金も死亡者への弔意ではなく、あくまでも生存者対策の一環としたのもそのためであり、確かに国の責任はうたっているものの具体的な戦争責任論や謝罪などはみられなかった。こうして、最終局面では「国家補償の精神に基づく」という文言を入れることで国の戦争責任を明確化するよう求めた社会党と、「国家の責任で」との妥協案を示し、戦争責任に触れたがらない自民党との対立が先鋭化し、社会党はこれまでの持論を展開したものの、結局主張を全面的に通すことはできなかった。そのため、法律成立の意義は大きいと評価する一方で、広島や長崎をはじめ、各地で批判が噴出した(8、二四三頁)。また、今回の合意案については、政権運営上の思惑から「早期決着」を優先しようとする村山首相と、党の独自色発揮に比重を置いた社会党との間に距離感が際だった(11、一九九四年一一月三日、二面)。

支給の対象者は、厚生省によると、被爆者手帳を持つ人の七―八割にのぼる二三万人から二八万人といわれる。だが、被爆直後から現在の葬祭料が支給された一九六九年以前に死亡した三〇万人―三五万人の遺族の中には、例えば被爆者でない人が被爆者と結婚しその後遺族となった事例もあり、こうした遺族には給付金は支給されず、その人数について厚生省は把握していないという。

村山内閣の戦後処理政策の一環として、被爆者援護法が制定された背景には、次のような事情があった。まず、最後まで調整のつかなかった弔慰金について、積み上げ方式による政策決定ではなく官邸が提示した政府案を三党がそのまま丸のみする形で収拾したが、それは、三党間で基本的な立場や理念を詰めることのないまま支給対象を増やすやり方であった。このように、いわば支持組織への配慮を最優先する旧来の政治方式に対して、当然のことながら、与党内からも自社両党の古い体質が出たとの批判の声があがった。しかし、社会党は、被爆者援護法の制定を「従軍慰安婦問題などの戦後処理、水俣病と並ぶ三大課題」と位置づけ、党の悲願であるとしてこれまでに見られなかったような強硬な姿勢を貫いた。それは、先に述べたように、自衛隊の合憲、日米安保の是認など基本政策の転換により、社会党政権らしさを急速に失いつつあるという危機感が働いたのは否めない。つまり、村山内閣も発足して四カ月が経過し、翌一九九五年の統一地方選挙、参議院選挙および衆議院の総選挙を控えて、何らかの形で自民党側の譲歩を引きだす必要があったからである。その意味で、長らく反核運動に取り組んできた社会党としては、野党時代に一六回も法案を提出した被爆者援護法は格好のテーマであったといえる。

なお、被爆者援護法の前文には「国の責任において、原爆投下の結果として生じた他の戦争被害とは異なる原爆放射能による健康被害という特殊の被害にかんがみ」との表現を盛り込み、空襲などによる一般戦災者と区別した。村山首相は、被爆者援護法をめぐる政府の調整案与党が合意したことについて、「いろんな角度から検討してもらって出した案だし、今やらないとできないことだから、そりゃ不満はあるだろうけど、いい案をまとめてくれたということだ」と語った(6、一九九四年一一月二日、[夕]、一面)。

村山首相は退陣後、被爆者援護法制定の意義について、次のように語っている。「自民党単独政権では成しえなかった未処理の問題を、この政権で片をつけられるものについては解決していくことが、私に課せられた歴史的役割であり、任務だと思った。その一つが被爆者援護法の問題であった。被爆者援護法は、広島、長崎の被爆者を中心に、核をなくそうという国民的な悲願もあって、制定が求められてきた。社会党が野党の時の一九七四年以来、衆参両院で計一六回も法案を国会に提出してきたのだが、そのたびに自民党に反対され廃案にされてきた経緯がある。それをなんとか結実させようと与党三党にお願いをし、いろんな議論をしていただいたり、広島、長崎の皆さんの意見も充分に聞いて制定した。国家補償を前提にしてほしいという強い要請に、一〇〇%応えることはできなかったが、それなりのけじめと決着がつけられたのでないか」(1、六九—七〇頁)。

3　元従軍慰安婦問題対策

第二次世界大戦中、日本軍がアジアへ侵攻の際、占領地での強姦防止や性病による戦力低下を防ぐという名目でもって、兵士の性欲処理を目的とした従軍慰安婦を戦地に配した。一九三八年に上海郊外に開設された陸軍娯楽所は、その最初のものである。従軍慰安婦の数は、八万人とも二〇万人ともいわれる。問題なのは、一部の慰安婦が強制連行によるものだったということである。そこで一九九五年七月、政府の音頭とりで、従軍慰安婦問題に関する民間募金の受け皿である任意団体＝「女性のためのアジア平和基金」が発足した。しかし、一九九六年五月、その呼びかけ人の一人である三木睦子(故三木武夫元首相夫人)は、政府の取り組みが不徹底だ、個人賠償が必要であるとして辞表を提出するなど、その後平和基金の運営は必ずしも計画通り進んでいない。

村山首相が熱意を見せた戦後処理問題の中で、最大の焦点は何といっても元従軍慰安婦問題への対応であった。実際、村山内閣が発足して二カ月後の一九九四年八月三一日に発表した談話の中でも、村山首相は、「政府の計画とあいまって、この気持ちを国民のみなさまにも分かち合っていただくため、幅広い国民参加の道をともに探求していきたいと考える」と表明するなど、元従軍慰安婦問題に対する日本政府と社会党出身の村山首相の前向きの表現となっていた。また、村山首相は民間募金による元慰安婦への「見舞金」構想実現への意欲を示し、これは政府が直接関与しない形での事実上の「個人補償」の実現の道を探るものであり、一部で苦し紛れの方策であるとの批判も聞かれた。しかしながら、この構想が実際に動き出せば、戦争責任という国家の抱える問題の解決に向けて政府だけでなく、国民や企業・団体が幅広く参加するという新しいタイプの方法に結びつく可能性もあり、かなりの注目を集めた(6、一九九四年九月一日、二面)。それはまた、いわゆる「やさしい政治」を標ぼうする村山首相と社会党にとって、元慰安婦への個人補償は過去の戦争責任への反省とともに、社会党中軸政権としての特色を外交面で打ち出せる分野であった(10、一九九四年九月一日、三面)。

越えて翌年の一九九五年六月一四日、政府は元従軍慰安婦に対する償いのための事業を進める任意団体＝「女性のためのアジア平和友好基金」の事業内容を取りまとめ、それは五十嵐広三官房長官から発表された。与党間の事前調整で意見が対立していた「政府による個人補償」は見送られたものの、新たに福祉や医療面での支援事業を盛り込み、基金を通じてこれらの事業に資金を拠出することで政府としても一部責任を担う形となった。五十嵐官房長官は、記者会見の中で「戦後五〇年にあたり、私どもは、我が国の過去において、アジアなど内外の人々に耐え難い苦しみと悲しみをもたらしたことを、あらためて深く反省するところであります。とりわけ、従軍慰安婦の問題は、多くの女性にいやしがたない苦痛を与え、女性としての名誉や尊厳を深く傷つけたものであり、私はこの機会に心からお詫びを申し上げるしだいであります」と謝罪し、そして国民の参加と政府の責任のもと償いと反省の気持ちを込めて事業をおこなうと述べて、基金構想が政府による個人補償に極めて近いことをにじませた。また、支給にあたっては国としての反省とお詫びの気持ちを表明するとして、村山首相の謝罪の手紙を一人ひとりに出すことを検討していることを明らかにした(12、一五八―九頁)。

この段階では、募金の目標額や一回に限って支給される一時金の額、政府が拠出する支援事業の中身は固まっていなかったとはいえ、政府内では一〇億円以上の募金を目標に、韓国、フィリピン、中国など最大千人にのぼると見られている元従軍慰安婦に対し、一人あたり数百万円を贈ることが検討された。

既述のように、元従軍慰安婦問題は村山内閣の最大懸案事項の一つであった。それだけに、連立与党内部では大きな意見の対立が見られた。すなわち、政府による個人補償を主張する社会党に対して、国家間の賠償問題は決着済みとして個人補償には慎重な自民党や新党さきがけと意見が対立し、また、政府内でも大蔵省や外務省は、いったん個人補償を認めてしまえば、際限なく広がるとして政府が積極的に関与することに難色を示し構想づくりが難航していた。一方、元慰安婦本人や支援団体の中には、民間の募金に頼ることを政府の責任逃れだと反発する声もあった。こうした事情を背景に、政府は一時金は民間、基金の運営費と支援事業は政府持ちとする玉虫色で決着させたのである。

このような状況の中で、村山首相は社会党内部を取りまとめ、自ら政権基盤を固めるため、元慰安婦問題で社会党らしさを出す必要があった。そこで一九九五年八月一五日、村山首相の挨拶文をそえて政府は、各新聞社の紙面を通じて「女性のためのアジア平和国民基金」に拠出金を呼びかけた。そして、具体的行動として、①慰安婦制度の犠牲者への国民償いのための基金設置への支援、②彼女たちの医療、福祉への政府の拠金、③政府による反省とお詫びの表明、④本問題を歴史の教訓とするための歴史資料整備、というのがその柱であった(6、一九九五年八月一五日、一六面)。

村山首相は退陣後、元従軍慰安婦問題について、次のように語っている。「従軍慰安婦の問題もあれだけ問題にされ、いろいろ運動も起こっているのに、手つかずのままにされてきた。国家賠償という声もあったのだが、それはサンフランスシコ講和条約や二国間条約などで片がついている面もあり、それはなかなかできにくかった。だからといって、そのままにしておいていいものではないし、議論に日時を費やしていては、彼女たちの年齢を考えると、そう長くは待てない状況だった。そこで、国民的な基金をつくって国民全体で償いをするのがベストではないかと考え、女性のためのアジア平和国民基金を設置した。そして、原文兵衛参議院議長に基金の理事長をお願いして、運動を展開しているところだ。償いをする際には、個々の方々にお詫びの手紙を出そうと思っていた」(1、七〇―一頁)。

4　水俣病未確認患者の救済

水俣病とは、熊本県水俣湾周辺で発生した有機水銀中毒症のことである。一九九五年四月末の時点での認定患者は、二、九四九人(内死亡者一、四四三人)であり、国、県、加害企業(現チッソ)を相手どった各訴訟では和解勧告が出され、熊本県とチッソは交渉の席についたものの、国は長い間和解を拒否してきた経緯があった。

しかし、村山内閣になってから一九九五年六月の与党三党の合意を受けて、九月に原因企業のチッソは、一時金として救済対象者に一律二六〇万円、主な五つの被害者団体に総額五〇億円の団体加算金を支払う。また、国と県はチッソに対する金融支援策として県が新たにつくる基金を通じて二六〇億円融資するという「水俣病政治決着」がようやくまとまったのである。

一方、新潟水俣病では、一九九五年一二月七日、新潟水俣病共闘会議と原因企業の昭和電工が直接交渉し、昭和電工が救済対象者に一時金として一律二六〇万円、新潟水俣病被害者の会に四億四〇〇〇万円の団体加算金を支払う。新潟県に対し、県と被害者が協力して始める「水俣病の教訓を生かした公害撲滅のための事業」に二億五〇〇〇万円を寄付するなどの内容を盛り込んだ協定書に合意したのである。

一九九五年一二月一五日、政府は水俣病の未確認患者の救済問題について、最終解決策を正式に決定し、村山首相は次のような談話を発表した。「公害の原点ともいうべき水俣病問題が、その発生から四〇年を経て、多くの方々のご努力により、今般、当事者の間で合意が成立し、その解決をみることができました。解決にあたり、私は、苦しみと無念の思いの中で亡くなられた方々に深い哀悼の念をささげますとともに、多年にわたり筆舌に尽くしがたい苦悩を強いられてこられた多くの方々のいやしがたい心情を思うとき、まことに申し訳ないという気持ちで一杯であります。水俣病問題は、深刻な健康被害をもたらしたばかりでなく、地域住民のきずなを損なわれるなど広範かつ甚大な影響を地域社会に及ぼしました。私は、この解決を契機として、水俣病の関係地域の方々が、一日も早く、ともに手を取り合って、心豊かに暮らすことができるよう、心から願うものであります」(6、一九九五年一二月一五日、[夕]、一面)。

こうして、公害の原点ともいわれた水俣病未確認患者の救済問題がようやく決着した。周知のように、水俣病は、一万人以上の被害者を出し、戦後日本の公害の最大事件であった。その悲惨さは、報道写真などを通じて世界に知れわたっていた。すなわち、工場排水に含まれていた水銀が海に流され、食物連鎖で魚に濃縮し、それを食べた人間が中毒になった。複雑な仕組みと汚染の広がりとあいまって、これまで人類が経験したことのない規模の公害事件であった。

しかし、その解決には四〇年以上もの年月を要したのは、社会や国の制度に大きな欠陥のあることを明らかにしたものといえる。しかも、司法による救済も十分に機能せず、被害者らは差別を受けながら地域社会の中で放置されてきた。それは何よりも、国が責任を曖昧のまま処理してきたからに他ならない。政府がどの段階でどのような手を打てば水俣病の拡大が防げたのか。何故これまで政府は、適切な行動をとってこなかったのであろうか。

村山首相は、この点について、「段階段階で、もう少し企業も行政も手を打っていれば、これだけ拡大せず、繰り返すこともなかった」と初めて政府の責任について言及した。しかしながら、この表現は後の首相談話からはすっぽりと抜け落ちていた。それは、組織の体面を守ろうとする官僚の抵抗が極めて強かったことを物語っている。村山内閣が戦後処理の一環として解決に臨み、一部を除き決着にこぎつけたことは評価してよいと思われる(6、「社説―水俣病解決から何を学ぶか」、一九九五年一二月一六日)。ともあれ、水俣病問題の解決は、自民党単独政権時代では年月を重ねても実現が困難な面もあっただけに、被爆者援護法の制定や戦後五〇年の首相談話の発表とともに、村山首相としては社会党首班政権を強くアピールできた形となった。

村山首相は退陣後、水俣病未確認患者の救済について、次のように語っている。「水俣の問題も、未解決のまま四〇年近く放っておかれてきた。そのため、自分の人生を台無しにされてしまった方々がたくさんおられる。単に熊本という一地域の問題、新潟という一地域の問題としてとらえるのではなく、公害の防止と環境の保全というものを、日本国民全体が問い直す意味も含めて解決に当たった。これもまた一〇〇％満足のいくものではないが、なんとか決着をつけることができた」(1、七〇頁)。

以上、村山内閣の下で実行された一連の戦後処理について、まず、村山首相の基本的認識を紹介し、その上で、被爆者援護法の制定、元従軍慰安婦問題対策および水俣病未確認患者の救済について、村山首相が、自民党および新党さきがけといった連立与党の中で、社会党の政治的姿勢を貫き、かつ他の党との政治的駆け引きを行いつつ政策遂行を決断し、それを積極的に押し進めた「革新的」側面を見てきた。

三　村山内閣の〈保守的〉側面

村山首相は、一九九六年一月一日の年頭所感において、日本の戦後の発展を支えてきた社会構造に「制度疲労」が生じていると述べた。確かに、今日の日本が対面している厚い壁をうちやぶるには、これまでの枠組みにとらわれない政治および行政のなど面で新しい発想や広い分野で構造改革に取り組む姿勢が求められていた。

一九九四年六月、「自社さ」の連立政権が新たに発足した際に、国民がこの政権に期待したのは、何よりも自民党長期政権下でさびついた社会構造そのものの洗い直しであった。しかし、村山首相が自民党に支えられ、政権に座る期間が長くなるにつれて、平和、軍縮および社会的公正を理念として掲げてきた社会党らしさや村山首相の持ち味が消えていったのは否定できない。そして、一面で政権維持が自己目的化しかねない状況の中で政治的難問に遭遇するたびに、村山首相が示す「苦渋の選択」は、多くの場合、首相の立場や党の理念を犠牲にする形となって現われた(6、「社説―政治にけじめをつける時」、一九九六年一月三日)。本節では、村山首相が、決断と実施をよぎなくされた、消費税の五%への引き上げ、新防衛計画大綱の決定、破壊活動防止法の適用および住専への公的資金の導入についてその経緯を紹介し、村山内閣が遂行した政策の保守的=〈後退的〉側面を検討してみたい。

1　消費税五%へ引き上げ

一九九四年九月二二日、政府は税制改革大綱を決定し、現行三%の消費税が一九九七年四月から五%へと引き上げられることになった。社会党は、消費税率の引き上げ幅を税制改革大綱に明記することに難色を示していたものの、最終的に、福祉施策の拡充などを条件に一体処理を受け入れた。その背景として、減税の恩恵が薄い低所得者層などへの福祉施策の上積みが認められたことに加えて、自民党と新党さきがけが一体処理で固まっている中で、もし社会党があくまでも分離処理にこだわった場合、連立与党内に亀裂を生み村山政権の存立にも響きかねない、と判断したからに他ならない。しかしその結果、村山首相が今回の税制改革の前提としていた税負担の公平化や行財政改革の推進は不十分のままに終わった。だが、村山首相は、三党連立政権の政策調整で最も高いハードルといわれた税制改革問題を一応決着させ、当面の懸案処理のヤマをこした形となった(6、一九九四年九月二三日、[夕]、一面、13、一九九四年九月二三日、二面)。

今回、与党三党が合意した税制改革の主な内容は、次の通りであった。①現行三%の消費税を一九九七年四月から五%に引き上げる。税率は景気の動向などに応じて見直す、②今年度(一九九四年)実施している三五兆五〇〇〇億円の所得税・住民税減税を九五年度も続ける。一九九五年度の減税は、税率区分の見直しによる恒久減税三兆五〇〇〇億円と、暫定的な定率減税二兆億円を組み合わせた「二階建て」方式とする、③消費税と所得税・住民減税は、一体のものとして税制改革関連法案に盛り込む、④消費税率引き上げ分の一部を福祉の財源と位置づけ、ホームヘルパーの充実を柱とする高年齢者介護対策を一九九五年度からスタートさせる、⑤福祉財源を増やすため、現在は消費税が非課税となっている新設法人にも課税し、中小企業特例を減少する、⑥都道府県の自主財源として地方消費税を創設し、消費税五%の中に含める、ただし、徴集は国が代行する(6、一九九四年九月二二日、[夕]、一面)。

村山首相は、九月二二日夜、政府の税制改革大綱の決定を受けて、記者会見を行った。そして、消費税に一貫して反対してきた社会党の党首である村山首相が消費税五%への引き上げを決断したことについて、「連立政権樹立の合意事項を守る立場から、社会党の中で真剣な議論を積み重ね、苦渋の選択をした。政権を担う立場から国民に対して責任ある決定をした」と述べて、理解と協力を求めた。また、大綱が新たな消費税率五%を景気動向などに応じて見直すという点について、村山首相は「税体系全体の改革や高年齢者福祉の要請など総合判断して結論を出す」との姿勢を示した。そして、可能な限り今の税率を据え置くよう努力すると述べ、当面は再引き上げを行わないことを明らかにした。これに関連して村山首相は、資産課税などの検討やできれば総合課税方式を目標にして公平な課税をしていくことが一番大切だとして、金持ち優遇税制との批判がある現行制度の根本的な改革に取り組む意欲を示した。

一方、肝心の消費税の引き上げについて村山首相は、「財政健全化という立場からも経済全体のために必要ではないかと考えて厳しい議論をしてきた結果だ、ご賢察いただきたい」と国民の理解を求めた。なお、消費税導入時に強く反対した社会党の首相として批判されることについて、村山首相は先に指摘したように、「苦渋の選択だった。しかし、党内の真剣な議論を踏まえて連立政権を担う立場から責任ある選択をした」、と述べた。他方、老齢福祉年金受給者への一時金支給に対する「バラマキ福祉」批判について、村山首相は、「それは見方による、消費税率増は減税の恩典を受けない方々には重い。したがって政治として配慮するのは当然だ」と述べた(6、一九九四年九月二三日、三面)。

今回、村山内閣が消費税を五％に引き上げたことについて、『朝日新聞』(一九九四年九月二三日)は、社説「財源探しで易きにつくな」の中で社会党の態度を評価をした上で、財政当局を次のように批判した。「社会党が抵抗していた消費税の増税を受け入れたことは、減税財源にも責任を持つ現実的な対応に転じたことを意味する。将来の税制改革や財政運営に、新しい展望を開くものといえよう。財政当局者には、これで今後、財源を安易に消費税の引き上げに求めることのないように、釘をさしておきたい。そもそも消費税は、痛税感が薄いことから、税率が安易に引き上げられがちだという欠点を持っている。今回の税制改革で、消費税は八九年の導入以来、初めて引き上げが決まったわけで、その意味は重大である。細川政権の国民福祉税騒ぎを持ち出すまでもなく、財政収支のつじつま合わせを優先した税率引き上げには、国民の理解が得られるものではない。税率明記に執念をもやした財政当局はこのことを肝に銘じるべきである。財源探しで易きにつ いてはならない」。また、『日本経済新聞』は、「社会党委員長である村山首相は二二日、社会党の主体性を捨て、政権維持の道を選んだ。……首相の歯切れの悪さは、政権維持と一体を成す社会党の組織維持に確信をもてないからだろう」と批判した(一九九四年九月二三日、二面)。

村山首相は退陣後、消費税の引き上げについて、次のように語っている。「消費税が定着し、国民の消費税に対する違和感もなくなってきた。それに、高齢化社会を迎えるに当たって、社会福祉や老人介護に力を注いでいかなければならない。ウンとカネがかかるその財源をどうするかが大問題となってくる。従来通り、所得税だけに依存するとなると、サラリーマンにより大きな負担がかかることになる。ここは、国民全体が高齢化社会を支えていく以外になく、国民全体が責任を持つことが必要だ。それには、消費税アップもやむを得ない。ただ、消費税は逆進性が強い。高所得者にも低所得者にも同率の税がかかるためできるだけ逆進性を解消しようと、例えば食糧品などは非課税にできるような措置がとれないものかと検討した。しかし、技術的には大変むずかしく、低所得者には歳出の面で配慮してお返ししていく必要があるのではないかと考え、消費税アップによる財源は、社会福祉や介護手当に回すよう配慮した上で決定した。税率をきめなくてもいいのではないかという声もあったのだが、河野洋平自民党総裁、武村正義新党さきがけ代表との最終的話し合いの場で、税率を決めないのは無責任だ。責任の所在を明確にしたほうがいいと、私がそうすることを決断した(1、六八―六九頁)。

2　新防衛計画大綱の決定

一九九五年一一月二八日、政府は臨時閣議を開き、米ソ冷戦後の防衛力整備の指針となる新防衛計画大綱(以下、「新大綱」と略す)と、今後の防衛力の具体的規模を示す「別表」を決定した。それは、最小限の防衛力を保持するという「基盤的防衛力構想」を旧大綱から継承する一方で、他方で日米安全保障体制の維持・強化を明記していた。また、冷戦後、自衛隊の活動への期待が高まっている新分野として、大規模災害やテロリズムへの対応、国連平和維持活動(PKO)への参加などを挙げていた。さらに、自衛隊の定数を三万五〇〇〇人減らすなど自衛隊の定数や装備の削減は、別表の方に盛り込まれた。もともと、防衛問題については、とくに自民党と社会党との間では基本的な主張が異なっていた。そのため、調整は難航した。最後までもめた武器輸出三原則や核廃絶の扱いでは、「原則を維持」するという社会党の主張が通ったものの、社会党は防衛力の実質的中身を示す別表にはほとんど反対せず、自民党と防衛庁が実をとった形となった。結局、自民および社会党が折り合ったのは、連立政権を壊してはならないという抑制が働いたからであった。また、新大綱をめぐる与党内協議が決裂しながら一転してまとまったのは、村山首相が「指導力」をみせたからだといわれる。村山首相は、これまで政府・与党が大きな政策決定をする場合、連立与党三党の合意を粘り強く待つ、というのが基本的パターンであった。しかし今回、新大綱の決定を支持して村山首相が指導力を発揮したのは、防衛問題で与党三党間、さらに政府・与党間の亀裂が拡大する印象を与えたくない、という判断が働いたためであった(11、一九九五年一一月二九日、二面)。

新大綱は、一九七六年に決定された旧大綱と別表を一九年ぶりに見直したものであり、その骨子は次の通りである。①現行憲法の下、専守防衛に徹し、軍事大国とならないとの基本理念に従い、日米安保体制を堅持し、文民統制を確保し、非核三原則を守るという基本方針を堅持する、②独立国として必要最小限の防衛力を保守する基盤的防衛力構想を旧大綱から踏襲する、③防衛力は合理化、効率化、コンパクトをはかる一方で、適切な弾力性を確保する、④日米安保体制は我が国の安全にとって不可欠であり、周辺地域の安全保障環境の構築にとっても重要な役割を果たす、⑤核軍縮の国際的努力の中で、積極的な役割を果たしつつ、米国の核抑止力に依存する、⑥大規模な自然災害、テロリズムにより引き起こされた特殊な災害など各種の事態に際して、適時適所に所要の行動を実施する、⑦国際平和協力業務を通じ、国際平和に寄与し、安保対話・防衛交流を推進し、軍備管理・軍縮にも協力する(6、一九九五年一一月二九日、一面)。

周知のように、冷戦後の日本は、ソ連という格好の敵役を失った形となった。そこで、我が国の防衛力のあり方を国民にどのように分かりやすく説明するのか、新大綱の焦点は実はこの点にあったといってよい。防衛庁が採用した基本理念は、先に述べたように、日本が力の空白となって地域の不安定要因とならないように必要最小限の防衛力を保有するという基盤的防衛力構想にあった。

新大綱によれば、日本周辺の国際情勢について、①朝鮮半島における緊張が継続するなど不透明・不確実な要素が残る、②同時に、地域的な安全保障対話のうごきも始まっている、③日米安保体制が引き続き重要な役割を果たすと分析し、特定の脅威認識をなんら示していない。したがって、突出した軍事力で周囲を刺激する必要はないというのが、基本的防衛力の考え方であると思われる。後述するように、日米安保体制について、維持・強化を打ちだしたのも今回の新大綱の大きな特色であった。また、既に述べたように、新大綱は、自衛隊が今後取り組むべき分野として、①大規模な自然災害やテロリズムなどへの対処、②ＰＫＯへの参加、③安保対話・防衛交流の推進、④軍備管理・軍縮分野での協力などを盛り込んでいたが、それは一言でいえば、防衛力削減と併せて、脱冷戦時代の「新自衛隊」像を印象づけようとしたものに他ならない。

規模の縮小については、「別表」に示されており、それによれば、①陸上自衛隊の定数を現行の一八万人から、現役自衛官による常備定数で一四万五千人まで削減する、②四個師団と二混成を六旅団とする、など全体としてスリム化を図る、③戦車や戦闘機など主要装備を削減するなど、現体制を見直している。

新大綱について、『朝日新聞』（一九九五年一一月三〇日、五面）は、社説「新大綱は時代に耐られるか」の中で、次のような批判的見解を述べていた。「旧大綱と新大綱の決定的な違いは、日米安保体制の役割の重心が、旧大綱の我が国に対する侵略の未然の防止や侵略への日米共同対処から我が国周辺地域の平和と安全の維持とそのための米国の関与と米軍の展開を確保する基盤へと移ったことである。……地域的紛争に対処するため日米の軍事的協力が強まることは、集団的自衛権の行使を禁じた憲法との間に緊張を生む。ここにこそ新大綱がはらむ基本的問題がある。……だからこそ村山首相は、集団的自衛権についての憲法解釈をあくまで貫くことを、官房長官談話ではなく新大綱に明記すべきだった。日米の物品役務相互融通協定をはじめ、集団的自衛権にからむ課題が控えているとき、必要なのは政治の明確な意思の表明だったはずだ」。

新大綱を含めて防衛問題について、村山首相は多く語っていない。ただ、自衛隊合憲との関係で、防衛費の削減に努めており、軍縮は世界の潮流であるという認識を示していた。この点について、村山首相は退陣後、次のように語っている。「日本が率先して軍縮をおこなっていくという立場を明らかにするためにも、防衛費をどうしても削減したかった。正面装備をみても、これだけ化学兵器の技術が進むと、性能の高いいいものに代えていきたいという欲求が強まってくる。平和憲法を持っている日本は、軍縮の流れに逆行すべきでない、と頑張ったのだが、なかなか抵抗が強くて簡単にはいかなかった。それでも、一九九五年度予算で前年度並の〇・九％増か、それ以上の伸び率をという自民党と折衝を重ね、対前年度伸び率を〇・八五五％に押さえた」(1、六五頁)。

3　破壊活動防止法の適用

一九九五年一二月一四日、政府はオウム真理教に対して破壊活動防止法(以下、破防法と略す)に基づく団体規制(解散の指定)を適用する方針を決め、その手続きに着手した。破防法が適用された場合、オウム真理教関係者は、個人的には教義を信仰することはできるものの、信徒の勧誘や資金の調達など教団の維持、発展のためにする行為は一切禁止されることになる。

一二月一四日午後、村山首相は宮沢弘法相と会談した。その際宮沢法相は、オウム真理教に対する破防法の適用ついて、「法と証拠に基づいて慎重に検討したい」と述べ、「オウム真理教はサリンという無差別大量殺人物資を使って多数の生命を奪った。今なお、教祖の麻原彰晃被告に対する絶対的に帰依する体質に変化はなく、多数の信者と資金力を持ち、将来再び事件を起こす危険性は明白だ」と指摘し、解散指定に向けて手続きを開始する必要があるとの判断を報告した。

これに対して、村山首相は「国民の不安感を除去し公共の安全を確保する観点から、破防法の手続きに入ることはやむをえない」と述べ、「破防法は国民の基本的人権に重大なかかわりを持っており、その適用と運用に際しては個人の信教の自由などを不当に制限することのないよう十分配慮をしてほしい」と求めた。なお、破防法の団体規制―解散指定の初めての適用に向けた手続きを開始したことについて、村山首相は、今回の判断がオウム真理教という特異な集団を対象とした、極めて限定的なものであることを強調した。しかしながら、村山首相は、事務的な準備を積み重ねてきた法務省当局に詰めよられる中で、憲法が保障する基本的人権を侵す可能性など破防法が有する「負」の側面への十分な検討をしないまま、押し切られた形となったことは否めない(6、一九九五年一二月一五日、二面)。村山首相は当初、適用に慎重な姿勢を見せていた。しかし、臨時国会の最大の課題であった改正宗教法人法が成立し国会運営上の障害がなくなったことやオウムに対する国民の不安感が依然として強く、オウムに限って破防法を発動しても批判は少ないと判断したものと思われる(11、一九九五年一二月一五日、一面)。

これまで社会党は、破防法の適用には強く反対してきた歴史的経緯があった。そのため、村山首相や野坂浩賢官房長官はことあるたびに、破防法の生い立ちと目的にこだわっていた。というのも、破防法は米ソ冷戦という時代的背景のもとで、とくに極左活動の抑止を狙いにつくられ、戦前の治安維持法の復活につながりかねないとの批判が根強くこれまで一度も行使されてこなかったからである。

それにもかかわらず、村山首相が破防法の適用を決断したのは、右で述べたように、法務省が膨大な資料をもとに強調した「将来の危険性」という根拠が説得性のあったことと、また、これまで慎重な姿勢をとっていた自民党が破防法の適用に積極的になったという政治的状況の変化も無視できない。もちろん、村山首相にとって、破防法の団体規制の適用に自らが道を開くことについて、大きな抵抗感があったといわれる。村山首相は社会党幹部たちに、「できれば適用したくない。しかし、適用せずに再び凶悪犯罪が起こるようなことがあれば取り返しがつかない」と迷いの心境を打ち明け、最後は苦渋の選択だったと、野坂官房長官が村山首相の胸中を説明した(5、一九九五年一二月一五日、三面)。

法務省と公安庁側は、「現在もなお八〇〇人の出家信徒と七、五〇〇人の在家信徒をかかえ、釈放や執行猶予を受けた者の多くが教団に復帰している」という事実を述べ、将来同様の行動に出る危険性が明白であるとの認識に達したという。しかも、オウム教団が起こした事件の凶悪さからして、破防法の適用を許容する世論の動向も無視できない要因であった。こうして、村山首相は、行政の最高責任者という立場から、法務当局の主張を受け入れざるを得ないと判断したものと思われる。しかし、オウムへの破防法発動で懸念されたのは、何よりも末端信者への社会的差別を助長し社会復帰の機会を失わせるのではないか、という「人権問題」であった。残念なことに、この面で村山首相が破防法の適用回避のために指導力を見せたとは、必ずしもいえなかった(11、一九九五年一二月一五日、二面)。

破防法の適用について、『朝日新聞』(一九九五年一二月一五日)はその社説「破防法の適用は疑問だ」の中で、政府の姿勢を次のように批判した。「オウム真理教に対し、破壊活動防止法の団体規制(解散の指定)の適用へ向けて手続きが始まることになった。法務省と公安調査庁の適用の方針を、村山首相が了承したためである。私達は、オウム真理教への破防法の適用について、疑問点を指摘し、慎重な対応を求めてきた。これらの疑問は解消されたとはいえない。適用の必要性はむしろ弱まっているのではないか。

教団の犯罪活動を徹底的に抑え込むべきなのは当然だが、長年棚の上に放置されてきた〝劇薬〟を使って対処しなければならないほどの事態が続いているのか。治安当局はそれほど自らの力に自身をもてないのか。そういわざるを得ない。……政治の最大の任務は、国民の安全をまもることだが、だからといって、どのような手段も許されるわけでない。戦後の日本は、どんな思想や信条をもつのも自由であることを基本としてきた。オウム真理教の凶悪犯罪に目を奪われるあまり、築き上げてきたこの人権の重みを忘れては元も子も失ってしまう」。

村山首相は退陣後、破防法の適用について、次のように語っている。「私自身、破防法反対闘争もやった時代もあった。それは思想団体を弾圧しようという法律であり、結社の自由、思想、信条の自由を保障している憲法にも反する、と国民の多くが反対したいわくつきのものだった。そのため、適用する際には組織的、政治的な目的が明確であることなど、厳しい条件がつけられた。このため、余程のことがない限り適用できず、制定以来四〇年以上も封印されてきた法律だった。オウム真理教に適用されることになれば、第一号となる。適用せずに済めばそれに越したことはない。しかし、オウム真理教という宗教法人は解散されても、宗教団体として様々な活動はできる。いまだ逃亡している幹部が捕まらない状況からして、組織的な背景がなければできないようなテロの再発も予想される。いまだオウム真理教を信じている信者がいることだ。その限りでは、何をしでかすかわからないし、何もしないという絶対的な保証もない。もし仮に何かあった場合には、あのとき破防法を適用しておけばこんなことにならなくて済んだ、悔いが残る。どちらの道を選ぶか、ということになれば、政府としては安全な道を選ぶのが当然だ」（1、八六―七頁、3、九八―九頁、4、〈二八〉）。

4　住専への公的資金の投入

いわゆる「住専問題」とは、総額八兆円を抱える不良債権で問題化した住宅金融専門会社のことであり、日本住宅金融や住総など八社がそれである。これらはもともと、銀行などの住宅金融機能を保管するために設立されたノンバンクである。それが、地価抑制策として政府が行った不動産向け融資の総量規制の枠外に置かれたため、農協の資金などが住専を通じて不動産業界に大量に注ぎ込まれていたのである。

一九九五年一二月二〇日、政府は、住専の不良再建処理のため六、八五〇億円の財政資金を支出することを決定し、村山首相はこれに関して二〇日未明に首相官邸で記者会見を行った。この中で、村山首相は「民間企業がしでかした不始末であり、企業自身が解決しなければならない」との原則を示し、そして「日本の金融秩序に対する内外の信頼を回復するためまた景気対策からもこれ以上先送りすれば傷口を大きくし、金融界の混乱を大きくする。ぎりぎりの苦渋の決断として、多額の公的資金を導入せざるを得ない」と述べて、国民の理解を呼びかけた。

村山首相の記者会見の内容および記者団との主なやり取りは、次の通りであった。まず村山首相は、「住専七社のバブル後の総不良債権をどうするか、春頃から関係団体、企業、政府与党で真剣に検討と協議を今日まで続けてきた。我が国の金融システムについて国内外の信頼を回復する。同時に景気対策上からも、これ以上先に延ばしたら、傷口を大きくし、金融界の混乱を招く。最終的にぎりぎりの苦渋の決断として多額の公的資金を投入せざるを得ないという結論に達したこと に、国民の理解をいただきたい」と述べた。これに対して、記者団から「民間企業が倒産している。なぜ、農協系金融機関だけに財政資金をだすのか」という質問があった。この点について、村山首相は「そういう怒りがあるのは当然だ。民間がしでかした不始末は自分で処理すべきだろう。しかし、日本の金融システムが国際的に問われている。景気もある。これ以上先延ばしはできない」と述べた。

次に、「農協に対する優遇措置ではないか。なぜ破綻してはいけないのか」という質問には、「農協系金融機関は零細な農家の上に作られており、能力の限界がある。それなりにぎりぎりの負担を求めての結論だ」と述べた。また「選挙を意識してのことか」という質問には、「選挙というより、安定した資源を供給している産業だ。(破綻させないのは)混乱を大きくさせたくないためであり、農政上の問題だ」と述べた(6、一九九五年一二月二〇日、二面)。

当初政府は、一九日夜の臨時閣議で住専処理策の決定にあたり、金融当局や住専、関係金融機関の責任追及が必要とする政府声明を決定することにしていた。しかしながら、閣議に先立つ経済対策閣僚会議において、橋本龍太郎通産相らが声明に対し、「この文面では、国民に(村山首相の)気持ちが伝わらず、理解が得られない」などと述べた。このため、与党三党首らで対応を協議した結果、声明の決定を見送ったのである。そして先に述べたように、結局声明に代えて、村山首相が二〇日未明に苦渋に満ちた記者会見を行った。これは、多額の国民負担を強いる処理策を、首相としても自ら率先して理解を求める必要があると判断したからである。だが、政府声明であれば、閣議決定を経て「後世にも残る」公式文書だっただけに当初のもくろみは外れ、とりまとめにあたっての村山首相の指導力のなさを改めて露呈する形となった(13、一九九五年一二月二〇日、二面)。

住専への公的資金の投入について、『朝日新聞』(一九九五年一二月二〇日)は、社説「こんな住専処理はゆるさない」の中で、次のような批判的見解を述べた。「政府・与党が、住宅金融専門会社(住専)を処理するために来年度当初予算で六・八五〇億円、その後の負担も合わせると一兆円を越す財政資金の支出を決めた。民間会社の整理に政府と与党が介入し、その請求書が国民にまわすことが許されていいはずがない。財政の節度を越えた暴挙である。……大蔵省は信用秩序の維持を理由にしている。しかし、この処理案はそんなものではない。不良債権になった住専向け融資を償却できる能力もする気もない。農協系金融機関の救済が目的である。その背後には、農協組織を守ろうとする農水省と農林族議員の圧力がある。……この問題は、私たちが繰り返し主張してきたように、破産や和議のような法的手続きによる処理に委ねるべきである。法的根拠が不十分な行政指導によって住専を処理すれば、将来に禍根を残すことを、銀行経営者は忘れてならない」。

村山首相は退陣後、住専への公的資金投入問題について、次のように語っている。「景気対策の中で、一番気掛かりだったのが、金融機関が抱える不良債権の問題だった。景気回復の足を引っ張るだけでなく、障害にもなりかねないものだ、と考えた。住専を筆頭とする不良債権問題は、単に金融秩序を乱すだけではなく、景気回復に対して足かせとなるものだった。そういう意味でも、なんとしても解決しなければならないと考えていた。同時に、日本の経済規模がこれだけ大きくなっているだけに、金融不安は日本だけにとどまらず、国際的にも影響を与えかねないものだった。G7でも、日本の不良債権の始末をどうつけるかを注目していた。この不良債権問題にもっと早く手をつけておけば、こんな大きな問題にはならなかったし、国民負担が六八五〇億円と、これほど大きくはならなかったと思う。しかし、そんなことをいっても始まらない。金融秩序の安定、景気回復、さらに国際的な日本の金融のあり方などを考えた場合、時間的余裕はなくギリギリの選択を迫られた。そこで、一九九五年の暮れも押し迫ったときに、これ以外に始末のしようがないということで、六、八五〇億円の公的資金導入を含む住専スキームを決めた。バブルを煽ってきた大蔵省、日本銀行、政治家の責任もあり、一概に民間企業の問題ということで片づけるわけにはいかなかった」(1、一七―八頁)。

四　おわりに――村山内閣と「戦後民主主義」

一九九四年六月に発足した村山内閣は、三党首を中心とする「ハト派」――リベラル的内閣の印象を全面に強く打ちだした。そして「この三人は、その思想的背景においてある種のリベラル性を持つという点で共通していた。この政権は、三党体制である同時に、村山富市、河野洋平、武村正義の三者体制でもあった」(5、六二頁)。

しかしながら、こうして発足した村山内閣は、現実には自衛隊の承認、日米安保体制の維持、日の丸・国旗の容認などに見られたように、歴代政権が促進してきた〈保守的〉な政策遂行に終始してしまったものも少なくない。その後村山内閣は、一九九五年一月に発生した阪神・淡路大震災への危機管理対応の遅れや、七月の参議院選挙での自社両党の敗退など、幾度か危機的な状況に直面した。だが、そのつど、連立与党内に村山内閣を支えようとする「政権維持」の求心力が働いた。村山首相は、首相としての指導力に欠ける、思い切った政策展開ができないといった批判を浴びながらも、命脈を保持し続けたのである。しかしながら、一九九五年後半の一一月に入ると沖縄の米軍基地問題、一二月のオウム真理教への破防法の適用および住専への巨額の公的資金の投入など、社会党委員長としての村山首相にとって苦しい選択・決断が続いた。そして、年が明けた一九九六年一月五日、ついに退陣を表明したのである。

村山内閣が発足した当初は、中継ぎ的な短命内閣と見られ、半年持てばいいほうで、一年と持つまいと見られた。しかし、「不安定の中の安定」といわれながらも、実際には五六一日と約一年六カ月も持ちこたえたのである(14、七一頁)。その理由として、旧連立政権時代の教訓が生かされたこともあったが、何よりも、村山首相の明確な〈歴史認識〉と〈ハト派的立場〉によるところが大きかったのではないかと思われる。村山首相は退陣後、村山内閣時代を振り返って、「社会党委員長の私が総理になったことに、歴史的必然性を感じ、歴史的課題に取り組めといわれているような気持ちを持った。そして、戦後五〇年の節目に総理になった私の任務は、自民党単独政権が積み残してきた問題に果敢にけじめをつけることだと考えた。それは被爆者援護法であり、従軍慰安婦問題であり、水俣病問題であった。それらの問題は、一〇〇％満足のいくものではなかったが、けじめをつけることができ、それなりに任務は果たせたと思っている」と語っている(1、一頁、4、(二七))。

最後に本章の結びとして、村山内閣の歴史的位置と政策決定過程の特色を総括しておきたい。何よりも村山政権は、多くの制約条件をつけられていたことを忘れてならない。まず第一に、村山内閣は社会党、自民党および新党さきがけの三党の「連立政権」であったという事実である。そして、当然のこととはいえ、連立政権には連立に伴う限界があり、連立政権の中で政策を決定するには自ずと限界があったということである。つまり、重要な政策決定については、常に連立した他の二党との協議を必要とし、かつ自党内の調整をはからねばならなかった。第二に、連立を構成する三党の中で、自民党の議席が二二三議席と圧倒的に多く、村山首相を出した社会党の議席は七〇議席しかなく、しかも閣僚の配分でも自民党が一三に対して、社会党は五であった。つまり、政策遂行の節目節目で自民党が主導権を行使し、多くの場合社会党が押し切られる場面も少なくなかった。「憲政の常道」からすれば、相対的多数の議席を持っている政党から首相をだすべきなのに、自民党は時期早尚とみてそれをしなかった。そして第三に、村山内閣は遂行する政策に社会党らしさを生かすことができず、しかも党の主張を一〇〇％実現できない連立政権の複雑な事情を抱え、自民党との妥協の仕方が「全面的譲歩」と映る場面が少なくなく、かつ党内の反発―分裂的要因を常に抱えていたことである。

したがって、村山内閣の歴史的役割を一言で述べるなら、それは過度的な政権であって、自ずとできることには限界点があったということである。実際、村山首相はこの点について、次のように語っている。「衆院でわずか七〇名程度しか議席を持っていない社会党の委員長の私が総理になったことには、それなりの歴史的役割がある。そのひとつは、過度的な政権としての役割を担うということだ。社会党の諸君は違ったようだが、私は、自分でそう考え、自分なりに村山政権は過度期の政権と位置づけてきた。そうだとすれば、自分自身の持つ力量も含めておのずから限界がある。その判断を必要とするときは、キチットすることが大事だと思ってやってきた」(1、三四―三五頁)。

次に、村山内閣の下での政策決定過程の特色を述べておきたい。本論でも指摘したように、一般的には、村山内閣の政策決定の多くは、理念重視というよりも足して二で割る妥協が多く、仮に村山首相が自ら信じる政策を打ちだそうとしても、与党内および社会党内部の調整がすんなりと進む状況になかったことは確かである。しかし、他方で、村山首相は政府・与党が重大な政策決定をする場合、連立与党三党の合意を粘り強く待つというのが、基本的パターンであった。「自・社・さ」の連立政権の下での政策決定過程について、村山首相は退陣後、次のように語っている。

「連立政権を維持するに当たって重要なのは、民主的な運営をすることだ。私の政権下では、与党政策調整会議、与党国体委員長会議で政策・国会運営について調整をはかり、与党院内総務会で議論をつくし、そして、与党の最高意思決定機関として与党責任者会議、さらに三党首会談の場を定例で開くこととした。

生まれも育ちも違うのだから、当然、理念も政策も違いがある。まずその違いをそれらの協議機関でおたがいが明らかにする。おたがい、自分の政党が決めている政策が一番いいと思っている。政策について遠慮し、妥協し合うのでなく、どんどん主張し合う、おたがいが真剣な議論を尽くしたうえで合意点を見いだしていくという努力をするなかから、信頼関係も生まれてくる。それをやればやるほど、連立政権の基盤がさらに強固になり、安定してくる。私はそう考えて、政権の維持に心掛けてきた」(1、二八―九頁)。

これまで日本ではマスコミなどを中心に、総じて、村山内閣が実施した政策の評価について、その「負」の部分に焦点をあてて、ややもすれば批判的に評価する傾向が見られた。例えば、沖縄での米兵による少女暴行事件への対処や米軍基地の強制使用をめぐる政府と沖縄県との対立をめぐる評価がそれである。しかし、村山内閣が実施した政策の歴史的位置を

「戦後民主主義」の文脈の中で検討する場合、当然のことながら、その「正」の部分にも目を向け相対的に判断する必要があるように思われる。本論の前半部分で論じたように、村山首相が社会党の委員長であったが故に、実行された〈革新的〉な政策も少なくない。もちろん、「ハト派」を標ぼうした村山内閣がその後、自衛隊、日米安保、非武装中立、日の丸・君が代などの問題をめぐって後退した政策もあり、それは本論の後半部分で指摘したように、いわゆる「戦後民主主義」の文脈からすれば、連立政権が抱える保守的側面を露呈したものといわねばならない。ただ、こうした批判について、村山首相は退陣後、「国際情勢がかわったら、それに対応できる政策運営をするのは当然の話だ。情勢がどう変わろうが政策は不変だ、といっているほどバカな話はない。それでは政治にならない」と明確に反論している(1、六九頁)。

一九九六年一月五日、村山首相は退陣した。『朝日新聞』(一九九六年一月六日)は、その社説「それでもやはり退陣だ―村山退陣と次期政権」の中で、村山政権を批判した上で、次のように積極的に評価している。「もちろん村山政権にもよい点もあった。戦後五〇年の首相談話に代表されるように、謙虚な姿勢で敗戦五〇年を迎え、アジアの信頼関係に意を用いたり、戦後処理を進めようとしたりした。被爆者援護法の成立や、水俣病の和解など、歴代政権が手をつけなかった成果は特筆される。そしてスキャンダルと突出した権力行使とも無縁の、その意味で安心できる首相だった。村山首相の名が残るとすれば、何をおいても〝自民党と社会党の連立〟を可能にしたという事実だろう」。

要するに、村山内閣の最大の功績は、戦後政治の対立に終止符を打ち、実現可能な政治空間を作り上げたことであろう。しかし、村山内閣は、国の将来にかかわる「大政治」について何ら確固たる指針も展望も示さなかった。この点について、北大教授の山口二郎氏は、次のように述べている。「村山政権は、戦後の繁栄の陰で置き去りにされてきた問題を、落ち穂拾いするように、解決することが課題であった。その意味で誠実に取り組んできたと評価できる。しかし、この政権は未来に向けた政策の面では何ら展望を示せなかった」(6、一九九六年一月六日、三〇面)。

資　料——「新しい連立政権の樹立に関する合意事項（一九九四年六月二七日）」

「新しく発足する連立政権は、昨年七月二九日の「連立政権に関する合意事項」及び「八党派覚え書き」を継承発展させ、以下の重点政策の実現に取り組む。新しい連立政権は、現行憲法を尊重し、幅広い国民の支持を基盤に、生活者のための政治の実現と地球規模の環境保全と軍縮を促進する。また、新政権はこれまで進めてきた政治改革をさらに徹底し、経済改革、行財政改革、地方分権、福祉の充実、男女共同参画型社会の実現などに取り組み、政治に対する国民の信頼を基く。新しい連立政権与党の運営については、別紙で当たることとする。

一．政治改革の継続推進
一．行政改革と地方分権の推進
一．経済改革の推進
一．農林漁業新興の推進
一．高齢社会と税制改革
一．外交・安全保障・国連改革
一．戦後五〇年と国際平和
一．朝鮮民主主義人民共和国の核開発への対応
一．教育の充実と男女共生社会の創造

「別紙」

一．連立与党内の運営

新政権は、政策決定の民主性、公開性を確保し、政党間の民主的な討論を通じて、政策決定の透明度をより高め、国民にわかりやすい政治の実現に努める。このため、与党の政策決定・意思決定について、政策幹事会で審議の上、与党院内総務会の論議と承認に基づき、与党最高意思決定会議で決定する。与党党首会談を定例化し、政権の基本に関わる事項等について、協議・決定する」。

引用・参考文献

（1）金森和行『村山富市が語る天命の五六一日』（ＫＫベストセラーズ、一九九六年）。
（2）高橋市男「戦後政治の一断面―村山政権誕生の背景」（『ポリティーク』No.2、一九九六年三月）。
（3）村山富市（辻本清美インタビュー）『そうじゃのう……』（第三書館、一九九八年）。
（4）村山富市「私の履歴書〈一〉―〈二九〉」（『日本経済新聞』一九九六年六月一日―三〇日）。
（5）五十嵐仁「村山政権成立についての当事者の証言」（『大原社会問題研究所雑誌』No.４６０、一九九七年三月）。
（6）『朝日新聞』。
（7）『第一三〇回国会・衆議院会議録』第一号（一）（一九九四年七月一八日）。
（8）『朝日年鑑』（一九九五年版）。
（9）野坂浩賢『政権―変革への道』（すずさわ書店、一九九六年）。
（10）『日本経済新聞』。
（11）『毎日新聞』。
（12）五十嵐広三『官邸の螺旋階段』（ぎょうせい、一九九七年）。
（13）『読売新聞』。
（14）曽根泰教「自社連立政権は長続きする」（『諸君』一九九四年九月号）。

第三章　村山内閣と連立政権
――歴史的転換の狭間で苦吟する理念――

大六野　耕作

一　はじめに

一九九四年六月三〇日、村山富市社会党委員長を首班とする社会・自民・さきがけ三党による連立政権が誕生した。細川護熙(日本新党代表)を首班とする非自民連立内閣誕生から一一カ月余り、羽田内閣の成立からわずか二カ月足らずの出来事であった。なぜ、村山社会党は非自民連立政権から離脱しなければならなかったのか。戦後政治の中で最大の敵でありつづけた自民党と、党の基本政策を転換してまで連立を組む必要がどこにあったのか。一般の国民にとってはもちろん、社会党員にとっても「理解を超えた選択」であったことは間違いない。

この社会党の方向転換は、「日本が置かれた状況に対する危機意識の欠如」、「政権への執着」、「現状維持願望」などに起因するものなのだろうか。さらには、戦後政治の隘路を打開する「政治改革」への裏切り行為だと単純に処断できるのだろうか。仮に、いわゆる「改革派」の現状認識とその打開策が唯一の正しい選択であるとすれば、連立離脱・自民党との連立という社会党の選択は、非自民連立政権、それ以上に「政治改革」そのものに対する裏切り行為だといってもよいかもしれない。しかし、そうした紋切り型の説明は、将来の日本政治を左右する重大な問題を隠蔽する結果にはならないか。実際、

「改革派」が指摘する社会党の方向転換理由は、いささか独善に過ぎるのではないかと思われる。

素朴な規範的議論(……すべき論)を除けば、およそ政治家・政党が政権に執着することは、ある意味で当然である。何故なら政権に就くことなしには、自らの政策を実行に移すことは不可能だからである。また、政治家・政党が本来的に現状維持的であることも不思議ではない。政治家としての存在・政党の存立そのものが、支持基盤の利益を擁護しうるか否かに懸かっているからである。むしろ、政治家や政党はこうした支持基盤のネットワークに一方の足を掛けながら、それとの緊張関係で「あるべき政治のあり方」を模索しているといった方が現実に近い。「改革派」を自認する政治家・政党も、政治家としての地位確保・政党の存続を念頭に置きながら、一時「改革派」に留まる決断をしたに過ぎないのかもしれないのである。村山内閣誕生から今日に至るまでの政治家・政党の離合集散、同じ「改革派」であった政治家・政党が攻守所を変え対立している現実がこのことを如実に語っている。

解明すべきは、政治家や政党の行動に常につきまとう政治的駆け引きの実態、その中で注目を浴びる政治家・政党間の提携・対抗関係そのものではない。むしろ重要なのは、政治家や政党にそうした政治的駆け引き、連携・対抗関係を選択させる外部的環境の分析なのである。社会党の連立離脱・自民党との連立にひきつけていえば、①党内外の批判を覚悟の上で、社会党が自民党との連立という選択を行った背景とは何か、②そうした背景のどのような要素に村山は問題を見出したのか、③村山社会党は自民党との連立によって何を打開しようとしたのか、④その試みは成功したのか、⑤その結果、どのような課題が残されたのか、という一連の疑問に集約されることになる。

本章の目的は、村山連立内閣の誕生という歴史的事実を、政治家・政党間で繰り広げられる日常的な「政治的駆け引き」のプロセスに矮小化することなく、わが国の戦後政治が直面している環境変化、あるいは「大状況」の変化の中で位置づけることにある。

二　環境変化への対応

村山社会党が非自民連立離脱を決断した直接の要因は、①非自民連立政権発足当初から懸念された、いわゆる「一・一ライン」(小沢一郎連立与党代表幹事・市川雄一公明党書記長)主導による強引な政権運営、②連立与党内の議論をバイパスした細川首相による「国民福祉税構想」の発表、③羽田内閣発足直後、社会党の了承なしに進められた統一会派「改新」の結成、④軍事を含めた積極的国際貢献を主張する小沢の「普通の国」論に対する違和感などがあったといわれる(1)。

しかし村山自身が指摘するように、自民党との連立は「……結果として生まれたもの」(2、六七―七〇頁)という性格が濃厚である。実際、社会党は自民との連立に当たって、将来の政界再編を睨んだ明確な政権構想を持ち合わせてはいなかった。むしろ党内では、旧連立与党への復帰を望む意見が大勢だったのである(3)。しかし、一九九四年六月二九日、国会最終日の夕方開かれた第三次連立政権協議は、新生・公明党が社会党の提案を棚上げにした上、社会党の飲めない新たな要求(安全保障問題)を突きつけたことによって決裂した。その結果として社会党は自民党との連立に流れこんでいく。しかも、旧連立与党勢力は小選挙区比例代表並立制下で行われる次期総選挙を念頭に置いて、新・新党結成(統一会派「改革」→新進党)を画策していた。小沢や市川にとって第三次連立協議は、社会党を切り捨てる儀式であったといってよい。

しかし、旧連立与党勢力が一貫した政権・政策構想を共有した集団として、新・新党結成を通じた政界再編を目指していたというわけでもない。たしかに、民社党は、政策的に連立与党を構成する保守系政党に近かった。しかし、「改新」を提唱するまでの大内委員長は、創価学会を母体とする公明党には常に距離を置いていたし、また新進党結成にも参加しなかった(4、二九六頁)。細川も当初は、新生党を「いかがわしい」政党と評しながらも、連立政権誕生後は小沢に急接近した。パートナーであった武村正義と袂を分かって新進党へ参加しながら、結局は離党するという複雑な動きを見せた。公明党は従来から権力バランスによって基本政策の重心を移す傾向を持ってはいたものの、この時点では安全保障・福祉政策などに関して小沢が主張する「普通の国」論や「自己責任原則」とはかなり距離があったはずである。新進党の結成に当たって、公明党を分党(衆議院の公明と参議院の公明党の平和改革＋地方議会議員)し、公明だけが参加するという行動にも政界再編への警戒心が現れていた。

こうした一連の動きを多少距離を置いて観察すると、すべての政党の行動を暗黙のうちに拘束していた枠組があることに気づかされる。つまり各政党はこの枠組を受け入れたことで、初めから取りうる選択肢の幅を狭められていたのである。こうした状況の下では、各政党が依拠してきたイデオロギーや基本政策は行動原理としての役割を果たさなくなる。政党はもちろん、政党内の様々な集団までもが従来の「政治的仕切」を超えて相互に反応し、そこから生み出される「ものごとの経緯」がさらに将来の行動を規定する。こうして、現在に至るまでの政党の「迷走」が生まれたのである(3、一九―五八頁、4、二九七―八頁)。それでは、この枠組とは何なのか。筆者の見るところ、それは一九八〇年代後半以降一貫してわが国の政治を引きずり続けている「政治改革」という呪縛である。それは何らかの根本的な改革を必要とするような、外部環境もしくは「大状況」の変質なのである。

すでに一九七〇年代の初めには、政治意識のレベルにおいては保守対革新という対立軸は、その意味を失いつつあった(5)。米ソの冷戦構造を前提に、自民党と社会党を主たる担い手とした保革対立を政治の表舞台としながらも、経済成長を図る政・官・財の「利害調整構造」が形成され、国民生活を驚異的なスピードで引き上げていったからである。自民党に対抗するはずの社会党も経済成長の成果を獲得するため、この「利害調整構造」の周辺に制度化されていった(6、九〇頁)。しかし皮肉なことに、国民の経済的欲求が充足されるにつれて、経済成長の成果を勤労者に還元させるという社会党の存在意義は次第に薄れていく。今一つの存在意義であった、護憲、安保・自衛隊反対という基本政策も、①戦前回帰を思わせる岸政権の退陣、②綱領に明記された憲法改正を実質的に封印し、高度経済成長を国家目標に掲げた池田政権の登場、③米ソ間の緊張緩和という状況変化の中で次第に国民へのアピールを失っていったのは否めない。

すでに一九六〇年代半ばから、社会党支持率の長期低落が始まった。選挙敗北の度毎に繰り返される社会主義をめぐる党内論争は、国内外の社会・経済・政治的環境の変化、これに伴って生じた国民のニーズ・価値観変化を正確に認識し、これを党の新たな方針へと転換することができなかった。官公労を中心とする総評も、加盟組合の利益確保、そのための政治的影響力確保という戦略から一歩も出ることはなかった。こうして、社会党・総評ブロックは潜在的な支持層を組織できないまま、戦後政治の閉鎖的な「利益調整構造」の周辺に制度化されていったのである(2、一八二―四頁)。

皮肉なことに、社会党支持率の低下は自民党の支持率上昇を意味しなかった。そもそも自民党は、五〇年代、選挙の度毎に支持と議席を増やしていた社会党(第二五回―第二七回総選挙は、左・右社会党)に対抗して、様々な政治的傾向を持つ保守系政党が合同して結成されたものである。その背景に、社会主義勢力の拡大に危機感を募らせた財界の強い要請があったことはよく知られている(7、一四頁)。つまり自民党という政党は、明確なイデオロギーを共有した集団ではなく、社会主義に対抗して資本主義経済体制を擁護するという一点でまとまった政党だったのである。したがって、自民党政権の正統性は、国民生活の安定を確保しえた限りで保証されるものであった(8)。そして一九七〇年代に入り、二度のオイル・ショックを経験する頃には、自民党の支持率や議席数も低下傾向を示し、政治の表舞台では与野党伯仲状況が生じるのである。

しかし社会党を中心とする野党勢力は、このチャンスを活かすことはできなかった。地方自治体を中心とした社共共闘は、数多くの革新首長の誕生という一定の成果を収めはしたが、しかし国政レベルでの政権獲得は初めから不可能であった。一九七〇年代を通じて何度も試みられた社会・公明・民社三党による連合政権構想も、①民社党の社会党に対する根深い不信、②社・民両党の支持基盤である総評と同盟の組織的対立、③創価学会を主たる支持組織とした公明党の既成政党化(支持組織の利益擁護)、④日米安保・自衛隊に関する公明党の政策転換などが社会党内の左右対立と複雑に絡み合い、結局、陽の目を見ることはなかった。社会党にすれば、基本政策を転換してまで、実現可能性の不確かな社・公・民路線には踏み込めなかった。一方、民社党や公明党は与野党伯仲状況を背景に自民党との妥協を図り、これによって自らの支持基盤の利益を守ることが可能であった。実際、社・公・民路線が破綻した後の公明・民社の動きはこの線に沿うものであった。こうして、戦後の保革対立から解き放たれつつあった国民の多くは、自らの変化したニーズを統合しうる政治勢力登場の機会を失ったのである。国民は政治的関心を失い個人的世界に閉塞するか、時々の状況に合わせて自らの利益を守ろうとする。たとえば、村上泰輔が指摘した「新中間大衆」とは、まさにこうした状況にある国民の政治意識をとらえたものであった(1、一九八九年)。

一九七〇年代も後半に入ると、日本を取り巻く環境に大きな変化が現れてくる。そして、この変化が「五五年体制」の下で組み上げられた社会・経済・政治・行政構造を機能不全に陥らせていく。まず注目すべきは、わが国の経済構造に生じた変化である。七〇年代後半になると、五〇年代から続いてきた高度経済成長に躓きが生じる。その引き金は、七三年および七九年のオイルショックであった。しかしその底流には、先進工業諸国に共通した産業構造の変化と、その中での企業活動の変化(グローバル化)が着実に進行していたのである。ライシュの言葉を借りれば、先進工業諸国の産業構造は「ハイ・ボリューム型」から「ハイ・バリュー型」へと移行しつつあったのである(9)。

戦後から一九七〇年代前半頃までの日本経済は、巨額の投資を要する産業基盤整備と大量生産・消費を前提とした消費財の供給を中心とするものであった。第二次世界大戦後、ほとんどの国々(アメリカを除く)では産業基盤の多くが失われており、国民は衣食住にも事欠く状態が続いていた。戦後経済はこうした国民の基本的欲求を充足しながら、国民生活を向上させる様々な消費財や耐久消費財を、いわばゼロ状態から国民一人一人に行き渡るまで供給するプロセスであった。各種家電製品、乗用車をはじめとする耐久消費財が、すべての家庭に行き届くまでの長期間にわたる生産と消費の自己増殖的な拡大プロセスが存在したのである。しかし、この自己増殖的経済成長プロセスにも、限界が訪れる。産業基盤整備が一巡し国民の耐久消費財に対する需要がほぼ充足されると、当然、自己増殖的な生産・消費プロセスは失われていく。

この帰結が経済成長率の鈍化であることは改めて強調するまでもない。戦後から平均して一〇％を上回る経済成長を続けてきた日本経済は、七〇年代の前半以降、半分以下の成長に落ち込んだのである。

国民の欲求は量から質へ、様々なサービスへと移行していった。多くの製造業は量の拡大によってではなく、生産コスト削減・付加価値の増大によって利潤を確保する戦略をとらざるをえなくなる。しかも、科学技術の発展は生産費用の継続的な逓減（「長期限界費用逓減」）を可能にし、各産業が製品の価格を引き下げながら他国の同種産業と激しい競争を繰り広げる「メガ・コンピティション」がグローバルな規模で生じてきたのである（たとえば、コンピュータを想起されたい）。こうした経済構造の変化が、極めて大きなコスト削減圧力を生み出すことはいうまでもない。またこうした状況の下では、企業が公的規制（国の内外を問わず）を必要としなくなるのも当然のことであった（10、七三―八頁）。

しかし、政府の対応はこうした変化に沿ったものではなかった。むしろ政府は、中央・地方を通じた様々な国内向けの公共事業（高速道路網・新幹線網・橋梁・地方空港・公共施設建設等）を通じて有効需要を創出し、経済成長の鈍化を食い止めようとしたのである。しかし、自己増殖的生産・消費プロセスが失われた中での公共投資は、経済成長の低下を抑制する効果はあっても、以前のような高度成長を呼び戻すことは構造的にできないものであった。政府は年々の経済成長を確保するため毎年借金を重ね、これが年々の予算に占める公債費を増大させる。公債費増大によって減少する政策的費用を捻出するため、さらに借金を重ねるという悪循環が定着したのである。こうした地方・中央を合わせた政府長期債務残高は一九九八年度末でＧＤＰの九六・五％（アメリカ　六〇・三％、イギリス　五九・一％、ドイツ　六四・五％、フランス　六五・七％）を占め、予算に占める公債比率も二二・二％にまで達している。これ以上の借金は続けられない状況が生じている。

今一つの問題は、少子・高齢化の急速な進行である。一九五〇年には四・九％に過ぎなかった六五歳以上の高齢者人口は、七〇年　七・一％、八〇年　九・一％、九五年　一四・六％と、四五年間で三倍近くに増えている。そのスピードは、他の先進工業諸国に比べても三倍から五倍に及ぶ。この傾向は少子化によってさらに増幅され、老齢者の割合は二〇二五年には全人口の二八・二％（約三三一三万人）、二〇五〇年には三五・二％（約三二四〇万人）に達すると推計されている。逆にこうした高齢者を支える生産年齢人口（一五―六四歳）は、九五年の六九・五％から二〇五〇年の五四・六％まで減少する。この結果、従属人口指数（年少人口と老年人口の和が生産年齢人口に占める割合）は、九五年の四三・九％から二〇五〇年の八三・〇％にまで上昇する。いいかえれば、九五年の現役世代はほぼ一人で一人を支えている勘定だが、二〇五〇年には一人でほぼ二人を支える勘定になる（社会保障・人口問題研究所、一九九七年）。

したがって単純化していえば、現行の保険・年金・社会保障制度を維持しようとすれば、五〇年後の現役世代は現在の二倍近くのコストを負担せざるをえない（九四年の国民負担率は三六・二％）。この意味でも、従来までの健康保険・年金・社会保障制度を構造的に見直し、将来的においても安定した保障を提供しうる制度を再構築する必要が生じてきているのである。しかも、こうした改革は先に指摘した経済構造の根本的な変化（グローバル化）の中で行われる必要がある。つまり、①自律的な経済成長を図るための経済構造改革を行いながら、②政府財政の足枷となっている地方・中央の政府長期債務を削減し、③しかも、国民生活の安定を確保するというトリレンマが生じていたのである。

経済活動のグローバル化は、企業側に強いコスト削減欲求をもたらす。規制緩和、税制改革（法人税、各種保険負担の軽減等）、企業活動のリストラクチャリングを可能にする条件整備（独占禁止法の緩和等）、雇用慣行・賃金体系の変更（長期雇用の見直し、能力給・年俸制度）などが行われなければ、国内外の企業が日本に留まる（あるいは進出）するインセンティブは減少し、産業空洞化の危険性も生じる。しかしこうした変更は、同時に、国民生活の不安定化要因として働く側面を持つ。どの政党が政権を担当するにせよ、この三つの矛盾する要素間のバランスを取りながら、従来までの経済構造とこれを支えてきた社会・政治・行政構造を変革する必要性が生まれているのである。

三　政治改革という呪縛

こうして「政治改革」は避けることのできない構造問題として登場したのである。「五五年体制」の中に制度化されていた各政党は、相互に矛盾する問題を同時に解決する、という困難な状況に直面する。この矛盾は図式的にいえば次のような構造を持っていたといえよう。①政党に対する財政的支援・選挙における支持は、各政党を支援する利益団体を通じて調達される場合が多い。②政党に対する支援は、政党が政策を通じて各利益団体の要求(理念的なものを含め)を獲得・擁護することによって継続される。③外部的条件変化によって従来までの「利害調整構造」が機能不全に陥ると、この構造そのものを変更せざるをえなくなる。④「利害調整構造」の変更は既得権に対する挑戦を生み出し、政党の支持基盤を動揺させる可能性が生じる。⑤政党が支持団体の理念や利害をあくまでも擁護しようとすれば、国民一般の支持を失う危険性を生む。⑥逆に、理念や政策を変更すれば従来までの支持層を失う危険性に直面する。⑦利益団体側からすれば、自己の利害や影響力を確保するため、従来までの政党支持を維持すべきか、あるいは支持政党(新党を含む)を変更すべきかといった問題が生じてくる。

流動化の兆しは、一九八〇年代に入って明確な形を取り始める。八一年三月、鈴木内閣は土光敏夫(元経団連会長)をトップに、わが国が抱える構造問題を検討する「第二次臨時行政調査会」(第二臨調)を発足させた。土光臨調は八三年三月、「増税なき財政再建」と「超緊縮財政の堅持」を答申して解散するが、鈴木内閣の下で行政管理庁長官を務めていた中曽根康弘が首相に就任すると、土光臨調が打ち出した「新自由主義」路線を強力に推進する。つまり、「産業構造の変動に伴う費用や景気対策、社会福祉などに政府が責任を負い、行政機構と財政を膨らませてきた」戦後政治の基本構造を根本から組替えようとしたのである(7、一六二頁)。

中曽根のいわゆる「戦後政治の総決算」は、急ピッチで進んでいった。土光臨調路線の実施をフォローアップする第二次行革審、第三次行革審が相次いで設置された。一九八四年八月には専売公社を日本たばこ産業（ＪＴ）に、一二月には電電公社を日本電信電話会社（ＮＴＴ）に民営化する法律が成立、八五年四月から実施に移された。また、当時三七兆三〇〇〇億円余りの長期債務と九万三〇〇〇人の余剰人員を抱えていた国鉄は、八七年、六つの地域会社に分割の上、民営化された。そして八六年には日米間の貿易収支の不均衡是正を図るため、「国際協調のための経済構造調整研究会」（前川春雄座長・元日銀総裁）を設置し、内需主導型の経済成長を目指す経済構造改革案、いわゆる「前川レポート」が提出された。この内容が、九三年、細川内閣が設置した「経済改革研究会」（平岩外四座長）の提言と基本的に同じ性格のものであったことは忘れてはならない。①市場重視の経済運営、②市場への政府介入の削減、③これらを実現する手段としての規制緩和、中央省庁改革、地方分権、④機会の平等と自己責任原則、といった今日のキーワードはすべて、八〇年代には出揃っていたのである(8)。

いずれにせよ、国鉄をはじめとした公共企業体民営化に伴って総評最大の組織であった公労協（公共企業体等労組協議会）は消滅し、総評はもちろん、総評を支持基盤とした社会党は大きな打撃を受けることになる。労働界全体を見ても、労働組合員数は一九六〇年七六〇万人、六五年一〇一四万人、七〇年一一六〇万人と着実に増加していたが、七五年には一二五九万人でピークを迎え、八〇年一二三六万人、八五年一二四八万人、九〇年一二二六万人と明らかに減少傾向に転じていた。また、労働組合への組織率も六〇年三二・二％、六五年三四・八％、七〇年三五・四％とわずかながら増加していたものの、七〇年にはすでにピーク（三五・四％）達し、これ以降、八〇年三〇・八％、八五年二八・九％と、はじめて組織労働者が三〇％を割る状態を迎えていたのである。つまり、わが国の労働組合は戦後の高度経済成長がそろそろ終わりを迎える七〇―七五年にかけて転換期を迎え、公営企業体の民営化が具体的な形をとる八五年ごろには、組織労働者数においても組織率においても衰退期に入っていたと見なければならない（労働省『労働組合基本調査』各年次）。

この背景として、国民意識の変化が存在したことは既に指摘したとおりである。高度成長を通じてもたらされた豊かさは、生活水準の向上、労働条件の確保といった問題をかなりの程度解消し、国民の欲求はさらに高度化・多様化していった。また、護憲、日米安保、自衛隊といった戦後の政治対立軸も平和が継続する中で、国民の意識の上では大きな意味を持ちえなくなっていた。実際、一九七〇年には国民の四四・四%(約四六〇〇万人)が戦後生まれ世代であり、九〇年には有権者の実に四八・六%(約四四三〇万人)が戦後生まれ世代になっていたのである(社会保障・人口問題研究所　一九九九年)。

このため労働組合は、次第に危機感を募らせていく。組織率の低下・組合員の忠誠心の低下という状況の中では、戦後の政治的経緯から分裂していたナショナル・センターを統一する一方で、自民党に対抗しうる政治勢力を結集することが、政治的影響力を維持するための必須条件となってきたのである。一九八七年一一月には、民間の労働組合を結集した「全日本民間労働組合連合会」が、八九年一一月には総評、同盟、中立労連、新産別など四つのナショナル・センターを統合した「日本労働組合総連合会」(連合)が誕生し、社会・民社・社民連を中心に公明をも含めた野党再編、ないしは政界再編が最大の政治課題として位置づけられることになったのである。

社会党の側にも変化が生じ始める。一九七〇年代に入る頃から、衆議院選挙で社会党が動員しうる有権者の割合は目に見えて低下し始めていた。五八年総選挙では二五%を超えていた社会党の絶対得票率(全有権者に占める社会党の得票率)は、六〇年二〇・〇五%、六三年二〇・四三%、六七年二〇・三六%と二〇%代で推移したが、六九年一四・五五%、七二年一五・五六%、七六年一五・〇三%、七九年一三・二八%、八〇年一四・〇九%、八三年一三・一三%、八六年一二・五%と全盛時の半分以下の有権者しか動員できない状態に陥っていた(7、二二三―二三三頁)。そして、八〇年代の前半までには、時代状況に対応した政策体系の整備・労働組合依存体質からの脱皮(党組織の「市民化」)なしには、社会党という政党の存在意義が問われる状況が生じていたのである。

こうした状況の中で、一九八六年一月、前年の党大会で左派の反対によって継続審議となっていた「新宣言」を採択することになった。社会党は階級政党という自己規定を変更し、マルクス・レーニン主義に基づいた「日本における社会主義への道」というこれまでの綱領的文書を「歴史的文書」として清算することになる。この新宣言では、西欧の社会民主主義的路線への方向転換が示された他、保守勢力との連合もありうるとし、自民党政権に代わりうる政治勢力の結集というアイディアが曲りなりにも盛り込まれたのである。しかし、村山富市の証言によれば、「その中身というのが、幾らか路線転換をしているけれども、体質的には、あまり変わらない」、「……依然として労働組合さえ支持しとれば、選挙には勝てるという安易な気持ちがあって、依拠してきたから、体質は変わらなかった」(2、八二―三頁)とされる。まだこの時点では、社会党左派はもちろん右派も、労組依存体質を脱却し市民との連携を積極的に図っていくところまでは達していなかったのである。

この「新宣言」が採択されて六カ月後に第三八回総選挙が行われた。しかしその結果は社会党にとっては大きな打撃であった。社会党の議席は八七議席で、前回から二七議席を減らし、一九六九年の総選挙(九〇議席)以来の大敗であった。これに対して、「戦後政治の総決算」を掲げ国鉄をはじめとする公営企業体の民営化を強力に進める自民党は、三〇〇議席を獲得し、中曽根首相は「八六年体制」の確立さえ口にするようになっていた(11)。中曽根首相の政治手法(国会をバイパスした審議会政治)や彼自身のもつ大国主義的性格・憲法改正の危険性を批判するだけでは国民の支持を集められない時代に入っていた。機能不全の兆候を見せる「五五年体制」を、社会党の理念を生かしながらどう再構築するか、その具体的対応が求められる状況が生じていたのである。左右を問わず、社会党は何らかの形で自民党に代わりうる政策体系や、政権戦略を考えなければ生き残れない状況に追いこまれていった。一九八九年以降本格化する「政治改革」の過程で見られる社会党内の「液状化現象」(社会党議員の党派を超えた連携・対抗)のマグマは、すでにこの時点で形成されていたと考えることができる。

これに対して労働界では、一歩先に政界再編に向けての論争が始まっていた。労働組合員・組織率の減少という動かしがたい現実が、「いかにして労働組合の政治的影響力を確保するか」という課題を緊急のものとしていたからである。中北浩爾が指摘するように、「自民党に代わって政権を担当しうる新しい政治勢力の形成を、分立している野党の結集……社会党と民社党を主軸とする野党の結集という考え方は、民間連合および連合の結成が総評と同盟の合流によるものであり、社会党＝総評ブロックと民社党＝同盟ブロックの融解をもたらすものであった以上、当然であった」といえる(4、三八七頁)。少なくとも当初は、山岸章(全電通委員長)に率いられた連合の政界再編戦略が、社会・民社・社民連を中軸に公明とのブリッジで政権を獲得するという戦略にあったことは確かである。しかし、連合内部にも異論がなかったわけではない。たとえば、後に連合会長に就任する鷲尾悦也鉄鋼労連書記長や得元輝人自動車総連会長は、「野党を媒介とする利益表出活動や野党連合政権の形成を否定したわけではなかったが、機能主義的で政策本位の発想が強く、従来から社会党や民社党との関係にこだわりをもたなかった」(4、三八八頁、12)。

実際、得元は一九八八年の自動車総連大会で、政権交代を可能にする選挙制度のあり方にまで言及し、「政権交代が可能な政治体制をつくるために、……この際、思い切って小選挙区制の採用を検討したらどうか……小選挙区制は二大政党制化への早道にもつながるし、政治改革にもなる」と述べていた(4、三八九頁)。さすがに、政界再編・政治改革のための小選挙区導入という考え方に対して、野党結集を考えていた山岸全電通委員長、黒川総評議長、河須崎全逓委員長はいずれも強く反対した。また山岸は、八九年三月、自民党の政治改革委員会のヒアリングで、当面、選挙制度の改革は不適当で、九〇年代後半ぐらいを目途に小選挙区・比例代表併用性を導入することが望ましいとしていた(4、三九〇頁)。とくに、「リクルート事件」、「消費税の導入」、「宇野総理のスキャンダル」を受けた八九年の参議院選挙で社会党が大勝(比例代表区では自民党を凌駕し、選挙区選挙でも議席をほぼ三倍増させ、自民党は参議院での過半数を失う)し、続く九〇年の総選挙でも勝利(ただし、自民党は二七五議席の安定過半数を確保した)すると、連合の政権戦略は社会党を中軸とした野党連合に傾斜し、選挙制度改革も野党の力を温存できる小選挙区・比例代表併用性へと傾斜していった。しかし、いずれの選挙でも社会党が「一人勝ち」したことから民社・公明は不満を強め、九〇年四月の党大会では八九年の参議院選挙前に始まった野党連合政権協議の凍結・打ち切りを決定してしまうのである。

四　追いつめられる社会党

社会党は自らの桎梏を十分に打開できないまま、状況に押し流されながら時々の決断を迫られることになっていく。一九九一年七月一〇日、海部内閣は選挙制度審議会からの区割り案答申を受けると、小選挙区比例代表並立制(小選挙区三〇〇、比例代表区一七一)を骨子とする公職選挙法改正案、政党助成法案、政治資金規正法案のいわゆる政治改革関連三法案を閣議決定し、八月に予定された臨時国会に提出することが明らかになった。社民勢力の結集を目指す連合の山岸会長は、野党の生き残りを難しくする並立制に強く反対し選挙制度審議会に反対の意見書を提出するとともに、社会・公明・民社の各党に小選挙区比例代表併用性(小選挙区と比例代表区、五〇対五〇、二票制)を導入するよう働きかけた。公明党はこれに理解を示し、九月二日には定数四七一の小選挙区比例代表併用制(小選挙区四割、比例区一一ブロック)を内容とする「公職選挙法改正要綱」を発表する。

しかし、民社党は一九八九年の参議院選、九〇年の衆議院選(野党連合政権協議を前提とした選挙協力)が結局は社会党の一人勝ちにつながったことから、併用制導入で民社党が社会党に飲み込まれることを懸念し、衆議院定数の抜本是正以上には踏み込まなかった。また、山岸が期待をかける社会党も、党の選挙制度調査会で併用制の具体案が検討されはしたが、併用制が野党間の政策合意に基づく野党連合政権を前提としたものであることから、党内のコンセンサスを得ることができなかった。結局、この政府案は自民党内の反対(13)で潰れるものの、政府案が出たことで選挙制度改革(小選挙区の導入)は、社会党がいずれ決断しなければならない重い課題として政治の表舞台に登場してきたのである。

さらに、社会党にとっては頭の痛い問題が生じていた。一九八九年の参議院選挙、九〇年の衆議院選挙では、自民党の敵失と土井人気で党勢を大幅に回復していたが、九一年になると「リクルート事件」の記憶も薄れはじめ、土井人気にも影がさしていた。参議院で自民党を過半数割れに追いこみながら、野党間の足並みの乱れから野党連合政権協議が凍結・打ち切りになったことが、国民の野党連合政権に対する期待を殺ぎ、その中核となるべき社会党への失望が生じていたのである。また、東京都知事選では、社会党の推す大原光憲候補が共産党候補の得票にも及ばず四位に甘んじた。これと前後して行われた都道府県議選では九八議席減、一般市議選では四七議席減、東京二三区議選でも二七議席減の大敗を喫したのである。

こうした状況の中で、連合内部に再び変化が生じてくる。一九九一年六月には、得元連合政治改革委員会委員長のイニシアティブで設置された「連合政治フォーラム」が発足し、「現在、協力関係にある野党四党(社、公、民、連)の国会議員および立候補予定者との協力関係を従来の取り組みの関係だけで、固定化せずに、『連合の進路』『運動方針』『政治方針』を支持、賛同する政治家について『新しい協力関係』として見直す」(連合、一九九一年)という方針を打ち出したのである。また、鷲尾鉄鋼労連委員長は七月、鉄鋼労連中央委員会で、「(社会党)の改革が不十分で野党勢力の結集が困難になった場合には、連合が積極的な介入を行い、社会・民社・社民連を中心に新党結成の取り組みを行うことも提言しなければならない」(括弧内は著者)と発言した。さらに、社民勢力結集を訴えてきた山岸も、一一月の連合第二回大会で、連合主導の新党結成は条件次第ではあり得るとの発言を行うまでになっていくのである(4、四〇〇頁)。

連合内部の変化は社会党に大きな圧力としてのしかかり、党内に様々な反応を呼び起こしていく。まず、得元、鷲尾、山岸などの一連の発言は、その細部においてニュアンスを異にするが、いずれも社会党と連合との協力関係を見直すことを中心的な内容としていた。社会党議員(とくに連合組織内議員)にとっては、その態度如何によっては選挙協力を得られない可能性が生じることを意味した。また、統一地方選挙での大敗は、一般有権者との意識のズレを解消することなしには社会党の存続が危うくなることを暗示していた。さらに、連合が小選挙区比例代表併用制導入を正式に打ち出し、政策中心の勢力結集あるいは連合新党を暗示したことによって、選挙制度改革を通じた政界の根本的な再編が意識されていることが明確になったのである。当然、社会党内には様々な反応が生まれる。①連合との関係、②社会党の基本政策に関する評価、③選挙制度のあり方、④政界再編（社民勢力結集か新党か?）に関する態度をめぐって様々な組み合わせが生じ、その線に沿って様々なグループが形成される。しかも、政治情勢の変化によってグループ間の移動が生じるという、極めて流動的な状況が生じてきたのである。

こうした状況の中で、一九九一年七月二三日、土井委員長の退陣を受けて右派水曜会の田辺誠がすべての主要派閥から支持を受けて委員長に選出されたが、選挙結果は、田辺が四万六三六三票、上田哲が三万六三五八票と一万票の僅差で、ここにも社会党内の流動化状況を見て取ることができる（4、二七九頁）。ともあれ、田辺委員長は連合の強い要請も受けて、社民勢力結集を念頭に全国大会で基本政策の見直しを図ったものの、日米安保、自衛隊、原子力発電所など民社党とズレのある問題については、いずれも従来の枠組から抜け出すことができなかった。こうして社会党は基本政策を変更できないまま、九二年の通常国会を迎えることになる。

国会後半の議論は、海部内閣時代に一旦衆議院で可決され継続審議となっていた「国連平和維持活動等に対する協力に関する法律」（ＰＫＯ法案）に集中した。海部内閣の後を受けた宮沢内閣は、カンボジア和平が進展している状況を受けて、同国における自衛隊のＰＫＯ活動を実現することで、日本の国際貢献に対する積極的な姿勢を示そうとした（7）。社会党は、①ＰＫＯは非軍事活動に限定する、②派遣要員は文民に限る、③自衛隊の派遣が必要な場合でも別組織で派遣するの三点について一切の譲歩を行わなかった。社会党からすれば、軍事行為に関わる可能性のあるＰＫＯ活動に自衛隊を派遣することは、自衛隊の海外派兵に道を開くものとして許容することができなかったのである。これに対して、民社・公明は、①ＰＫＦ本体業務の凍結、②派遣の国会事前承認、③三年後の法律見直しなどを条件に自民党と合意し、六月一日、ＰＫＯ協力法修正案・国際緊急援助隊派遣法の一部改正案が参議院に上程される。社会党・社民連・共産党は、衆参両院で不信任案提出、採決における徹底した牛歩戦術、社会党・社民連所属代議士の議員辞職願提出などで抵抗したが、二法案は自民・公明・民社三党の賛成で成立した。

ＰＫＯ法案は社会党の基本政策の根幹に関わるものであり、これをめぐって民社・公明と激しく対立したことで、社会党と民社・公明の政策的亀裂が決定的なものになる。しかも、七月二六日に行われた参議院選挙では、社会・民社・公明の掛け橋として前回の参議院選挙から登場した「連合候補」は公明党の協力が得られず、二三名中二二名が落選。社会党も選挙前議席数を確保したに留まり、民社党は一議席を失った。これに対して公明は独自選挙を貫いて議席を四議席伸ばした。こうして、社会・民社・社民連を中心に公明をブリッジでつなぐという社民勢力結集という図式は、完全に頓挫してしまったのである。

社会党は、社・公・民・連による野党連合政権という選択肢を失い、また一歩追い詰められることになった。そのため社民勢力結集に賭けてきた山岸もあきらめざるをえなくなる。これ以降、連合の中では政策の一致を軸とした新党結成という得元や鷲尾の考え方が主流になっていく。鷲尾は九月に行われた鉄鋼労連大会において「社民の政権協議は不可能であり、既成政党の組み合わせでは政権を担いうる政治勢力の形成は無理と判断する」と述べ、また得元も自動車総連大会で「連合の考え方を理解、協力してくれる議員を選別して政治勢力として拡大していく努力を通じ、結果として新党につながっていく環境づくりに汗を流すべきだ」との考えを示したのである(4、四〇二頁)。こうした中で、連合の有力単産は次期総選挙における社会党議員の選別推薦を次々に打ち出す。九月には自動車総連、電気連合が、一九九三年一月には鉄鋼労連、二月には全逓、全電通がそれぞれ選別推薦を打ち出すことになる(11)。こうした動きに対しては、自治労、日教組など旧総評系の官公労や旧同盟系の友愛会議が抵抗するものの、全体の流れは「政治改革派」議員の選別推薦による政界再編へ向かっていったのである。

こうした流れを決定的なものとしたのが、一九九二年四月二〇日に発足した「政治改革推進協議会(民間政治臨調)」であった。この母体である「社会経済国民会議、（現・社会経済生産性本部）」は財界・労働界・中立の三者から構成される提言機関で、その政治特別委員会は従来から、政治改革に関する調査・研究・提言を行っていた。社会経済国民会議の政治改革に関する基本的な考え方は、国会改革・政党改革・選挙制度改革の三つを一体で進めるとともに、中央省庁と地方自治体との関係（権限・財源の抜本的な再分配）を行わない限り、「五五年体制」の「制度疲労」（システムとしての機能不全とそれに伴う病理現象としての構造汚職）を解消することはできないというものであった(14)。つまり、社会経済国民会議の打ち出す政治改革は、部分的な対症療法ではなく戦後社会の根本的な組替えを睨んだものだったのである。

また、社会経済国民会議は民間政治臨調を立ち上げるあたって、一つの明確な問題意識を持っていた。それは、これまでの政治改革の試みが成功を収めなかった最大の原因は、①改革に関する議論が改革の対象である政党や政治家の間でのみ行われたこと、②改革を支持する世論形成が不十分であったことにある、という問題意識である。民間政治臨調はこの問題意識に沿って、財界・労働界のリーダー、新聞・テレビの経営者や論説委員、学者などを幅広く組織する一方で、政治改革を支持する国会議員を超党派で結集し、民間での政治改革議論が国会での議論に直結する仕組みを作り上げたのである。しかも、新聞・テレビなど報道機関から責任ある人々が参加したことによって、民間政治臨調での改革論議が新聞・テレビなどを通じて広く報道されることになったのである。民間政治臨調の戦略は、見事に政治改革推進の世論形成に成功した。ことに、佐川急便事件、金丸脱税問題、ゼネコン汚職問題など「五五年体制」の病理が次々に表面化してからは、「ともかく現在の政治を変えなければならない」というムードが国民の間に充満し、これが報道機関による政治改革報道によって増幅されるというプロセスが始まったのである。

こうして、「政治改革を唱えなければ生き残れない」という環境が外部の圧力によって意図的に作り上げられた。このことによって、政策や制度のあり方に関する内発的検討は棚上げになり、政治家や政党は外部的環境に直接反応するようになる。つまり、「現行システムを変更するもの＝改革派」、「これに疑問を差し挟む者＝守旧派」という極めて単純な二項対立の図式が支配的になり、これに沿って行動せざるを得ない状況が生み出されたのである。もはや、政治理念や政策内容が集団形成の原理とはならず、政治改革をめぐる態度の差と、そこから生み出される対立だけが集団を形成する原理となっていったのである。

そして、一九九三年に入ってからの社会党をめぐる動きも、まさにこうしたロジックに沿って動いていくことになる。連合内では新党結成（一部保守勢力を含む）による政界再編が主流になっていたが、社会党中心の新党という考えを捨てきれない山岸は、社会党に基本政策の見直しを再び要求した。社会党の基本政策の変更なしには保守勢力を含めた新党の結成さえ難しくなるからである。こうして山岸は、社会党内の「改革派」（社会党の主体性より保守勢力を含めた新党結成を優先する勢力）の選別に入っていく。これに呼応して社会党内には、田辺の後を襲って社会党委員長に就任した山花貞夫を支持し、新党結成を目指す「社会党改革議員連合」（衆議院七六名、参議院一一名）が結成される。山花は党内左派の「新しい社会党を創る会」出身であった。しかし、山花を支える「社会党改革議員連合」が、左派の「新しい社会党を創る会」、右派の「水曜会」、中間派の「社会民主主義フォーラム」からも多くの参加者を得ていることから分かるように、もはや社会党内の亀裂は政策やイデオロギーを中心としたものから、「新党結成による生き残りを図ろうとする者」と「社会党の主体性を守ろうとする者」との間の対立に変質していたのである。

こうした背景には、自民党内の動きも関係していた。海部内閣から「政治改革」を受け継いだ宮沢首相は、選挙制度改革については必ずしも積極的でなかった。党を仕切る梶山静六幹事長も消極的であった。このため、選挙制度改革（小選挙区・比例代表並立制）を推進してきた羽田派、「ユートピア政治研究会」に参集していた武村正義などのグループは、選挙制度改革が行われない場合の自民党離党を仄めかしていたのである。山岸や山花から見れば、自民党が分裂する可能性が現実に生まれていたのである。結局、自民党は単純小選挙区制を柱とする選挙制度改革案を国会に提出し、社会・公明両党は小選挙区・比例代表併用制でこれに対抗したまま事態を打開できなかった。これを憂慮した民間政治臨調は、小選挙区・比例代表連用制を与野党の妥協案として提言し、社会・民社・社民連・日本新党・民主改革連合五党は連用制の採用で合意した。しかし、自民党との妥協は成立せず、共産党を除く野党各党が提出した宮沢内閣不信任案が自民党羽田派の造反によって成立し、衆議院は解散、総選挙を迎えたのである。

総選挙の結果は、社会党の一人負けであった(六〇議席減の七〇議席)。日本新党(三五議席純増)、新党さきがけ(一三議席増)、新生党(五五議席純増)など新党はもちろん、公明(六議席増の五一議席)・民社(一議席増の一五議席)も議席を伸ばした。このため社会党内では、山花執行部の責任問題が浮上した。しかし、山岸の「社会党は非自民・非共産党のグループ内で共存することを考えないと、はじかれる。伸るか反るか、生きるか死ぬかの瀬戸際だ」(4、四一二頁)という発言にも見られるように、事実上、非自民連立内閣参加という道しか残されていなかったのである。こうして、社会党は非自民八党派連立政権に参加し、日本新党・新党さきがけが連立の条件とした小選挙区比例代表並立制を飲まざるをえなくなるのである。社会党にとっては決定的な選択であった。並立制の下では小選挙区選挙と比例代表選挙とは連動しない。比例代表区定数が小選挙区定数をかなり上回らない限り、社会党が単独で従来のような議席を獲得することは不可能になるからである。

五　社会党の苦悩——自社さ連立、村山連立内閣の誕生

いいかえれば、①小選挙区比例代表並立制導入を認めたこと、②社会党の基本政策を主体的に見直す前に保守勢力を含めた連立政権に参加したこと、③連立政権の中で保守勢力が主導権を握ったことが、これ以降、社会党の苦悩と対立を深めていくことになるのである。こうした状況の中で、九月一八・一九日の委員長選挙で村山富市が社会党委員長に選出される。村山の選出は、「改革派」と「主体性維持派」との妥協の産物であった。村山の証言から分かるように、村山は本来右

派の政策構想研究会(水曜会)のメンバーで、社会党の基本政策見直しを図り市民との連携を考える穏健な社会党員だった。ただ、村山は、社会党が統一を保ったまま主体的に政策を転換することを重視していた点で、労働組合や政治状況の圧力に押される形での政策転換には与していなかった(2)。党内「改革派」にとっては、社会党の統一を維持し連立内閣内での影響力確保を図るためには「主体性維持派」の理解の得られやすい村山が必要だった。逆に、党内「主体性維持派」にとっては、労働組合の圧力や政治状況に引っ張られ次々に妥協を重ねる「改革派」への歯止めとして村山が考えられたのである。しかし、連立政権の主導権は保守派、とくに新生党の小沢一郎幹事長と公明党の市川雄一書記長に握られることになる。社会党は、この「一・一ライン」が主導する細川内閣の下で、次々と妥協を迫られることになる。

その第一段は、選挙制度改革をめぐって生じた。政治改革関連四法案の政府案作成過程では、小選挙区と比例代表区の議席配分は二五〇対二五〇、投票方法は二票制という党の主張は盛り込まれたものの、長年の要求であった企業団体献金禁止については、「五年度の見直し」という形で妥協を強いられた。ところが、細川首相は河野自民党総裁との会談の席で、小選挙区・比例代表区の議席配分を二七四対二二六とする修正案を提示し、政府案の「骨格部分の修正には応じない」という社会党方針はあっさり無視されてしまった。小沢連立与党代表幹事の目的は、政界再編(保守二党体制)の呼び水になる小選挙区の導入であり、比例代表定数には関心がなかった(15、六八―七一頁)。この政府修正案は、一一月一八日、衆議院で可決された(社会党から六人の反対)。しかし翌年の一月二一日に行われた参議院の採決では、社会党から二〇名の反対・欠席が出て否決された。事態打開を図った細川と河野とのトップ会談では、選挙区三〇〇・比例代表区二〇〇、比例代表区はブロック集計、政治家の資金管理団体への企業献金是認など、ほぼ自民党案を丸呑みする形になった。

この決着は、社会党内に癒しがたい対立を生み、これ以降、社会党議員の行動を規定していったのである。非自民連立政権を基盤に新党結成を目指す「改革派」(九三年一二月結成の「デモクラッツ」にほぼ集約される)にとっては、「自民党案丸のみ近くになったのも反逆分子のせい」であり、逆に「主体性維持派」にとっては「党議を無節操に変えた執行部にこそ責任がある」ということになる(3、二五頁)。二つのグループの対立は、もはや敵対する政党間の対立と同じ性格を持ち始めていた。また、選挙制度が社会党に不利な並立制に落ち着いたことで、議員や政党の「生き残りという」命題が、党内での冷静な議論を封殺する状況を作り出した。伊東秀子の言葉を借りれば、社会党内では『連立政権維持』が至上命題として一人歩きを始め」た(3、二五頁)。

社会党の妥協・譲歩は、さらに続いていく。一二月一四日には、GATT、ウルグアイ・ラウンド農業交渉で、「コメ市場の部分自由化」を認めることが、与党代表者会議で合意された。「コメ市場の自由化」は、遅かれ早かれ対応しなければならない問題ではあった。しかし、与野党を問わずすべての政党が反対してきた政策課題が十分な議論も行われないまま与党代表者会議で決定されたことは、「連立政権維持」のためとはいえ社会党には納得のゆかないものであった。「一・一ライン」による攻勢はこれに留まらない。一九九四年二月三日の深夜、細川首相は突然記者会見を開き、税率七％の「国民福祉税」導入を発表した。名称は、「国民福祉税」ではあっても、内容は消費税率の引き上げに過ぎなかった。

さすがに「連立維持派」も激怒した。村山委員長や社会党の六閣僚はもちろん、武村官房長官、厚生大臣の大内啓伍(民社党委員長)さえ承知していなかったからである。当時、社会党から建設大臣として入閣していた五十嵐広三は、「あのとき、社会党の六閣僚は、やめる覚悟をきめました。……われわれにとっては間違いなく寝耳に水だったわけで、その辺のところにも代表者会議と内閣との関係がうかがえると思います」と証言している(16、二九九―三〇〇頁)。首相官邸でこの経過を見ていた石原信雄副官房長官も、国民福祉税は大蔵省と小沢代表幹事、細川首相の間で決断され、社会党(久保亘書記長を含む)には事前の根回しはなかったのではないかと述べている(17、一三七頁)。国民福祉税構想は、武村官房長官と社会党の強い反対で翌日撤回されるものの、「一・一ライン」の攻勢は止まることはなかった。細川首相は日米首脳会談から帰国した二月一一日、通常国会前の内閣改造を示唆した。この背景には、①非自民連立政権発足で主導的役割を果たした小沢と細川の急接近、②統一会派から合同までのシナリオを描いていた武村と細川との関係冷却、③小沢と市川のいわゆる「一・一ライン」に対する社会党・新党さきがけなどの根深い不信などがあったと言える。この内閣改造についても、武村官房長官はもちろん、社会党・民社党も知らされていなかった。村山は武村・大内と協議の上、改造反対を打ち出し、社会党も代議士会で村山・久保が内閣改造反対を報告した(2、四八頁、3、三三頁)。

こうした一連の動きが社会党を次第に硬化させ、連立離脱、自民党・新党さきがけとの連立政権樹立を準備させていくことになる。小沢の基本的戦略が、選挙制度改革を梃子とした政界再編(保守二党制)の確立にあったことはすでに述べた。非自民連立内閣の形成は、自民党をしばらくの間政権から遠ざけ分裂させるための手段であった。小沢にとって、社会党はこの目的を実現するための「駒」に過ぎなかったのである。並立制導入で社会党を政界再編に縛り付けながら、連立政権運営を理由に基本政策の変更を迫る。並立制では生き残ることの難しい社会党は、一部反乱はあっても結局はついてこざるをえない。これが小沢の「読み」だったのである。

しかし、この小沢の「読み」は、意外なところから狂い始めた。一九九四年四月八日、細川首相が突然退陣表明してしまったのである。細川は、前年からくすぶっていた佐川急便からの一億円借金問題・NTT株購入問題で、自民党をはじめとする野党の厳しい追及で窮地に立っていた。しかも、政治改革関連法案が成立した頃からは細川の求心力は急速に衰え、国民福祉税・内閣改造問題などの躓きで嫌気がさしていた。こうして、連立与党では後継首相問題が急浮上する。「一・一ライン」は、自らが主導権を持つ与党代表者会議で次期首相を決めることを主張し、これに対して村山・大内・武村は、党首会談による決着を主張して対立した。小沢は一旦、後継を自民党の渡辺に決めたが、この構想は渡辺自身が決断できなかったことで現実のものとはならなかった(18、五七頁)。

こうして、次期首班の決定は第二次連立協議に委ねられることになった。社会党は、消費税率の引き上げ・北朝鮮問題への対応などで譲歩を重ねながらも、結局は羽田首班で連立協議を成立させた。この背景に、労働組合と歩調を合わせ「政界再編・新党結成による社会党の生き残り」を考える党内最大派閥のデモクラッツが、「党の決断いかんにかかわらず、新政権に参加する」という文書を出し、党の分裂を憂慮した村山が「苦渋の選択」を行ったという事情があった(3、四九―五〇頁)。しかし、この「苦渋の選択」も、連立与党側によってあっさりと裏切られることになる。四月二五日、羽田孜が首班に指名され第二次連立内閣の組閣に入った段階で、突然、新生・日本新党・民社・自由・改革の会の五会派が、社会党への何の連絡もなく衆議院統一会派「改新」結成を発表したのである。「改新」結成の発表は大内によるものであった。「改新」結成の意図や誰のイニシアティブによるものかは今でもはっきりしない(18、五八―九頁)。しかし、石原の証言によれば、羽田自身も官邸の外で何が起こっているのかは承知していなかったのである(17、一六八―九頁)。

このことは、社会党にとっては青天の霹靂であった。党内対立をようやくの思いで収め、羽田首班指名までたどり着いた社会党にとってみれば、「改新」結成は連立与党側の「裏切」以外の何物でもなかった。五十嵐は「社会党の六閣僚(伊藤運輸、久保経済企画、山花政治改革、佐藤自治、上原国土、五十嵐建設)は、まず電話で話し合い……『今度はだめだ』ということでした。社会党は中央執行委員会を開きながら……委員長、書記長と六閣僚で協議したのですが、離脱すべきだという私たちにむしろ村山委員長のほうが心配して『本当にいいのか』と念を押されたぐらいでした」(16、三〇二頁、括弧内は筆者)と、社会党連立離脱までの経緯を語っている。こうして、四月二六日、社会党はすでに政権を離脱していた新党さきがけとともに閣外協力に転じたのである。

しかし、社会党に連立離脱後の展望があったわけではない。並立制の選挙の下では社会党が単独で生き残ることは難しい。何らかの形で他党との連携を図り、これを梃子に新党結成を模索する以外に途は残されていない。「改革派」と「主体性維持派」の対立は、「旧連立与党復帰派」と「主体性を維持した新党結成派」に形を変えて再燃していく。連合をはじめとする労働組合は、社会党の連立復帰を強く要請していた。第一に、自民党に代わる「社民・リベラル勢力」の結集という連合の基本方針からすれば、旧連立与党への復帰以外に選択肢は残されていない。第二に、支持関係にある民社党が旧連立与党の一翼を担っている限り、連合は股裂き状態に置かれるからである。これを解消するためにも、社会党の連立復帰が必要だったのである。

社会党は、五月二九日の第七一回中央委員会で、「細川連立政権の教訓とその後の政権離脱の経過を踏まえ、羽田政権に対して九四年度予算成立後に自発的な総辞職を迫り、新たな政権枠組みによる安定度と透明度の高い連立政権を樹立する」(中央執行委員会、一九九四年)とする「中央委員会宣言」を発表した。そのポイントは、政党間の信義を無視した「一・一ライン」の強権的な政治手法の排除にあった。連合や社会党「改革派」の基本的な考え方は、一旦連立に復帰し「改新」の中から新生党を排除する。その上で、連合を接着剤として民社・日本新党との連携を図り「社民・リベラル」の核となる第三勢力を作り上げるというものだった(12)。「主体性維持派」も「一・一ライン」の影響力を排除する点では「改革派」と一致していた。しかし、彼らはまったく新たな連立政権(自民党リベラル派を含めた)を樹立することによってしか、「一・一ライン」の影響力を排除することはできないと考えていたのである。「中央委員会宣言」が「政党間の信義と信頼を基礎にしたものであれば、各政党・会派との間で政権共有の道を切り開くため、柔軟に政権協議に臨む」という玉虫色の内容になっていた背景には、こうした事情があったのである(3、五〇頁)。

しかし、六月一九日には、久保書記長が「羽田政権の自主的総辞職に必ずしもこだわらない……連立与党との政権協議を単純明快に進める……自民党提出の不信任案に共同歩調はとらない」と発言し、党内の連立復帰ムードは一気に高まっていく。連合傘下の自治労、日教組、全電通、全逓など主要単産の委員長も、党三役に再三連立復帰を働きかけた。六月二二日の自治労組織内議員の会合では、後藤森重委員長が「次の選挙のことを考えれば、社会党はいずれ現在の連立与党と連携するしか道はない。社会党が自ら内閣不信任案を出したならばその道は閉ざされる。政権展望は開けない。党として選択しうる道は、連立復帰しかない」と述べていた(3、一三〇頁)。また、当選回数別懇談会でも、圧倒的多数が連立復帰であった。

一九九四年度予算が成立した六月二三日、社会党は「中央委員会宣言」に基づいて連立与党・新党さきがけ・自民党に「新たな連立政権樹立に関する確認事項」を提示した。同日、自民党は、羽田内閣不任案を提出し、「村山首班」を目指す動きが出始めた。社会党と連立与党との政権協議は、こうした状況の下で行われたのである。二三日の協議で、羽田首相は「私の進退は社会党と連立与党間の政権協議にゆだねることにします」と発言したため、社会党は羽田首相の姿勢を評価し、本格的な政権協議に入った。村山委員長と連立八党首の会談では、①首班指名の会期内決着、②政権の民主的運営、③さきがけへの参加呼びかけで合意。二五日には羽田首相が総辞職を表明し、一旦は社会党の連立復帰が決まったかに見えた。しかし、消費税率を中心とする税制問題で政権協議は行き詰まる。そして、二九日の政権協議最終日(国会会期末)ぎりぎりになって、連立与党側は社会党とさきがけが合意した政権基本構想を棚上げにし、新たな提案を行ったため協議は決裂した。社会党は両議院総会を開催し、二九日午後七時四五分、首班指名の本会議では新党さきがけとの共同政権構想に基づいて村山委員長を総理大臣に指名することを決定した。実はこの時点で、小沢・羽田・細川は自民党の海部俊樹を担ぎ出し、社会党を排除した第三次連立内閣発足を決めていたのである。

午後八時からの衆議院における第一回投票では、投票総数が五〇四票、その中で村山富市は二四一票、小沢が担ぎ出した海部俊樹は二二〇票、白票は四三票で、社会党からは二四票の造反票(海部に投票した者八名、白票が一六名)が出た。決選投票では、村山富市が二六一票、海部俊樹が二一四票で、村山が首相に指名された(社会党の造反票は、海部票八票、白票三票)。一方参議院では、村山が第一回投票(一四八票)で過半数を制し、正式に首相に選出された(社会党からは四名の造反票が出た)。こうして、自民・社会・新党さきがけによる連立内閣が発足することになったのである。しかし、首班指名における大量の造反票が物語っているように、社会党内には自民党との連立、それ以上に連立復帰を通じた「社民・リベラル勢力」の結集路線に終止符が打たれたことへの反感・不満が存在した。そして、この反感・不満が後に社会党の分裂につながっていくのである。村山は、政治改革をきっかけに始まった一連の政治的動きを経験する中で、社会党分裂が現実のものとなる可能性を感じていたかもしれない。それにもかかわらず、社会党分裂の可能性を秘めた自民党との連立を、村山が選択した理由は何であったのか。

六　おわりに——村山が守ろうとしたもの

村山が自民党との連立によって守ろうとものは一体何だったのだろうか。それは何よりも社会党が掲げてきた理念だったと考えられる。それは護憲、非武装・中立、核廃絶、安保廃棄、侵略戦争に対する反省、勤労者の権利擁護、民主的な政治運営といったスローガンに込められた理念だったのではないか。当然、そこには異論が存在する。たとえば、憲法九条や自衛隊に対する社会党の基本政策は、冷戦構造の影響を受けていたとはいえ、冷徹な現実認識に根ざしたものではなかった。自衛隊が存在するという現実がありながら、その現実を現実として認めることが党としてできなかった。現実を認識した上で、社会党の理念を現実化することができなかった。勤労者の権利擁護にしても、官公労を中心とする労働組合の利益擁護に流れ、数多くの未組織労働者の権利が軽視された側面は否定できない。また、民主的政治運営という理念も、社会党が「五五年体制」という「利益調整構造」の周辺的参加者として制度化されるにつれて本来の意味を失った側面は無視できない。

しかし、社会党の実際の政策と掲げられた理念との間の乖離を指摘することは、理念そのものの正当性を否定することにはならない。社会党の理念が理念として存在したがゆえに、わが国の大国主義化に歯止めがかかった側面も一方で無視しえない。国民もそうした政党として社会党の存在意義を認めてきたのである。問題はむしろ、社会党が現実化を図ろうとしたときに生じたのである。社会党は、長らく労働組合組織依存型の抵抗政党であった。社会党が政策の現実化を図ろうとするとき、労働組合依存という体質そのものが社会党の現実化の方向性を規定する。社会党の理念を評価する市民層の期待を裏切る形でしか現実化を遂げることができなかったのである。有り体にいえば、一般市民の期待よりも労働組合の組織としての現実的利益が優先される構造を根深く持っていた。このため、社会党が政策の現実化を図り政権を担える政党に脱皮しようとすればするほど、社会党の理念は組織の現実的な要求に道を譲ることになったのである。

たとえば、一九八六年の「新宣言」や「九三年宣言」は、政策の現実化と政権を担い得る政党への脱皮が主題であったにもかかわらず、肝心の政策の中味やそれを支える理念に関する冷静な議論はほとんど行われていなかった。新選挙制度下における社会党の「生き残り方」に合わせて政策や理念のあり方を決めるという、本末転倒な状況が生じたのである。おそらく村山は、こうした状況に危機感を募らせたのではないか。村山にとっては、党の理念に合わせた「生き残り方」を模索することが重要だったのである。実際、第三次連立協議で、村山が最後までこだわっていたのは税制改革問題と民主的政権運営であった。税制は社会における富の分配のあり方、あるいは社会的公正の問題であり、まさに社会党の理念にかかわる問題だったのである。民主的政権運営については改めて触れるまでもなかろう。

今一つ村山が守ろうとしたものは、小沢が破壊しようとした戦後政治の理念ではなかったか。小沢の基本的な考え方は、彼の著書『日本改造計画』に明確に示されている。その一つの特徴は「自己責任原則」の強調である。小沢によれば、「真に自由で民主的な社会を形成し、国家として自立するには、個人の自立をはからなければならない」(五頁)。この主張を正面から否定する者はいないだろう。戦後の社会が自己責任原則に基づいた社会ではなく「政府の保護・管理政策」の下で「制限された土俵内での競い合い」(15、二頁)を行ってきたことも否定できない。「五五年体制」はこうした保護と管理を実施していくシステムであった。また、このシステムが経済のグローバル化の中で機能不全に陥っていることは、本章でも指摘した通りである。したがって、「五五年体制」を根本的に改革することなしには将来の安定は得られないという結論も必ずしも的外れなものではない。

問題は、「真に自由で民主的な社会」、「国家として自立」、「個人の自立」という言葉が何を意味するのかという点であった。これに対する小沢の回答は、①徹底した規制緩和・政府介入権限削減による自由な経済社会の確立、②自己責任原則に基づいた地方への権限委譲、③官僚支配を排した意思決定システムの確立（小選挙区制導入、副大臣制、内閣権限強化）、④軍事を含めた積極的な国際貢献（国連主導の平和維持・創出活動への参加）であった。このモデルが、レーガン・ブッシュ時代の新自由主義ないしは新保守主義にあることは明らかである。しかし、アメリカの現実を見る限り、規制緩和が直ちに自由な経済社会の実現につながるとはいえない。小沢が主張する「企業からの自由」、「長時間労働からの自由」にもつながっていない。実際、アメリカの労働時間は二〇〇〇時間に近く、一八〇〇時間台に乗せた日本よりも長くなっていた。また、安定した経済成長、低失業率、平均所得の上昇の陰で、所得格差は開き続けている。政府規制の少ない社会は、能力ある個人には成功と桁はずれた富を蓄積する機会を与えたが、大多数の国民にとっては必ずしも安全で安定した生活をもたらしたわけではない（5、19）。

小沢からすれば、改革の阻害要因と見える所得の平等性、合意を重んじた意思決定といった要素は、これまで日本社会の安定に大きく寄与してきた。非軍事的な手段による平和の追求という理念は、わが国が軍事的大国主義に走る危険性の歯止めとなってきた。小沢の議論は、こうしたプラス面をも「五五年体制」の病理として切り捨て、日本とはまったく歴史・文化的背景を異にするアメリカのモデルを唯一正当な改革策とみなす点で極めて独善的である。これ以外の議論を展開する者を「守旧派」（既得権の擁護だけを図る勢力）と決めつけ、一切の議論を封殺しようとする点で強権的・非民主的だといわざるをえない。

村山が「一・一ライン」、とくに小沢の連立政権運営に感じたものは、まさにこうした点ではなかったろうか。そして、こうした感覚が「民主主義を否定した権力支配の政治はとうていいっしょにやりきれない。まだ自民党のほうがましだ」（2、五三頁）という決断につながったのではないかと思われる。実際、小沢は小選挙区導入を「五五年体制」を根底から崩壊させる手段として考えていた。小選挙区を導入することによって、社会党をはじめとする野党が「生き残る」ことの難しい政治的環境を準備し、政界再編を軸に野党の政策転換を迫る。その上で、自らの考える社会ビジョンを実現する政治勢力を準備するという戦略であったことは間違いない。事実、小沢は第三次連立協議のぎりぎりの時点で、村山に対して「社会党を壊滅させる」といい切っていた。村山は、「生き残りを賭けた政界再編」という小沢戦略に翻弄され、生き残りのために政策転換を続ける社会党を憂慮していた。そうした状況の中で、小沢戦略を挫折させるとともに、社会党の守り続けてきた理念を主体的に現実化する途を模索したのである。その時、村山社会党には自民党との連立という途以外は残されていなかったのである。それでは、この村山の選択は成功だったのか、あるいは失敗だったのか。自民党・さきがけとの連立政権時代の評価は、本書を構成する各章が詳細に論じている。ここでは、次の点だけを述べて本章を締めくくりたい。

村山が守ろうとした社会党の理念は守られたのであろうか。過去の植民地支配・侵略行為を認めた「戦後五〇年の内閣総理大臣談話」、サハリン残留韓国・朝鮮人問題への対応、アジア女性基金の設立、被爆者援護法制定、水俣病問題への積極的対応、アイヌ新法制定など、従来自民党政府の下で未解決のまま放置されてきた戦後処理問題に一応の終止符が打たれたという意味では、社会党の理念は守られたといえる。

しかし、社会党の理念を守りながら新たな政治勢力（「社民リベラル勢力」）を結集するというもう一つの目的については、どうであろうか。村山が一九九六年一月に退陣してからの政党の離合集散を見る限り、この試みは失敗したと見る他はなかろう。要するに、村山は、党内に存在した二つのグループの対立を克服できなかった。政治改革という呪縛の中で、連合をはじめとする労働組合の要請に呼応し「政界再編を通じた新党」の樹立を優先するグループと、社会党の理念や主体性を維持しながら新党結成への道筋をつけようとする「主体性維持派」が、従来までの「政治的仕切」を超えて対立した。選挙制度改革、第二次政権協議、連立離脱、第三次政権協議、自民党・新党さきがけとの連立に至る過程を通じて、それは個人的な憎悪にまで発展していったといってよい。

村山の総理就任・社会党の路線転換で、二つのグループの間には政策的な差異はなくなっていた。それにもかかわらず、社会党は分裂し、大多数の社会党議員は民主党に移っていく。しかも、その後における政党の離合集散（社会党の社民党への党名変更↓旧民主党発足↓新進党分裂↓旧新進党保守系・民社系議員の参加による新民主党結成↓小沢自由党と自民党の連立↓公明党の再結成↓自民・自由・公明の連立↓新民主党の代表に鳩山由紀夫就任↓自由党分裂・自公保連立）過程を観察する限り、民主党に移った社会党議員も社会民主主義の理念を活かすことができたとはいえない。今、村山が一番恐れていた事態が生じているのかもしれない。民主党に移った社会党議員（分裂時は社会民主党）も党内での孤立化を深めており、社会民主主義の理念を実現する政治勢力の結集という本来の目的は、保守系政党優勢の中で埋没の危機に直面している。また、「主体性維持」を重視し社民党に残った議員たちも、小選挙区比例代表並立制の選挙制度の下で、その生き残りが極めて難しくなっている。わが国における社会民主主義勢力は明らかに「逼塞状態」に陥っているといわざるをえない。

コラム――わが国初の社会党首班内閣（一九四七年）

一九九四年六月三〇日、社会・自民・さきがけ三党連立による村山内閣が発足。社会党首班の連立内閣は、一九四七年六月発足の片山哲内閣（社会党・民主党・国民協同党連立）以来、ほぼ四七年ぶりの出来事であった。

四七年四月二五日に行われた総選挙で、社会党は一四三議席（特別国会召集時一四四議席）を獲得して比較第一党に踊り出た。しかし、芦田均率いる民主党一三二議席、吉田茂の自由党一二九議席、三木武夫書記長の国民協同党三一議席、日本農民党も八議席と、いわゆる保守系政党が三〇〇議席を占めていた。

こうした状況の中で、保守系政党による連立政権も可能であった。しかし、自由党の吉田茂は、いわゆる比較第一党による組閣という「憲政の常道」を優先させた。吉田は次のように述べている。

「民主党と組んで、保守連立で行けという議論が出たり、甚だしきは、民主党から引き抜きをやって第一党を作れといった説まで出たが私は第一位の社会党に譲って、この際わが国の民主政治のルールを確立することに決めていた」（吉田茂『回想十年』第一巻）。

この結果、必ずしも社会党首班に積極的でなかった社会党も、当時の政局やＧＨＱ民生局の強力な働き掛けに押し出される形で、民主党・国民協同党との連立に乗り出していったのである。しかし、社会党の中にはその結党当時から右派と左派の対立が伏在しており、政権党として現実の政策を担当する段になると、この両派間の対立が政府内の政策対立として登場する。

まず、四七年一二月には、社会主義的政策の実施を求める左派の要求に押される形で炭鉱国家管理法が成立する。しかし、この法律は資本主義を前提とする民主党からはもちろん、国家管理が不十分だとする社会党左派からも強い批判を受ける結果となった。また、社会党右派の平野力蔵農相が右派内の内紛とＧＨＱ民生局による追放示唆によって罷免されると、党内における片山・西尾など右派の影響力は急速に低下し、代わって鈴木茂三郎に代表される左派の影響力が増していった。これが、鈴木茂三郎が委員長を務める予算委員会における政府追加予算の「撤回と組替え」、これに続く片山内閣総辞職につながっていったのである。

片山内閣の総辞職と連立内閣の崩壊は、社会党左派にとっては歴史的失敗として長く記憶されることになった。つまり、「社会主義の実現を掲げる社会党が保守政党などと共に安易に政権につくことは、結局、社会主義の実現を遅らすことになる」という教訓を与えることになったのである。これ以降、左派優位の社会党は抵抗政党としての歴史を歩み、広く市民と連帯するという視点を持つことができなかった。

社会党が「市民との広範な連帯」を掲げ、本来は右派の村山富市が左派におされて自民党・さきがけとの連立に踏み切り、今度は右派を中心とした勢力がこれを批判、結局は社会党の実質的解体につながったことは、歴史の皮肉としかいいようがない。

引用・参考文献

（1）村上泰輔『新中間大衆の時代』（中央公論社、一九八九年）。
（2）村山富市（辻元清美インタビュー）『そうじゃのう……』（第三書館、一九九八年）。
（3）伊東秀子『政治は、いまドラマティック。』（社会思想社、一九九四年）。
（4）佐々木毅編『政治改革一八〇〇日の真実』（講談社、一九九九年）。
（5）大六野耕作「国民に責任はないのか」（『諸君』一一月号、一九九三年）。

（6）佐々木毅『保守化と政治的意味空間』（岩波書店、一九八九年）。
（7）石川真澄『戦後政治史』（岩波新書、一九九五年）。
（8）佐藤誠三郎・松崎哲久『自民党政権』（中央公論社、一九八六年）。
（9）Robert Reich, *The Work of Nations* (New York : Vintage, 1990).
（10）村上泰輔『反古典の政治経済学（上）』（中央公論社、一九九二年）。
（11）冨森叡児『戦後保守党史』（現代教養文庫、一九九四年）。
（12）高木郁朗「五五年体制の崩壊過程と村山政権」（『労働経済旬報』一五一六号、一九九四年）。
（13）後藤田正晴（内田健三・佐々木毅・早野透インタビュー）『二十世紀の総括』（社会経済生産性本部、一九九九年）。
（14）民間政治臨調『日本変革のビジョン』（講談社、一九九三年）。
（15）小沢一郎『日本改造計画』（講談社、一九九三年）。
（16）五十嵐広三『官邸の螺旋階段』（ぎょうせい、一九九七年）。
（17）石原信雄（御厨貴・渡辺昭夫インタビュー）『首相官邸の決断』（中央公論社、一九九七年）。
（18）五十嵐仁「村山政権成立についての当事者の証言」（『大原社会問題研究所雑誌』№４７０、一九九七年）。
（19）Economic Policy Institute, *The State of Working America* (Washington D.C. Economic Policy Institute, 1996).
（20）得元輝人「政権交代を可能にする小選挙区制」（保岡興治『思春期を迎えた日本の政治』、講談社、一九九〇年）。

第四章　村山内閣と政策決定過程
――被爆者援護法を中心に――

濱賀　祐子

一　はじめに

本章では、一九九四年一二月に、村山連立政権の下において成立した「原子爆弾被爆者に対する援護に関する法律」(以下、被爆者援護法と略す)を取り上げて、社会党首班政権が戦後処理問題という最重要課題の一つとして積極的に取り組んだ本法案は、どのような過程を経て成立したのかを考察する。

被爆者に対する戦後の施策としては、一九五七年に制定された「原子爆弾被爆者の医療等に関する法律」(以下、被爆者医療法と略す)と、一九六八年の「原子爆弾被爆者に対する特別措置に関する法律」(以下、被爆者特別措置法と略す)があった。これら二法は放射能が及ぼす特殊な健康被害に着目したもので、被爆者と認定された者に被爆者手帳を交付し、健康診断の実施や、医療、介護手当などを支給する施策であった。被爆者の生活保障や被害を補償する政策、また、法制定までの間に亡くなった人々に対する政策は一切行われていなかった。国家補償に向けた被爆者政策の見直しは、国家の戦争責任論に関係するため、戦後長らく放置されてきた問題であった。国家の戦争責任についてまったく異なる見解を主張してきた自民党と社会党が連立した村山政権において、被爆者援護政策はどのように形成され、そして決定されるに至ったのであろうか。

被爆者援護法の成立については、自民党政権下では未処理のままで放置されていた援護法という政策案が、解決すべき課題として政府・与党に取り上げられ、解決策が示された点を評価する声がある(例えば、1、六九—七〇頁、2、一六一頁)。これは、自衛隊合憲判断や消費税引上げなど、社会党の政党としての主体性が、外交上の理由や連立政権維持のために譲歩を重ねたこととは対称的に、党の独自性を発揮できた政策として評価したものと理解できる。確かに、国家補償に基づく援護法制定を求めてきた被爆者たちの思いを、戦後五〇年目を前に政策課題(ポリティカル・アジェンダ)にのせたことは、非常に意味深いことであり、「それなりのけじめと決着をつけられた」(1、七〇頁)といえるのかもしれない。しかし、被爆者援護法の制定過程を見ていくと、議論の枠組みは一九七〇年代からのそれと変わっておらず、また、社会党のそれまでの主張が一つずつ崩されていく過程であったことが分かる。法案の成立そのものを優先させたために、それまで被爆者や社会党が求めてきた国家補償や被爆者年金の創設は、結局見送られたのである。

一般的に、連立政権の政府・与党は、与党内部でのコンセンサスを得るために大きなコストを払わねばならない(3、八六頁)。実際、一九九四年八月に、自民党・社会党・さきがけの三党の議員による「戦後五〇年プロジェクト」が発足してから同年一一月二日の政府・与党案の決定までは、各党内、与党間それぞれにおいて、法律案の国会提出が危ぶまれるほどの激しい議論の対立があった。それを首相・官邸が主導する形で、政府・与党案が決定された。この政策過程での政府と与党の関係は、「政府・与党幹部政治」(3、七八—八二頁)であるといえる。事実、村山連立政権の政策決定システムを分析した伊藤論文においても、与党間・各党内調整プロセスの取材を基に、同政権の政策決定のもとでは政官関係は政治主導になりやすいと指摘されている(2、一六九頁)。こうした分析に依拠しつつ、本章ではさらに、本法案の立案・決定過程を決定づけた大きな枠組みに着目する。すなわち、国家補償の文言を法律に盛り込むと第二次大戦の戦争責任論が原爆被爆者に限らず広く一般戦災者や他国の被災者におよび、さらなる補償要求を招く恐れがあるとして、補償文言の明記に強く反対を唱えた行政府・自民党の主張の枠内で、与党間・各党内調整が図られたということである。伊藤論文は、社会党が自衛隊や安保問題で基本政策の転換・放棄を迫られ、被爆者援護法や水俣病問題では比較的主体性を保ち続けることができたのはなぜかと問い、援護法は純粋に国内問題であったこと、そして自民党も戦後処理の過程で譲歩したことを、主体性を追求できた理由として挙げている(2、一六五頁)。連立政権枠組み維持のため、自民党の一部は社会党案に対し柔軟な態度を示していた。だが、被爆者援護法は国内問題に〝閉じ込められた〟ことによってこのような帰結に至った。それゆえ、その範囲内での「箇所付け」、つまり特別葬祭給付金の受給者資格や支給範囲の決定について、社会党は党の独自性を訴えるしか選択肢がなかったのではないかと思われる。

そこで以下では、被爆者政策に対する政府や各政党の対応、被爆者団体の行動などを踏まえて、被爆者援護法がどのような過程を経て成立したのかを考察し、その決定構造を明らかにしたい。その上で、戦争観など「価値」に関わる政策課題を解決する場合に起こる政策過程について考察する。そして、結びとして、村山連立政権は被爆者援護問題にどのように応えることができたのかを考えたい。

二　政府案形成過程

1　被爆者政策の経緯

一九九四年六月末、村山富市社会党委員長を首班として、自民党、社会党、さきがけの三党による連立政権が誕生した。戦後五〇周年を前に、「自民党単独政権では成し得なかった問題解決に連立政権の良さを生かそうと考えた」(1、一三頁)村山首相が、歴史的任務と意識した課題の一つが被爆者援護法であった。

第二次大戦中に軍隊と雇用契約関係にあった日本国籍の者については、サンフランシスコ条約締結後、「戦傷病者戦没者遺族等援護法」が〝国家補償の精神に基づき〟（第一条）立法化され、戦傷病者と戦没遺族に年金支給が開始された。一方、被爆者は公的な救援から完全に取り残され、その生活再建はもっぱら被爆者の自助によるものとされていた。被爆者の組織である日本原水爆被害者団体協議会（以下、被団協と略す）は、一九五六年以降、国家補償の精神に基づく被爆者援護法の制定を訴え始めた。その主張は、以下の通りである。

原爆の被害は、被爆者の自己責任ではなく国がその権限と責任によって起こした戦争の中で生じたものである。したがって、日本政府は当然その被害を補償しなければならない。米軍による原爆投下は国際法の精神に反するものの、日本政府はサンフランシスコ条約で対米請求権を放棄したので、被爆者は米国政府から賠償を受けられない。それゆえ、日本政府は憲法二九条により、正当な補償をしなければならない。援護法には、①死没者の遺族に弔慰金と遺族年金を支給する、②被爆者の健康管理・治療・療養をすべて国の責任で行う、③被爆者全員に被爆者年金を支給する、という項目が含まれねばならない、というものであった。また、被爆者団体は、被爆者への国家補償がいずれ東京大空襲などの一般戦災者への補償に拡大されることを目指していた。一九五七年に制定された被爆者医療法と一九六八年制定の被爆者特別措置法は、いずれも放射線被害という特別な犠牲に対する政策であり、被爆者団体の主張とは相容れないものであった。

政府の従来の見解では、被爆者は国と何らかの身分関係があったわけではなく、一般戦災者との均衡問題も考慮すべきであるとされており、被爆者だけに国家補償をすることに否定的だった。被爆者政策の理念等について再検討することを求めた社会保障制度審議会答申に基づき、橋本龍太郎厚相（当時）の私的諮問機関「原爆被爆者対策基本問題懇談会」（以下、基本懇と略す）が一九八〇年に公表した報告書では、受忍論、広義の国家補償、均衡論が展開された。つまりそれは、国の存亡をかけた戦争による犠牲は国民が等しく受忍すべきものであるものの、被爆者の犠牲は特殊なものであり、国が戦争を行ったこと自体の当否は問わない広義の国家補償の見地に立って被害の実態に即応する措置を講ずべきであること、また、被爆者対策は、他の戦争被害者対策と著しい不均衡が生じないように国民的合意を得られる範囲でなければならないというものである。国家補償の精神に基づく援護法制定に否定的な見解を示したこの基本懇報告は、その後の政府の政策を規定する効果をもったのである。

社会党は、国の戦争責任を認め、結果責任に基づく国家補償を被爆者すべてに行う援護法の制定を目指していた。一九七四年、社会党は、公明党、民社党、共産党と共闘の形で、被爆者年金と特別給付金支給制度を盛り込んだ、国家補償に基づく被爆者援護法案を衆議院に初めて提出した。それ以後、法案提出が続けられ、自民党が参議院で過半数を割った一九八九年には、参議院の野党六会派(社会・公明・共産・連合・民社・参院クラブ)提出の被爆者援護法が、参議院で初めて可決された。しかし、いずれも衆議院で審議未了となり廃案となった。

一九九三年八月に、社会・新生・公明・日本新・民社・新党さきがけ・社民連と参院の民改連の八党派からなる細川内閣が成立し、自民党は野党に転じた。細川連立政権の下には、被爆者援護法案を提案してきた旧野党のほとんどが参加していたが、それまで法律制定を目指してきた社会党や公明党などと、それを阻止してきた自民党から離党し連立政権に参加した新生党やさきがけの間では、国家補償や弔慰金について見解の相違があった。事態打開のために、同年一二月、社会党と公明党の提案で「援護法に関するプロジェクトチーム」が発足し、「被爆五〇周年にあたる九五年度実施を目途に、次期通常国会で法制化を図る」方針で一致した。しかし、意見集約がならず、法案は国会提出に至らなかった。一九九四年四月に成立した羽田連立政権では、社会党とさきがけが閣外に出たが、この二党は例外措置としてプロジェクトチームの会合に参加した。同チームは、一九九四年六月半ば、社会党案をたたき台にして、国家補償の文言を明記する方針でおおむね合意に達し、各党の承認を得て翌年度の予算概算要求に間に合うよう政府案をまとめることになっていた。ところが少数与党の羽田政権は、内閣不信任案が可決され、六月二五日に内閣を総辞職した。そのため、チームで得られた成案の国会提出はまたも見送られることになった。

2　村山政権での政府案作成過程

羽田内閣総辞職の後、細川政権を支えた八党派と社会党の政策協議はまとまらず、その結果、社会党を首班とする自民党・社会党・さきがけ三党の連立政権が発足することになった。連立を組むにあたり、三党間では連立政権樹立に関する合意事項がまとめられ、戦後問題については、「新政権は戦後五〇年を契機に過去の戦争を反省し、未来の平和への決意を表明する国会決議の採択などに積極的に取り組む。このため、戦後五〇年問題について協議する機関を国会および政府に設置する。戦後五〇年を記念して平和のための国際貢献に役立つ行事を行う」という取り決めがなされた。これに基づき、与党間で「戦後五〇年問題プロジェクトチーム」が作られ、社会党の上原康助代議士が座長に就任した。同チームは、同年九月三日の社会党臨時大会までに被爆者援護法の方向性を得たいという理由から、援護法を最初のテーマとして取り上げることにした。戦後処理問題は、社会党が提起し、さきがけが応じ、この二党間の中合せを自民党が認めることで議論が開始されたものであった(4)。

村山内閣の顔ぶれを見ると、自民党が比較第一党であったため、閣僚数は自民党が一三と最も多く、社会党が五、さきがけが二という配分であった。村山首相をはじめ、労相には社会党の浜本万三、通産相には自民党の橋本龍太郎など、衆議院の社会労働委員会の有力メンバーが入閣した。その他に、官房長官には社会党の五十嵐広三、厚相にはさきがけの井出正一、蔵相にはさきがけの武村正義が就任した。被爆者援護法は、プロジェクトチームを中心に、三党間、各党内で議論が積み重ねられた。そこで次に、連立政権の政策決定システムについてふれておきたい。

村山連立政権では、政策形成・決定のためのいくつかの会議体が内閣の下に設けられていた(詳しくは3、七七頁、5、二〇二頁)。まず、与党責任者会議は最高意思決定機関であり、各党の幹事長や書記長の他、参議院代表など一一名が参加した。その下部には、与党院内総務会、政策調整会議、国対委員長会議がおかれ、また政策調整会議の下には、一九の省庁別調整会議と七つの課題別プロジェクトチームがおかれた(**図1**参照)。プロジェクトチームにおいて実質的な政策協議が行われ、下からの積み上げ方式で政策決定がなされたという(2、一六六―八頁)。
政策調整会議の下で、正式にプロジェクトチームが発足したのは八月である。しかし実際には、七月から援護法について与党の発言がみられていた。七月半ば、自民党政調会長の加藤紘一と社会党政審会長の関山信之が会談し、援護法に

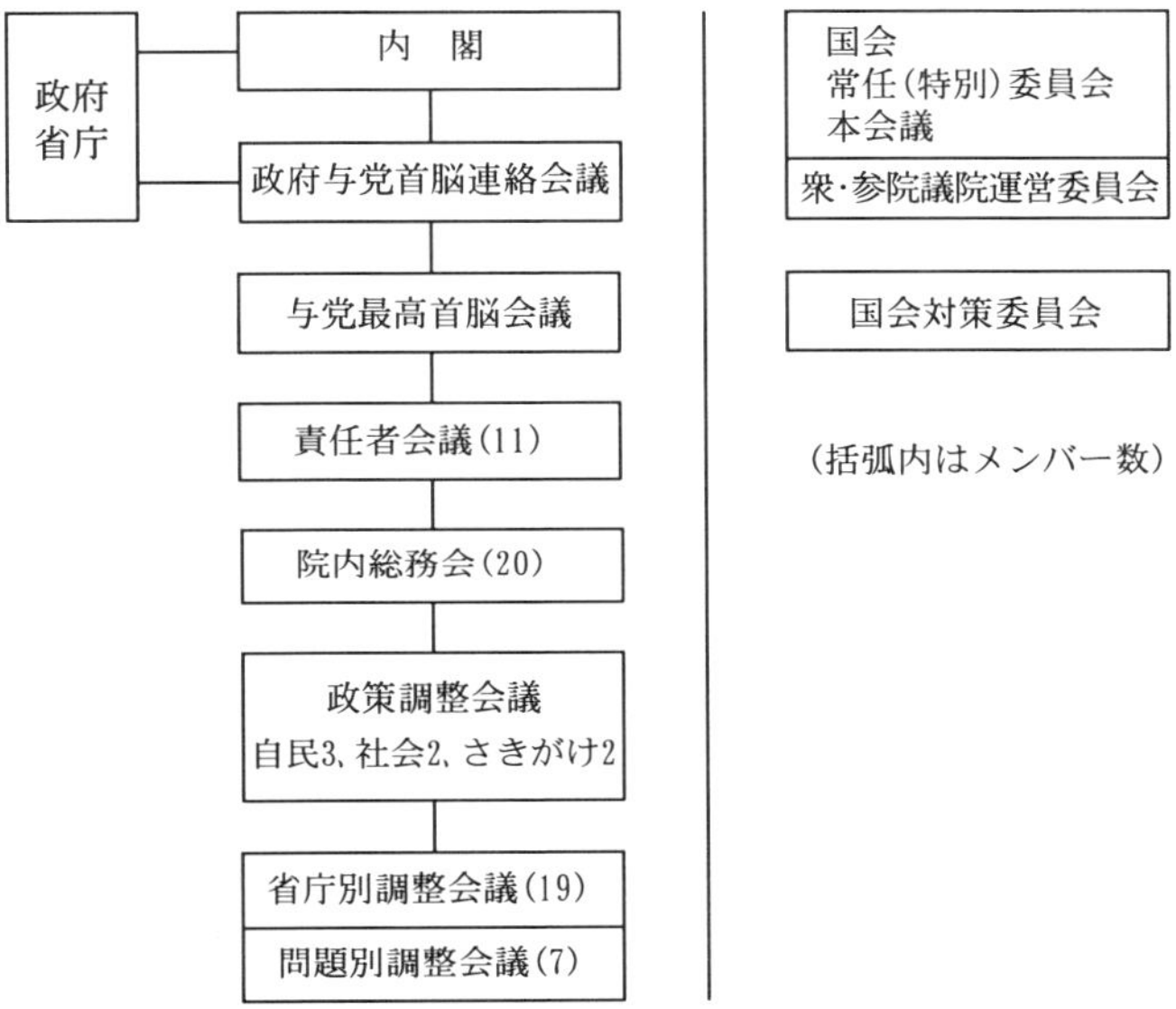

図1　村山内閣のもとでの公式の意志決定システム　〈出所〉3、71頁。

ついて三党間意見調整に入ることで合意した。この段階で、両党の見解は大きく離れていた。広島二区(当時)選出で、被爆者問題に長く取り組んできた社会党厚生部会長の森井忠良は「自民党は援護法を盛り込んだ(社会)党の政策アピールを受け入れた。これができないようでは、村山内閣が誕生した意味がない」と、援護法制定について強い意欲を示した。これに対して、自民党政調会社会部会の部会長経験者は、「国の戦争責任に発展するのは必至であり、現行二法の充実の方が現実的だ」と主張した(6、一九九四年七月一七日)。社会党は、省庁別の機関である「与党厚生調整会議」において援護法を重点項目に入れるよう求めたものの、自民・さきがけ両党の合意を得られず重点項目から外された。また与党政策調整会議でも、援護法は翌年度予算概算要求の重点項目として議論されなかった。自民党では河野総裁が援護法に反対であった従来の党の姿勢を見直す方向を示唆した。しかし、森幹事長はこれに否定的であった。自民党執行部では、社会党に配慮し、

八月に開催される原水禁大会に初めて党幹事長代理を代表として出席させたが「大会出席と援護法制定は別である」としていた。

各党内の調整は、関係部会で開始された。自民党社会部会では、社会党案は問題があるとしながらも、連立相手に配慮する必要も認識されており、原爆二法の枠内で何らかの妥協点を探る方針が確認された。一方、社会党厚生部会では、社会党党首が首相の時に法制定が実現できなければ援護法案は決着しないとし、党の主張に沿った法案成立を求める強硬な意見が大勢であった。その中には、旧連立与党であった野党との連携を示唆する意見もあった。社会党と旧連立与党で設立されたプロジェクトチームは、羽田内閣総辞職の後に開かれたチームの最終会議でまとめた座長案を、自民・社会・さきがけ連立政権で検討することに了承していた。その際、社会党一部議員からは「社会党の主張の多くを取り入れて法案大綱をまとめた旧連立与党と議員立法で法案を提出すれば、過半数で可決できる」との意見が出されたという(7、一九九四年八月四日)。旧連立与党だった公明党議員からも、「法案は史観とのかかわりが大きい。与党内で史観を共有できないことがあれば、社会党は連立を離れ、旧連立与党と一緒に努力してほしい」と、連立の枠組みを揺さぶる発言も聞かれた。

他方、閣僚の間においても、援護法制定に対する意見は分かれていた。例えば、井出厚相は就任直後、「新政権の与党でも統一した見解はなく、慎重に審議していきたい」と述べるにとどめ、個人的な見解も一切明らかにしなかった。その後、閣僚懇談会においても「(国家補償は政府がこれまで基本的に受け入れないとしてきたことであるから)苦慮している」と発言した。橋本通産相からは、「一般戦災者との整合性や対外的な問題への波及、財政支出の問題もある」という慎重な意見が出された。これは、国家補償の明記が一般戦災者や元従軍慰安婦への補償に波及しかねないとの懸念を示したものであった。なお、閣僚懇談会では法の制定を積極的に進めるべきとする意見が相次いだ(7、一九九四年七月三〇日)ものの、政府案の方向性は打ち出せていなかった。村山首相は国会での答弁において「一般戦災者との均衡など基本問題もあり、今後与党内で慎重に協議する」と述べ、従来の政府見解を踏襲する発言をした。八月六日の広島平和式典に出席した村山首相は、援護法について言及できず、被爆者や社会党広島県本部からの反発を招いた。また、社会党内には八月末、議員集団「新民主連合」(以下、新民連と略す)が衆議院議員一七名、参議院議員七名により結成され、久保書記長や森井忠良が名を連ねた。新民連の前身「デモクラッツ」は、村山政権発足時に旧連立政権復帰を求めて行動した経緯があった。こうした党内の動きは、村山連立政権を支える党内基盤を不安定なものにしたのは否めない。

与党間で具体的な妥協案が模索され始めたのは、八月下旬からである。旧連立与党の介入を警戒した自民党が、援護法の決着を目指したいと他の二党に申し入れ、早期決着で与党が一致した。八月二三日に政府・与党は、①原爆二法を一本化して新法を制定し、その名称を『被爆者援護法』として、被爆者への手当を充実させる、②国家補償の形はとらない、との方針で、次期臨時国会で処理する方針を明らかにした。それは、国家補償を明記しない代わりに、新法の名称や手当の充実で社会党の主張に配慮し解決を図ろうとするものであり、与党三党首と自民党の森善朗幹事長、社会党の久保亘書記長、さきがけの鳩山由紀夫代表幹事と五十嵐官房長官による意見交換では「野党による自・社分断に、援護法が使われることは避けたい」という意見が出され、早期解決の必要性が指摘されたという(7、一九九四年八月二三日)。首相官邸側は、非核の精神を立法の目的とする新法制定に意欲を示した。これに対し、社会党の中央執行委員会では、「あくまで(戦争責任による)国家補償を与党内協議で打ち出し、党の方針を反映させるべきだ」という反対意見が相次いだ。九月三日の社会党臨時党大会では、広島県本部が国家補償明記を求める緊急決議案を長崎県本部と共同で提出し、全会一致で採択された。

このように法案の方向性が見えない中で、次期臨時国会提出に向けて、一〇月に入ると協議は大詰めの段階に入った。戦後五〇年問題プロジェクトチームは、一〇月五日から本格的な論議を開始した。この日、原爆二法を一本化することと、手当の所得制限を撤廃することでは合意した。しかし、国家補償と遺族への特別弔慰金問題の二点については、結論を見送った。一〇月一二日の議論では、自・社両党が妥協案を提示した。自民党は国家補償を法案明記ではなく国会決議の形をとることを提案し、一方社会党は、国家補償の根拠を〝国の戦争責任〟から〝原爆被爆者の特殊性〟に改める姿勢を見せた。要するに、特殊性に着目することで一般戦災者への拡大懸念を切り離し、議論を進めることが企図されていたのである。両党が接点を探る動きに呼応し、自民党の加藤政調会長は遊説先で、補償対象を被爆者に限定することを条件に、国家補償明記に弾力的に応じる考えを示した。しかし、両党とも、従来の党の見解に固執せず柔軟に対応しようとする幹部と、党の方針を堅持しようとする部会レベルの間には大きな溝があった。このような中で、両党の歩みよりを得るために調整役を引き受けたのが、さきがけであった。さきがけの党総務会では①法案に補償の文言を盛り込む、②一般戦災者への拡大を避ける、の二点が確認された。これに対し、社会党国会対策委員長であった森井忠良は、連立政権維持を理由に、自民党に改めて同調を求めたのである。

戦後五〇年問題プロジェクトチームでは、自民党が反対理由にしていた一般戦災者との均衡論と戦争責任について、法的解釈面から検討することになった。内閣法制局は同チームの聴取に対し、国家補償の法案明記に法律論の立場から強く反対した。衆院法制局は、補償の概念が明確でないとして、一般戦災者に対象が拡大する恐れがあると指摘した。また、国会決議に盛り込む方が法案明記よりも影響が少ないこと、遺族への弔慰金支給は一般戦災者からも補償要求が出る恐れがあることも指摘された。

法制局の提言を受けて自民党は、「国家責任」という表現と弔慰金支給の遡及を一九五七年以降とする妥協案を提示し、社会党の戦後五〇年問題特別委員会役員会は、国家補償の法案明記と、弔慰金を一九四五年の被爆時即死者まで遡って支給することを決定し、久保書記長がこれを了承した。だが、この二日後、五十嵐官房長官・久保書記長・上原座長の協議において、国家責任という表現で大筋合意がなされた。社会党中央執行委員会は与党間妥協案を大筋了承し、弔慰金については被爆死亡者全員を対象とするようさらに努力することで一致した。

なお、弔慰金問題については、与党政策調整会議やプロジェクトチーム全体会議では結論が得られなかった。弔慰金が問題となった理由は、被爆者特別措置法が施行された一九六九年以降死亡した被爆者については葬祭料支給が開始されたが、それ以前に死亡した被爆者には何の施策もなされていなかったからである。自民党は、一九四五年の即死者まで支給範囲とすると一般戦災者への波及が懸念されることから、一九六九年以前に遡及して弔慰金を支給することに否定的だった。さきがけは、妥協案として、支給を被爆者手帳が交付された一九五七年に遡ること、それ以前については個人に支給せず平和事業に充てるという案を示した。しかし、社会党からは、一九四五年まで遡るべきとする社会党の主張が取り入れられなければ開会中の第一三一国会への提出を見送るべきであるとの意見も出始めた。

この頃、衆院野党会派である「改革」が社会党案に近い法案大綱をまとめ、国会に提出する可能性が高まった。そこで、与党は、連立政権維持のため早期に意見集約しなければならなくなり、政府・与党は首脳連絡会議や与党責任者会議を開き、一三一国会での法案の制定を確認し、村山首相もこれに強い意欲を示した。この段階においてもなお、自・社両党内は妥協案に否定的であった。しかし、官邸サイドは五十嵐官房長官を軸に急速に事態打開に乗り出した。そして五十嵐官房長官は、「社会党の主張を一言一句入れられるわけはない」と語気を強めて社会党の歩みよりを求め、上原座長は厚生族の有力者である橋本通産相に自民党への根回しを依頼し(8、一九九四年一一月三日)、政局流動化を警戒する自民党からは「弔慰金の名称を変えれば、支給対象を原爆投下時まで遡ることを認める」との言質を得た(6、一九九四年一一月四日)。弔慰金で社会党の主張を尊重するという展開に、厚生省と大蔵省は他の戦災者への波及を恐れ気色ばんだ。しかし、最後は石原官房副長官が調整に乗り出し、「一般戦災者からの訴訟にも十分対応できる」巧妙な文章を作り上げたのである(6、一九九四年一一月六日)。首相官邸がまとめた調停案は、弔慰金の名称を「特別葬祭給付金」とし、原爆投下時の一九四五年に遡って支給すること、一般戦災者への波及の歯止めとして支給対象者は被爆者手帳を持つ遺族に限ること、対象者一人に対して一律一〇万円を二年償還の国債で支給すること、法案前文で被爆は特殊な健康被害である旨明記すること等となっており、国家補償明記は見送られた。一一月二日、与党三党が政府案受け入れを最終的に合意し、政府案が決定した。しかし、同日、野党改革の幹部から新民連に対し、野党案と行動を共にするよう接触があり(6、一九九四年一一月四日)、こうした野党からの社会党への揺さぶりは、その後の国会審議過程にも大きな影響を与えることになった。

三　国会審議

1　国会審議の経過

政府案は、原爆二法を一本化したものであり、原爆二法と異なる点は、前文で恒久の平和を念願するという制定趣旨が明記されたこと、特別葬祭給付金の支給、平和祈念事業の実施、手当の所得制限の廃止、予算措置だった福祉事業の法定化などである。

与党三党の合意を受け政府案が作成されると、内閣提出法案の手続きに従い、法案は社会保障制度審議会に諮問された。社会保障制度審議会は衆参両院議員、学識経験者、社会保険事業関係者などで構成され、内閣総理大臣および関係大臣に書面をもって助言する権限を有する審議会である。井出厚相の諮問案に対し、審議会会長や野党改革の委員から批判意見が出されたものの、おおむね了承となった。審議会は、「政府は原爆被害の実態についての調査研究などに一層努力されたい」と答申した。政府は、一一月二二日に法案を閣議決定し、国会に法案を提出した。野党改革も一一月一六日に「原子爆弾被爆者援護法案」(以下、改革案と略す)という対案提出を決定し、法案を国会に提出した。このため、国会では閣法と改革案が一緒に審議されることになった。改革案は、公明党や民社党など各党で被爆者援護法案作成に関わってきた議員が改革の厚生部会原爆被爆者援護法プロジェクトチームのメンバーとなってまとめたものである。ちなみに、改革案提出者には、被爆地選出議員など七名が名を連ねた。

一一月二五日に衆議院本会議において趣旨説明と質疑が行われ、同日衆議院厚生委員会において提案理由説明と質疑が行われた。その後同委員会では、参考人の意見陳述と質疑、広島市と長崎市に厚生委員を派遣しての地方公聴会が開かれた。一二月一日には厚生委員会で共産党提案の修正案が否決され、附帯決議を付した政府案が可決された。翌日の衆議院本会議で閣法が可決され、参議院に送られた。参議院でも同様に提案理由説明と質疑、参考人意見陳述が行われた。閣法は一二月八日に厚生委員会で可決され、翌日の本会議において可決、成立した。なお、衆参両院とも、本会議での採決にあたっては与野党から党議に反して造反議員がでたことを付記しておきたい。

2　審議の争点

国会審議の過程では、政府案と改革案の相違、国家責任と補償の解釈、特別葬祭給付金が大きな争点となった。政府案は、前文において「国の責任において、原爆投下の結果として生じた放射能に起因する健康被害が他の戦争被害とは異なる特殊の被害であることにかんがみ……総合的な援護対策を講ずる」となっており、国の責任の意味するところについて質問が集中した。井出厚相は、「国家補償という表現を用いると、国の戦争責任に基づく補償を意味するものと受け取られる可能性が強い」と述べ、政府案が国の戦争責任に基づかない広義の補償であり、援護施策の事業主体としての国の責任を明確化したものであると答弁した。一方、改革案の前文には「国家補償的配慮に基づき」という表現が用いられており、政府案との相違が焦点となった。改革案は、旧連立政権プロジェクトチームにおいて社会党が中心となってまとめた法案大綱を基礎とし、さらに討議を加えて作成したものであった。社会党案は、もともと「一般国民は国家総動員体制により戦争に組み込まれたのであり、補償は当然である」との考えに基づいており、旧連立政権でまとめた法案大綱はこの社会党案に沿っていた。しかし、社会党が与党に転じて以降、国家の戦争責任に対する考え方の違いから補償に関する部分がチームにおいて再検討され、「国家補償的配慮」という表現が導入された。これは、被爆者の置かれた特別な状況に配慮し、一般の社会保障以上の措置が必要であるとの認識に立つものであり、チーム座長代行であった栗屋敏信によれば、それは「国の戦争責任とは全く別なもの」であった(7、一九九四年七月二一日付)。改革案は、原爆二法施行後に示された最高裁判例や一九八一年の基本懇報告で指摘された事項、つまり、原爆二法を単なる社会保障制度と考えるのは適当ではなく、実質的に国家補償的配慮が制度の根底にあるという点と同一の趣旨であることが、改革委員による答弁で明らかにされた。

政府案と改革案の相違の二点目として、被爆者遺族への弔慰金支給問題があった。政府案では一死没者に対し、二親等内の被爆者手帳を有する遺族全員におのおのが特別葬祭給付金請求をした場合に各人に一〇万円が支給されることになっていた。改革案の「特別給付金」は、①支給対象の遺族を被爆者手帳所持者に限らない、②葬祭料制度施行以前に死亡した被爆者で、葬祭を行う遺族に対し支給を行う、つまり一死没者につき一〇万円支給するという点で、政府案と異なっていた。政府案によれば、原爆投下時に疎開していて自らは被爆を逃れたが家族を失ったような原爆遺児のケースは給付金対象外とされることから、遺族を分断し差別を生むものであるとの批判が多く出た。これに対し井出厚相は、「死没者の方々の苦難をともに経験したご遺族であって、ご自身も被爆者としていわば二重の特別の犠牲を払ってきた方に対し、生存被爆者対策の一環として国による特別の関心を表明し、生存被爆者の精神的苦痛を和らげようとするものであり、……(葬祭料と特別葬祭給付金の)両者は生存被爆者対策という点で共通のものである」と答弁し、援護法が被爆死亡者に対する弔意を示すのではなく、生存被爆者施策の性格をもつものであるとの見解を示した。

被爆者援護法の政府案形成の過程においては、被爆者団体は、審議会に委員を送るというような公的な意思表出ルートがなく、被爆者は各党議員や官邸への陳情という形で政策決定者と接触していた。被爆者は、国会審議において初めて、公的な場で参考人として意見陳述をする機会を得た。意見陳述の場は、広島・長崎両市での地方公聴会と、衆参両厚生委員会に設けられ、被爆者団体関係者、原爆医療関係者、日本弁護士連盟などが参考人として意見を述べた。主な論点は、被爆者の願いと政府案の乖離についての不満、援護法が政争の具にされていることに対する鋭い批判であった。

被爆者団体が原爆二法をはじめ税法上の優遇措置を受けながらも援護法制定運動を起こしたきっかけは、①被害をもたらした責任者に謝罪して欲しい、②核兵器は絶対に使わないで欲しいという二つの要求を、上記の施策は満たしていなかったからである(『参議院厚生委員会会議録第一〇号』、六頁)。そこから、国の戦争責任に基づいて国家補償を行うこと、一九六九年以前に被爆死し何らの施策もなされていない者へ国の弔慰を示すことが求められてきたのである。しかし、広島県被団協理事長の伊藤サカヱが、「ころころ変わる政策の中で、足をもがれ、手をもがれ、……最後の心臓まで、援護法まで刺されるとは思いませんでした」(『衆議院厚生委員会会議録第一〇号(二)』、五頁)と批判するように、社会党が初めてまとめた援護法案とは内容が大きく異なる援護法案が作成された。全国被爆者教職員の会会長で、社会党広島県本部委員長でもあった石田明は、「人類史的に問われている広島・長崎の原爆犠牲という観点と、戦争原因の責任を明確にするという観点から、総じてこのことを国家補償という四文字の表現をもって体系化し、思想化してきたということをご理解いただきたい」。「とかく被爆者援護法の問題が被爆者の援護、利益保護、そのようなことに短絡的に志向されることに私はいささか抵抗を感ずる」と、政府の姿勢を批判した(『衆議院厚生委員会会議録第一〇号(二)』、六頁)。また、核兵器禁止平和建設長崎県民会議議長の久米潮は、「一般戦災者との関連だけを頭において(援護法を)骨抜きにしなくてもいいではないか」と、政府案が被爆者に補償を限定しようとする過程で様々な矛盾を孕んだ点を突いた(『衆議院厚生委員会会議録第一〇号(二)』、二五頁)。被団協代表理事の山田拓民は、国家補償について社会党は国の責任を踏まえた意味であるといい、自民党は事業主体としての責任を明確にしただけであるというなど与党間で整合性がない点を批判し、改革案についても「全ての死没者遺族を対象とする点では国家補償的配慮の表れかと思われますが、政府案同様葬祭料の遡及支給であり、国としての償いとはほど遠い」と断じた(『衆議院厚生委員会会議録第一〇号(二)』、一八頁)。

3　与野党の対応

野党改革は、社会党の政策の変化を追及した。社会党は従来国家補償に基づく援護法制定を求めていたことから、これまでの党の主張と政府案との違いを指摘されたのである。こうした質問に対し村山首相は、社会党がそれまで主張してきた援護法と今回の法案は一致していないことを率直に認めた。ただ、この機会に決着をつけたいという強い熱意から与党三党で検討し、当面実現可能な最善の策ではないかと思われる結論を出したのであり、そういう経過について理解を賜りたいと答えた。また、党に対する批判は首相の足元からも起こり、衆議院審議期間中に、社会党や新党・護憲リベラルの衆参両議員一二名が法案への「国家補償の精神に基づく」との趣旨の明記や村山首相による政府の誠実な弔慰表明を求める声明を発表した。

野党側はまた、改革案が作成された経緯について改めて述べ、与党に揺さぶりをかけた。民社党で被爆者対策委員会委員長を務めた改革の高木義明は、衆議院本会議での質疑において、「具体的な法案要綱の検討にあたっては、日本社会党案なども十分検討してきた経緯があり、その意味において与党の皆さん方にも私達改革の案にご賛同いただけるものと認識をいたしております」と発言(『衆議院会議録第一三号』、五頁)、衆議院本会議での採決前の討論では、石田祝稔が「政権維持のためやむをえず政府案に賛成することなく、党の立場を超えて国家補償という言葉を盛り込んだ改革案に賛成していただくよう強くお願い」すると述べた(『衆議院会議録第一五号(一)』、五頁)。

社会党が与党になり、民社党や民主改革連合が野党となったことで、社民勢力が分断され政党の駆け引きが強まった。このような政治状況に苦慮していたのが、日本労働組合総連合会(連合)であった。連合広島事務局長の小林寛治は、地方公聴会において、援護法が政争の具に供せられているとの危惧を示し、全会一致での成立を懇願した。そして「私は、政府案や改革案のいずれかにくみしたり、批判をするという立場で臨んでおりません」と自らの立場について付け加えなければならなかった(『衆議院厚生委員会会議録第一〇号(二)』、三頁)。

こうした状況を背景に、衆院本会議の採決では、自民党・社会党から造反議員が出た。一方、野党側からも、改革案に反対する議員が出た。参議院本会議での採決では、広島・長崎各県選出の議員が党議を無視して反対し、新党・護憲リベラルは欠席した。一方、参議院野党会派である新緑風会は政府案に対する反対討論を行ったものの、採決では新緑風会に所属する民主改革連合議員一〇名のうち九名までが、政府案賛成に回った。

共産党は、政府案も改革案も被爆者の本当の願いに応えるものではないとし、修正案を提出し、見直しを求める態度をとった。同党の修正案の内容は、①国家補償の明記、②弔慰金一二〇万円の支給、③全被爆者に年金支給、の三点であった。修正案は衆参両議院で否決されたが、共産党は本会議では法案成立を重視し、政府案に賛成した。

こうして、被爆者団体が制定を求めて三五年にわたり運動を続けてきた被爆者援護法案は、政府が被爆者や被爆二世の実態調査、施策拡充に対しさらに努めるべきであるとの附帯決議を付して、可決されたのである。

四　被爆者援護法をめぐる政治力学

被爆者援護法案の制定過程は、行政府側が法案作成、与党の承認や国会過程に至るまで積極的に関わる多くの官僚主導の政策決定パターンとは異なり、政府・与党主導であったといえよう。また、与党間の合意形成は、プロジェクトチームの積み上げ方式で進められたものの、与党内の決裂を回避するため最後は首相のトップダウン方式が採られた。社会党内では強硬論を主張する議員と、新・新党結成を目指す「新民連」の主要メンバーが一部重なっており、こうした党内状況と野党改革の動きが村山政権に圧力をかけたのである。

被爆者援護法は、以上のように、政党間調整の積み重ねによって形成され立法化された。それでは、行政府は援護法制定過程にどのように関わったのだろうか。

厚生省の関わり方については、国会審議の答弁で、厚生大臣と厚生省の政府委員がそれぞれ述べている。それによると、厚生省保健医療局が具体的な作業を開始したのは、連立与党の決定を受けた一一月初めからであったということである。さらに、行政府は一一月以前の段階までこの援護法という形は考えていなかったのか、との問いに、井出厚相は「厚生省の方から、例えば場合によっては国家補償とかあるいは戦争責任につながるような問題も含んでおりますし、一般戦災者あるいは対外的な問題にまで及ばないとも限らない。そうなると一厚生省だけの問題じゃなくなるものですから、そこらはやはり与党の判断も待たなくてはなりませんし、合意が得られるまでは、事務的な連絡といいましょうか、お手伝い役で終始してきたわけでございます」と答弁した(『衆議院厚生委員会会議録第九号』、二〇頁)。厚生省の従来の政策は、原爆二法に基づく諸施策の拡充だった。手当の所得制限については、一九七〇年代から厚相が蔵相との閣僚折衝でその撤廃を要求していた。しかし、大蔵省の反対により実現しなかった経緯がある。なお、村山政権成立により現実味を帯び始めた国家補償や弔慰金の導入などの政策の転換については、従来の政策方針の否定にもつながることから政府提出法案では難しいと考え(7、一九九四年八月七日)、政治の決断を待つ姿勢であったといわれる。

大蔵省は、国家補償や個別弔慰事業、所得制限の撤廃の議論は被爆者施策予算の増額をもたらし、さらに国の内外からの補償請求の芽になる可能性があったことから、被爆者政策の転換には否定的であった。特別葬祭給付金制度の導入により被爆者施策予算は当時の一二〇〇億円から二〇〇〇億円以上に増すと試算されたが、武村蔵相は、与党プロジェクトチームでの議論が開始される以前から「被爆者に対して年間一〇〇〇億円以上の予算を出しており、亡くなった人たちまで国が補償するのは難しい」との見解を示していた。大蔵省は、被爆者への補償が他からの補償要求を生まないよう、補償対象者を限定する必要性があったのである。弔慰金支給対象者を即爆死者まで溯るかについて、自・社対立の妥協案としてさきがけが提示した案は、他からの補償要求の歯止めが設けられている点で、大蔵省の意向に沿ったものでもあった。

こうした見解は、所得制限撤廃の議論にも見出すことができる。被爆者特別措置法による諸手当の所得制限については、一九九〇年の段階ですでに、限度額が標準世帯で九八〇万円から一六〇〇万円に引き上げられており、手当対象者の九九％をカバーしていた。所得制限の撤廃による財政上の負担増は限られたものであり、自民党海部内閣当時に厚生省と自民党原爆被爆者対策小委員会の間で撤廃の合意が得られていた。しかしこの時は、所得制限の撤廃が法改正を伴うことから、野党が多数を占める参議院で自民党が譲歩を強いられることを警戒した大蔵省の反対により見送られた。

内閣法制局、衆院法制局は、援護法制定に対して否定的な見解をもっており、特に国家補償の文言の明記は補償対象を広げるとの強い懸念を示した。国家補償には、国の不法行為責任に基づく国家賠償、国の適法行為による損失の補償、そして、違法、適法にかかわらず国家の作用の結果として起きた被害を救済する結果責任による補償、の三つがあるとされる。ここに「国家責任」の意味内容をあいまいにする余地が存在し、与党内の戦争観の相違が包摂されていたのである。

このように、被爆者援護法案は、戦争観についての政党間対立だけでなく、法体系上、財政上の対立要素を含むものであった。その意味で、自民党と各省庁の利害は当初より一致していたといえよう。

それでは次に、政策当事者であった被爆者は、援護法政策過程にどのように関わったのであろうか。一般的に多くの政策過程においては、政府案作成過程において利害関係者が審議会で意見を表明し、利害対立が激しい場合は審議会の所管局が与党や関係省庁に働きかけを行いながら成案をまとめていく。被爆者援護施策に直接関わる審議機関は「原子爆弾被爆者医療審議会」である。ただし、これは被爆者認定を行う専門的な審査機関であり、総合的な施策を検討する場ではなかった。被爆者医療審議会、社会保障制度審議会ともに被爆者代表の席はなく、被爆者団体は個別活動や、市民団体、広島・長崎両市長を含めた「被爆者援護法実現・みんなのネットワーク」を通じ、政党、議員、行政府への働きかけや世論形成に努めた。しかし、国家補償を求める意見がある一方で、高齢化が進む被爆地では、現実対応の模索も始まっていたという(7、一九九〇年八月四日)。日本被団協は、一般戦災者への補償の波及も視野に入れて援護法制定運動を行っていたが、広島市は一般戦災者への波及こそ政府・自民党が恐れていることであるとして、援護要求は被爆者に限定すべきと考えていた。広島市議会は、一九九一年に援護法制定を求める請願を全会一致で採択したが、広島・長崎両県は、援護法制定要求より援護措置の拡充を求めた。また、広島選出の社会党の浜本万三議員は、原爆二法に補償の考えを加えて、実質的に援護法の精神を実現する方法も検討していた(7、一九九〇年八月四日)。

被爆者援護法の議論では、援護すべき対象者をどう限定するかが大きなポイントとなった。原爆二法が国籍条項を設けていなかったことから、日本に住んでいる外国人被爆者も援護措置の対象となっている。しかし、韓国をはじめアメリカ、南米など外国に住む被爆者は政策の対象外となり、日本での医療費補助制度、日本からの医療者派遣制度による診察などの施策しか利用できない。在外被爆者施策については国会において一部議員から提起されてきた問題ではあったが、結局、援護法案には盛り込まれなかった。

周知のように、戦争認識は、国の内外からの補償要求を想定させるものであった。それだけに、被爆者援護法を国家補償という大きな枠組みで解決しようとすると、法案成立が難しくなることから、政策対象者の範囲は立法者の裁量により生存被爆者に限定されていったのである。

五　おわりに

与党内調整の結果、被爆者にとって悲願だった被爆者援護法に国家補償の文言はなかった。しかしながら、自民党単独政権下では為し得なかった未処理の問題を解決したとして一応の評価をする声もある。一貫して国家責任に基づく補償を求めてきた被団協は、法案成立後の定期総会において、自民党政権のもとで拒まれ続けてきた援護法そのものが成立したこと、諸手当の所得制限が撤廃されたことなどを「大きな前進」と評価した(7、一九九五年六月五日)。

社会党首班政権の成立によって被爆者援護法案は成立したのは事実であるとしても、その決定内容を見ると、もともと自民党政権としても妥協できる範囲だったことが分かる。援護法に関していえば、村山政権は、自民党の妥協できる範囲でしかその内容を決定できなかったのである。また、その「範囲」は官僚の利害と一致していた。「自民党の姿勢は私たちの予想以上に厳しかった。いや、それは正確にいうなら、自民党と表現するより、これまで自民党およびそれを支えてきた官僚といった方がよい」という意見もある(9)。そして、他国からの補償請求に発展する恐れのある国家補償を阻止することについては、行政側の利害とも一致していたのである。

いうまでもなく、補償について政策転換を行うことは、従来の施策を否定することになる。戦後半世紀を経てから補償のシステムを作ることは極めて難しく(10、一五一頁)、採りうる選択肢は限られている。それゆえ、社会党は党の独自性を追求するために、弔慰金の支給問題で最終的に粘ることになった。結局、戦争観をめぐる「価値」の対立は、個別的な利益分配の議論へと集約されていったといえるのではないか。

「国家補償」は、原爆投下に至る原因を作った責任が国にあり、それに対する補償が明確に位置づけられる。「国の責任」は、極めて巧妙に国家の戦争責任を回避した認識に基づいており、戦争責任に対する直接の補償の意味は当然失われることになる。この意味から、これまで国が措置してきた社会保障制度としての二法から何ら進歩していないという意見(11、一九九四年一一月三日)も、一定の妥当性をもつのではないか。「この程度であれば、自民党単独政権でも打ち出せた」(11、一九九四年九月二日)内容でありながら、実際には法定化を避けられてきた政策を国会で可決・成立させたところに村山政権の成果はある。しかしそれは、社会党の政党としての主体性の評価とは別のものであると思われる。

コラム――戦後補償と被害者補償

日本政府は、一般市民の戦争被害に対する国家補償を行わず、また、軍人であっても日本国籍を有しない者には補償制度を適用してこなかった。海外の戦争被害者からの補償要求については、国家間で解決済みとの姿勢を示してきた。しかし、政治的判断により補償政策の見直しが行われることがある。近年の日本政府の対応は、民間基金を設立することによって解決を図ろうとするところに特徴があるといえる。戦後補償についての各国の対応は、『戦後補償とは何か』(10)に詳しい。

一方、冷戦期における核開発競争は、軍関係者や核関連施設労働者、各国の核実験場周辺の住民や環境に深刻な被害を及ぼした。米国では一九八八年に、広島・長崎に進駐して被爆した軍人や核実験で被爆した退役軍人を対象に医療補償を行う補償法が成立した。一九九〇年には、被爆した住民やウラニウム採掘労働者に対する補償法も制定された。しかし、被爆者の補償要求は、国家による核情報の厳しい統制、地域経済や雇用の問題などが絡み、いずれの国においても困難を極めてきた。詳しくは引用・参考文献(12)、(13)参照。

引用・参考文献

(1) 金森和行『村山富市が語る天命の五六一日』(KKベストセラーズ、一九九六年)。
(2) 伊藤光利「連立維持か党の独自性か」(山口二郎・生活経済政策研究所編『連立政治同時代の検証』朝日新聞社、一九九七年)。
(3) 中野実「政界再編期の立法過程―変化と連続―」(『レヴァイアサン』一八号、一九九六年)。
(4) 上原康助・若宮啓文「戦後五〇年の節目と課題―国家補償を中心に―」(『月刊自治研』三六(一二)、一九九四年)。
(5) 草野厚『連立政権―日本の政治一九九三〜』(文春新書、一九九九年)。
(6) 『中国新聞』。
(7) 『朝日新聞』。
(8) 『読売新聞』。

(9)　川野浩一「三つの長崎の鐘と被爆者援護法」(前掲誌(4)所収)。
(10)　朝日新聞戦後補償問題取材班『戦後補償とは何か』(朝日新聞社、一九九四年)。
(11)　『公明新聞』。
(12)　中国新聞「ヒバクシャ」取材班編『世界のヒバクシャ』(講談社、一九九一年)。
(13)　『外国の立法』(第三〇巻四号、一九九一年)。
(14)　田中秀征『日本の連立政治』(岩波ブックレットNo.434、一九九七年)。
(15)　椎名麻紗枝『原爆犯罪』(大月書店、一九八五年)。
(16)　椎名麻紗枝『被爆者援護法—制定を拒むものは誰か—』(岩波ブックレットNo.208、一九九一年)。
(17)　田中伸尚・田中宏・波田永実『遺族と戦後』(岩波新書、一九九五年)。
(18)　小林仁「被爆者援護法が問い掛けるもの—明記されなかった国家補償—」(『立法と調査』一八八号、一九九五年)。
(19)　厚生省健康医療局企画課「『原子爆弾被爆者に対する援護に関する法律』の概要」(『厚生』一九九五年二月号)。

第五章　村山内閣と「戦争責任」問題

菅野　淳

一　はじめに

自由民主党（以下、自民党）、日本社会党（以下、社会党）、新党さきがけ（以下、さきがけ）の三党の連立により、村山富市社会党委員長を首相とする内閣が一九九四年六月三〇日に発足した。村山首相が所属する社会党は、結党以来平和主義を党是に掲げ、野党第一党としてこれまで一貫して自民党の政策を批判してきた。しかし、政権を担当して以来、日米安全保障条約を容認し、自衛隊を合憲とするなど、基本政策の大転換を行わざるを得なくなり、村山内閣は党の理念よりも現実的妥協の優先を余儀なくされ、自民党単独内閣との相違を発揮することが困難な状態に直面した。その一方で、村山内閣は、戦争責任の問題について、「平和主義政党」としての真価を問われ、また、自民党との違いを発揮する数少ない機会を与えられることになった。本章では、特に村山内閣の戦争責任問題の処理を中心に考察を進める。

ところで戦争責任問題については、大別してサンフランシスコ平和条約や各国家間の条約で既に決着しているという立場と、まだこの問題への処理が終了していないという立場がある。村山内閣の場合、基本的には前者の立場にある自民党と、後者の立場にある社会党との間で揺れ動きながら、後者の立場で問題の処理にあたったといえる。また、戦争責任の処理について、それは市民運動など民間により行うべきだとの立場と、政府によって行うべきだとする立場がある。村山内閣は、特に戦後五〇年という節目もあり、従来の自民党政権によってはあまり積極的には進められなかった政府による処理に、積極的に取り組んでいった。

論述の順序は、まず、村山首相の第二次世界大戦で被害を与えた諸国への外遊と戦争責任問題についての発言と行動を概観する。次に、閣僚の辞任劇とその直後の「全国戦没者追悼式」における村山首相の式辞を引用し、村山内閣の政治的枠組や歴史認識の不統一と、それに苦悩しながらも戦後補償問題に取り組んだ首相の政治姿勢を取り上げる。次に、戦後五〇年を迎えた一九九五年の国会決議と首相談話を取り上げ、村山内閣が歴史的節目を迎えて、自民党やさきがけとの妥協を重ねながら、平和主義を希求したことを考察する。最後に、様々な論議を巻き起こしている従軍慰安婦問題とその対策のために設立された「女性のためのアジア平和基金」とそれへの批判を取り上げ、戦争被害者への国家と個人の補償についての方法を考える。

以上の考察を通して、歴代の自民党内閣と比較して社会党首班の村山内閣の立場、特に村山首相の「平和主義者」としての理想と現実、すなわち、自民党政権との相違を発揮した側面と、国会で過半数を割った自民党の政権維持の補完勢力としての側面との両面について目を配りつつ、村山内閣への一評価を行いたい。

二　村山首相の外遊と戦争責任問題

1　韓国訪問

村山首相は、一九九四年七月二三日、二四日に大韓民国(韓国)を訪問した。金泳三大統領と社会党の総理大臣としては初の日韓首脳会談を行った。この会談で、村山首相は日韓間の「過去」の問題に関して、「日本の植民地支配が朝鮮半島の多くの人々に耐え難い苦しみと悲しみをもたらしたことに対し、心からのおわびと厳しい反省の気持ちを申し上げたい」と表明したうえで、戦後五〇年にあたる来年(一九九五年)には、こうした歴史認識を「日本国民が今一度あらたにする必要がある」との考えを示した。日本政府がこれまで「おわびと反省の気持ち」を表すとしてきた従軍慰安婦問題については、「現時点では最終的な内容はまだ固まっていないので申し上げられない。早急に結論を得るようにしたい」と述べた(1、一九九四年七月二四日、一面)。

なおこの会談の直前、朝鮮人民民主主義共和国(北朝鮮)の金日成主席が死去しており、朝鮮半島の情勢は不安定感を増していた。そのためこの会談は、当該問題が最も大きなテーマとなり、村山首相は社会党首相の内閣になっても、韓国との友好関係に変わりはなく、朝鮮半島の問題にも、韓国、アメリカ、中国をはじめとする関係諸国と緊密に連携して最善の努力をしていくことを確認した。一方、金大統領も会談後の共同記者会見で、「(村山)首相は、日本が過去に韓半島に多くの苦痛を与えたことに対し反省しつつ、世界平和のために努力するという決意を明らかにした。私はこれ以上、過去の問題が両国関係の発展の障害となってはならないという点を再確認した」と述べた(1、一九九四年七月二四日、二面)。

2　東南アジア諸国訪問

村山首相は、一九九四年八月二三日から三〇日まで、フィリピン、マレーシア、シンガポール、ベトナムの東南アジア四カ国を訪問した。この訪問の主な目的は、社会党の党首を首相とする内閣になっても「アジア重視」の外交方針に変わりがないことを各国首脳に伝えることであった(1、一九九四年八月二三日、「社説」)が、しかしそればかりではなく、第二時大戦中の日本の行為への謝罪と反省も大きなテーマであった。

まず、村山首相は最初の訪問国であるフィリピンで、ラモス大統領と会談を行い、戦争問題に関して、「過去の歴史を念頭に平和憲法を堅持し、過ちを繰り返さない、すなわち、軍事大国にならないという固い決意のもとでアジア外交を進めること、従軍慰安婦についておわびと反省の気持ちをどのように表すか、できるだけ早く結論を出すべく検討中であり、来年(一九九五年)にあたり、歴史研究や若者の交流拡充のための施策の具体性を急ぎ、女性の地位向上のための職業訓練センター設置に協力する」と述べた(1、一九九四年八月二五日、二面)。一方、ラモス大統領は、会談の前日に行われた夕食会でスピーチで、「(両国は)過去の傷をいやし、過去の過ちを繰り返さないということだけでなく、今以上に、より良く、より安全な社会を子孫に残していく重い責任を背負っている」と語った(1、一九九四年八月二四日、二面)。これに引き続いて、この会談では、「わが国政府は元従軍慰安婦に対して、その認定や生活苦に対する援助している。過去の問題は両国関係での小さな、黒い雲だ。しかしいつまでの先の大戦をうんぬんする考えはなく、未来に向かって進めていくべきだ。首相が説明した構想などによって大戦の記憶がいやされていく」と述べ、前向きな未来志向の関係強化を重視していく考えを強調した(1、一九九四年八月二五日、一面)。

次に、村山首相は、二番目の訪問国ベトナムに到着した。日本の首相のベトナム訪問は、一九六七年に、当時の佐藤栄作首相が南ベトナムを訪れて以来のことで、一九七六年の南北ベトナム統一後では初めてのことである。村山首相は、キエト・ベトナム首相と会談し、平和憲法の下で、軍事大国にはならない方針を表明した。これに対しキエト首相は、「第二次世界大戦についての村山首相の言葉を高く評価する。日越関係も過去の扉を閉じて、ともに未来に向けて歩もう」と述べ、大戦中の日本軍の支配下での餓死事件には触れなかった(1、一九九四年八月二六日、一面)。

次に、村山首相は三番目の訪問国であるマレーシアに到着し、マハティール首相と会談した。マハティール首相は、「日本が五〇年前のことを謝りつづけることが理解できない。過去は教訓にすべきだが、国家間の関係は現在から将来に向けたものにすべきだ。五〇年前のことで補償を求めるとなると、旧植民地国の宗主国への補償要求にもなりかねない。日本は謝罪にこだわらず、国連安保理の常任理事国入りすることを支持する」と述べ、日本がアジアの代表として未来志向の立場に立ち、積極的な外交を展開するよう求めた(1、一九九四年八月二八日、一・二面)。

最後に、村山首相はシンガポールに到着した。そして、市内の戦争記念公園にある日本占領期殉難人民記念碑を日本の首相として初めて訪れ、花輪を捧げた。この記念碑は、シンガポール占領後に日本軍に虐殺された中国系住民らの遺骨が納められており、日本では「血債の塔」としても知られている。村山首相を迎えたシンガポールのジャヤクマル外相は、「日本の首相が初めて来たことはとても有意義なことだ。国民は高く評価している」と語った(1、一九九四年八月二九日、二面)。そして村山首相は、オン・テング・チョン大統領、ゴー・チョク・トング首相、リ・クアン・ユー上級相(前首相)と、それぞれ会談し、一連の会談の中でシンガポール首脳は、最近の日本政府の「過去」に対する姿勢を高く評価した。特にオン大統領は、「近年の日本の首相が戦争中の行為を認めてきたことは、日本が国連安保常任理事国になるための良いサインだ。日本はわが国よりもずっと大国なので、世界の中で果たす役割は大きい」と述べた。

一方、リー上級相は、過去の日本軍の行為について「日本とアジア諸国との間にくすぶってきた問題であり、国内でも日本政府が心からの反省と悲しみを表していないと感じる向きが多かった。細川(護熙)元首相、羽田(孜)前首相、村山首相の姿勢は日本の考え方の変化を示すもので歓迎する。日本国民全員が一致した立場を取っているわけではないことは承知しているが、過去を直視する重要性は多数の日本国民も同意するのではないか」として、村山首相の日本占領期殉難人民記念碑訪問を評価した。これに対して村山首相は、「記念碑に献花したのも、過去の過ちは素直に認めるとの観点からだ」とリー上級相に説明した(1、一九九四年八月三〇日、一、九面)。

3　中国訪問

村山首相は、一九九五年五月二日から六日まで、中華人民共和国(中国)を訪問した。江沢民・国家主席、李鵬首相との個別の会談において、村山首相は、「わが国の侵略行為や植民地支配が、貴国をはじめとするアジア近隣諸国の多くの人々に、耐え難い苦しみと悲しみをもたらしたことに対し、深い反省の念に立って、世界平和の創造に向け、力を尽くすことが日本の歩むべき道と考える。日本国民は決して軍事大国にならないと固く心に誓っている」と述べた。これに対して李首相は、「村山首相の戦争に対する考え方に賛成する。日本の軍国主義が中国、アジアにもたらしたことは大変な問題だが、中国としては二十一世紀に目を向けて進めたい。日本からいろんな意見が聞こえてくるが、それぞれの政府はそれを抑止して世々代々の友好を実現することが必要だ」として、「未来志向」の日中関係を目指すことを確認した。

また、この会談の合間に、村山首相は、日中戦争が勃発したきっかけとなった盧溝橋に日本の首相として初めて訪れた。これは、首相が訪中前に、不戦の「国会決議」を行えなかったことへの日本側の誠意のあかしとして行ったものであった。この盧溝橋訪問について、村山首相は江主席との会談で、「さきほど盧溝橋を訪れ、歴史を直視し、平和を創造していく決意を新たにした。」と述べ、これに対して江主席は「たいへん有意義なことだ。日本の軍国主義者がもたらしたのは大きな災難だったが、中国国民は寛容であり、未来に向けて進みたい」と評価した(1、一九九五年、一～三面)。

三　村山内閣と歴史認識

1　桜井環境庁長官の辞任

村山首相は、発足当初から自らの内閣を「社民リベラル・ハト派内閣」と位置付け、平和主義を前面に打ち出そうとしていた。しかし、発足後約一カ月半後の八月一二日に桜井新環境庁長官が閣議後の会見で、記者団に向かって次のような発言を行った(以下、発言の要旨)。

記者団「村山首相は国会での不戦決議、戦後補償問題に取組む考えといわれるが、どうか。」

長官「戦後補償問題は非常に難しい問題だ。どこまでを戦後補償として取り上げるか線引きの問題だ。しかし、この際、ひとつの節目でもあるし、前から申し上げているように、今後の新しい政権は、長いこと与党、野党の立場で問題に取組んできた仲の人たちがひとつになったので、こういった機会にそういった問題はできるだけ解決して、前向きの政治ができるようにすべきだと思う」。

記者団「国会での不戦決議を行うべきだとの考えは」。

長官「恐らく米国のマッカーサー氏が、何年だったか、一九四六年かもうちょっと後になるのか、あれは侵略戦争でなく、日本としてはやむをえない戦いだったという意味のことを言っているそうだ。マッカーサー氏がそういわれるのも無理のない話で、日本も侵略戦争をしようと思って戦ったのではなかったと思っている。

しかし、戦争というものが始まれば、異常な精神状態になることはあるし、とくに第一線の人たちはいろんなことが起きて、よかれと思ってやったことでも、迷惑をかけたことも多いと思うので、全体のことについてはある程度わびる必要があるけれども、しかし、日本だけが悪いという考えで取組むべきではないと思う。

むしろ、アジアはそのおかげでヨーロッパ支配の植民地支配の中からほとんどの国が独立した。そして、独立の結果、教育もかなり普及し、長いことヨーロッパとかかわっているアフリカよりはアジアのほうがはるかに識字率が高い。そのことが今日、わずか半世紀にしてアジア全体が大変な経済復興の勢いが出て来たわけだ。むしろ民族の活性化にもつながってきたのだと思うわけだ。あんまりなんか日本だけが圧倒的に悪いことをした、というような考え方で取組むべきではない」(1、一九九四年八月一三日、二面)。

この発言に、内外からの批判が相次いだ。韓国では、外務省の雀東鎮・第一次官補が八月一二日夕、茂田宏・駐韓国臨時代理大使を外務省に呼び出し、桜井長官のこの発言について、「時代錯誤的発言であり、驚きを禁じ得ない。韓日関係の発展のための努力に冷や水を浴びせるもので、極めて遺憾だ」と伝えた。また、中国では、新華社通信が八月一二日夜、

「桜井環境庁長官が、日本が発動した侵略戦争の史実をわい曲」と題した記事を配信し、「第二次世界大戦の間、日本は侵略戦争をしようとしたのではない」、「ただ日本だけが悪いと思うべきではない」などと発言したと伝えた(1、一九九四年八月一三日、一面)。こうした批判もあって、桜井長官は結局辞任に追い込まれた(一四日辞任)。この辞任劇は、「ハト派政権」をスローガンとする村山内閣の歴史認識の亀裂を露呈する形なり、同内閣は発足草々困難に直面したのである。

2　「全国戦没者追悼式」と村山首相の式辞

上述した桜井環境庁長官の辞任劇の直後、四九回目の終戦記念日を迎えた一九九四年八月一五日、政府主催の「全国戦没者追悼式」が東京都千代田区の日本武道館で開かれ、村山首相は社会党の首相として初めて式辞を述べた。発言の要旨は次の通りである。

「あの苛烈を極めた戦いの中で、祖国の安泰を願い、家族を案じつつ、戦場に、職場に、あるいは戦災に倒れ、さらには戦後、遠い異郷の地に亡くなられた三〇〇万余の戦没者の方々を思うとき、悲痛の思いが胸に迫るのを禁じ得ません。心からごめい福をお祈りいたします。

また、あの戦いは、アジアを始めとする世界の多くの人々に、筆舌に尽くしがたい悲惨な犠牲をもたらしました。その方々の苦しみと悲しみに対しましても深く思いを致し、深い反省とともに謹んで哀悼の意を表したいと思います。そして、常に謙虚に、関係諸国と一層の信頼関係を築き、戦後の諸課題への対応にも力を尽くさなければなりません。

戦後わが国は、平和主義を国是とし、国民一人一人の英知とたゆみない努力により、幾多の困難を乗り越え、目覚ましい発展を遂げてまいりました。

この平和で豊かな今日においてこそ、自らの歴史を反省し、戦争の悲惨さと、そこに幾多の尊い犠牲があったことを若い世代に語り継がねばなりません。そして、二度と戦争の惨禍を繰り返すことのないよう、不戦の決意のもと、恒久の平和を確立することが国民一人一人に課せられた重大な責務であります。

国際社会は、今なお武力による紛争が絶えない地域もあるといはいえ、大きな流れとしては冷戦構造に終止符が打たれ、平和の方向へ動きつつあります。この流れを確かなものとし、新しい時代にふさわしい世界の平和秩序を作り出さなければなりません」(1、一九九四年、八月一五日[夕]、二面)。

桜井長官の発言を受けて、この式辞は当初予定していた文案とは少し異なったものになった。村山首相は、この追悼式にあたり、当初の文案に「常に謙虚に、関係諸国と一層の信頼関係を築き、戦後の諸問題への対応にも力をつくさなければなりません」という部分を新たに入れ、「恒久の平和を確立することが国民一人一人の重大な責務」というくだりの前に、「不戦の決意のもと」との文言を付け加えた。そうすることで桜井長官の発言を打ち消し、戦後補償問題に積極的に取り組む決意や平和志向の政治姿勢を強調することでアジア諸国の理解を得ようとの判断であった。

前年、非自民党内閣の細川護熙首相は、日本の戦争での加害責任に触れて、「国際紛争解決の手段としての戦争を永久に放棄することを宣言した」と、憲法九条を引用した。しかしこの年の村山首相は、皮肉なことに桜井長官の発言によって、細川首相よりも踏み込んだ内容で加害責任に触れることになったのである(1、一九九四年[夕]、一面)。歴史認識が大きく異なる勢力を抱えた村山内閣は、こうして、この式辞により、戦後補償問題に積極的に取り組む姿勢を示したのである。

四　戦後五〇周年と村山内閣

1　戦後五〇年の国会決議

一九九五年、第二次世界大戦終結五〇周年を迎えた村山内閣は、そのけじめとして、国会決議の採択を計画した。この国会決議は、村山政権発足時の三党合意に基づくものであって、政権獲得以来現実的妥協を重ねてきた社会党の平和主義政党としての「踏絵」ともいえるものであった。社会党は、この国会決議をめぐる与党三党の協議で、さきがけと協調して、決議案に「侵略行為」と「植民地支配」への「反省」を盛り込むことを要求し続けた(1、一九九五年六月三日、二面)。しかし、こうした表現を避けようとする自民党との対立が解けず(1、一九九五年六月一日、二面)、調整は難航した。

政権発足の際に、村山首相が所信表明演説の中で表明した「侵略行為や植民地支配への深い反省」を盛り込むかどうかを焦点に、与党プロジェクトチームで折衝が続けられた。だが、自民、社会両党が折り合わず、幹事長・書記長レベルの調整に持ち越されて、六月六日にようやく合意に達した。最大の焦点だった侵略行為や植民地支配への言及について、「世界の近代史上における数々の植民地支配や侵略的行為」と歴史上の事実として一般化したうえで、「我が国が過去に行ったこうした行為や他国民とくにアジアの諸国民に与えた苦痛」に対し、「深い反省の念を表明する」と言及した。侵略的行為などの主体を明確にするよう求めていた社会党の主張に、自民党が歩み寄った形となった(1、一九九五年六月七日、一面)。しかし、この点について、自民党の決議慎重派議員は不満を募らせた。「終戦五〇周年国会議員連盟」(奥野誠亮会長)は合意に先立つ六日午前の緊急総会で、「我が国の一方的断罪と反省につながる。絶対容認できない」と決議し、また、党総務会でも、「自民党が自民党らしさを失うがけっぷちに立っている」(中尾栄一氏)、「自民党の魂を売ってまで決議をして、だれが得をするのか」(佐藤信二氏)などの発言が相次いだ。

非社会主義政党の「保守合同」で結成された自民党は、様々な政治潮流を包含している。特に、大きく分けて、保守派とリベラル派の二つの潮流があることは、周知の事実である。戦争認識においてもこの二つの潮流が、大きな相違となって現れた。「あの戦争は自衛の戦争だった。白人の植民地を開放するという面もあった」(奥野誠亮氏)、「アジアの国々にとってはまさに侵略だった。アジアの独立のための解放の戦争だったというのは強弁に過ぎない」(鯨岡兵輔氏)。同じ自民党の代議士(なお、鯨岡氏は当時衆院議長に就任しており、党籍を離脱していた)の間でも、戦争認識についてはこれほど隔たりがある。

自民党の抱える二つの潮流について、宮沢喜一元首相は「占領後の日本が新しい日本になったのだと考えるか、早く昔の栄光を取り戻さなければならないと考えるのか」ととらえ、この二つが残る自民党には「妥協の尾てい骨」が残っているという。その対立がこの決議をめぐっても表面化した。

まず、日本遺族会などの働きを受けて、「侵略行為への反省」などを明記することに反対するグループが勢いづいた。これに対して河野洋平総裁ら執行部は、政局の混乱を回避し連立政権を維持するためには社会党の見解に沿う妥協が必要と判断し、慎重派への説得を進めた。その結果、「社会党は自衛隊合憲などで自民党に譲ってきた。今度は自民党が譲る番」(党三役のひとり)といった心情も働いて、ようやくとりまとめにこぎつけた(1、一九九五年六月七日、二面)。

与党幹事長・書記長会議で合意に達した決議は、六月九日の衆院本会議で与党三党などの賛成多数で採択した。正式には「歴史を教訓に平和への決意を新たにする決議」である。その全文は次の通りである。

「本院は、戦後五〇年にあたり、全世界の戦没者及び戦争等による犠牲者に対し、追悼の誠を捧(ささ)げる。

また、世界の近代史上における数々の植民地支配や侵略行為に思いをいたし、我が国が過去に行ったこうした行為や他国民とくにアジアの諸国民に与えた苦痛を認識し、深い反省の念を表明する。

我々は、過去の戦争についての歴史観の相違を超え、歴史の教訓を謙虚に学び、平和な国際社会を築いていかなければならない。

本院は、日本国憲法の掲げる恒久平和の理念の下、世界の国々と手を携えて、人類共生の未来を切り開く決意をここに表明する。右決議する」。

なお、野党第一党の新進党は、独自の修正案をまとめたが、与党側がこれを受け入れないまま、本会議の開会に踏み切った。このため同党は欠席した。また日本共産党は出席して反対に回った。全会一致が慣例の国会決議が野党第一党欠席のまま採択されたのは、沖縄返還協定承認案を可決した一九七一年一一月の衆院本会議で「非核兵器・沖縄米軍基地縮小決議」(非核決議)が社会、共産両党の欠席の下で採択されて以来、二四年ぶりのことである(1、一九九五年六月七日、二面)。

2　戦後五〇年にあたっての首相談話

村山内閣は五〇回目の終戦記念日を迎えた一九八五年八月一五日、「戦後五〇年に当たっての首相談話」を閣議決定し、村山首相が記者会見で発表した。全文は以下の通りである。

「先の大戦が終わりを告げたから、五〇年の歳月が流れました。今、あらためて、あの戦争によって犠牲となられた内外の多くの人々に思いを馳(は)せるとき、万感胸迫るものがあります。

敗戦後、日本は、あの焼け野原から、幾多の困難を乗り越えて、今日の平和と繁栄を築いてまいりました。このことは私たちの誇りであり、そのために注がれた国民の皆様一人一人の英知とたゆみない努力に、私は心から敬意の念を表すものであります。ここに至るまで、米国をはじめ、世界の国々から寄せられた支援と協力に対し、あらためて深甚な謝意を表明いたします。また、アジア太平洋近隣諸国、米国、さらには欧州諸国との間に今日のような友好関係を築き上げるに至ったことを、心から喜びたいと思います。

平和で豊かな日本となった今日、私たちのややもすればこの平和の尊さ、有難さを忘れがちになります。私たちは、過去のあやまちを二度と繰り返すことのないよう、戦争の悲惨さを若い世代に語り伝えていかなければなりません。特に近隣諸国の人々と手を携えて、アジア太平洋地域ひいては世界の平和を確かなものとしていくためには、なによりも、これらの諸国との間に深い理解と信頼にもとづいた関係を培っていくことが不可欠と考えます。政府は、この考えにもとづき、特に近現代における日本と近隣アジア諸国との関係にかかわる歴史研究を支援し、各国との交流の飛躍的な拡大をはかるために、この二つを柱とした平和友好交流事業を展開しております。また、現在取り組んでいる戦後処理問題についても、我が国とこれらの国々との信頼関係を一層強化するため、私は、引き続き誠実に対応してまいります。

いま、戦後五〇周年の節目に当たり、われわれが銘記すべきことは、来し方を訪ねて歴史の教訓に学び、未来を望んで、人類社会の平和と繁栄への道を誤らないことであります。

わが国は、遠くない過去の一時期、国策を誤り、戦争への道を歩んで国民を存亡の危機に陥れ、植民地支配と侵略によって、多くの国々、とりわけアジア諸国の人々に対して多大な損害と苦痛を与えました。私は、未来に過ち無からしめんとするが故に、疑うべくもないこの歴史の事実を謙虚に受け止め、ここにあらためて痛切な反省の意を表し、心からのお詫(わ)びの気持ちを表明いたします。また、この歴史がもたらした内外すべての犠牲者に深い哀悼の念を捧(ささ)げます。

敗戦の日から五〇周年を迎えた今日、わが国は、深い反省に立ち、独善的なナショナリズムを排し、責任ある国際社会の一員として国際協調を促進し、それを通じて、平和の理念と民主主義とを押し広めていかなければなりません。同時に、わが国は、唯一の被爆国としての体験を踏まえて、核兵器の究極の廃絶を目指し、核不拡散体制の強化など、国際的な軍縮を積極的に推進していくことが肝要であります。これこそ、過去に対するつぐないとなり、犠牲となられた方々の御霊（みたま）を鎮めるゆえんとなると、私は信じております。

〈杖（よ）るは信に如（し）くは莫（な）し〉と申します。この記念すべき時に当たり、信義を施政の根幹とすることを内外に表明し、私の誓いの言葉といたします。

平成七年八月一五日
内閣総理大臣　村山富市」
（1、一九九五年八月一五日[夕]、二面）

この談話にかけた村山首相の意気込みは、「戦後五〇年は一度しかない。これまであいまいにしてきたものをきちんとし、けじめ、折り目をつけたいという思いが強かった」（政府首脳）というものだった。文案は一カ月前、内閣参事官室でつくり、その後、野坂浩賢官房長官、園田博之官房副長官らの意見も採り入れながら最後は首相自身が手を入れて、作成した（1、一九九五年八月一六日、二面）。

五　従軍慰安婦問題と戦争責任問題

1　従軍慰安婦と日本政府

戦後補償問題の中で、特に大きな論議になったのは、元従軍慰安婦への補償問題である。これも村山内閣が戦争責任問題の重要課題の一つとしていたものだった。もちろんこれまでも従軍慰安婦に旧日本軍や当時の日本政府が直接関与したかどうかについて、様々な論議が行われてきた。日本政府は、宮沢内閣当時の一九九二年七月六日に慰安婦問題についての調査を発表し、軍隊のみならず「政府が直接関与」していたことを初めて公式に認めた。そして、その後八月四日に発表した報告書の「慰安婦の募集」の項では「斡旋業者らがあるいは甘言を弄し、あるいは畏怖させる等の形で本人たちの意向に反して集めるケースが多く、さらに官憲等が直接これに加担する等のケースもみられた」と強制連行を明確に認めている。

さらに、この報告書に付け加える形で河野官房長官が談話を発表し、慰安婦の募集や移送、管理などが、甘言、弾圧によるなど「総じて本人たちの意思に反して行われた」と述べて、募集だけでなく全般的に「強制」があったことを認めた。そして「心身にわたり癒しがたい傷を負われた全ての方々に対し心からお詫びと反省の気持を申し上げる」と、日本政府として改めて謝罪した。さらに「このような歴史の真実を回避することなく、歴史の教訓として直視していきたい」と述べ、歴史教育などを通じて「永く記憶にとどめ、同じ過ちを決して繰り返さない」と決意を表明した(2)。

2「女性のためのアジア平和基金」の設立

従軍慰安婦への政府の関与を認めた河野氏が外務大臣に就任した村山内閣の下で、こうした見解の延長として、元従軍慰安婦への補償問題が積極的に取り組まれることになったのである。「政府による個人補償」を主張する社会党に対し、国家間の賠償は決着ずみである」として個人補償には慎重な自民、さきがけとの意見が……立し、また、政府内でも、大蔵省や外務省が「いったん個人補償を認めてしまえば際限なく広がる」として、政府が積極的に関わることには難色を示し、構想づくりが難航した。

こうした事情を背景に、その後の政治的調整により、政府は「一時金は民間」、「基金の運営費と支援事業は政府持ち」とする方式で決着した(1、一九九五年六月一五日、一面)。そして「アジア各国の女性地位向上への貢献」を名目とした「女性のためのアジア平和国民基金(通称・アジア女性基金)」が、一九九五年七月一九日発足し、当時の参議院議長(当時)の原文兵衛が理事長に就任した。その事業内容は次の通りである。

「1　元従軍慰安婦の方々のため国民、政府協力のもとに次のことを行う。

①元従軍慰安婦の方々への国民的な償いを行うための資金を民間から基金が募金する。

②元従軍慰安婦の方々に対する医療、福祉などお役に立つような事業を行うものに対し、政府の資金等により基金が支援する。

③この事業を実施する折、政府は元従軍慰安婦の方々に、国としての率直な反省とお詫(わ)びの気持を表明する。

④また、政府は、過去の従軍慰安婦の歴史資料を整えて、歴史の教訓とする。

2　女性の名誉と尊厳にかかわる事業として、前記①②にあわせ、女性に対する暴力など今日的な問題に対応するための事業を行うものに対し、政府の資金等により基金が支援する」(1、一九九五年六月一五日、三面)。

3　三木睦子夫人と「女性のためのアジア平和基金」

「アジア女性基金」に関する論議の代表的な例として、この団体の呼びかけ人の一人として名を連ねた三木睦子(三木武夫元首相夫人)氏の言動を追ってみたい。

三木夫人は以前から「元従軍慰安婦の方々には国家賠償を」と強く主張していた。しかし旧知の五十嵐広三官房長官や外務省幹部から強い要請があり、①被害者が高齢で時間的余裕がない、②呼びかけ人として政府に個人補償を働きかける方が影響力を行使できる——などの理由から呼びかけ人を引き受けた(1、一九九六年、一面)。しかし三木夫人の意図した状況にはならなかった。三木夫人は、大鷹淑子、大沼保昭との共同論文において次のように述べている(以下、論文の要旨)。

「基金発足の際私たちが願ったことは実現しておりません。犠牲者にお届けする拠金の額にしても、「慰安婦」制度解明の調査研究にしても、期待からほど遠いのが現状です。そもそも基金の発足にあたって、募金には二つの目的がありました。一つは、一人でも多くの日本国民に『慰安婦』問題を知ってもらい、少額でも心のこもった償いをだしていただいてそれを犠牲者の方々に伝える、というものです。もう一つは、まとまった額を集め、犠牲者の精神的・物質的苦痛をやわらげる一助とすることです。

この基金を成功させ、日本国民の償いの気持ちを犠牲者に伝え、日本の名誉を少しでも救う鍵は、政府の決断にあります。具体的には、基金活動開始後一年の今年(一九九六年)八月一五日まで二〇億円の募金を目標に、橋本首相(村山首相は一月に退陣し、橋本龍太郎自民党総裁が総理大臣に就任)と梶山(静六)官房長官が陣頭に立って財界に働きかけるべきです。基金発足時、村山首相は基金の目的達成のため『最大限の協力』を約束しました。橋本首相は、日本を『日本人にうまれたことに誇りをもつことができる国』にしたいと語りました。しかし、これまでの基金の活動への政府の姿勢はこうした言葉を裏切るものです。

政府の担当者の中には熱心に努力して下さる方もあります。しかし、問題は個々の官僚レベルの話ではなく、政府の最高責任者の政治的意思です。たしかに現在の住専問題も重要でしょう。けれども、『慰安婦』問題解決の失敗は、国際社会に生きる『日本人の誇り』にとってさらに深刻な問題ではないでしょうか」(3、一九九六年三月一四日[夕]、一〇面)。

この論文発表の後、五月二日に三木夫人は「アジア女性基金」の呼びかけ人を辞任した。

政府の取り組みの不十分さや募金の集まりの悪さに落胆し、「国家補償を避けるために利用されている」とする内外の批判があり、そうした背景から辞意を固めたといわれる。三木夫人は「政府(橋本政権)は一向に個人補償の論議を推し進める気配がないばかりか、(橋本政権になってからは)個人補償はありえないなどと公言している」として、辞任を決めたという(1、一九九六年五月二日、一面)。

六　おわりに

以上において、村山内閣と戦争責任問題を概観してきた。最後に本章のまとめとしてそれぞれの問題について筆者の考えを述べていきたい。

まず第一に、村山首相の外遊について述べる。基本的には歴代の自民党首相の路線を継承しながらも、シンガポールの日本占領期殉難人民記念碑や、中国の盧溝橋への訪問などで、かろうじて社会党の首相としての独自色を発揮したといえるだろう。一方、これらの訪問ではいずれの訪問国でも現地の政府は日本の行った「過去」の行為よりも「未来志向」を強調したことが重要である。これは、アジアの国々の国力が第二次世界大戦中と違って飛躍的に発展したために、日本の侵略や植民地支配の記憶から脱却しつつあることも要因であろうが、しかしそれにもまして最も重要なのは、これらの国々がよりいっそうの経済発展をするにあたって、日本の経済援助が必要不可欠であり、そのためには過去にこだわらないほうが得策であるという判断があったと思われる。

実際、こうした政府側の対応とは別に、一般大衆は戦後補償を求める運動を展開していた。例えば、韓国では、ソウル中心部の世宗文化会館前では、元従軍慰安婦や原爆被爆者など約三五〇人が集会を開き、「(日本政府が検討しているアジア交流)センターは被害者と全く関係ない。問題解決にはなりえない」、「犠牲者全員に真の謝罪と補償を」、などとする声明が発表された(1、一九九四年七月二四日、三面)。また、フィリピンでは、元従軍慰安婦や日本政府の途上国援助(ODA)に反対する非政府組織(NGO)のメンバーらが村山首相の宿泊先のホテルに向けてデモ行進を行った(1、一九九四年八月二四日、二面)。マレーシアでは第二次世界大戦の被害者や遺族ら約六〇〇人で作るマレーシア日本占領期殉難同胞家族協会準備委員会は、マハティール首相がマレーシア政府は国民が対日賠償を求めることは勧めない、と述べたことに対し、「首相の発言は我々の心を傷つけるもので残念だ」として、今後も賠償を求めていく方針を明らかにした(1、一九九四年八月二九日[夕]、二面)。マレーシアの中国系の野党第一党である民主行動党は、マハティール首相の「日本が五〇年前のことを謝り続けるのは理解できない」との発言に対して「マレーシア人、アジア人の感情に背くもの」と批判する声明を発表した(1、一九九四年八月三〇日、二面)。

我々は、アジア諸国の政府関係者の「未来志向」を歓迎しながらも、こうした政府と一般大衆の戦争責任問題への認識の「温度差」に十分配慮していかなければならない。そしてアジアの大衆が本当の意味で「未来志向」を持っていけるように、経済援助ばかりではなく、戦後補償問題にも誠意を持った対応をしていくことが必要だと思われる。

第二に、戦後五〇年の国会決議についてである。特に論議の的となったのは、「世界の近代史上における数々の植民地支配や侵略行為に思いをいたし、我が国が過去に行ったこうした行為や他国民……」の部分である。この文では、先に近代化した欧米の帝国主義国家が侵略行為を行っており、その流れにのって遅れて近代化した日本がそうした国々を模倣する形で戦争を行ったということを指していると思われる。つまり日本の行った戦争を大局的な歴史の流れの中で捉えようとする考え方だといえる。

ここでの問題は、欧米諸国の行為をまず持ち出すことで、日本の戦争を相対化し、曖昧にしようとしているのではないかという点であろう。「列強の風潮に日本は乗っただけだという『どっちもどっち論』の与党案は侵略戦争を合理化する暴挙だ」(日本共産党不破哲三委員長、1、一九九五年六月一〇日、三面)、「他国にも同様な行為があったことを強調することで戦争責任を相対化するような一節が冒頭にあり、細川内閣以降の政府見解よりも後退している」(吉田裕・一橋大学助教授、1、一九九五年、六月一一日、二面)といった見解が提示された。

しかしながら、筆者は、こうした表現での国会決議はやむをえなかったと考える。なぜなら歴史認識というものは、個人によって異なるのが当然であって、国家としてひとつの歴史観を定めるということは不可能であるからである。日本の行った戦争について様々な立場があるのは当然であり、国会の決議という形でひとつの歴史観を提示するのは、(どのような歴史観であれ)民主主義にはふさわしくないと考える。現実的な妥協としては、こうしたあいまいな形にならざるを得なかったのではないだろうか。戦争の被害者へのお詫びは、あくまで具体的、実質的な補償で行うべきであろう。

また、この決議で明らかになったのは与党、野党それぞれの政治潮流のいわゆる「ねじれ」である。日米安保・自衛隊政策を転換し、消費税率引き上げも容認せざるを得なくなった社会党にとっては、決議の採択は「譲れない一線」(幹部)であったのに対し、自民党の全国会議員のほぼ半数が参加している「終戦五〇周年国会議員連盟」(奥野会長)は、決議に慎重な姿勢をとり続けた。一方、新進党では「正しい歴史を伝える国会議員連盟」(小沢辰男会長)のメンバーらが決議に慎重であり、旧公明党のメンバーらは積極的な姿勢を示した。新進党の中には、「戦争についての歴史観で政界再編をするのが一番わかりやすい」(若手議員)といった見解がでた(1、一九九五年二月二四日、二面)のはもっともであろう。この与野党の「ねじれ」が、常に村山内閣の政治的調整につきまとった点は否めない。

第三に、戦後五〇周年にあたっての首相談話である。村山首相は、第二次大戦中における日本の行為の中に植民地支配と侵略があったことを率直に述べ、戦争への道を国策の誤りであったと明言した。このことは、歴代の総理大臣の発言と比べると注目してよい。

歴代の自民党の総理大臣は、元来公式の場で「侵略」や「植民地支配」といった直接的な表現は使用しなかった。中曽根康弘首相の時代になって、「国際的に侵略であるという厳しい批判を受けている事実は、十分認識する必要がある」と、間接的な形で表現し、また、竹下登首相は、衆院予算委員会で「後世の史家が評価すべき問題」と答弁したが、しかし国内外で問題化したため、「侵略的事実を否定することはできない」と修正した。宇野宗佑首相は「軍国主義の侵略」と表現し、海部俊樹首相は国会で質問に答える形で「侵略」との認識を示した(1、一九九三年八月一一日、一面)。

そして、一九九三年八月に発足した細川内閣において、非自民内閣である細川首相が同年八月一〇日の内閣記者会との会見で第二次世界大戦を「侵略戦争であった」と初めて明言し、同月の所信表明演説において「侵略行為や植民地支配」と表現した。

つまり、歴代首相は少しずつ「侵略」と「植民地支配」について認めざるを得なくなってきていたが、しかし明確な表現は、自民党以外の内閣において行われる形となった。この戦後五〇周年における村山首相の談話は、歴代の自民党政権との相違を示した数少ない例であり、自民党との妥協を余儀なくされてきた村山首相にとっての、ぎりぎりの自己主張であったと思われる。それが、非自民内閣の流れに乗ったものであることは、この政権と政治潮流との「ねじれ」がここでも明確に現れているといえるのではないか。

第四に、「アジア女性基金」についてである。この基金は、政府提唱による民間基金団体であるので、様々な論議を巻き起こした。一九九五年七月に来日した国連人権委員会「女性に対する暴力」特別報告官、ラディィカ・クマラスワミ氏を団長とする国連調査団の事情聴取に応じた元慰安婦や元憲兵らは、この団体を「国の責任を民間に転嫁するものだ」と批判した。また吉見義明・中央大学教授は、①慰安婦に関する政府機関保管資料の情報公開がまったく進んでいない、②加害責任者が不処罰にまま放置されてきた、③政府の提唱などを待つまでもなく、民間団体は既に募金を始め、様々な支援活動をしている――などの理由で反対した(1、一九九五年七月二五日、三三面)。

この制度への批判の重要な根拠は、民間による補償が、国家の責任を回避し、そのため元慰安婦の尊厳を回復しえないというものである。これに対して、あくまで政府による被害者への個人補償をすべきだとするのが反対者の立場である。確かに戦争被害者に対する補償がどうあるべきかは対応の困難な問題である。しかし筆者としては、この基金制度に様々な問題点があることは十分に認めながらも、こうした形での補償はやむを得なかったと考える。なぜなら、戦争を遂行したのは政府であり、政府に大きな責任があるのはまぎれもない事実である。しかし、その政府、つまり国家に所属している国民にもやはり責任の一端はあるといえる。政府によって様々な強制と弾圧を受けたとはいえ、戦争遂行に国民（マスコミを含む）が加担したことも否定はできない。その意味で戦争において国民はその戦争の被害者でもあり、同時に加害者でもある。それゆえ、国民が個々人の自由意思で募金をしてその金で補償を行い、そうしながら政府による補償をも促進するのも、一面でやむを得ない方法であると考える。

三木夫人にしても、もし村山内閣が継続し、政府の取り組みがより誠実であったなら、違った対応をしたのではなかろうか。その意味では、村山内閣において設立されたこの制度が、自民党内閣である橋本内閣によって引き継がれたことが、不満足な成果を生み出したといえる。

以上のように、村山内閣の戦争責任問題の処理は、「政治的理想」と「現実的妥協」の折衷であったといえよう。総じていえば、少なくとも自民党の単独政権よりは前進したと評価しうる。自民党の首相であれば、果たしてシンガポールの日本占領期殉難人民記念碑や中国の盧溝橋へ訪問したかは疑問であるし、また国会決議や元従軍慰安婦への補償にしても、自民党政権が続行されていたならば、より不完全なものになったと思われるからである。その意味においては、特に戦後五〇周年という節目の年を、社会党内閣で迎えたということは、意義深いことだったといえる。

ともあれ、村山内閣にとって幸運だったのは、連立相手の党首である自民党の河野洋平総裁とさきがけの武村正義代表が、共にリベラルな政治姿勢の持主であったことである。特に、最大与党である自民党の河野氏は、平和憲法の擁護を以前から主張していたほどであり、村山首相とは政治的立場に大きな相違はなく、したがって政治的調整は比較的進めやすかったと思われる。実際、自民党総裁が河野から橋本龍太郎に交代し、政治条件の調整が次第に困難になったことは明らかである。とはいえ、社会党の結党以来の政治姿勢からすれば、不満は残るであろう。社会党が、与党勢力の中で圧倒的多数である自民党に対して、党の独自性を訴えることは極めて困難な状況に多くの場面で直面せざるを得ず、、自民党の基本姿勢に摺り寄らざるを得なかったのである。

ともあれ、村山内閣の戦争責任問題への取り組み方は、自民党の長期単独政権と比較するならば、一定の評価はできよう。今後さらに戦争責任の論議が高まることに期待したい。

資　料――アジア歴史資料センター

一九九四年八月三一日、村山総理は談話を発表し、その中でアジア太平洋諸国を対象とする「平和友好交流計画」の一環として、「アジア歴史資料センター（仮称）」の設立の計画を発表した。この談話を受けて、内閣官房長官の下に、「アジア歴史資料センター（仮称）の設立検討のための有識者会議」が開催され、一九九五年六月三〇日、同会議から内閣官房長官に対し、提言が提出された。要旨は以下の通りである。

「今回提案されたアジア歴史資料センター（以下、センターと略す）は、アジア諸地域の人々と歴史認識をめぐる対話を深め、来るべき二一世紀における日本と世界との共生の基盤を構築する上で重要な意義を有するものである。センターは、日本とアジア近隣諸国等との間の近現代史に関する資料及び資料情報を、幅広く、片よりなく収集し、これを内外の研究者をはじめ広く一般に提供することを基本的な目的とする施設である。センターは上記の機能を果たすため、日本とアジア近隣諸国との近現代におけるかかわりに関する史料、文献・図書等の資料の収集、保存、整理、検索及び利用に関する事業、また、上記資料の所在に関する情報の収集及び提供に関する事業、さらに国内外の関係機関・施設との協力、情報交換等の交流事業を実施すべきである。

センターが収集する資料の範囲は、史料（公文書及び手記・日記等の私文書）、文献・図書、写真、映画・ビデオ、オーラルヒストリー、裁判関係資料等とし、資料の分野は、日本とアジア近隣諸国等との歴史に関する資料一般とし、対象とする時代については、おおよそ一九世紀の中ごろ以降とし、対象とする地域は、日本を含む東アジア、東南アジア、太平洋諸島、オセアニアに重点を置くこととする。センターは、国内外の関係機関・施設等が所蔵する関係資料の所在情報を、それらの機関・施設等との協力、連携のもとに収集、提供し、レファレンス・サービスの要求にも応えられるようにすべきである。センターは、コンピュータ・ネットワークなども整備しつつ、国内外の公文書館、図書館、資料館、研究機関等との協力関係を構築することにより、資料や情報の収集、交換を進めるべきである。

センターの利用者は、内外の研究者、ジャーナリスト、学校教育・社会教育に携わる人々が中核となろうが、広く一般に開放された利用しやすい施設であることが望ましい。

センターの設立構想は、内閣総理大臣が起点となっており、その設立の態様が国の姿勢を示すものとして内外の注目を集めるであろうことは、当然予想せれるところである。

したがって、センターはなんらかの形における国の機関として設立されることが望ましい。

センターが、その機能・役割を十分に発揮するためには、以下の四点が重要である。第一は、歴史記録に対する国民的な意識の喚起である。第二は、歴史記録の中で中心的な部分を占める公文書の扱い、特にその公開の問題である。第三は、人材の育成と社会的な認知である。第四は、公文書を作成する立場にある各省庁等国の機関の理解と協力が歴史記録の保存にとって基本的な重要性をもつということである。

センターの設立は、内外の意見の差異を乗り越えて、アジア諸国民と歴史認識について対話する場を拡大する契機となり、それにより日本国民とアジア諸国民の間に真の友好関係を築き上げることが可能となる絶好の機会である。日本国民が勇気をもって過去をみつめるとき、そこに構想される未来は必ずやアジアの人々の共感と理解をかちうるであろう。二一世紀の国際社会において、日本が世界の信頼と尊厳をうける立場を確立するためにも、センターの設立は重要な意味をもつと確信する」。

この提言を受け、センターの設立に向けた準備が進められている。

(この要旨は、次のインターネットのホームページから引用したものである。http://www.kantei.go.jp/jp/)

引用・参考文献

（1）『朝日新聞』。

（2）『市民新党にいがた』作成の討論資料集。一九九六年三月作成、九七年三月編集(ただし、この資料集は、次のインターネットのホームページより収録したものである。http://www.jca.ax.apc.org)。

（3）『毎日新聞』。

（4）国際フォーラム実行委員会編『戦後補償を考える』（東方出版、一九九二年）。
（5）倉橋正直『従軍慰安婦問題の歴史的研究―売春婦型と性奴隷型』（共栄書房、一九九四年）。
（6）大島孝一・有光健・金英姫編『慰安婦への償いとは何か―「国民基金を考える」』（明石書店、一九九六年）。

第六章　村山内閣と危機管理

宮脇　岑生

一　はじめに——戦後最大の危機に直面して

村山政権がスタートした翌年、一九九五年は、危機管理という言葉がマスコミ界をはじめ国内外にこれほど浸透したことはなかったといえよう。すなわち、一月の阪神・淡路大震災以後、三月の地下鉄サリン事件、国松長官狙撃事件、五月の新宿青酸ガス事件、そして六月のハイジャック事件、都庁郵便爆破事件などわずか半年の間に天災や大事件が次から次へと集中して発生した。

「阪神・淡路大震災は、いまだに私の心のなかに重くのしかかっている。危機管理の体制に欠けていたといかように責任を追及されても弁明できない」と後年村山元首相はインタビューのなかで述懐している(1、七六頁)。これらの一連の事件を契機に、政府をはじめ、地方自治体、民間企業、学校、さらに個人にいたるまで、危機管理という言葉に関心が高まり、その後のわが国において、前例のないほど危機管理の必要性が問われ、危機管理元年ともいうべき年となった。危機管理という言葉は、その後今日に至るまでわが国をはじめ世界各国において頻繁に使用されるようになった。しかし、危機管理とは何かということでは、その定義づけ、内容において明確に説明することは困難である。危機管理の内容は、村山政権スタート後の半年間の出来事を見ても明白なようにいろいろな分野にまたがり、政治、経済、社会、軍事など非常に広範囲である。

危機管理という言葉は、当初国際政治の軍事的側面で多く使用された。国際政治上では、第二次世界大戦後、核戦争の危機が叫ばれるようになってから、核戦争が発生する危機を防止するために政治および外交上予防する措置として危機管理(crisis management)が考えられるようになった。特に注目されるものとしては、一九四八年のベルリン危機や、一九六〇年のキューバ危機など東西対立の危機を核戦争に至らないで解決されたものとして多くの研究、分析がなされてきた。

その後、一九七三年第四次中東戦争に際しての第一次石油危機、一九七八年から一九七九年にかけてのイラン革命に伴う第二次石油危機が全世界にオイル・ショックを与えた。また、国内でも危機管理の必要性が強く主張され、前述のように村山政権スタート半年後の一九九五年の阪神・淡路大震災や、オウムの地下鉄サリン事件等があり、その後もペルーの日本大使館公邸人質事件、北朝鮮によるミサイル発射、潜水艦等による侵入事件等続発する危機から、金融問題に絡んだ企業経営問題、さらに健康管理上の危機管理に至るまで、危機管理という言葉は多角的に使用されるようになっている。

二　危機管理の概要

村山政権における危機管理の問題を具体的に検討する前に、危機管理に関する一般的な概念に簡単にふれておきたい。

1　危機管理の概念

①　危機管理とは　危機管理の問題について考察するに際し、ここで若干この言葉の概念に触れておきたい。危機は、crisisの訳であり、わが国の英和辞典の一例として小学館ランダムハウスの英和大辞典を紹介すると、ⓐ「(未来のすべての態勢が

決定される)転機」、ⓑ「(劇、物語)敵対するものどうしが激しく対立する場面、危機一髪の場面」、ⓒ「(医学)分利、とうげ、重い病気が回復するか死に向かうか決定的変化の起こる境目」、ⓓ「(社会的、経済的、政治的等における)重大事局、危機」と多義の語である。

一方、ウェブスターの辞書(Webster's New Collegiate Dictionary)によれば、第一に「急性の病気又は急性の熱が出てきて回復するか悪化するかの決する分岐点」とある。医学用語であり、危機の語源(分離を意味するkrineinというギリシャ語から発生したラテン語)に立脚した定義といえる。

一方、managementは、医学語法では、病人の手当てをするシステム全体を意味する。このようにみるとcrisis managementは元来、病人が生死を決するような病状の急変を来したときに、その病状の悪化を防止しつつ、病気の回復を図るために病人の手当てをするシステム全体を意味する(2、三—四頁)。

佐藤誠三郎東大教授によれば、「危機管理とは、ごく一般的にいえば、あるシステムを維持するため、危機を生み出す要因(それを危機発生源と呼ぶ)からの攪乱作用をそのシステムの存続にとって危険でない程度に制御すること」と定義している(高坂正堯他編『国際政治経済の基礎知識』有斐閣、一九八三年、二七頁)。

② 危機の類型化 危機といわれる言葉を厳密に定義づけることは困難であり、それを区別することも容易ではない。危機といってもその内容によっていろいろな類型化ができる。初代危機管理担当の中西一郎国務大臣の下で、危機管理問題を検討する室長に就任した上野治男氏は、記者会見で危機管理に関して、突発的な危機(地震、風水害、ハイジャック、テロ)と、じわりじわりと来る危機(食料、エネルギー、希少金属など)とに分けて、「突発的な危機については、すべての対象を冷静な段階で想定して、繰り返し問題を考えねばならない。じわりじわりとくる危機は、民間も含めて国全体の問題であり、この問題が日本で定着するには十年かかると思います」と述べている(3、一九八四年七月一九日)。危機の類型化は、識者によって異なるが主な例を紹介しておく。

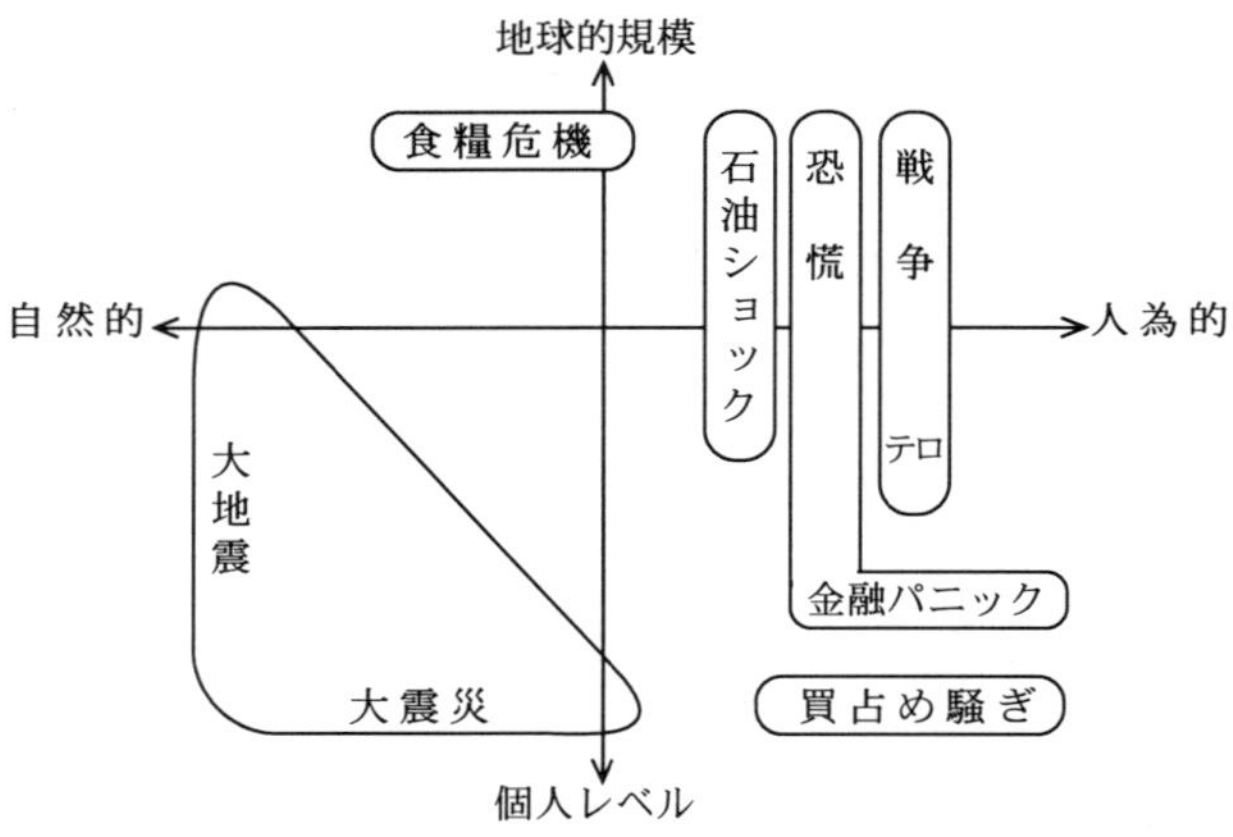

図1　各種危機の位置づけ

〈資料〉総合研究開発機構・野村総合研究所『国際環境の変化と日本の対応』1977年、171—2頁。

その第一として、天変地変によって起こる災害がもたらす危機と、人為的な原因で起こる災害がもたらす危機とに分ける方法である。すなわち危機の原因による分類である。第二に軍事的危機、社会的危機、政治的危機、外交的危機、経済的危機など危機によって影響を受ける側面によって分類する方法である。第三に影響を受ける範囲が個人か、企業か、地域社会か、国家かといった観点から分ける方法もあり、この分類でその内容を見ると、次のようになる(4、四頁)。

まず、個人・企業・地域社会にとっての危機には、自然災害による危機(旱魃、洪水、雪害、山林火災、火山噴火、地震等による災害)、事故災害による危機(失火、危険物、交通事故、原子炉事故、危険物等の流失による環境破壊などによる被害)、犯罪による危機(テロ、ハイジャック、コンピュータウイルス、毒物混入、詐欺・横領・脅迫など経済犯罪による被害)などがある(**図1**参照)。

次に、国家にとっての危機には、経済上の危機(資源(食料、エネルギー)不足による危機、通貨危機、経済恐慌)、政治外交上の危機(リーダーシップ不在の危機、国際的に孤立する危機)、安全保障上の危機(難民の襲来、国外勢力が絡む破壊活動、予期せぬ歴史の急変)などがある。

さらに、危機管理は、本来軍事的領域におけるものであったけれども、一九七〇年代に入って国民生活の安定と国民の生存を脅かす「社会的、経済的、自然的脅威」に備えて「非軍事的危機」の管理まで含めて考える傾向が出てきた(2、五—六頁)。

非軍事的領域における危機とは、非軍事的手段または原因によって国民の安全と生存が脅かされる事態のことであり、それは便宜上、次の三つに大別することができるとしている(**表1**参照)。

第一は、政治的危機であり、国家の既存法秩序体系に挑戦する集団的暴力行動(騒擾、暴動、テロ活動等)の拡大によって、既存の政治体制および国民の安全と生存が脅かされる事態。第二は、経済的危機であり、資源保有国からの資源(特にエネルギーと食料)の供給途絶または制限によって、国民の生活と生存が脅かされる事態。第三は、社会的危機であり、自然現象や偶発的事故に起因する大地震や大災害によって、社会の混乱ないし無秩序状態が生まれ、国民の生活と生存が脅かされる事態である。

表1　危機の類型

軍事的危機	政治的危機	社会的危機	経済的危機
ソ連の軍事行動 ソ中の大規模衝突 周辺大国の内乱 (中東紛争) (朝鮮半島の動乱) (宇宙人の襲来)	北欧との経済的摩擦 周辺大国の恫喝 (フィンランド化) 韓・台の核武装 産油国、資源国の恫喝 (朝鮮半島の問題)	核に関するもの 大震災、コンビナートなどの大事故 食料輸入の途絶 テロ 金融パニック 海洋汚染 伝染病 (朝鮮半島の問題)	石油輸入の途絶 ウラン輸入の途絶 通貨混乱 恐慌

〈資料〉図1と同じ。170頁。

最後に、財団法人平和・安全保障研究所の報告によれば、危機管理を国家の危機管理の点から検討し、国家内諸集団および国民各人の危機管理を当然内包しているとしている。それは、国民なしには国家はあり得ず、そして国民はそれぞれ、個人として自己完結的に自立しつつ直接国家に属しているわけではなく、家族、地方公共団体、企業等さまざまな血縁的、地域的、機能的な集団(つまり国家というトータル・システムの中のサブ・システム)にも属しているからである。同研究所の報告では国家的危機を発生源から次のように類型化している。

第一は、外国の非友好的行為である。日本の存続を脅かすような外国による非友好的行為には、ⓐわが国の領域(領土・領空・領海)内における不法行為、ⓑ軍事的・非軍事的手段による妨害ないし脅迫、ⓒ武力攻撃、等が含まれる。

第二の危機発生源は、テロリスト・グループのような非国家的集団による敵対行為である。第三の危機発生源としては、大規模な自然的・人為的災害である。

以上のように危機の類型化は多種多様であるものの、村山政権下ではとくに、第二、第三の危機発生源の類型といえる(5、二頁)。

2　危機管理のプロセス

①　一般的三段階論

危機管理の類型化は前述のように多種多様であるが、その発生源や攪乱作用の程度の如何にかかわらず、そのプロセスを、前掲平和・安全保障研究所は、次の三つの段階で考えることができるとしている。危機管理を考察する上で最も重要と思われるので若干詳細に紹介しておく。

第一段階は、危機の発生を未然に防止することであり、第二段階は、危機発生後にその被害を極小化することであり、第三段階は、被害からの回復をはかり、新しい安定状態を実現することである。

危機の第一段階の未然防止は、さらにⓐ危機発生源そのものを除去すること、ⓑ危機発生源から生み出される攪乱作用を危機的水準以下に抑えること、および、ⓒ危機発生源の攪乱作用から避難すること、の三つに大別することができる。

本章で問題となるのは、第二および第三の危機発生源である。

第二の危機発生源、つまり非国家的集団による敵対行為の未然防止については、国民から孤立させ、かつ危険な外国から絶縁させることで、かれらの存在と活動そのものを大幅に除去し[ⓐの方法]、またはその脅威を低い水準に抑える[ⓑの方法]。

さらに第三の危機の発生源のうち大規模な自然的災害は最も大きな問題であり、それを未然に防止することは、「避難」を除いて当分不可能であろう。かりに予知が正確に行われたとしても十分な準備体制が必要である。またコンビナート災害のような人為的災害の大部分は、未然の防止がかなり高い水準で可能となっている。

危機管理の第二段階は、危機の発生に対応して、その拡大を阻止し、国家の蒙る被害の極小化に努める段階であり、通常「危機対処」とか「危機制御」と呼ばれている。効果的な危機対処に必要とされる能力としては、一般的に、第一に情報能力、第二に抵抗能力、第三に指揮能力があげられる。

第一の情報能力とは、ⓐ起こりうる危機の態様の詳細なシナリオを多様に準備し、ⓑそれに基づく必要なデータの収集、整理、ⓒ危機発生のシグナルのキャッチ。

第二の抵抗能力は、ⓓ危機発生源からの撹乱作用の波及に抵抗し、その拡大を阻止し、排除する能力、ⓔ危機に襲われている期間生き残りうる能力。

第三の指揮能力とは、ⓕ広い意味のリーダーシップ（決断力、統率力、組織管理能力、交渉力等）の他に、ⓖ指揮センターの強靭性、およびⓗ危機対処活動に従事している全ての組織との通信能力。危機対処能力の具体的内容は、危機発生源が異なり、発生した危機の態様と度合いが異なるのに対応して、必ずしも同じではない。

危機管理の第三段階は、第二段階における成功を前提としている。したがって危機対処に失敗すれば、第三段階の回復が不可能となる。第二段階の危機管理が効果的に遂行されればされるほど第三段階の安定状態の実現は容易となる。

②　自然災害の危機管理プロセス　危機管理のプロセスが、第一段階の未然防止、第二段階で被害極少化、第三段階での回復ということを紹介したが、戦争や紛争のような国際的危機の場合と異なり大地震のような自然的災害の場合は、発生源の未然の予防ということは非常に困難であり、前記のプロセスとは若干異なるプロセスが考えられる。その一例として、危機管理を、ⓐ危機の予知（情報活動）、ⓑ危機の防止・回避、ⓒ適切な危機対処と拡大防止、ⓓ被害極限、ⓔ復旧、ⓕ危機の再発防止の一連の行為によって行われるということも考えられる。危機管理が成功するためには、平素から必要な対処能力を確保しそれを有効に機能できるように、指導、情報、通信機能を確立するとともに対処計画を作成し、準備を整

え（訓練を含む）、ハード、ソフト（法制、運用要領、心構え等）両面にわたり、防衛（防災）体制を確立しておくことが前提である（6、一二三―四頁）。

わが国では、平時の災害対策に関し、一九六一年災害対策基本法により、政府、地方自治体において整備すべき組織、業務遂行の準拠等について定め、法的には一応体系化されているといえよう。しかし、定められた組織が有効に機能するか、また地域防災計画、準備体制が的確に整備され、市民を含めて心構えが十分かと問えば、各県でも差異があり、いろいろ問題があることは否定できないであろう。

三　阪神・淡路大震災と村山政権の対応

1　わが国最大の災害と災害対策

①続発した災害と危機管理　一九九五年には、一月一七日、阪神・淡路大都市圏を襲った直下型地震が、死者六四三〇名（いわゆる関連死九一〇名を含む）、行方不明者三名、負傷者四万三七八二名という戦後最悪の極めて深刻な被害をもたらした（7、平成七（一九九五）年版、二一四頁）。さらに家屋被害（倒壊、焼失）二四万八〇〇〇余棟、被災者四四万六〇〇〇余世帯という大参事を惹起した。その衝撃がさめない二カ月後の地下鉄にサリンをまくなど暴走を重ねたオウム真理教事件など、戦後五〇年の節目に立て続けに異常な事件が発生した。

村山首相は、この地下鉄サリン事件に際して「なんの関係もない一般市民を無差別に殺傷するのは断じて許せない、憎んでもあまりあると、はらわたが煮えくり返った」（1、八三頁）と述べ、「再発防止」に全力で望む決意をしている。危機管理がこれほど内外から強く主張されたことはなく、また、危機管理の実態が批判されたこともなかったであろう。

村山政権における危機管理の実態を検討する際には、いくつかの大事件についての危機管理を具体的にケース・スタディすべきであるが、紙幅の関係上、同政権下で最も危機管理の必要性が問われた阪神・淡路大震災のケースについて考察することにする。

②わが国の危機管理の取り組み　国内政治における危機ないし危機管理の研究は、最近までほとんど手のつけられていなかった分野である。しかもわが国の場合政府が、有事立法をはじめこのような研究を行うことに対する批判がかなり強く、研究を行うことすら非常に慎重にならざるをえないのが現実であった。

しかし、危機とはもちろん戦争だけを想定するものではない。純粋に国内的要因によってのみ起こりうる危機もしくは不測事態への対処は、政治および行政の責任であるといわれている。不測事態への対応あるいは危機管理に関して、政府部局ないし関連研究期間の行った研究および政府提言、報告書が出されているが、わが国の危機管理対策の中で、もっとも進んでいるのは防災対策であり、その他の点についてはほとんど具体化していないようであった(8、五六頁)。

その後、具体的な危機の状況が発生するたびに対応策は整備されてきた。とくに、個別官庁の調査研究や、臨時行政調査会での内閣の調査機能に関する討議をふまえて、一九八四年一〇月三一日に『危機管理の現状と対策』が発表されたことは注目すべきである。これは、同年七月一日総理府の主要部分と行政官庁が合併し総務庁ができたのに伴い、それまで総理府総務長官であった中西一郎氏が特命担当の無任所国務大臣となり、中曽根首相から危機管理問題、すなわち突発的緊急事態発生の際の行政の対応のあり方について、検討を行うよう特命を受けた結果である。

③わが国の防災行政　今回の阪神・淡路大震災における政府の対応すなわち危機管理にふれる前に、基本的なわが国の防災行政についてふれておく必要があると思われるので紹介しておこう。

災害が発生した場合、対策を講じるための法律に、「災害対策基本法」がある。この法律により、各省庁からなる「中央防災会議」が設置されているほか、実際の災害時には「非常災害対策本部」などが設置される。

災害対策基本法
- 中央防災会議の設置（会長・総理大臣・事務局・国土庁）
  - 防災基本計画の決定
- 非常災害対策本部の設置（事務局・国土庁）
- 緊急災害対策本部の設置（事務局・国土庁）

このうち注目すべきなのは、「防災基本計画」である。同計画は、災害対策基本法の三四条に基づいて「中央防災会議」が決めることとなっているものの、これは、防災分野における最も上位にある計画である。防災基本計画は、国、地方公共団体が災害予防、災害応急対策、災害復旧の各段階で実施すべき措置、事業、施策などを具体的に記載している。基本計画の構成は、地震対策編、風水害対策編、火山対策編、その他の災害対策編などからなっている。このうち地震対策編についての基本的計画は、災害予防、災害応急対策、活動体制、自発的支援の受け入れ、災害の復旧、復興、などについて整備計画することを記述している。

災害を未然に防止し、また災害発生時に被害を最小限に止め、敏速な災害復旧を図るためには、計画的な防災行政を行う必要があり、そのために行政の各レベルにおいて防災計画が策定されている。

２　震災後の応急対処

一九九五年度の防災白書によれば、阪神、淡路大震災における初動期、および政府の対策本部の設置に関する対応は次のとおりである。

①初動期の対応　気象庁においては、一月一七日五時四六分に地震が発生した後、大阪管区気象台が五時五五分に関係行政機関等に地震情報を送付し、気象庁本庁が六時四分に国土庁等関係省庁等へ気象情報同報装置（一斉ＦＡＸ）により地震

情報を送付した。

警察庁においては、六時すぎに全国の機動隊等に対し出動準備を指示するとともに、被災関係府県警察に対する被害状況の早期把握を指示し、情報収集にあたった。八時すぎには大阪府警察、以後、徳島、兵庫等各府県警察のヘリコプターが順次離陸し、状況把握に努めた。

防衛庁においては、地震発生直後の六時から各部隊において逐次非常勤態勢をとるとともに情報収集を始め、七時過ぎには航空偵察を開始、七時三〇分頃には兵庫県庁等へ連絡調整要員を派遣、八時前には近傍災害派遣を実施、一〇時には兵庫県知事からの災害派遣要請を受けて順次神戸市、淡路島等へ自衛隊の派遣を行った。

海上保安庁においては、地震発生直後より行動中の巡視船艇により被害状況調査を始めた。また、七時頃にはその他巡視艇、航空機を順次状況調査に投入した。

消防庁においては、六時すぎから直ちに関係府県に適切な対応と被害報告について指示し、情報収集を開始、以後、継続して被害状況の把握、地方公共団体の応援の要否の打診等を行い、一〇時には兵庫県知事からの要請を受けて、関係都府県知事に対し応援出動の要請をした。

国土庁においては、六時八分に一斉情報連絡装置により地震情報を大臣秘書官をはじめ国土庁災害対策要員に連絡し、非常参集を行った。その後、六時五〇分から警察庁、消防庁に対する被害情報収集を開始、七時には総理大臣秘書官と情報連絡を開始、七時三〇分に非常災害対策本部の設置手続きを開始、八時二一分には災害対策関係省庁連絡会議の開催を各省庁に通知した。

②政府の対策本部　〈非常災害対策本部の設置〉政府においては、一月一七日一〇時過ぎに、国土庁長官を本部長とする「平成七年(一九九五年)兵庫県南部地震非常災害対策本部」を閣議決定により設置した。一一時に災害対策関係省庁連絡会議を開催し、被害状況および各省庁の対応について情報交換を行った。その後、一一時三〇分から開催した第一回非常災害対

策本部会議においては、余震に対する厳重な警戒、被害状況の的確な把握、行方不明者の捜索、救出、被災者に対する適切な救済措置、火災に対する早期消火、道路、鉄道、ライフライン施設等、被災施設の早期応急復旧を当面重点的に実施することを決定した。

また、第一回非常災害対策本部会議においては、応急対策に万全を期するため、速やかに政府調査団を現地に派遣することを決定し、一月一七日の午後から一八日にかけて、国土庁長官を団長とする一五省庁二〇名からなる調査団を現地に派遣し、被害状況の詳細な把握に努めた。

一月一八日、第二回非常災害対策本部会議を開催し、政府調査団の派遣結果報告とその後の被害状況の把握を受け、行方不明者の捜索、救出に全力を傾注する、火災に対する早期消火に全力を傾注する、余震に対する厳重な警戒体制を確保するとともに二次災害の防止に万全を期す、住民に対する危険防止および生活援護に関する情報の周知を図る、被害状況の迅速かつ的確な把握に努める、被災者に対する適切な医療救護体制の確保に努める、飲料水、食料および生活必需品等の物資の確保とその供給体制の整備に努める、避難所の設置、応急仮設住宅の建設および既存公営住宅等の空家の活用を進めること、電気・ガス・水道・電話等のライフラインの早期復旧を図ること、道路、鉄道、港湾等の被災施設の早期復旧を図ること、緊急輸送路の確保、航空機等による代替輸送の拡充に全力を傾注する、被災地方公共団体に対する適切な財政措置を講ずること、地震防災対策についての調査を推進するため技術調査団を現地に派遣することを当面重点的に実施することを決定した。

政府は、災害対策をさらに強力に推進するため、一月二一日、非常災害対策本部の現地対策本部(本部長、国土政務次官)を神戸市内に置くことを閣議決定し、翌二二日から事務所を開設した。現地対策本部は、政府一体となって推進する対策について被災地方公共団体との連絡調整を図りつつ、当該対策に関する事務を被災現地において機動的かつ迅速に処理するとともに、地方公共団体の災害対策本部が行っている災害対策に対して、政府として最大限の支援、協力を行い、復旧、復興対策に関して、地方公共団体の求めに応じて、迅速かつ、適切な助言を行うために設置された。〈緊急対策本部の設置〉一月一九日の閣議決定により、緊急に政府として一体的かつ総合的な対策を講ずるため、内閣総理大臣を本部長とし、すべての閣僚を本部員とする「兵庫県南部地震緊急対策本部」を設置し、一〇回の本部会議を開催し、食料、医療、緊急輸送、住宅など緊急の問題について閣僚が一致協力して復旧対策の推進に努めた(7、平成七(一九九五)年版、二九―三二頁)。

四　復興に向けての取り組み

1　防大の訓示で防災臨調と基本法の改正

村山首相は震災後の三月一九日、社会党首相として初めてわが国の防衛を担う幹部を養成する防衛大学校で行われた平成六年度の卒業式に出席し訓示をした。その中でわが国の防衛力の在り方を、従来からの基本方針である専守防衛に徹することを述べ、さらに注目されたのは阪神・淡路大震災を受けた防災体制の見直しについて述べたことである。「自衛隊を含め、わが国の災害対策の枠組みをより効果的なものとすべく、見直していくことが必要だ。すべての分野について抜本的に検討する必要がある」と救援活動への自衛隊の出動態勢なども含め、防災体制を全面的に再検討する考えを述べた。すべての分野について検討する必要があり、専門家や民間の人々の知恵を借り「防災臨調」といったものを設け、生活者の気持ちに軸足をおいた「安全で災害に強い街づくりを実現したい」と自衛隊の災害出動を含めた見直しを改めて強調した。

その後村山内閣は、災害対策基本法の見直しなど災害対策全般にわたって論議する首相の私的諮問機関「防災問題懇談会」を四月一〇日発足させ、同年八月一二日答申を受けた。

2 復興への推進体制の整備

政府は、阪神・淡路地域の復興のための施策を早急、かつ強力に進めるため、震災一カ月後の一九九五年二月二四日「阪神・淡路復興対策本部」および「阪神・淡路復興委員会」を設置し、これらの組織によって関係行政機関の施策を総合的に調整することとした。

また、阪神・淡路大震災復興の基本方針および組織に関する法律において、阪神・淡路地域の復興に当たっての基本理念として、第一に、国と地方公共団体とが適切に役割分担し、協同して、地域住民の意向を尊重しながら、ⓐ生活の再建、ⓑ経済の復興、ⓒ安全な地域づくりを緊急に推進すること、第二に、これらの活動を通じて活力ある関西圏の再生を実現すること、が定められた。なお、阪神・淡路復興委員会は、一九九六年二月一四日に、一年間の設置機関を終えて活動を終了した。

阪神・淡路復興委員会は、三つの意見と一一の提言を内閣総理大臣に提出した。これらの意見および提言を踏まえ、阪神・淡路復興対策本部は、一九九五年四月二八日には「阪神・淡路地域の復旧・復興に向けての考え方と当面講ずべき施策」を、七月二八日には、「阪神・淡路地域の復興に向けての取組方針」を、それぞれ決定した。

「阪神・淡路地域の復旧・復興に向けての考え方と当面講ずべき施策」では、一九九五年度第一次補正予算の編成等に向けて、地震発生以来実施してきた応急復旧施策を引き続き積極的に推進するとともに、復旧・復興施策についても当面必要となる施策を可能な限り実施することとして、一六項目にわたる施策を挙げ、できるだけ早期に実施することとした。また「阪神・淡路地域の復興に向けての取組方針」では、地元地方公共団体による復興一〇カ年計画が策定されたことを踏まえ、これら地元の復興一〇カ年計画の実現を最大限支援すること等を基本とした政府の姿勢、取り組むべき課題および諸施策を明らかにした。

3 復興推進体制

阪神・淡路復興委員会の活動終了を受け、また、今後の復興課題に適切に対応するため、推進体制の充実が行われた(次頁図2参照)。

まず、阪神・淡路復興委員会の活動修了を受け、兵庫県および神戸市との新たな連絡体制を構築するため一九九六年二月に国と兵庫県および神戸市との協議会を定期的に開催することとした。本会議は、本格的な復興段階を迎え、国と被災地域との間の意思疎通、復興過程における具体的な課題の正確な把握と迅速的確な処理等を目指し、阪神・淡路復興対策本部事務局と兵庫県知事および神戸市長とが率直な意見交換を行うことを目的としており、これまでに八回にわたり開催されている。

また、被災地域の復興、とくに経済の復興のためには、地元の経済界の協力が必要不可欠である。このような認識の下、一九九六年六月から神戸商工会議所と阪神・淡路復興対策本部事務局との連絡会義を定期的に開催することとしており、これまでに八回にわたり開催されている。

五　今後の防災体制と危機管理の強化

1 都市型災害への課題

阪神・淡路の大震災における各分野の被害状況は前記防災白書に詳細に紹介されている。このように多くの犠牲者や物的損害が生じた理由として、初動期の対応と制度上の不備が指摘されている。地震発生後初動期における迅速かつ的確な救援活動がされなかったからだという危機管理上の基本原則の上から批判が国会をはじめ、学会、世論、マスコミ界で強く指摘されている。

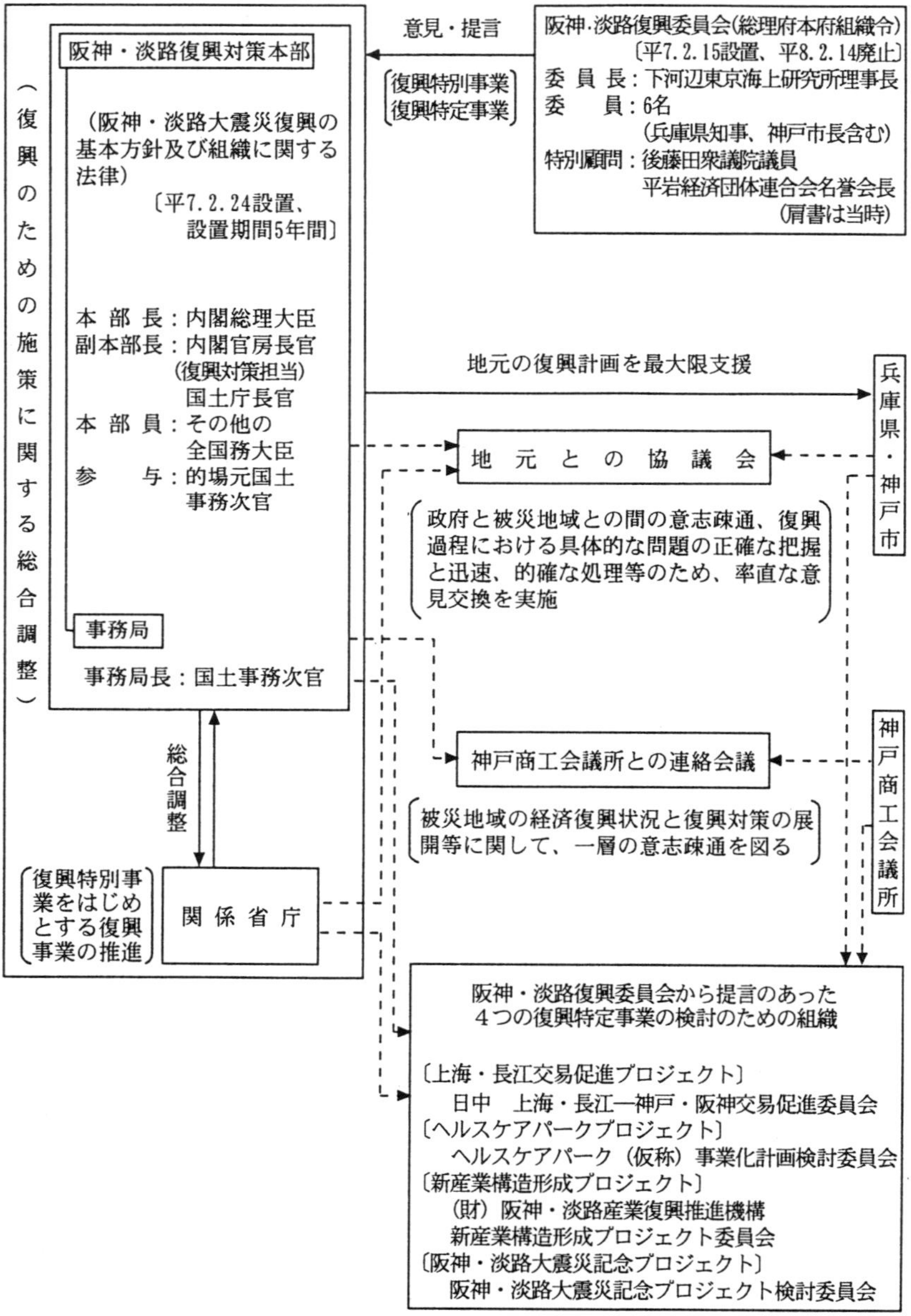

意見・提言
復興特別事業
復興特定事業
阪神・淡路復興委員会（総理府本府組織令）
〔平7.2.15設置、平8.2.14廃止〕
委員長：下河辺東京海上研究所理事長
委　員：6名
（兵庫県知事、神戸市長含む）
特別顧問：後藤田衆議院議員
平岩経済団体連合会名誉会長
（肩書は当時）
（復興のための施策に関する総合調整）
阪神・淡路復興対策本部
（阪神・淡路大震災復興の基本方針及び組織に関する法律）
〔平7.2.24設置、設置期間5年間〕
本部長：内閣総理大臣
副本部長：内閣官房長官
（復興対策担当）
国土庁長官
本部員：その他の
全国務大臣
参与：的場元国土
事務次官
事務局
事務局長：国土事務次官
総合調整
復興特別事業をはじめとする復興事業の推進
関係省庁
地元の復興計画を最大限支援
兵庫県・神戸市
地元との協議会
政府と被災地域との間の意志疎通、復興過程における具体的な問題の正確な把握と迅速、的確な処理等のため、率直な意見交換を実施
神戸商工会議所との連絡会議
神戸商工会議所
被災地域の経済復興状況と復興対策の展開等に関して、一層の意志疎通を図る
阪神・淡路復興委員会から提言のあった
４つの復興特定事業の検討のための組織
〔上海・長江交易促進プロジェクト〕
日中　上海・長江―神戸・阪神交易促進委員会
〔ヘルスケアパークプロジェクト〕
ヘルスケアパーク（仮称）事業化計画検討委員会
〔新産業構造形成プロジェクト〕
（財）阪神・淡路産業復興推進機構
新産業構造形成プロジェクト委員会
〔阪神・淡路大震災記念プロジェクト〕
阪神・淡路大震災記念プロジェクト検討委員会

図２　阪神・淡路復興のための組織・体制

〈資料〉 7、1999年版、223頁。

① **情報の過疎**　地震発生が一七日の午前五時四六分であり、その一時間余りあとの午前七時、兵庫県庁と神戸市はそれぞれ災害対策本部を設置した。だが、県対策本部の最高責任者である貝原俊民兵庫県知事が県庁に到着したのはなんと、地震発生からおよそ三時間も経った午前八時半、さらに、兵庫県知事による自衛隊に対する災害派遣出動要請は午前一〇時であった。自衛隊出動要請の遅れが多数の死者発生につながったのではないかという批判をのちに浴びたが、知事と実務責任者の登庁の遅れがその後の対応のまずさにつながったとみられる。

一方政府は、国土庁で非常対策本部の初会合を開いたのが午前一一時二五分、村山首相を本部長とする緊急対策本部を設置したのは、地震発生から二日後の一九日である。現地対策本部を政府が設置したのは四日後の二一日だった(9、四一頁)。

阪神・淡路大震災での日本の対応を初動にかぎってノースリッジ地震での米国の対応ぶりと比較してみると次頁**表2**のようになり、日本政府および地方自治体の初動がいかに遅れているかが際立っている。このように初動期の対応が遅れた最大の原因は、事態を正確に把握できるだけの情報が首相官邸に届いていなかったことにある。

この点に関して村山元首相は次のように述べている。「一番問題となったのは、官邸が正確な情報を掴めなかったことであり、通信網、道路網が断たれており、緊急の事故や災害に即応できる仕組みが官邸には全然なかった。官邸は二四時間の勤務態勢がとられておらず担当者は一人もいなく、危機管理体制が全く取られていなかった」(1、七八―九頁)。

② **制度上の不備**　大震災において災害が非常に大きくなった第二の点は、国の行政システムがうまく機能しない制度上の不備があげられる。内閣総理大臣の権限は制約的であり、緊急時の機動的対応には限界がある。また、大災害時においては、統一的な指揮権を確立するとともに、トップダウン式の内閣総理大臣の直接的な指揮権を確保することが必要である。

現在、内閣総理大臣の権限については、「行政権は内閣に属し」(憲法第六五条)、「内閣がその職権を行うのは、閣議によ

表２　日米の初動対応比較

ノースリッジ地震（1994年1月17日）	阪神大震災地震（1995年1月17日）
4:30 地震発生	
4:45 ウィットＦＥＭＡ長官が電話でクリントン大統領に報告	
5:35 ＦＥＭＡサンフランシスコ管区局が作戦センターを始動	5:35 地震発生
6:00 ＦＥＭＡ本部の緊急事態支援チームが活動開始	
	7:00 兵庫県が災害対策本部設置。神戸市が災害対策本部設置
	7:30 村山首相に秘書官から第一報
	8:30 県対策本部が第一回本部員会議。兵庫県知事が到着
9:05 ウィルソン・カリフォルニア州知事が「緊急事態」を宣言	10:00 知事が自衛隊に災害派遣要請。県消防交通安全課長が到着。
	10:20 県対策本部が第二回本部員会議。
	11:25 政府が非常災害対策本部の初会合
13:00 ウィットＦＥＭＡ長官、シスネロス住宅・都市開発長官、ペナ運輸長官、ホワイトハウス・スタッフがワシントンを出発、現場へ	13:10 自衛隊第３特科連隊が救助活動を開始
14:08 クリントン大統領が「激甚災害」を宣言	14:38 政府調査団出発
19:00 現地対策本部を設置。ＦＥＭＡ長官、住宅・都市開発長官らが現場に到着	19:00 神戸市災害対策本部が第一回本部員会議
21:00 連邦調整官が現地対策本部到着。緊急事態対処チームを結成	

〈資料〉9、42頁。

るものとする」（内閣法第四条）、「内閣総理大臣は、閣議にかけて決定した方針にもとづいて、行政各部を指揮監督する」（同法第六条）、と指定されている。また、閣議決定は慣例として全会一致とされている。そのうえ、内閣総理大臣の行政各部に対する指揮監督権は、各省庁大臣を通じて間接的にしか行使できないと解されている。こうした認識から、緊急時においては、内閣総理大臣が迅速に直接行政各部を指揮できるような、内閣総理大臣指揮権強化論の主張もある(10、三四頁)。阪神・淡路大震災の経験を踏まえ、政府は今後のわが国の災害対策の在り方について、制度の見直しを含めて全般的な検討を進めていくこととしている。検討すべき課題としては、ⓐ総理官邸等への情報連絡体制の確立、ⓑ関係機関との協力のための事前の防災体制の確保、ⓒ非常災害時の政府の体制や応急措置について制度面での充実などが挙げられる。

さらに、一九九五年度補正予算においては、阪神・淡路大震災の被害状況に鑑み、全国ベースで地震災害等の防止のため緊急に対応すべき事業に必要な経費として七九〇〇億円を計上した。具体的には、緊急防災対策として、地震予知、情報通信等に関する科学技術の研究、災害対策用資機材およびシステムの整備等の災害予防、耐震性の向上対策等の施策を実施していくというものである。

2　情報収集体制の強化

今回、政府の対応が遅れた最大の原因として、前述のように政府の各行政機関において地震、被災情報が迅速、的確に把握できていなかったことが指摘されよう。地方自治体からの要請主義を原則とする現行の国の災害応急対策の実施にあたり、神戸市、兵庫県の関係者が地震に巻き込まれたことがその大きな要因だが、国自体の被害情報の収集、集約、連絡等の体制にも不備があったことは否定できない。

地震発生の情報は国土庁を通じ総理に報告されることとなっていた。しかし、当の国土庁防災局が夜間当直体制をとっておらず、民間警備会社の警備員に気象庁からの地震発生のファクスの受信と、防災局関係者への連絡を任せ切っていたことも今回明らかとなった(横関洋一「見直し迫られる政府の危機管理体制」、11、七月号、二七頁)。

政府においては、阪神・淡路大震災を教訓として、災害即応体制検討プロジェクトチームを設置し、災害発生時の即応体制を検討した。一九九五年二月二一日には、これらの検討を踏まえ、大規模災害発生時の第一次情報収集体制の強化と内閣総理大臣等への情報関連体制の整備に関する当面の措置について、以下の内容の閣議決定を行った(図3参照)。

第一に、大地震発生時において被害規模の早期把握のため関係省庁は、それぞれの立場において、早期に現地の関係者からの情報を収集するほか、航空機、船舶等を活用した活動を展開するなど、情報収集活動を効果的かつ迅速に推進するものとする。

第二に、大地震発生時における内閣総理大臣官邸への迅速な報告連絡を行うため、当直体制を保持する内閣情報調査室

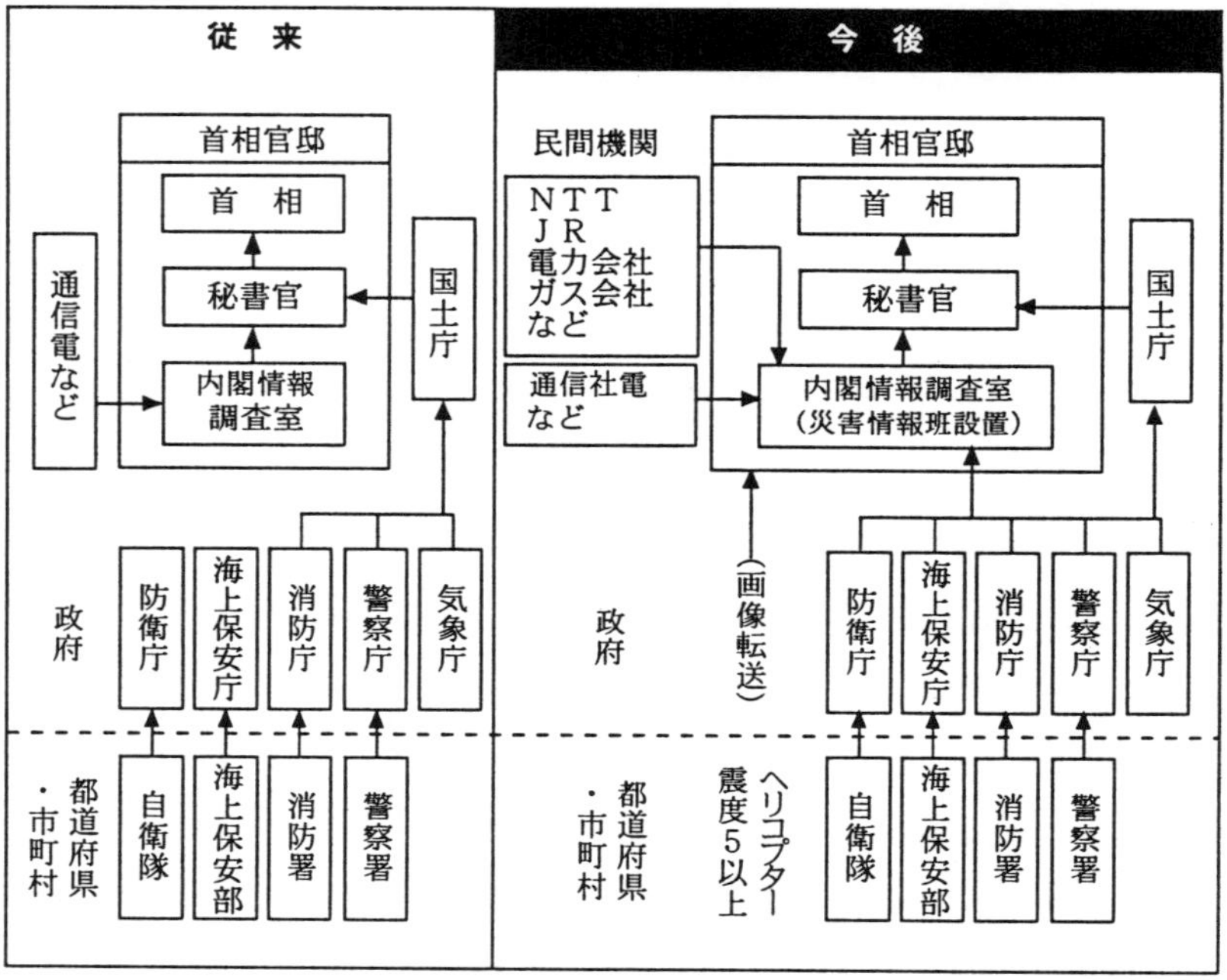

図3　災害発生時の情報伝達システム
〈資料〉3、1995年2月18日。

を内閣総理大臣、内閣官房長官および内閣副官房長官(以下「内閣総理大臣等」という)への情報伝達の窓口とする。ただし、国土庁その他関係省庁による内閣総理大臣等への報告がそれぞれのルートで行われることを妨げるものではない。

第三に、内閣情報調査室は、民間公共機関等の有する第一次情報の収集に努めこれを速やかに内閣総理大臣等に報告を行う。

第四に、関係省庁からの情報連絡手段を確保するため、関係省庁と官邸および内閣情報室との間に所要の機器の整備を行う。

第五に、大地震の発生に際し、別紙に掲げる関係省庁幹部は、緊急に官邸に参集して、内閣としての初動措置を始動するため、情報の集約を行う。

3　防災体制の基本的枠組みの見直し

震災の経験を踏まえ、わが国の防災関係の基本法および関係法の整備がなされた。

① **災害対策基本法の改正**　まず、防災施策全体

の基本的枠組みを定める災害対策基本法が二回にわたって改正された。一回目の改正は、阪神・淡路大震災の際に災害応急対策に関わる車両の通行が著しく停滞した状況等に鑑み、災害時における緊急通行車両の通行を確保するため、一九九五年六月に行われた（第一三二回通常国会）。具体的には、第一に、都道府県公安委員会による災害時における交通の規制に関する措置を拡充した。第二に、通行禁止等が行われた場合、車両の運転者は、速やかに、通行禁止の道路区間外または道路外の場所への移動義務を定めた。第三に、警察官、自衛官および消防吏員による緊急通行車両の通行の確保のための措置等を定めた。

特に注目されるのは第二回目の改正であり、一九九五年七月に行われた（第一三四回臨時国会）。この改正は、近年の災害発生の状況等に鑑み、同年四月から八月の間開催された前掲「防災問題懇談会」（内閣総理大臣が主催）の提言を踏まえつつ、災害対策の強化を図るため行われ、国会において内閣提案を一部修正のうえ、成立した（7、平成七（一九九五）年版、三七頁）。防災問題懇談会は、前述のように「防災臨調」ともいわれるもので、村山首相が非常に期待したものである。

第一として、災害緊急事態の布告がなくても非常災害の場合には、内閣総理大臣を本部長とする緊急災害対策本部を設置するとともに、本部員に全閣僚を充てる。

第二として、緊急災害対策本部長の権限を強化し、指示を行うことができる対象に指定行政機関の長等を加える。

第三として、非常災害対策本部および緊急災害対策本部に現地対策本部を設置する。

第四として、災害派遣を命ぜられた部隊等の自衛官への所要の権限を付与し、災害派遣を命ぜられた自衛官の権限を明確にした。

第五として、市町村長は、都道府県知事に対し、自衛隊の災害派遣の要請を求めることができる。

第六として、新たな防災上の課題に対応するため、国および地方公共団体は、自主防災組織の育成、ボランティアによる防災活動の環境の整備、国民の自発的防災活動、高齢者、障害者、乳幼児等に配慮する措置、海外からの支援の受け入れ等の実施に努力する。

② 震災関係立法の整備　阪神・淡路大震災の被災者の救済、施設等の復旧、被災地の復興等を推進するため、阪神・淡路大震災に対処するための特別の財政援助および助成に関する法律、被災区分所有建物の再建等に関する特別措置法等の法律、政令等を制定した。さらに地震による災害から国民の生命、身体および財産を保護することを目的とした「地震防災対策特別措置法」が議員立法により新たに制定された(第一三二回通常国会)。この法律は、都道府県における地震防災緊急事業五カ年計画の作成およびこれに基づく事業にかかわる国の財政上の特別措置について定めたほか、地震に関する調査研究の推進のための体制の整備等について定めたものである。

4　新防衛大綱と大規模災害への対処

旧防衛大綱は、一九七六年一〇月、わが国の安全保障上の基本的在り方に関する指針を示したものである。しかし、この大綱は制定後二〇年以上が経過し、国際情勢の変化、さらに国民の自衛隊に対する意識の変化も考慮されて改定された。わが国の防衛を主たる任務とする自衛隊が、大規模災害など各種の事態に対応することはすでに法律上規定されている。しかしここで注目されるのは、新大綱に改めて大災害への対処が規定されたことである。阪神・淡路大震災やその後の地下鉄サリン事件における救援活動などを通じて、自衛隊が国民の生命と財産を守る存在であることが改めて認識されたことによるものである。

新防衛大綱は、第一に大規模な自然災害への対応と、第二にわが国周辺において発生しうるわが国の平和と安全に重要な影響を与えるような事態への対応を挙げている。

第一の場合として、阪神・淡路大震災のような自然災害や、サリン事件のようなテロリズムによる特殊な災害など多様な救援活動がある。第二の場合として、わが国に大量の避難民が到来したり、在外邦人などの緊急避難が必要となった場合などの対応がある(12、一九九六年版、一〇三―四頁)。

六　おわりに――天災への防衛

村山政権は、危機管理ということが最も強く主張された内閣であった。同政権は大規模災害における危機管理において自衛隊をはじめ、国および地方自治体との相互協力体制をとる改革を行った。それからすでに五年の歳月が過ぎ去った。

「天災は忘れた頃にやってくる」という有名な警句がある。これは一般に随筆家寺田寅彦の言葉といわれているが、彼の著作には見当たらない。寅彦の随筆集の一つに『天災と国防』(岩波書店、一九三八年)がある。その中で、実験物理学者として次のような防災科学の提言をしている。

「戦争は是非避けようと思へば人間の力で避けられなくはないであろうが、天災ばかりは科学の力でもその襲来を中止させる譯には行かない。その上に、何時如何なる程度の地震暴風津波洪水が来るか今のところ容易に予知することができない。最後通牒も何もなしに当然襲来するのである。それだから国家を脅かす敵として是程恐ろしい敵はない筈である」。さらに「世界に冠たる帝国陸海軍はあっても、戦争の最中に列島を縦断するような大地震に見舞われたら、帝国の機能は喪失し戦争どころではなくなる。天災に対する科学的国防の常備軍を設けるべきである」と述べ、最後に「悪い年回りは寧ろ何時かは廻ってくるのが自然の鉄則であると覚悟を定めて、良い年回りの間に十分の用意をして置かなければならないということは、實に明白過ぎる程明白なことであるが、又此れ程萬人が綺麗に忘れ勝なことも稀である。少なくも一国の為政の枢機に参与する人々だけは、この健忘症に対する診療を常々怠らないやうにして貰い度いと思う次第である」。

科学がいかに発展しても、危機管理の第一段階である天災の予防は非常に困難である。しかし、予知にはあらゆる努力が必要である。したがって、第二段階の被害極少化への努力、さらに第三段階の回復への努力が必要となる。ここに紹介した随筆の一部は、科学者としての寺田寅彦が日本の自然環境と日本人の国民性を詳細に観察点検したうえで生み出された独自の危機管理的思想をわが国で最も早く指摘したものであり、今日においても至言であるといえよう。

コラム1——日本の危機管理事始と危機管理機関

政府レベルで危機管理の問題に取り組んだのは、一九八〇年代に入ってからである。一九八四年五月七日、後藤田行政管理庁長官が臨時行政改革推進審議会（土光敏夫会長）に、〝危機管理体制〟の確立を含む四項目を検討課題として諮問するに至った（その後、行革審は九月一一日に「危機管理」の研究に着手することを決定した）。そして、中曽根内閣の下で初めて政府レベルにおける「危機管理」の検討が開始されたのである。

一九八四年七月一日、中西一郎国務大臣（総務庁官）が中曽根首相から「危機管理問題すなわち突然的緊急事態発生の際の行政の対応のあり方」について検討するよう特命を受け、内閣官房危機管理等特命事項担当室という正式名の機関が発足した。

橋本政権になってからのペルー大使公邸人質事件、動燃再処理工場爆発事故などの緊急事態など、政府の危機管理能力が問われる事件が相次いで発生した。

かくて、行政改革会議（会長・橋本龍太郎首相）は、一九九七年五月一日政府の危機管理体制を強化し、「国家の緊急事態」に際し、首相に対して各省庁を直接、指揮・監督できる権限付与を打ち出すことを提言。行政改革会議は、首相を補佐する官房副長官クラスの「危機管理官」（仮称）の設置なども提案しているが、これも首相権限の強化を前提に、首相を支える官邸の情報収集・分析能力、判断力を高める狙いがある（13、一九九七年五月二日）。その任務として、①突発的事態での必要措置を発生時に判断し、関係省庁に連絡・指示を行うなど首相を補佐する、②専門家とのネットワークを作り、危機の類型別に対応策を研究する——ことなどを例示した。専門官を補佐するスタッフの配置、関係省庁との協力態勢の整備、情報収集、分析力を強化することも求めている。

また、首相のリーダーシップが機動力に欠けるとの指摘を踏まえ、危機を類型化しそれに応じた基本方針を事前に閣議決定し、首相が迅速に行政各部を指揮監督できるようにする、とした（3、一九九七年五月二日）。その後、昨年の改正内閣法で官房副長官級の地位の危機管理監が設置され、安藤忠夫氏が初代管理監に就任した。

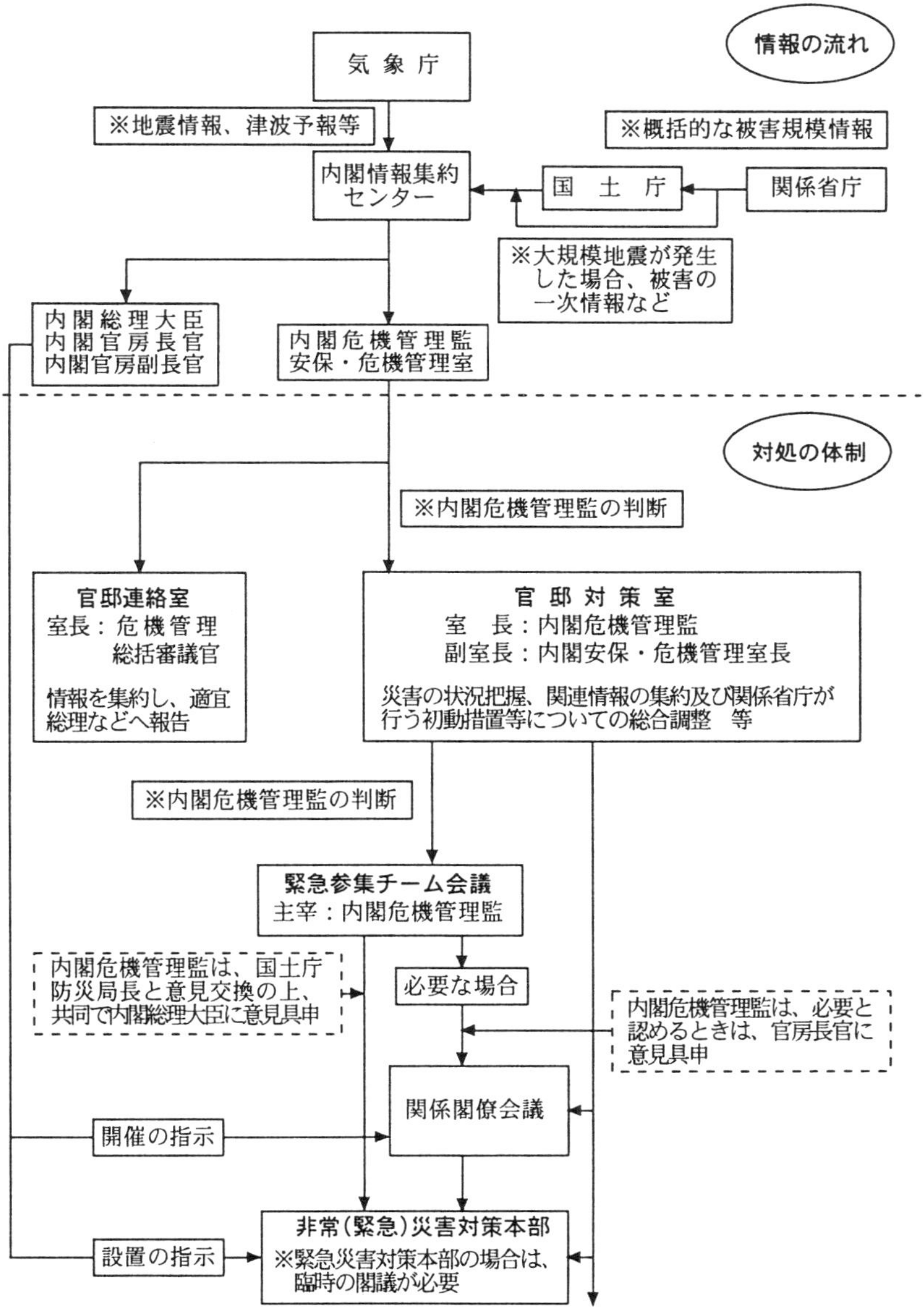
情報の流れ
気象庁
※地震情報、津波予報等
※概括的な被害規模情報
内閣情報集約センター
国土庁
関係省庁
※大規模地震が発生した場合、被害の一次情報など
内閣総理大臣
内閣官房長官
内閣官房副長官
内閣危機管理監
安保・危機管理室
対処の体制
※内閣危機管理監の判断
官邸連絡室
室長：危機管理総括審議官
情報を集約し、適宜総理などへ報告
官邸対策室
室　長：内閣危機管理監
副室長：内閣安保・危機管理室長
災害の状況把握、関連情報の集約及び関係省庁が行う初動措置等についての総合調整　等
※内閣危機管理監の判断
緊急参集チーム会議
主宰：内閣危機管理監
内閣危機管理監は、国土庁防災局長と意見交換の上、共同で内閣総理大臣に意見具申
必要な場合
内閣危機管理監は、必要と認めるときは、官房長官に意見具申
関係閣僚会議
開催の指示
非常（緊急）災害対策本部
※緊急災害対策本部の場合は、臨時の閣議が必要
設置の指示

図4　大規模地震発生時において内閣官房の行うべき措置について

〈資料〉14、42頁。

その後、内閣危機管理機能強化の一環として、内閣安全保障室を内閣安全保障・危機管理室に改編強化し、緊急の事態への対処（従来内閣内政審議室の所掌であった自然災害に関わる緊急の事態への対処を含む）および内閣危機管理監の事務整理を新たに同室の所掌事務に加えることとした（14、二五頁、図4参照）。

コラム2――アメリカの危機管理機関

米国連邦緊急事態管理庁（Federal Emergency Management Agency；FEMA）は、平時、有事を通じたあらゆる緊急事態に対処する米国で初の単一の大統領直属の独立機関として、一九七九年七月に設立された。本部はワシントンにあり、約二六〇〇人の職員を擁している。本部のほかに一〇カ所の地方管区局を全米に配置している。このほか、メリーランド州エミッツバーグに訓練センターを持っている。職員の配置はおおよそ、本部一八〇〇人、地方八〇〇人となっている。ＦＥＭＡはまた、約四〇〇〇人の予備職員をもっており、緊急事態に追加投入の予備力となっている。この職員の多くは、エンジニアなど災害援助の専門家である。大災害発生時にＦＥＭＡから連絡を受けて出動し、出動した予備職員には時給、食料、宿泊所が提供される（9、四二一―三頁）。

引用・参考文献

（1）金森和行『村山富市が語る天命の五六一日』（ＫＫベストセラーズ、一九九六年）。
（2）近藤三千男「危機管理の意義と課題」（『国際問題』一九八〇年七月号、二一四二頁）。
（3）『毎日新聞』。
（4）志方俊之「危機管理の理念と実際」（『防衛論集』一九九五年一〇月号、防衛学会、一―一五頁）。
（5）平和・安全保障研究所『わが国の危機管理態勢の現状』（平和・安全保障研究所、一九七九年）。
（6）竹田五郎「危機管理なき日本は裸の国家」（『正論』一九九五年四月号）。
（7）国土庁編『防災白書』平成七年―一一年版（一九九五年―一九九九年）。
（8）川野秀之「クライシス・マネジメント」（富田信男・堀江湛編『危機とデモクラシー』学陽書房、一九八五年）。

（9）　西脇文昭「連絡緊急事態管理庁（FEMA）の教訓─米国の危機管理体制の現状」『防衛法研究』（一九九五年一〇月号、内外出版社、三九─五八頁）。
（10）　佐々淳行「緊急時には総理に指揮命令権を与えよ」（『エコノミスト』一九九五年二月二一日）。
（11）　特集「阪神・淡路大震災」上、下（『立法と調査』一九九五年五月・七月号、二五─四一頁・四二─五六頁）。
（12）　防衛庁編『防衛白書』平成七年─一一年版（一九九五年─一九九九年）。
（13）　『東京新聞』。
（14）　防衛年鑑刊行会『防衛年鑑』（一九九九年版、防衛年鑑刊行会、一九九九年）。
（15）　高辻正己・辻清明編『現代行政全集』一八巻（国土）（ぎょうせい、一九八五年）。
（16）　佐々淳行　『ポリティコ・ミリタリーのすすめ』（都市出版、一九九四年）。

第七章　村山内閣と政治改革

田村　浩志

一　はじめに

1　政治改革関連諸法案の成立

一九九四年三月四日、政治改革四法案が参議院本会議で可決、実質的に成立し、三月一一日に公布された。四法のうち「衆議院議員選挙区確定審議会設置法」は、公布の日から施行された。他方、衆議院議員の選挙に小選挙区比例代表並立制を導入することを骨子とする「公職選挙法の一部を改正する法律」(以下、公職選挙法改正法と記す)の骨格部分の施行日は、選挙区確定審議会の勧告があってから制定されることになる衆議院議員の選挙区を定める法律の施行日と同じとされた。そして、公職選挙法改正法の施行日の翌年の一月一日が「政治資金規正法の一部を改正する法律」(以下、政治資金規正法改正法と記す)と「政党助成法」の施行日とされた(1、三一三―四頁)。

一九九四年四月一一日、当時の細川護熙首相は、前述の選挙区確定審議会設置法に基づき、七名の委員を任命し、同日初会合が開かれ、選挙区確定審議会が発足した。同審議会は、第八次選挙制度審議会の三〇〇の小選挙区の区割りについての答申(一九九一年六月)を参考にして、それをいくつかの点で改善して、一九九四年八月一一日、村山首相に対して「衆議院小選挙区選出議員の選挙区の確定案についての勧告」を提出した(1、三三二―三、三三七、三四六頁)。

政府はこの勧告を受けて、その確定案を内容とする「公職選挙法の一部を改正する法律の一部を改正する法律案」(以下、区割り法案と記す)を一〇月四日、国会に提出した。この国会にはまた、連座制の強化などを目的とする公職選挙法の改正案が、連立与党からと野党の統一会派からも提出され、さらに「政党交付金の交付を受ける政党等に対する法人格の付与に関する法律案」(以下、政党法人格付与法案と記す)も審議された。これらの法案は、一一月二日に衆議院を通過し、一一月二一日に参議院本会議で可決、成立した。そして公布されたのは一一月二五日である。いわゆる周知期間は一カ月とされたので、区割り法の施行日は一二月二五日となった。これによって、小選挙区比例代表並立制の導入を内容とする公職選挙法改正法の施行日が確定し、政治資金規正法改正法と政党助成法も一九九五年一月一日から施行されることになった(1、三四八―五一頁)。

2　〝歴史の必然〟か

これより先、村山富市氏は一九九三年九月、細川連立政権の与党第一党としての社会党の委員長に就任してからも、小選挙区制の導入には否定的であり、政治改革については腐敗防止を中心に考えていた(2、三四、一三九、一五三頁)。翌一九九四年四月に社会党が連立を離脱してから六月にかけて、羽田内閣の時に、村山氏は中選挙区制のままでの総選挙の可能性を模索したが(2、一七二、一九五頁、3、九九、一〇六頁)、六月末に社会党が自民党と新党さきがけとの連立で合意するにあたっては、区割り法案を早期に成立させ、次の総選挙は新しい選挙制度で行うことを約束した。ただし村山首相は内閣発足後も、小選挙区制を中心とした制度の導入に反対であるという考えを変えたわけではなかった(4、八五、九一頁)。

だが村山連立政権の下、中選挙区制のままでの総選挙の可能性は日増しにうすれていき、八月一一日の選挙区確定審議会の勧告の後には、区割り法案を早期に成立させることは与野党間の重要な争点ではなくなっていった(3、五二、一〇

六、一七二頁)。

小選挙区制を中心とする選挙制度導入の推進派で、小沢一郎氏の腹心といわれる平野貞夫氏はちょうどこのころ、小選挙区制の導入に抵抗し続けてきた人々からなる村山連立政権が政治改革関連諸法の成立を完成させざるをえないという現実について、歴史の皮肉というよりも〝歴史の必然〟なのだと記した(5、一〇月号、七八頁)。

本章においては、ここで〝歴史の必然〟と表現されていることの意味内容はどのようなものであるのか、村山氏らはそのような事態にどのようにして追い込まれていったのか、また小選挙区制を主とする制度の推進派と反対派のせめぎ合いのなかで、村山首相はどのような政治改革をめざしたのかという問題について考えてみたい。

二　政治改革の原点

1　『議会政治への提言』

政治改革をめぐる一連のできごとの発端は、リクルート問題に求められる(1、一頁)。つまり、一九八八年六月一八日の新聞報道によって川崎市の助役が、リクルート社の関連会社であるリクルート・コスモス社の未公開株式の売買から約一億円の売却益を得ていたことが明らかになった。これ以降、自民党のおもだった政治家のほとんどと、財界人と官僚の関係者にも同様に未公開株が譲渡されていたことが、しだいに明らかにされていった。これらのたびかさなる報道を通じて、政治家とりわけ自民党の政治家とカネとの関係をめぐる疑惑と不信の気持ちが国民の間にひろがり、そして深まっていった。この点を自民党の『政治改革大綱』(一九八九年五月二三日党議決定。以下、『大綱』と記す)は、その冒頭で次のように述べている。「いま、日本の政治はおおきな岐路に立たされている。リクルート疑惑をきっかけに、国民の政治にたいする不信感は頂点に達し、わが国議会政治史上、例をみない深刻な事態をむかえている」(1の資料編より引用。三七八頁)と。

確かに政治改革の発端は、リクルート事件の発覚とその疑惑のひろがりにあり、そして後に宮澤内閣の時に政治改革への世論の高まりを再燃させたのは、一九九二年の八月と九月に明らかとなった一連の佐川スキャンダルであった。しかしこれらの事件となったできごとは、一九八〇年代の中ごろ以降に行われており、それらは中曽根内閣の時代の権力構造と〝バブル〟を生み出していく経済・社会構造を反映していた(他方、東京佐川からの五億円献金および金丸巨額脱税事件はリクルート事件発覚以降の、自民党とりわけ経世会の権力構造を反映していた)。そしてこのような事件を生み出していく仕組みを構造的にとらえていくと、より広い意味での日本の政治の〝制度疲労〟が問われなければならなかった(6、一八五頁以下)。

リクルート事件の発覚以前の、一九八八年五月に公表された『議会政治への提言―戦後政治の功罪と議会政治の将来―』(社団法人社会経済国民会議政治問題特別委員会。以下、『提言』と記す)は、五五年体制の行きづまりを構造的にとらえて、〝制度疲労〟を改革する処方箋を先駆的に提起したという点で、政治改革の原点となった。この『提言』は、「中曽根前首相とは異なった観点から、戦後政治の功罪をみきわめ、戦後四十年余の間に染みついた垢を洗い落とし、議会政治全般の見直しをおこなわなければならない時期を迎えている」(7、一〇頁)という考えに基づいており、選挙制度、国会制度、政党制度にわたる改革の総体を政治改革として提起した(7、二七―八、三〇頁)。この『提言』の中で現状を、議会政治の異常現象として分析した「総論」部分から、一部を紹介したい。

「今日の議会政治の異常を第一に象徴するものは、カネを無制限に必要とする政治の体質であり、またそこに育まれてきた「政・官・財・労・選挙区」癒着の利権構造(タカリの構造)と、個別利益誘導型政治の定着である。これについては……今日にいたっても、いっこうに改まらないばかりか、むしろ「族議員」を中心とした新たな利権構造の仕組みさえ定着した感がある。

我々は、この問題の本質は、国会議員の政治に対する倫理や道徳の問題である以上に、戦後の過度に中央に傾斜した国と地方の関係や、選挙制度等の歪みがもたらした政治の仕組みそのものに関わる構造的な問題である、との見解をしばしば表明してきた。ことに、世界に類例をみない衆議院中選挙区・単記制は、同一政党内における候補者間の競合を招き、政党選挙の意義を稀薄にし、政党間の討論や政策争点を二次的なものにするなどの弊害を生み、また、正規の党機関以外に公然と形成された派閥組織や、地元選挙区や業界を中心とした私的な個人後援会の定着を促進し、これに依存せざるをえない選挙と政治の仕組みを築きあげてきた」(7、一一頁)。

このような現実がもたらした問題点の本質について、『提言』は次のようにとらえた。すなわち「わが国の政党と国会議員が抱える危機の本質は、社会経済の転換期を迎え、国際化への対応など、国会議員の抱える個別利益と優先すべき全体の公共利益との乖離が進行するなかで、依然として、こうした個別利益に依存せざるをえない政党組織の有り様が、政党本来の役割である国民代表の機能、政策形成における利害調整機能を変質させ、あるいは硬直化させ、時代を先取りするダイナミックな政治の構築と自己革新の機会を失わせている点にある」(7、一四頁)。社会党をはじめとする野党の怠慢もあって政権交代が行われず、自社なれあいの「国対政治」の下で国会は「言論の府」になっていない。このような現実の全体の中で、国民の政治に対する信頼が高まるわけはなく、むしろ自民党を中心とする政治に対する国民の不満や無関心がますます深刻化している。

『提言』はさらに政党と国会議員には、政党、国会、選挙の全般にわたるこのような現状を改革する意欲も能力も失われているとの認識を示し、改革の理念と道筋を明らかにするために、国会の議決によって第三者機関を設置することを提言している。それは改革の内容が議会政治の全般に関わることから、当時休眠状態にあった選挙制度審議会を再開するのではなく、かつての臨時行政調査会のようなかたちで、臨時政治制度調査会を設置することを提案している(7、三二―三三頁)。

この『提言』は、自民党の『政治改革大綱』に影響を与えている。『大綱』の起草委員のひとりであった保岡興治氏は、社会経済国民会議の政治問題特別委員会の委員長であった亀井正夫氏(住友電気工業会長。肩書きはその当時のもの。以下、同じ)との対談において、「じつに科学的に分析されて、……非常に焦点のあった提言なので、自民党が『政治改革大綱』をまとめるにあたってもずいぶん参考に」(8、一六三頁)したと述べた。これに対して亀井氏は、『提言』は政治問題特別委員会の副委員長で専門部会長であった明治大学の岡野加穂留教授が中心となってまとめたものであり、亀井氏自身の考えとは必ずしも一致していないと答えた(亀井氏が一致していないという最大の点は、『提言』が選挙制度としては、比例代表制の導入を求めている点であろう。7、三七頁)。

2　『政治改革大綱』

自民党の『政治改革大綱』には、自民党という政党の自己改革への努力としての側面と日本の政党政治の全体の改革への試みとしての側面とが述べられている。『大綱』が決定されたのは一九八九年七月の参議院議員選挙よりも前のことであったが、消費税の問題などと相まって、自民党に対する国民の批判の高まりについて「とくにきびしい批判がわが党に集中している」(1、三七八頁)と述べている。そのような現状認識の上に、「健全な議会制民主主義、政党政治の再構築」(同)を決意し、改革の方向を探った。「いま、国民の政治不信、および自民党批判の中心にあるものは、①政治家個々人の倫理性の欠如、②多額の政治資金とその不透明さ、③不合理な議員定数および選挙制度、④わかりにくく非能率的な国会審議、⑤派閥偏重など硬直した党運営などである」(同)と問題点を指摘した。

「なかでも、政治と金の問題は政治不信の最大の元凶である」(同)。この問題は個人の自覚だけでは解決できるものではなく、「多額の政治資金の調達をしいられる政治のしくみ、とくに選挙制度のまえには自己規制だけでは十分でないことを痛感した」。『大綱』は続けて「したがってわれわれは、諸問題のおおくが現行中選挙区制度の弊害に起因しているとの観点から、これを抜本的に見直すこととする」(1、三七九頁)と述べて、さらにそのほかの問題点にも取り組んで、政治制度全般の改革をはかるとした。

そしてこの『大綱』の中の「政治改革の内容」と題された本論部分において、先の①から⑤であげられた問題点に対する対策が具体的に述べられた。さらにその六番目として地方分権の確立もあげられた。それらのうち、①の政治倫理と②の政治資金、そして⑤の党運営の問題はもっぱら自民党に関するものであり、③の選挙制度と④の国会運営の問題、そして地方分権という課題は日本の政治の総体にかかわる問題であった。

『大綱』の中のその「政治改革の内容」の「②政治資金をめぐるあたらしい秩序」では「政治家個人またはその政治団体にたいする寄付は、情実や直接の利害がからむ場合がある。このため政治活動への寄付は、今後、そのかなりの部分を党に集中させ」（1、三八一頁）ること、「さらに中長期的には、選挙制度の抜本改革によって、政党の公的役割のいっそうの増大が予想されることから、主として国庫補助を内容とする政党法の検討にはいる」（1、三八二頁）ことが述べられた。

「③選挙制度の抜本改革」においては、「国民本位、政策本位の政党政治を実現するため、小選挙区制の導入を基本とした選挙制度の抜本改革にとりくむ」（1、三八三―四頁）とされ、その際、少数意見も反映されるように比例代表制を加味することを検討すると述べられた。

「④国会の活性化」においては、「与野党の話し合いによる国会運営は、政党政治には欠かせないものであるが、行き過ぎた事前調整は審議を形式化させ、言論の府としての機能を自らそこねることになる。そこで国会審議を実りあるものとし、国民にわかりやすくするため、いわゆる『国対政治』の弊害」（1、三八四―五頁）をあらためることなどが述べられている。

「⑤党改革の断行」では派閥の弊害とその解消への決意が述べられ、族議員については「今日、特定の業種・業界にたいする影響力の行使により、議員活動が部分利益に偏しているとの、いわゆる族議員への批判がある。このため、族議員を生む原因になっている部会、調査会、委員会などの党・国会人事の固定化に一定の歯止めをもうけることを検討する」（1、三八六頁)とした。

「⑥地方分権の確立」の部分については全文を紹介したい。「わが国において、利益誘導型政治を生んでいるおおきな原因のひとつとして、補助金・許認可などの権限の中央政府への集中が指摘されている。われわれは、このような行政権限の中央偏重を思い切って改革し、地方分権を確立する。このことによって、地方は中央への陳情行政を解消し、住民の福祉や町づくりなどに独自の工夫と努力を発揮できることになり、国会議員は選挙区制の改革とあいまって、地元への過度な利益誘導に政治活動のおおくをさかれることなく、国政に専念することができよう」(1、三八七頁)。

最後に、『大綱』においては、政治改革の推進体制について、自民党内に政治改革推進本部を設置するとした。さらに選挙区制の抜本改革にあたっては、選挙区割などについて「権威ある専門家による政府の第三者機関」(1、三八八頁)に諮問しその結論を実行するとした。また、国会改革については、「両院議長が諮問する臨時の第三者機関」(同)の設置を検討すると述べた。

3 『提言』と『大綱』の相違点

『提言』と『大綱』とでは、現実に対する認識において共通点が少なくない。『大綱』においても族議員に関する部分および地方分権に関する部分で、自民党の議員活動が地元や業界の部分利益に偏しているとの認識が示された。だが、ここに簡単に紹介した『大綱』と比べて『提言』においては、現代における代表に関する考察に基づいて、議会政治における言論ないし討論によって政策が形成されあるいは転換されていくということの意味が、より一層強調されている。

『提言』によると、地元の利益、業界の利益を中心とした政治が定着するにつれて「選挙という機会を通じて公論を喚起し、競合する政治理念や政策の選択を通じて、国民と政治との間に責任と信頼の絆をつくりあげていくという議会制民主政治の最も基本的な道筋は、無残にも破壊され、分断されるようになった」(7、一五頁)。このような現実に対して『提言』

は改革の方向について次のような認識を示した。「今日わが国の議会政治が当面している改革課題は、個別的、羅列的、各論的、あるいは対症療法的な対応によって問題の解決をはかりうる性質のものではない。国民と政治家の双方が腰を据え、長期的な視点に立って、政党組織、選挙制度、政治資金、国会制度の包括的な見直しをおこない、わが国の政治の仕組みや構造そのものを、根本から組み換えていく作業が求められている」(7、三〇頁)。

このように『提言』においては、選挙制度、政党制度そして国会制度の改革が中長期的な課題として一体のものとして考えられていた。『大綱』においても日本の政治がおちいっている問題の全体を構造的にとらえているという点では共通している。しかし『大綱』では各対策項目が切り離し可能になっている点で『提言』と異なっている。このことは、政治改革の進め方に関連して次のステップとして設置される、第三者機関の性格について『提言』が臨調方式を提唱しているのに対して、『大綱』が選挙制度、政治資金、選挙区割に関するものと国会改革に関するものとを分けていることからも明らかである。そのような違いが生じた理由はどこにあったのか。

それをまず『提言』の側から考えるならば、『提言』においては選挙制度だけを改革しても根本的な解決にはならないという認識がある。選挙制度を変えても、そこに国民にとって魅力があり一票を投じたいと思うような政党がふたつ以上あるのでなければ、本当の意味での選択が成り立たない。行政組織、財界、地元の利益、業界、労働組合などに依存しないで、政党が自律性をもった独自の組織として、政策をたて、政治家を育てて、国民と政策決定の橋渡しをできるように改革されなければならない。

さらに国会改革も同時に進められなければ、政治が取り組んでいる問題に対して、国民の理解が得られない。『提言』は、国会の重要な責務のひとつとして「充実した国会審議によって国民的合意形成に貢献すること」(7、五〇頁)をあげている。国民が争点の意味と内容、対立点をよくわかるようなかたちで、国会の審議が行われ、報道され、国民が自分たちとの関係でその問題を考えるようになっていることによってはじめて、選挙は政党間の競争に対する国民の判断の場となりえる。

自民党政治の危機の原因は、政治とカネをめぐる問題だけにあるのではなく、消費税の導入などの際に典型的にみられたように、重要な争点の決定にあたって広い範囲の国民の納得をえる仕組みをもっていないという点にもあった。

五五年体制の下で政権交代が行われなかった理由を中選挙区制に求めるという考え方も、もっと学問的に吟味される必要があった。諸条件が異なっているが、戦前には中選挙区制の下で二党間で政権交代が行われていた(9、六四―五頁)。五五年体制下においても、政権交代がなかったのは中選挙区制に理由があるのではなくて、有権者と政治家の意識に理由があった(10、八―九頁、11、五八頁)。一九九〇年代に問題であったのも本当は、有権者と政治家の両方の意識において、政治家と地元や業界の個別の利益とが癒着を切る覚悟をすることであって、それこそが政治改革の第一歩であるはずだった。五五年体制の下で、既成の利益媒介構造において実現されてきたことでも、そこに表出されてこなかった意見や利益のことも考慮して、長期的な公益という観点から考え直すことによってこそ、議会政治に対する信頼の回復につながるはずだった。

他方、『大綱』の場合は、リクルート事件を機に高まった自民党に対する、政治家とカネの関係をめぐる嵐のような批判に対して、そのような疑惑をもたれる原因が自民党の構造的な体質にあることは否定できないものの、改革を求められているのはひとり自民党だけではないと主張していた。自民党がそのような疑惑をもたれるようになった原因は、自民党だけにあるのではなくて、選挙制度を主とする制度にもあり、社会党をはじめとした野党にも政権を委ねられないという責任があるのだということを主張していた。また多額のカネを調達し続けられなければ自民党議員を続けていけないということに疑問をもたざるをえない現実があり、彼らの中にはその疑問に対する答えを選挙制度に求めようとする議員もいた。

自民党の当時の政治改革委員会においてはいろいろな対策課題の中から、いずれも困難ではあるが、最もアプローチしやすい部分を選んだ。日本の政治の構造と自民党の体質の核心部分に迫る、より根本的な改善を必要とする課題よりも、選挙制度の改革は容易である。確かに当時、小選挙区制の導入は、自民党の代議士の大半には受け入れがたい、実現性のない改革案であると考えられていた。だが自民党代議士がかんたんには賛成できない改革を実行することこそ、自民党が国民の不信感を解消していく道であった。しかも選挙制度改革で影響を受けるのは自民党だけではない。本当は、小選挙区制を中心とした制度への改革で苦しむのは自民党以上に社会党などの野党であった。その意味で『大綱』が発表された時点ですでに、社会党は責任の分担を求められていたといえよう。

本章のコラムでは、議会政治の第一、第二、第三、第四の危機について記されている。『提言』においてはその第四の危機について第一から第三までの危機が背景となっていることがふまえられている。しかし、『大綱』にはその点の認識が十分ではない。『大綱』が政治とカネをめぐる自民党政治の危機に対する党利党略的な対応となった理由のひとつがこの点にある。

また小選挙区制の導入を地方分権と分離して、前者を先行することの危険性、つまり選挙区における利益誘導競争の激化をまねきかねないことについては、『大綱』作成時以来、次のように説明されてきた。つまり、「まず中選挙区制を先行的に改革し、政治家の再選メカニズム自体を根本的に見直すことによって地方分権を推進するための手掛かりを得る。その後、直ちに集権的な行財政システムの改革に着手し、小選挙区制が導入されたコストを最小限に抑制しつつ、政治システム全般の改革へと連動させる」(6、二二五頁)と。

4　第八次選挙制度審議会

『提言』に原点をもつ政治改革を、小選挙区比例代表並立制の導入を中心とした選挙制度改革に転換する上で決定的な役割を果たしたのが、第八次選挙制度審議会(以下、八次審と記す)とその答申であった(11、一六七頁、12、七七頁以下)。リクルート事件への対応策をさぐる中で、竹下首相は臨調方式を模索した時期もあったが、後藤田正晴氏の進言によって、所掌事務が選挙制度および政治資金制度などに限定されている選挙制度審議会を活用することになった(13、一五、二三頁)。

八次審は、一九八九年六月二八日から一九九一年六月二七日までの二年間の任期中に四本の答申を海部首相に提出した。すなわち、一九九〇年四月二六日の「選挙制度及び政治資金制度の改革についての答申」、同年七月三一日の「参議院議員の選挙制度の改革及び政党に対する公的助成等についての答申」、一九九一年六月二五日の「衆議院議員の選挙区の区割りについての答申」と同日の「選挙の腐敗行為に対する制裁強化のための新たな措置についての答申」であった(1、四二頁)。

これらをうけて、海部内閣は一九九一年八月五日、政治改革関連三法案(公職選挙法の一部を改正する法律案、政治資金規正法の一部を改正する法律案、政党助成法案)を国会に提出した(1、八六頁、14を参照)。

八次審については、重要なふたつの点について記しておきたい。

まず第一に、八次審は第七次までの選挙制度審議会と違って、政党の代表が入っていない。このことの意味は、これまでのような両論併記の答申になることを避けて、答申を一本化するということである。しかもその答申は、自民党に忌避されないという意味で、実現可能なものでなければならなかった(13、二六頁)。その後の現実の政治の過程の中で、小選挙区比例代表並立制に対して自民党の現職代議士の抵抗は極めて強かった。しかし、少なくとも自民党内の事情としては、小選挙区部分で三〇〇議席以上で、並立制であれば、受け入れられる可能性があった(13、一八頁)。

選挙制度は憲法に明文化されることは少ないが、政治制度の全体の中の最も重要な部分のひとつである。イギリスの場合もアメリカの場合も、小選挙区制はそれぞれ歴史的に形成された政治の全体の中での意味と限界がある。前述のように『提言』と『大綱』には、日本の統治構造の全体に関する視点がみられたが、しかし八次審においては選挙制度の選択肢についての表面的な形式に関する意見、技術的な議論に終始し、代表に関する本質的な問題は考慮されなかった。

その後の、選挙制度改革が実現していく現実の政治過程においては、選ばれる側の人々の都合のみが考慮され、選ぶ側の人々にはどういう選び方をしたいかという問題を考える機会が与えられなかった。小選挙区比例代表並立制は一九九三年の総選挙の争点とはされなかった。憲法改正にも準ずるような重要な制度の変更について、国民に考える余地を与えず、判断を求めていない。政治改革の進め方という問題について、八次審の一九九〇年四月の衆議院議員の選挙制度に関する答申の出た直後における岡野教授の次に引用する論評はまさにこの点を指摘したものであった。

「政治改革というものは、その前提に、主権者たる国民・有権者の理解と、そこから構成される合意形成が絶対に必要条件といえる。政府や、中央機関で行った計画や原案といったものが、ごく限られた部分での審議や意見のとりまとめで、事が進行すると考えたら、とんでもない誤算になるという事である。

次に大切なことは、国民の多様性の有る価値観や、思想の多元性といったものは、一朝一夕で構築されたものではない。それゆえに、歴史的な伝統や長い人間の営為から創造されたそれらのものを、人為的に、国内の力関係や、国会のレベルでの政党間の権力の強弱関係を巧妙に利用して、強引に押しつぶしたり否定したりしてはいけないという事である。

最後にいえることは、短期・中期・長期の三段階の政治改革の展望に立脚して、どのように、デモクラシーを発展させ、かつ永く保持できるかという観点を忘れてはならぬという事である。日本国憲法の基本原則である平和とデモクラシーの擁護の為に、議会主義・自由主義などの一連の原理・原則を遵守するための長期政治戦略を忘れてはならぬことだ。自分たちの立場だけを多数の力を背景にゴリ押しすることの危険性は、世界の現代史の如実に示す歴史的教訓である」(10、四—五頁)。

政治改革がここで指摘されているような方向で行われなければ、制度改革の期待された効果があらわれるはずがない。しかしながら、現実の政治改革の過程は、八次審の結論と異なった見解の表明に対する問答無用的な対応を背景とした、世論操作の手法によって進められた。

八次審に関する第二の問題は、マス・メディアの代表、しかもほとんどの全国紙の経営か編集の最高幹部クラスが加わった点であった(11、一六七頁)。今日においては、速報性、画像によるわかりやすさという点でテレビが新聞にまさるようになったが、政治改革をめぐる報道ではテレビの政治ジャーナリズムのもつ問題性が明らかにされた。テレビではその利点のゆえに逆に、報道の内容を高めることよりも、視聴率を高めることが優先された。政治改革のような大きな問題では、テレビは、系列関係にある全国紙の報道スタンスをみながら自らのそれを決めているという面がある(11、一五七、一六四—七頁)。政治改革をめぐっては「時流に乗った政治家、評論家、政治学者がテレビ局をはしごして回り、同じ角度からの発言を繰り返すうちに、選挙制度の改革は『善』であり、それに抵抗する勢力は『守旧派』であり、『悪』であるとの枠組みができあがって」(11、一六五頁)しまい、それがまた新聞に影響して、増幅された点は否めない。

各新聞社の社長や論説委員長は個人の資格で八次審に加わったのだが、社説がその答申の方向で展開されたら異論を唱えるのはむずかしい。ここには明らかに、意図のある権力の行使が認められる。「有力メディアの幹部が参加してこのような流れがつくられたからこそ、九三年夏の政変前後、メディアの熱病的ともいうべき政治改革推進の大合唱が起きたのである。テレビのキャスターや政治記者がこの流れに沿って走ったのも無理からぬ側面があった。……『今は自民党政権の存続を絶対阻止』というのは、第八次選挙制度審議会の答申から導きだされる当然の論理的帰結ともいえるのである」(11、一七〇頁)。

すでに述べたように、政治改革関連諸法案に対する自民党内の抵抗は根強く、これに対して政治改革を求める世論が著しく高まったというかたちとなった。この熱狂は冷めやすかったのだが、村山政権の成立した一九九四年にはそれはまだ残っていた(11、七一頁)。

三　政界再編と政治改革

1 〝小沢戦略〟

小選挙区制の導入は小沢一郎氏の古くからの主張であり、氏はロッキード事件発覚後の一九七六年一二月の総選挙以降の毎回の選挙公約で、小選挙区制の導入を中心とした選挙制度改革、政治資金制度改革を掲げてきた(15、一五九頁、16、八四—五頁も参照)。そして竹下内閣の官房副長官であった一九八八年の七月には、消費税の次の課題として、五五年体制の再編を視野に入れた小選挙区制の導入を考えていた。リクルート事件が発覚して間もないころであるが、親しい記者との会食の席で小選挙区制導入の必要性を強調した(11、三七、八〇頁)。また小沢氏は、一九八九年八月以降の海部内閣の時期には、自民党の幹事長として、第八次選挙制度審議会の会長の小林與三次読売新聞社社長と会って、答申案の方向について要望していたと思われる(13、二六頁、17、二二頁)。

この時期以降における小沢氏の政治理念の基本は、個人と国家の両方における自立と責任である。『日本改造計画』の「まえがき」には変革の方向として、政治のリーダーシップの確立、地方分権、規制の撤廃があげられ、これらの根底にある究極の目標が個人の自立であり、真の民主政治の確立であるとされている。「個人の自立がなければ、真に自由な民主主義社会は生まれない。国家として自立することもできない」(18、五頁)。この国家の自立と責任の側面について小沢氏は一九九一年六月一一日、朝日新聞との一時間四〇分にわたるインタビューにおいて再三強調している。例えば「何をなすべきかちゅうことは、ごく簡単にいえば、なりに応じた当たり前のことをやれということだね。ほかの国がやっているようなこと、人様がやっているようなことは、自分もやらなきゃいかんということです、簡単にいえば。そうでなければ、共同生活は成り立たないでしょう」(15、一七七頁、ほかに一七八、一八一、一九八頁も参照)。

同じインタビューにおいて小沢氏は、そのような理念を実現するための戦略についても語っている。氏が本当に問題だと考えているのは、中選挙区制だとかカネがかかる選挙だとかという次元の問題ではない。自立した国家つまり〝普通の国〟を実現することが重要であり、そのための戦略が問題であった。小沢氏はこの点について、次のように述べた。

「……中選挙区制の中でもその弊害をできる限り除いていくということは可能ですよ。国民の意識も、すべての意識が全部高まってきちんとすれば。だけども、現実の枠にどっぷり浸かっていて、その責めを政治にだけ求めたって、みんながそうなんだから。しかし、政治はこの大変な時代に最もきちんとした対応をしなきゃいけないんで、そうすると、どっぷり浸かったお風呂をぶっ壊す以外にない。

現実的にいえば、野党第一党だからいうんだが、社会党をまずぶっ壊さなきゃならない。それには小選挙区制という制度を、ほかにいい知恵があればほかでもいいんだけど、やらなきゃいかんと。例えば朝日新聞で、これをやると自民党議席は四〇〇になるとか、五〇〇になるとか、つまらん議論をしているわけだ。それでいいんだ。そうならなきゃ、今と同じだったら仕組みを変える意味ないんです。その中から新しいものを見いだしていかなきゃならん」(15、二〇〇頁)。

ここには、小選挙区制の導入を手段として、政界再編をもたらし、強力な意志決定のできる政治へと変えていくという発想が明白である(18、六六頁)。「政治改革の向こうに外交がある」(8、四三七頁)というのが小沢氏の持論であり、氏の政治理念と戦略とは結びついていた。小沢氏のめざしたこと、またそのやり方は日本の現状からは、〝革命〟にも匹敵するといわれている(11、二五一頁、19、一二五頁)。それでは「社会党をまずぶっ壊す」ということは具体的にはどのような意味なのであろうか。

金丸信氏は、一九八九年の参議院議員選挙で自民党が大敗した後から、政界再編の必要を力説していた。その動きは一九九〇年八月の湾岸危機の勃発によって中断したが、翌一九九一年二月頃から再開された。その内容は、奥田敬和氏がこの当時唱えた〝長男の家出〟論にみられるように、経世会が自民党から出て、左派と訣別した社会党、公明党、民社党と一緒になって新党を結成するという保守二党論であった(20、二八、三九頁、21、七二―三頁)。金丸氏の場合も社会党の分裂ということを考えていたわけである。しかし金丸氏の場合は本心においては選挙制度改革に反対であり、その政界再編は既成の政党間の数合わせに近かった(5、九月号、九三頁、22、四〇頁)。それと比べて、小沢氏の場合は小選挙区制の導入に積極的であり、社会党に壊滅的な打撃を与えるということが想定されていた。

2　社会党へのアプローチ

現実の政界再編は、一九九二年八月の金丸氏の、東京佐川の渡辺社長からの五億円献金問題に関する記者会見に端を発する、同年一二月の経世会の分裂と羽田・小沢グループの結成から始まり、翌九三年六月と七月の一連の激動へと続いていった(20、二八―九、六二―六頁)。それは、九三年三月の金丸逮捕をはさんで、政治改革を求める世論の再燃を背景に、どのようなかたちの選挙制度改革を行うのかという問題を争点として、自民党の分裂と政権交代と連動して進行した。

一九九三年になって、自民党内で〝小沢包囲網〟によって孤立した小沢氏は、活路を社会党などの野党に求めた。小沢氏はまず、平野貞夫氏の進言で山岸章連合会長の誤解をとくことにした。小沢氏と山岸氏は、一九九一年の都知事選挙でともに磯村尚徳氏を推した時から友好関係にあった。しかし、その後小沢氏が山岸氏の頭越しに連合の幹部たちと会合をもったことに、山岸氏が不快感をもっていた。また、山岸氏は小沢氏の憲法観に警戒感をいだいていた(5、一〇月号、11、一三二頁、八六頁、23、二〇二―四頁)。

両氏の会談は一九九三年の二月二〇日に実現した。それは後に、非自民の細川連立政権の成立にいたるまでの激動の「導火線」(19、一一九頁)になったといわれ、「政治改革の過程における最大級の事件のひとつ」(13、四三頁)と評された。

この会談において、小沢氏は自分としては努力するが、その当時の自民党執行部も宮沢内閣も政治改革に本気でとりくむ見通しではないので、会期末をめどに自民党を離党する決意をしていること、その場合、衆議院で一四〇議席を有していた社会党が受け皿になれるように、山岸氏に社会党へのアプローチを依頼した(20、九三—四頁、23、二〇二—三頁を参照)。小沢氏は選挙制度改革を争点とする政界再編を先行させて、それによって自民党に代わる新しい多数派を形成するという方向を提案した。

宮沢内閣が発足してから自民党内では、粕谷茂氏を本部長とする政治改革本部で衆議院五〇〇議席すべてを小選挙区制で選出する案をまとめ、四月上旬に政治改革四法案として衆議院に提出する予定であった。社会党の中執で、総務局長であった渡辺嘉蔵氏は九三年三月二四日、氏の政治日記に「佐川・金丸汚職事件に代表される政界汚職の再発防止のための政治改革を、小選挙区制に転化する自民党のマジックの悪辣さは、異常だ」(2、二五頁)と記し、同時に落としどころを海部内閣の時の小選挙区比例代表並立制案にするつもりではないのかという見通しを述べていた。

社会党内では小選挙区制絶対反対、中選挙区制擁護という意見が強かった中で、二月二〇日の前述の会談においては、社会党が中選挙区制支持の立場のままでは自民党の単純小選挙区制案と相打ちになってしまうので、小沢氏は社会党が三月中に中選挙区制を否定する対案を出すように社会党への働きかけを山岸氏に依頼した。山岸氏の考えとしては小選挙区比例代表併用制を支持していたので、社会党の立場をそこまではもっていくためにできるだけのことをするという約束をした(23、二〇二頁)。山岸氏は、自民党政権を打ち破り、社会党を与党第一党とする連立政権を樹立するという展望のもとに、小沢氏と手を結ぶことにした。その後実際に、山岸氏だけでなく、連合の政治局、事務局の幹部を中心に政治改革の問題での、社会党への効果的なアプローチ、工作が行われた(23、二〇六頁)。

その当時、一九九二年一二月から社会党内では政治改革プロジェクトにおいて小選挙区比例代表併用制が検討されていた。だが、八次審の議論の枠をこえるような政治改革の発想はみられなかった。もとより自民党に受け入れられるという意味で実現可能な案というのは極めて限られていたのだが(11、二七一―二頁を参照)、政治がカネによって動かされることをなくしていこうという意味での腐敗防止について、少なくとも小選挙区比例代表並立制などによる選挙制度改革こそが政治改革になるのだというつくられた〝世論〟の優勢を打ち消せるような新提案を模索するという方向にはならず、最優先とされていた政治改革という課題の前に、〝改革派〟に与しなければ社会党の存在意義はますますうすれていくように思われた。

前述の政治改革プロジェクトの案に基づく議論を経て、一九九三年三月三日、社会党と公明党の書記長が会談し、小選挙区比例代表併用制の導入を柱とする法案を共同で三月中に提出することで正式に合意した(1、一二二頁)。以後衆議院では、自民党の案と社会・公明両党の案との間で論戦が展開されていった。そして、両者の妥協点を探るための試みとして、四月一七日に民間政治臨調から小選挙区比例代表連用制の案が公表された。

連休中の四月二九日には、平野貞夫氏が、社会党の山花貞夫委員長と長時間にわたって会談した。平野氏は山花氏に対して「ポスト冷戦の中で社会党の役割が変わったこと、社会党の良識を新しい政治状況で生かすため、連用制を中心とする政治改革の実現を決意すべきではないか」(5、一〇月号、八六頁)などと主張した。そして平野氏によると連休後、山花氏は「連用制で社会・公明・民社をまとめることを決断し、自民党に妥協を迫っていくことに」(5、八七頁、20、九七頁参照)なった。

五月二八日、社会・公明・民社・社民連・民主改革連合・日本新党の六党・会派は首脳会談を開き、連用制を軸にして与野党の合意ができるような案をつくることで一致した。六月二日には、社会・公明・民社の三党が衆議院政治改革特別委員会の理事会で、連用制修正案の骨格を提示した(1、二〇一―二頁、13、四四頁)。

政府・自民党の側では、五月二八日に宮澤首相が梶山幹事長に妥協案のとりまとめを指示し、同月の三一日にはテレビの対談で首相は政治改革を絶対に実現すると断言した。しかし、会期末にむけて自民党内をまとめることができなかった。

六月一七日、社会・公明・民社の三党は内閣不信任決議案を提出し、翌一八日に本会議に緊急上程され、賛成二五五、反対二二〇で可決された。自民党所属議員からは羽田派の三四名などが賛成した。直ちに衆議院は解散され、七月一八日に総選挙が行われた。

この間、六月一八日に小沢氏が山岸氏に提唱して、投票日までの間に四、五回、社会党と新生党の有志による非公式の政策協議が水面下で行われ、その成果が七月二九日の七党一会派の政策合意の下敷きとなった(23、二〇四—五頁)。

総選挙後の七月二三日には、日本新党の細川護熙代表と新党さきがけの武村正義代表が共同記者会見を行い、小選挙区比例代表並立制を内容とする政治改革法案の成立をめざす『「政治改革政権」の提唱』を発表した。社会・新生・公明・民社・社民連の五党は七月二六日、この構想を受け入れることを正式に確認した。自民党も七月二七日の総務会で、小選挙区比例代表並立制を内容とする党議決定をしたものの、翌二八日に細川氏と武村氏は自民党の決定では具体性に欠けるとして、社会・新生・公明・民社・社民連の五党との政策協議を進めると三塚政務調査会長に通告した。

八月九日、細川連立政権が発足し、連立与党としての政治改革案のとりまとめが行われた。連立与党の各党内、および各党間の議論を経て、八月二七日、各党の代表者会議で骨格についての合意が成立した。この議論の中では、小沢氏は小選挙区三〇〇議席、比例代表二〇〇議席の一票制の並立制を主張したが、与党第一党の社会党の書記長で、代表者会議の座長であった赤松広隆氏が小選挙区二五〇、比例代表二五〇の二票制の並立制を強く主張し、後者の内容でまとまった(1、二一八—二三頁、13、四八—九頁)。

この過程において八月一二日、小沢氏は山岸氏に一票制で社会党を説得するよう依頼した。しかし、その発言の中で、次の総選挙では社会党は雲散霧消する運命にあり、新生党の協力がなければ生き残れないという意味の議論に山岸氏は反発し、両氏の関係はしだいに冷却していく(23、二〇八頁)。

3　小沢氏の手法

小沢氏の政治手法については、性急すぎるという特徴がしばしば指摘された(11、五三、二五一頁、16、二八—三〇頁)。それは一九九四年になってから、とりわけ政治改革四法案が参議院本会議で否決された後、一月二八日から二九日にかけての細川首相と自民党の河野洋平総裁の会談で合意が成立した直後から、国民福祉税騒動、内閣改造問題などとして顕著にみられるようになった(24、一三五頁)。氏の手法にはまた、すべてを手段として考えるというもうひとつの特徴がある。それは、前述したような点からすでに明らかである。氏の手法のそのような特徴は、いわゆる〝戦後民主主義〟であるとか五五年体制などのような、すでに古くさくなったものは捨て去ればいいのだという考え方にもあらわれていた(15、九四頁)。それは対人関係にもみられる。山岸氏は「利用価値のあるときには、大いに大事にするけれども、自分からみて利用価値がなくなったと思えば、ドライに切り捨てる」(23、二一二頁)と表現している。それはまた山岸氏の場合だけでなく、自民党、新生党、新進党でともにたたかった何人かの政治家の場合にもあてはまった(11、四九—五一頁、17、二七頁)。

村山氏が社会党委員長に就任して以降も、細川連立政権において社会党は、小沢氏と公明党の市川雄一書記長の〝一・一ライン〟によって譲歩を余儀なくされる場面が少なくなかった。とりわけガットのウルグアイ・ラウンドにかかわる、コメの市場開放の問題では一九九三年一二月、社会党は苦渋の選択を迫られた。社会党の中では〝一・一ライン〟に対する不満が日に日に高まっていた(25、四六—七頁)。小沢氏は同じころ、社会党はゲタについた雪のようなもので、踏んでも蹴ってもついてくると考えていた(11、五二頁)。

一九九四年一月二一日の参議院本会議での政治改革四法案の否決をもたらした、一七人の社会党議員の〝造反〟は一面においてそのような不満の高まりを背景としていた。この否決を受けて両院協議会が開かれたがまとまらず一時政局は混迷する。このとき小沢氏は衆議院で三分の二の多数による再議決とそのために自民党の再分裂を導くという方向を考えた(13、五三頁、20、一二〇—一頁)が、衆議院の土井議長の呼びかけで前述の細川首相と河野総裁のトップ会談が行われ、一月二九日の未明、両氏の共同記者会見で一〇項目の合意が公表された(1、三〇九―一〇頁)。その内容は自民党案を大幅に受け入れるものであった。

政府原案において小選挙区二五〇議席、比例代表二五〇議席(全国単位)で、政治家に対する企業献金を禁止していたのに対し、この合意では小選挙区が三〇〇議席、比例代表が二〇〇議席(一一ブロック)となり、政治家に対する企業献金を五年に限り認めるものとなった(この合意では五年後に禁止されるという意味であるが、このトップ会談の合意の一〇項目めに基づいて、連立与党と自民党おのおの六名ずつで構成され、二月四日から二四日まで合意の内容を立法化するための協議を行った政治改革協議会の合意において、企業献金は五年後に法律によって禁止するとされた)。その内容はそれまでの交渉の経緯からみれば、社会党にとって受け入れられるものではなく、連立政権からの離脱も考えられた。しかし、参議院本会議での否決の原因が社会党議員の〝造反〟にあったことから、社会党は連立政権の中で発言力を失っていた(2、一三五頁、13、五六頁)。この〝造反〟は結果として自民党案を受け入れることにつながったため、否定的に評価される場合も少なくない(20、一一六、一二六―七頁)。だが、小沢氏の戦略の限界を露呈させたことから、小沢〝強硬改革〟路線から自民・社会・さきがけの〝激変緩和〟路線への転換点になったとみることができる。

四　おわりに

政治改革四法案が一部修正の上、衆議院を通過して参議院に送付されたのは一九九三年一一月一八日であった。しかし当初、参議院での審議のめどはたたなかった(13、五二頁)。参議院本会議で趣旨説明が行われたのは一一月二六日であった。そして、法案の付託された政治改革に関する特別委員会では一二月九日に趣旨説明が行われたまま審議は進まなかった。参議院での審議の遅れにいら立った連立与党の首脳部は、一一月二九日、政治改革推進本部を設置した。本部長は社会党書記長の久保亘参議院議員であった。しかし、その実態は、小沢一郎氏や市川雄一氏が参議院の運営に介入するための仕組みとなった。その会合は、社会党の参議院議員には命令を聞く場とうけとられ、以後参議院では、政治改革推進本部は〝ＧＨＱ〟と呼ばれた(26、一五二頁)。参議院の自民党も抵抗したが、〝一・一ライン〟はしだいに、参議院の審議をコントロールすることに成功するようになった。政治改革特委は一二月二四日に審議を再開し、一九九四年に入って一月五日から連日審議を行い、小沢、市川両氏は、議事推進の強硬路線での法案成立に自信をふかめた。しかし、それは一月中旬からゆらぎはじめ、けっきょく前述の参議院本会議での否決という事態となった。その日、参議院自民党の幹部は議員総会で、四法案の否決は〝反ファッショ〟の民主政治の勝利だと演説した。この場合のファッショとは〝一・一ライン〟のことである(26、二二六―八頁。また二三八―四〇頁参照)のはいうまでもない。

細川連立政権の下で、種々の意思決定システムの中で突出していたのが、社会、新生、公明、民社、さきがけの幹事長・書記長で構成された「与党代表者会議」であった。そしてそれをリードしたのが〝一・一ライン〟であった。市川氏も論理的に議論を展開したが、小沢氏の理路整然とした議論にはより一層の説得力があった(5、一〇月号、八八頁、16、三二頁、20、八三―四頁)。小沢氏は問題についてじっくり考え、いったん結論が出ると不退転の決意で実行するというタイプの政治家であった。小沢氏がいったん方針を決めるとそれに異を唱えるのはむずかしい(24、一三二頁)。小沢氏が自民党内にあった時にはその意見の通らないことは少なくなかった。しかし細川連立政権においては氏の意見はかんたんに通ってしまった。だがそこには民主政治における手続きという面で問題があった(27、一一七頁)。

その問題こそが、村山市が社会党の委員長として〝一・一ライン〟のやり方を見ていて、「民主主義を否定した権力支配の政治はとうていいっしょにやれない。まだ自民党のほうがましだ」(25、五二頁)という気持ちにさせてしまった理由であった。とりわけ国民福祉税騒動は〝一・一ライン〟に対する〝強権政治〟、〝密室政治〟という批判を著しく高めた。小沢氏の手法には、永田町の政治家にそのような印象をもたれたということだけでなく、マス・コミを通じて国民に説明しようとしないという点での問題もあった(11、四五―六頁、17、二六―七頁、19、一二四頁)。

村山連立政権は、そのような政治に対するアンチ・テーゼとして出発した。一九九四年六月三〇日、自民、社会、さきがけの三党による連立合意にあたって、政策課題と別に政権与党の運営について「新政権は、政策決定の民主性、公開性を確保し、政党間の民主的な討論を通じて、政策決定過程の透明度をより高め、国民にわかりやすい政治の実現に努める。……」(3の資料編より引用、一九二頁)と宣言した。細川連立政権においてみられたトップ・ダウン型の意思決定と対比すると、村山連立政権においてはボトム・アップ型の意思決定が基本とされた(28、七六―七、八三、八七―八頁)。

村山連立政権のそのような性格は、この政権の下で成立した政治改革関連諸法案の立法過程においても明らかであった。政治改革関係での村山内閣の第一の課題は、前述の選挙区確定審議会の勧告を受けて一〇月四日、衆議院に提出された区割り法案であった。この法案の主要な内容は、衆議院議員の三〇〇の小選挙区の区域を公職選挙法の別表として定めること、小選挙区比例代表並立制の導入を柱とした公職選挙法改正法の施行日を確定させることであった。そのことによってまた、政治資金規正法改正法と政党助成法の施行日も定まる。前者の内容は公正な第三者機関の勧告に基づくものであったから、国会においては与野党ともに個々の選挙区の区割りの適否について議論の対象とはしなかった(1、三五一―四頁)。一方、後者についても早期に成立させて、年内に施行することで与野党の間に暗黙の合意ができていた。つまり年を越してしまうと政党助成法の施行日も一九九六年一月一日となってしまう。各党ともその施行日を九五年一月一日として、九五年の分の総額三〇九億円の政党への助成金を確実にしたかった(3、一七二―三頁)。

また連立政権発足後、村山首相の腐敗防止策強化の指示を受けて、連立三党は全会一致を原則とする与党院内総務会、与党政治改革協議会でそのための案を検討した。その場で社会党は、国会議員が民間企業・業界と行政との関係をあっせんすることで政治献金を受けとることを禁止するように提案したが、三党の間で一致にいたらなかった。九月になると腐敗防止策として、連座制の適用される範囲を拡大するための案を優先することでまとまり、国会召集前に連立与党としての最終合意に達した。他方、国会が始まると野党側の統一会派「改革」も与党案とほぼ同じ内容の連座制強化案を提出し、両案の共同修正のための協議が一〇月下旬に四回にわたって行われ、合意に達した。選挙浄化を目的として、連座制の適用の範囲を選挙運動の主宰者、出納責任者、親族、秘書からさらに、後援会長、企業や労組の幹部などの「組織的選挙運動管理者等」にも拡大するものである。それは買収などの摘発を厳しくすること自体よりも、選挙制度改革に伴う、政治家の意識改革を促すことに主要な狙いがあった(3、一七五頁)。

これと同様の経過をたどって政党法人格付与法案に関する各党間の協議、国会での審議も順調に進んだ。自民党がもともと主張していた政党法には、社会党、公明党が反対であったが、今回の法案は公費の助成を受けることに限定して、政党に法人格を取得することを義務づけるものであった。社会党としても、政治活動を制限しようとするものではなく、届け出も中央選挙管理会であるので、問題はなかった(1、三六五頁、3、一七四―五頁)。こうして既述のように、三法案とも一一月二一日、参議院本会議で可決され、成立した。

コラム――議会政治の危機

一九二〇年代から三〇年代にかけて西ヨーロッパのデモクラシー諸国では、議会政治の危機ということが問題とされるようになった。それは男女普通・平等の選挙権がしだいに実現するようになり、また第一次世界大戦を契機として政府の機能が著しく拡大したことを背景として、一九世紀のイギリス議会を典型とするようなかつての議会政治の姿の現実性が変化したことを意味した。

その危機はまず第一に、行政や巨大化した社会集団との関係で、人々の生活に密接に関係する重要な問題が、議会の公開の場ではなく、人々の目にふれにくい極少数の幹部の会合で決められているのではないかという疑問としてあらわれた。そして第二に政党政治の発展とも関係して、議会で審議が行われている場合でも、そこでの発言は出席している議員に向けて審議のためになされているというよりも、新聞やラジオによる報道を意識して、議会の外に向けてなされているのではないかという、議会政治の審議の形骸化という疑問も生じるようになった。

さらに第三に、一九三〇年代になると世界恐慌の下、政策決定の専門性・政策内容の結果としての正しさと、しかもその緊急性という問題がさらにきびしく問われるようになった。またデモクラシー諸国の内部においても、議会制民主政治の仕組みのために必要な諸権利を行使して、左右の全体主義の諸勢力が台頭した。デモクラシー諸国の政府が緊急の事態に有効で迅速な対応をとれないような場合に、議会政治に対する選択肢として、左右の全体主義が魅力をもつというような事態が生じた。

しかしデモクラシー諸国の中でも、アメリカとスウェーデンはそのような困難に議会制民主政治が対応する能力をもっていることを実証し、イギリスも困難に耐えぬいて、第二次世界大戦に勝利したのはデモクラシー諸国であった。

第二次世界大戦後には、前述した議会政治の危機の第一の問題と第二の問題の原因となる事態はより一層深刻化していくのだが、米ソの冷戦構造の下、政治学界などの一部を別として、問題とされることは少なかった。

しかし第二次世界大戦後には、行政と巨大な社会集団や地方自治体のはざまで、議会と政治家がどのような役割を果たせるのかという問題は、とりわけ日本のような諸国においては、少なくない政治家の構造的な腐敗あるいは政治にカネがかかりすぎるという、議会政治の第四の危機として、悪い方向で深化し、政治不信が拡大した。この危機は、冷戦が終結した後の一九九〇年代に各国で問題となった。

引用・参考文献

(1)　田中宗孝『政治改革六年の道程』(ぎょうせい、一九九七年)。
(2)　渡辺嘉蔵『渡辺力三政治日記(中)―村山総理をつくった男―』(日本評論社、一九九八年)。
(3)　日本経済新聞社編『連立政権の研究』(日本経済新聞社、一九九四年)。
(4)　岡野加穂留「村山富市考―社会党首班論の落とし穴―」(『紫紺の歴程』明治大学大学史料委員会、一九九七年)。
(5)　平野貞夫「証言・政治改革への長い道程　正・続」(『中央公論』一九九四年九、一〇月号)。
(6)　前田和敬「日本の選挙制度改革―その経緯と課題―」(『選挙と国の基本政策の選択に関する研究』総合研究開発機構、一九九六年)。

（7）社団法人社会経済国民会議・政治問題特別委員会『議会政治への提言―戦後政治の功罪と議会政治の将来―』（社団法人社会経済国民会議・政治問題特別委員会、一九八八年）。

（8）保岡康治『思春期を迎えた日本の政治』（講談社、一九九〇年）。

（9）川人貞史「選挙制度と政党制―日本における五つの選挙制度の比較分析―」（『レヴァイアサン』二〇号、木鐸社、一九九七年）。

（10）岡野加穂留「選挙制度改革論―政治改革の基本的論理―」（『月刊論説会議』一九九〇年六月号、社団法人国民政治研究会）。

（11）富森叡児『凧は揚がらず―迷走する政治改革―』（朝日新聞社、一九九八年）。

（12）岡野加穂留『日本国にもの申す―絶えざる警戒こそ自由の代価―』（東洋経済新報社、一九九五年）。

（13）成田憲彦「『政治改革の過程』論の試み」（『レヴァイアサン』二〇号、木鐸社、一九九七年）。

（14）藤本一美『海部政権と「政治改革」』（龍渓書舎、一九九二年）。

（15）朝日新聞政治部『小沢一郎探険』（朝日新聞社、一九九一年）。

（16）井芹浩文・内田健三・蒲島郁夫ほか『日本政治は甦るか』（ＮＨＫ出版、一九九七年）。

（17）大嶽秀夫「政治改革をめざした二つの政治勢力―自民党若手改革派と小沢グループ―」（同編『政界再編の研究―新選挙制度による総選挙―』有斐閣、一九九七年）。

（18）小沢一郎『日本改造計画』（講談社、一九九三年）。

（19）内田健三「『小沢一郎』とは何だったのか」（『文藝春秋』一九九六年一二月号）。

（20）内田健三・早野透・曽根泰教『大政変』（東洋経済新報社、一九九四年）。

（21）岩見隆夫「政界再編を目論む金丸人脈」（『中央公論』一九九一年九月号）。

（22）小沢一郎「さらば自民党」（『現代』一九九三年八月号）。

（23）山岸章「小沢氏と練った『野党連立政権』」（『This is 読売』一九九五年五月号）。

（24）石原信雄『首相官邸の決断』（中央公論社、一九九七年）。

（25）村山富市〔辻元清美インタビュー〕『そうじゃのう……』（第三書館、一九九八年）。

（26）朝日新聞政治部『連立政権回り舞台』（朝日新聞社、一九九四年）。

(27) 梶山静六「政治には臆病さも必要だ」(『中央公論』一九九四年一一月号)。
(28) 中野実「政界再編期の立法過程―変化と連続―」(『レヴァイアサン』一八号、木鐸社、一九九六年)。
(29) 岡野加穂留『政治改革』(東洋経済新報社、一九九〇年)。
(30) 山口二郎『日本政治の課題―新・政治改革論―』(岩波書店、一九九七年)。
(31) 大嶽秀夫「政界再編と政策対立―新党による政策対立軸再構築の模索―」(『レヴァイアサン』臨時増刊、木鐸社、一九九八年)。

第八章　村山内閣と福祉政策
――被爆者援護法、水俣病問題の場合――

宮下　輝雄

一　はじめに

社会党・新党さきがけ・自民党による連立政権は、その誕生が社会党と新党さきがけがまとめた共同案を自民党が合意するという経緯で進められた。自民党にとってはそれまで野党に甘んじなければならなく、これ以上政権から遠ざかることは耐えがたい選択であったために、まずは政権に復帰することが先決問題であった。そこで多数与党であっても少数与党の社会党党首を総理に擁立することを選択したのである。このように自民党が法案作成過程において社会党に譲歩するという傾向は、村山政権における一つの特徴といえる。そのような形態によって村山総理は限界があったにしても、リーダーシップを発揮することができたのである。そもそも連立政権においては各党の主張に制約がともなうことは政策合意の結果や各党の勢力範囲からして必然であり、それがために一党による単独政権に現われがちな暴走的行き過ぎも防止できるのである。各党の抑制均衡関係は、連立政権がもつ長所といえる。

村山総理は一九九四年七月の最初の所信表明演説において「人にやさしい政治」を強調し、一年半の在任期間に成立させた主要な法律のいくつかは、どちらかといえばそれ以前の政権において先送りされてきた戦後処理や社会・福祉問題に関連するものが目立っている。たとえば、被爆者援護法の制定、元従軍慰安婦への償い、そして水俣病問題の和解などである。さらには、二〇〇〇年四月からスタートする介護保険法のために社会保障制度審議会（首相の諮問機関）が高齢化の進展によって増大する費用を公費に半額投入し、社会保険料で賄うべきだとする「社会保障体制の再構築に関する勧告」をまとめ提出したのは村山総理に対してであった。税制改革についても、福祉財源を考慮しながら対処している。これらは社会党の基本政策に近いもので、いずれも課題処理の結果は関係者の十分な満足を得ることはできなかったものの、一様の問題可決に至ったといってよい。このような村山政権の特徴は、久保亘社会党書記長が第一三〇回国会・参議院本会議で村山総理の所信表明演説に対する代表質問において、従軍慰安婦問題、被爆者援護法、および水俣病問題に言及しており、それら諸問題に対して村山総理が慎重にできるだけ「早期に問題解決のために懸命に努力する」と答弁していることからしても容易に理解できる。

本章においては、村山政権の福祉や人権に関する施策の中から被爆者援護法、水俣病問題についてそれら課題の大まかな内容と解決の過程を概説し、村山政権の政策決定過程の特色の一つを見出さんとするものである。取り上げる順序は、課題解決の順序にそって、まず被爆者援護法、そして水俣病問題の順で進める。

村山総理自身は次のように述べている。

「自民党単独政権では成しえなかった未処理の問題を、この政権で片をつけられるものについては解決していくことが、私に課せられた歴史的役割であり、任務だと思った。そのひとつが被爆者援護法の問題だ。

被爆者援護法は、広島、長崎の被爆者を中心に、核をなくそうという国民的な悲願もあって、制定が求められてきた。社会党が野党のとき、一九七四年以来、衆参両院で計一六回も法案を国会に提出してきたのだが、そのたびに自民党に反対され、廃案にされてきた経緯がある。それをなんとか結実させようと、与党三党にお願いをし、いろいろ議論していただいたり、広島、長崎の皆さんの意見も充分に聞いて制定した。国家補償を前提にしてほしいという強い要請に、一〇〇％

応えることはできなかったが、それなりのけじめと決着がつけられたのではないか。

水俣の問題も、未解決のまま四〇年近く放っておかれてきた。そのため、自分の人生を台無しにされてしまった方々がたくさんおられる。単に熊本という一地域の問題、新潟という一地域の問題としてとらえるのではなく、公害の防止と環境の保全というものを、日本国民全体が問い直す意味も込めて解決に当たった。これもまた一〇〇%満足のいくものではないが、なんとか決着をつけることができた」(1、七〇頁)。

二　被爆者援護法

1　被爆者援護法要請の論拠

一九四五年八月、広島と長崎に世界で最初の原爆が投下された。その惨状と「過ちは再び繰り返すまい」の訴えは、あれから今日に至るまで、さまざまな形態で訴えつづけられている。それは、マスコミ、写真、絵画、彫刻、映画、著書、遺品、式典、声明等により、被爆者団体、支援団体、知識人、政党、行政などの広範囲な支持層を通じて世界中で展開されている。

原爆被害の惨状の特性は、生涯にわたり、いな世帯を超えることにある。被爆者団体の訴えの中心は、「人間として死ぬことも、人間として生きることも許されない」ことにある。被爆者であるために日々、死の恐怖にさらされて生きなければならない。生きる希望を失い、絶望感にかられながら生きている。こんな悲惨な被害が他にあるであろうか。原爆による被爆者や死亡者数は、たしかな数字は不明であるが、被爆人口は広島で三四万三〇〇〇人〜三五万三〇〇〇人、長崎で二七万人前後であり、一九四五年末までの死亡者は広島で一四万人前後であり、長崎で七万人ほどになる、と推定されている。

被爆者のうけた被害は、身体的、経済的、社会的、そして精神的な側面などがからみあう深刻なものである。それは、一般の戦争災害とは異なる特別なものである。それがために政府は、社会保障的なものに留まることなく、国家補償の精神にかなう償いとお詫びをすべきであるといわれてきた。被爆者たちが社会保障的といっているものとは、健康診断、医療費補助などについての一九五七年に制定された原爆医療法と一九六八年に制定された医療特別手当、原子爆弾小頭症手当、健康管理手当、保健手当、介護手当、葬祭料などについての被爆者特別措置法のことである。いわゆる原爆二法のことである。この原爆二法だけでは被爆者対策としては不十分であり、人道的にも許されないので国家補償の精神に鑑み新たに被爆者援護法を制定せよというのが被爆者団体の論拠であった。しかし、村山連立政権の与党内でも、とりわけ社会党と自民党との間で、最後まで調整できなかった点は、この国家補償を加えるかどうかということに関してであった。社会党の主張は、おおむね被爆者団体の主張と同等の内容であって、まず被爆者援護法を先に制定し、その後に一般戦災者に対する施策を講ずればよいというものであった。それに対して自民党は、被爆者と一般戦災者とを区別をすることは事実上できないので、せいぜい原爆二法の改革に留めるべきであるというものであった。自民党の考えの基本にあるものは、厚生大臣の私的諮問機関である原爆被爆者対策基本問題懇談会(基本懇)が一九八〇年にまとめた報告書の答申にあった。それは「放射線による健康被害は、一般の戦争災害とは一線を画すべき特別の犠牲であり、広い意味の国家補償の見地に立って対策を講じるべきだ」ということを基本理念にはするが、しかし国家補償の意味については「戦争に関して国の不法行為責任を肯認し、賠償責任を認めるという趣旨ではない」と補足している。さらにそれは、「人間の想像を絶した地獄を再現した」としながらも、原爆投下は「戦争終結への直接的契機ともなった」としその被害は、「国をあげての戦争による『一般の犠牲』としてすべての国民がひとしく受忍しなければならない」として被爆者も原爆の被害を受忍しなければならないというものであった。

被爆者たちを刺激している他の要因は、一九五二年四月二八日にサンフランシスコ講和条約が発効し、それをうけて同年四月三〇日に戦傷病者戦没者遺族等援護法が公布され、軍人、軍属やその遺族などは国家補償の精神による援護の手がさしのべられたものの、大方の被爆者はこの法律の適用外となり、置き去りにされた。諸外国では、国のおこした戦争により国民に特別な犠牲が生じたときには、国はその結果に責任をとって被害者にその補償をするという考え方が確立しているというのにである。被爆者関連の裁判においても、判決は国家補償の精神をにじませている。東京地裁判決(一九六三年一二月七日)は「戦争災害に対しては当然に、結果責任にもとづく国家補償の問題が生ずるであろう」との判断を示している。不法入国者への被爆者手帳公布をめぐる「孫振斗訴訟」の最高裁判決(一九七八年三月)では「原爆医療法は実質的に国家補償的配慮が制度の根底にある」と判断している。

被爆者たちが求める国家補償の内容は、次の四つにまとめることができる。すなわち、①ふたたび被爆者をつくらないとの決意をこめ原爆被害に対する国家補償をおこなう。②原爆死没者の遺族に弔慰金と遺族年金を支給する。③被爆者の健康管理・治療・療養をすべて国の責任でおこなう。④被爆者全員に被爆者年金を支給する、障害をもつものには加算する。この内容は、国家補償が中心にあるにしても、原爆二法をより充実させ、それに遺族年金と被爆者年金を加えたものといえる。社会党や旧連立与党プロジェクトチームが一九九四年七月末にまとめた大綱もほぼこれに類似した内容である。

2　被爆者援護法の成立過程

被爆者援護法の内容が挫折的なものとなって成立した理由は、その成立過程を取り囲む複雑な状況にあった。社会党は、国家補償の精神を大綱の基本理念にしていた。一方自民党は、社会党の主張が戦争責任を前提にしており認められないばかりではなく、被爆者への国家補償を認めれば、一般戦災者など他の戦後補償問題にも波及する、と懸念していた。当然両者の調整は、不可能と思われる情勢であった。旧連立与党のプロジェクトチームは、社会党案をたたき台にした法案大綱をまとめていた。社会党が議員立法に踏み切れば成立の可能性はあったが、しかし連立を組む自民党が反対しており、社会党と旧与党で成立させたとなれば、政権に傷が入りかねなかった。国家補償に触れず、原爆二法を充実させるという方法をとれば、被爆者団体の反発はまぬがれなかった。これらの条件をすべて満たす法案は、おそらく存在しないであろう。このような複雑な状況のために村山総理は、苦しい立場に立たされた。しかし、広島や長崎で被爆者たちの切々たる訴えに接した村山総理は、原爆二法だけでは不十分である、「被爆者援護法は単に被爆者だけの問題ではなく、非核を進める上で大切だ」、という認識に達するようになった(2、一九九四年八月九日)。この見解に沿うような内容で被爆者援護法は制定に向かうことになった。

これが被爆者援護法成立過程の概要である。この過程をもう少し詳しく見てみよう。自民党の一党優位体制のもとでは、野党の執拗な努力にもかかわらず法案成立の可能性は見えてこなかった。まず一九七三年四月に日本原水爆被害者団体協議会(被団協)が原爆被害者援護法案のための要求骨子をまとめた。一九七四年三月には社公民共が衆議院に被爆者援護法案を提出するが審議未了で、廃案になった。それ以後一九八九年五月までに衆参両院に計一四回法案が提出され、いずれも審議未了、廃案あるいは撤回となった。また、参議院で自民党が過半数割れしていた一九八九年一二月に被爆者援護法は参議院で可決された。しかし衆議院では廃案となった。一九九二年四月に参議院で法案は可決されるが、一九九三年六月に衆議院解散のため審議未了、廃案となった。

一九九四年六月三〇日に社会党党首を総理とする村山政権が誕生し、被爆者団体は被爆者援護法の成立に大いなる期待をよせた。しかし、これまでの経緯を知る村山総理は、同法案の成立に関して慎重であった。村山総理は、最初の所信表明演説に対する社会党の久保亘書記長の質問に対して次のように答弁している。

「被爆者対策といたしましては、放射能による健康被害という一般戦災者とは異なる特別の犠牲に着目して、原爆二法を中心に保健、医療、福祉の各般の施策を講じているところでございます。

被爆者の方々の状況についての久保議員のご指摘はまことに胸に響くものがございますが、国家補償を行うことにつきましては、一般戦災者との均衡など基本的な問題もございまして、今後、与党内で慎重に検討してまいる必要があるかと考えているところでございます」(第百三十回国会　参議院会議録第三号、平成六年七月二十二日)。

村山総理のこのような認識は、同年八月六日の広島平和記念式典での挨拶や期待をもった被爆者たちとの懇談会でもほとんど変わっていない。これまで実情に即した対策を実施してきたし、今後の対策については与党で議論している最中なのでそれを見守りたいということに留まっていた。他方、原水爆禁止日本国民会議(原水協)は、「ヒロシマアピール」を採択した。アピールは原爆投下を「国際法に違反するのはもちろん、人体実験であった」と明確に規定し、国家補償の精神に基づく被爆者援護法の制定を要求した。また原水爆禁止日本協議会(原水協)は、「核兵器の完全撤廃」などを求める「広島アピール」を採択した。

同年八月九日の長崎での原爆犠牲者慰霊平和記念式典に臨んだ村山総理には、心境の変化を感じる。国家補償までには及んではいないものの、被爆者援護法は被爆者だけの問題ではなく非核を進める上でも大切であり、「悲惨な当時の状況や被爆者の心情を考えると胸が痛む思いがする」、原爆二法ではその対策として不十分である、と記者団に語っている。そのような心境の変化は、同年八月二八日のシンガポールでの記者団の質問の答えの中に明確に現われている。「広島、長崎を訪ねて被爆者らのいろいろな話を聞き、このままじゃすまないという気持ちを持った。与党などではこれを十分受け止めて議論してもらっている」、と援護策強化への強い意欲を示している。援護策の内容の志向性は、国家補償については見送る方向であるものの、「非核の精神」を盛り込んだ援護のための新法案を作り臨時国会に提出するというものであった。被爆者団体や社会党からは反発の声があがった。しかし、取り囲まれる状況からして制限されたものであっても、よりましな援護策という観点からすればそこに村山総理のリーダーシップを汲み取ることができる。

これより数日前の同年八月二二日の夜に村山総理は、首相公邸で、自民党の河野洋平副総理・外相、新党さきがけの武村正義蔵相の与党三党首、および自民党の森喜朗幹事長、社会党の久保亘書記長、新党さきがけの鳩山由紀夫代表幹事、五十嵐広三官房長官らと夕食をともにしながら、当面の政権・政局運営をめぐって意見を交換した。この会談の中で、被爆者援護法の制定について与党間調整を急ぎ、できれば九月末に召集予定の臨時国会で決着をめざすべきだとの認識で一致したという。自民党と社会党の主張の間には依然として隔たりはあったものの、調整を急ぎ決着をめざすべきであるということで両党が一致したのは、政局の動向のありようが強くはたらいていたためと思われる。つまり、臨時国会において野党が社会党に近い被爆者援護法案を提出し、自民党と社会党の分断戦術にでることは状況からして十分に予想されたのである。

政府は同年一一月二日午前、被爆者援護法制定についての調整案を与党側に提示した。詳しくは五十嵐広三官房長官が連立与党の戦後五〇年問題プロジェクトチーム(座長・上原康助社会党副委員長)の各党代表らによる会合に出席してこの調整案を示し、各党は政府の調整案を検討し、午後六時に再開するというものであった。政府案は支給対象については、社会党の主張に大筋で沿った内容であり、党内には一部には異論もあったが大勢は受け入れに柔軟であった。理念の議論を深めることなく、政策論、援護措置に重点をおいたからである。自民党は社会党への配慮から「国の責任」で援護対策を行うという党内ではぎりぎりの妥協線まで歩みよった。しかし、即死者に対する「弔慰金」については、一般戦災者や国外の戦後問題にまで波及しかねないとして新党さきがけとともに難色を示した。最後に両党は理念の違いを残しながらも、連立の枠組みを維持するためにはしかたないということで合意に至った。村山総理は政府の調整案に与党が合意したことで記者団の質問に対して、考えられる最善の案だとして、次のように語っている。「いろんな角度から検討してもらって出した案だし、今考えられる最善の案だ。今やらないとできないことだから。そりゃあ不満はあるだろうけれど、いい案をまとめてくれたということでしょう」(2、一九九四年一一月三日)。

政府案は、前文で核兵器の廃絶や被爆者の特殊性について述べている。「……原爆という比類のない破壊兵器は一命を取り止めた被爆者にも生涯消えることのない傷跡と後遺症を残し不安の中での生活をもたらした。……二度と惨禍が繰り返されないようにとの固い決意の下、世界唯一の被爆国として核兵器の究極的廃絶、世界恒久平和の確立を全世界に訴え続けてきた。……国の責任において原爆投下の結果として生じた他の戦争被害とは異なる原爆放射能による健康被害という特殊の被害にかんがみ……この法律を制定する」。法案の骨子は、死亡した被爆者の遺族への特別葬祭給付金を、一九四五年の原爆投下時の即死者にまでさかのぼって一人十万円相当の国債で支給する。他方、一般戦災者に波及しない措置を講じ、支給対象者を、①原爆投下から一九六九年の葬祭料創設以前に死亡した被爆者の遺族、②支給対象者自身も被爆者手帳を持つ被爆者であること、と限定した。このほか、慰霊施設を設置するなど、原爆戦没者全体に弔意を表する事業を行う、とした。

被爆者援護法案は、一一月二二日に閣議決定され、同日中に国会に提出された。井出正一厚相は閣議後の記者会見で、同法案を会期中に成立させるのは日程的にきびしいが、早く成立させてほしいと語った。同法案は、一一月二五日に衆議院本会議で趣旨説明と質疑がおこなわれ審議入りした。法案は、政府からと野党統一会派「改革」の双方から提出された。同日午後から衆議院厚生委員会での質疑もはじまった。また、同法案を巡り、一一月三〇日には広島と長崎の両市で同時に公聴会が開かれた。被爆者ら陳述者は、広島市が四人、長崎市が五人の計九人であって、「国家補償」の四文字を明記しない政府案に反発し法案の修正を求めた。衆議院厚生員会は一二月一日、野党統一会派「改革」提出の法案と共産党が同日提出した政府修正案は、いずれも賛成少数で否決し、国の責任で総合的援護対策をとるとする政府案を自民、社会、新党さきがけの与党三党と共産党の賛成多数で可決した。衆議院本会議は、一二月二日同法案を採決し、自民、社会、新党さきがけの与党三党と共産党などの賛成多数で可決された。参議院本会議は、一二月九日同法案を採決し、自民、社会の連立与党と共産党などの賛成多数で可決、成立した。

3　被爆者援護法成立後の諸反応

被爆者援護法の成立過程は、複雑かつ特異な過程をたどったので、成立の過程においても、また成立後においても、割切れない様々な批判的見解が提出された。まず被爆者団体は、国の戦争責任に基づいた「国家補償」の精神を盛り込んだ内容の法の制定を要求した。

同法は原爆二法を一本化して、援護措置が拡充されたことは認められるにしても、被爆者が強く求めた国家の責任における国家補償の明文化がなされなかったことはもとより、他に様々な矛盾点を含んでいるということが主張された。たとえば前文の「我らは……核兵器の究極的廃絶……を全世界に訴え続けてきた」と述べている。しかし、「我ら」が訴え続けてきたのは、核兵器の「究極的」廃絶ではなくして、廃絶そのものである。「究極的」廃絶ということは、当分核兵器の存在を認める立場であり被爆者の願いに反するというのである。このような問題点を有する被爆者援護法は、その名に値しないとした。被爆者援護法を要求する側の課題としては、長年にわたって広範な盛り上がりを見せたにもかかわらず、期待した法律が制定されなかったことに対する反省点として、一般戦災者の救済法がまだ制定されていないことが被爆者援護法の制定に大きな障害になった。一般戦災者と被爆者は同じ戦争被害者なのであるから、原爆投下は国際法に違反するものであり、被爆者の置かれた状況は特別なものであっても、そこには何らかの共通点も存在するであろう。したがって被爆者が要求する被爆者援護法を制定するためには、どうしても一般戦災者救済法が求められるのである。この点に対する認識の不十分さと運動不足が、結果として期待できるような被爆者援護法を制定できなかった重要な原因の一つであろう。被爆者援護法において被爆者に対する政府の責任が明確になったとしても、一般戦災者の責任問題は依然として未解決のままとなる。

同法は一九九五年六月一二日に公布され、同年七月一日に施行された。一〇万円の特別葬祭給付金の受付けが開始され、初日は土曜日で閉庁であった広島、長崎の両市において、ともに受付けが始まる前の早朝からそれぞれ一〇〇人以上が列をつくり、遺族たちの関心は高かったことを示した。被爆者たちが訴え続けた「国家補償」が同法に盛り込まれなかったことを理由に給付金を申請しない人もいたという。他方、この被爆者援護法を広い意味の国家補償と捉える理解もある。原爆被害という「特殊の戦争被害について戦争遂行主体であった国が自らの責任により救済をはかるという一面をも有するものであり、その点では実質的に国家補償的配慮が制度の根底にあることは、これを否定することができない」という一九七八年の最高裁判決に依拠し、被爆者援護法の前文でいう「国の責任」とは「国家補償的配慮」「国家補償の趣旨」をいうと解するのである。このような理解に基づいて、被爆者援護法の今後の課題は、国家補償的配慮・国家補償の趣旨をより具体化し、その内容を拡充しようというものである。

三　水俣病問題

1　水俣病問題の概要

一九五六年の水俣病公式発見から、一九九五年の村山政権による水俣病問題の政治解決までには、実に四〇年近い歳月を要した。その間の水俣病問題を巡る様々な動向は、広範で複雑かつ至難な道程であった。水俣病が公式に発見されてから後もその原因物質について諸説が主張された。一九五九年に熊本大学やマスコミによって有機水銀が原因であると発表されても、加害企業のチッソはそれに強く反論した。そればかりかその間、漁民などからの排水規制、湾内の漁獲禁止の申し入れにもかかわらず、政府、県当局そしてチッソも適切な対応をとらなかったために、被害が拡大し患者が続出するに至った。それがために、一九六五年には新潟の昭和電工の排水による第二の水俣病患者が発生することになった。原因物質が明らかになりながら、水俣病が公害病であるということが認められながら、政府が水俣病に関する公式見解を発表したのは一九六八年になってからであった。そのときチッソは、千葉県に工場を移転し、有機水銀を触媒としない製法に転換していた。当時の日本は、高度経済成長の潮流の渦のまっただ中にあり、企業も国も生産第一主義で、公害やそれによる人命の救済や人権の尊重には極めて冷淡であった。

たまりかねた被害者たちは、初めは加害企業の責任を問う裁判に訴えた。一九七一年の昭和電工に対する新潟地裁水俣病判決は原告勝訴となり、企業側は控訴しなかった。また一九七三年のチッソに対する熊本地裁水俣病判決(第一次訴訟)でも原告勝訴となり、企業側は控訴しなかったため、その責任が確定した。一九七五年に水俣病患者らはチッソ歴代幹部を殺人・傷害罪で告訴した。一九七六年に熊本地検は、チッソ元社長と元工場長を業務上過失致死傷罪で起訴し、一九七九年にチッソ元社長らは有罪判決を宣告されて、一九八八年にチッソ元社長らの有罪が確定した。県や国の責任を問う裁判においては、国に責任があるとするものは三判決(熊本地裁二件、京都地裁)であり、国には責任が問えないとするものが三判決(東京地裁、新潟地裁、大阪地裁)であった。裁判の過程において関係を持った各裁判所は和解の勧告をし、チッソ、熊本県は和解に応じたにもかかわず、国はそれを拒否しつづけたばかりか、一九九〇年には福岡高裁において国が欠席のまま和解協議が開始された。国の拒否の理由は、国には法律上規制権限もなく、その不行使によって水俣病が発生し、被害が拡大したとはいえないというものであった。このように水俣病の発生や被害の拡大に関する責任を問題にすることを、水俣病問題において「責任論」といっている。これに対して水俣病であると認定できるかどうを問題にするものを「病像論」といっている。「病像論」において水俣病であるかどうかの判断基準は、認定にあたって極めて重要な条件であった。

環境庁はこの判断基準について、一九七一(昭和四六)年の段階においては有機水銀の影響が否定できない何らかの症候が認められる場合は水俣病といえるという比較的ゆるい環境庁次官通知で認定を行っていた。いわゆる「昭和四六年判断基準」である。しかし、その判断基準による認定患者数の増大とオイル・ショックにともなう環境行政の後退によって、環境庁は一九七七(昭和五二)年に「昭和四六年判断基準」を変更して環境保健部長通知を、一九七八年に同次官通知を出し、それによって認定を行うことにした。いわゆる「昭和五二年判断基準」である。それは水俣病の様々な症候の組合せを満たす患者を水俣病と認定するというものであった。その結果、多くの認定申請者が認定を棄却されることになり、患者切捨てとして強く反発された。

この判断基準の経緯については後に再度言及するが、自民党や政府は、このような事態をどのように考えていたのであろうか。有機水銀に冒され苦しみながら死んでいった多くの患者と現に悲痛な苦しみにあえぐ患者が存在していることを知りながら、裁判によって企業の責任者が有罪になったことを知りながら、県や国の責任を問う判決が分かれていたとはいえ責任ありとする三つの判決があったということを知りながら、さらには関係裁判所からの和解勧告を示されながら、行政においてもいくつもの政権においても根本的解決にのりだそうとしなかったのはなぜであろうか。まさに絶句するばかりである。四〇年に及ばんとする水俣病問題の時期と五五年体制の自民党単独政権の時期とは、年代的にほぼ符合する。水俣病問題の解決のありようの中に行政、自民党単独政権のありようを解く鍵が見出されるかもしれない。それはおそらく解決しなければならない課題に直面しながらも、何らかの口実によって目先の利害を優先し、課題解決をあいまいにしたまま先送りし、事態の成り行きが予測できるようになってから表面的体裁をつくろい責任を回避する、と要約できよう。

水俣病問題がゆきづまり状態になっていた一九九四年に、社会党委員長を総理とする村山連立内閣が誕生した。村山総理が水俣病問題の解決に意欲を示していたことは、総理就任の最初の所信表明に現われている。村山総理は、一九九四年八月に水俣病問題は「抜本的な解決の時期にきている」との認識を示した。与党三党のなかで水俣病問題の解決に最も熱意をもって取り組んだのは社会党であった。久保亘社会党書記長、与党水俣病問題対策会議の矢田部理座長、社会党水俣病対策特別委員長の田中昭一らは終始リーダーシップを発揮した。当初、水俣病問題の解決に否定的であった自民党も徐々に柔軟姿勢を示し、一九九五年四月に与党三党によるはじめての合意点が中間報告としてまとめられた。同年一二月に水俣病問題についての当事者間の合意に到達した。国としては村山総理の謝罪がなされ、長かった水俣病問題の解決が一部に不満な者を残しながらも終結に至った。

2　水俣病の発生と原因の究明

水俣病は熊本県水俣市にあるチッソ(一九六五年以前は新日本窒素肥料)株式会社が生産するアセトアルデヒドの精製工程で加えられる触媒水銀が排水とともに流出し、その有害物質を餌にした魚介類を介して発病する神経疾患である。水俣病の場合も公害病に共通な特徴として、初期の段階においてはその原因や因果関係の究明には関係者の利害関係が絡んで難行した。

水俣病が公式に発見されたのは、一九五六年五月であり、チッソ付属病院の小児科に特異な神経疾患の姉妹が入院し、それに類似した前例患者もいたことに衝撃をうけた病院長が保健所にとどけたことによる。保健所長が患者の症候について母親から聞いた話の一部は、次のごとくである。「今年一月頃から家や近所の猫がつぎつぎとけいれんを起こして死んでいった。猫は発病して十日くらいすると火の中、水の中に入ったり海にとびこんだりして死ぬ。もう五、六匹は死んだ。近くの米盛さんの六歳の男の子は、去年七月から小児マヒといわれ、今は両手が曲がったまま動かない。……近所の川上千代吉さんは、おととしから手も足も口もきかなくなって発狂し、今は熊本の精神病院に入院している」(3)。まさに凄惨な症候である。この奇病は当初、伝染病であるといわれ、患者は隔離されその家族は迫害や差別をうけた。

水俣病の場合、工場内の人も含めてはやくからチッソの排水が原因ではないかと推測されていたし、熊本大学研究班の調査によれば患者は水俣湾を漁場とする人びとに多く、家族や親戚に集中する傾向があった。チッソ附属病院の細川病院長も工場排水に疑いをもっていたし、厚生省の研究班も同様の結論に達していた。しかし、被害を長引かせ拡大させた最大の要因は、工場排水が水俣病の原因であると疑いながらも、その疑いが科学的に解明されないからといって排水を流し続けたことにある。一九五七年に熊本県が食品衛生法を適用して、水俣湾の漁獲を禁止しようとした。だが厚生省は難色を示し、概略次のように回答している。「水俣湾の魚介類の摂食は原因不明の中枢性精神疾患を発生するおそれがあるから摂食しないように指導されたい、しかし水俣湾の魚介類のすべてが有毒化しているという明らかな根拠が認められないので、水俣湾で漁獲された魚介類のすべてに対して食品衛生法（第四条第二号・健康に無害であることの確証のない新食品の販売の禁止）を適用することはできないものと考える」。つまり、行政は事態を承知し、それを疑いながらもあいまいな指導を続け、生産を促す姿勢でチッソと関わりをもとうとした。

熊本大学研究班は一九五九年になって、それまでマンガンなどが水俣病の原因物質であると主張してきたのを変更して、有機水銀説をとなえた。それに対してチッソは様々な理由を述べて反論したり、漁民との対立抗争などを引き起すことになった。厚生省食品衛生調査会の水俣食中毒部会は、工場排水との関連は不明としながらも、水俣病の原因は有機水銀であるとの答申を出した。それに対して池田勇人通産大臣は、閣議で「原因を有機水銀とするのは時期尚早」と発言し、水俣食中毒部会は解散されてしまった。

一九六二年のほぼ同じ頃に、熊本大学研究班とチッソ研究班とが水俣病の原因物質が有機水銀であることを科学的に突きとめた。チッソ研究班の研究結果は社内に留められてしまったものの、熊本大学研究班の研究結果は一九六三年になってマスコミによって報道された。しかし、原因物質解明の結果はその後に生かされることなく、一九六五年に第二の水俣病、つまり新潟水俣病を発生させることになってしまった。

3　水俣病患者に対する行政の対応と裁判

水俣病問題の解決を長引かせたのは、原因物質の解明に手まどったのに加えて、チッソの対応が不当であったこと、また行政の対応が怠慢かつ不適切であったことにある。行政のチッソとの癒着的関係、適切な施策の不履行、責任回避は官僚体質の本質をとことん見せつけるものであった。患者たちを苦しめ憤慨させたのは、水俣病であるかないかを判定する認定制度にあった。水俣病の原因がチッソの排水が含む有機水銀に冒された魚介類を摂取したことにあるならば、患者によってその症候が様々であることは極めて当然なことである。このしごくあたりまえな水俣病の症候に一定の枠をはめることは不合理である。行政不服審査請求をしたり裁判に訴えたのは、主としてこの認定を棄却された未認定患者であった。

一九六九年二月、厚生省は白紙委任を条件に「水俣病補償処理委員会」を発足させるが、その委員会の斡旋を受け入れるという派とチッソとの自主交渉を主張する派とに患者団体は分裂した。ついに自主交渉派は同年六月、患者二九世帯一一二人をもってチッソを相手に損害賠償訴訟(熊本水俣病第一次訴訟)を起こすことになり、一九七三年三月に原告勝訴判決を勝ち取った。それ以後認定申請者が急増した。

一九七〇年二月、「公害に係る健康被害の救済に関する特別措置法」にもとづく「公害被害認定審査会」によって認定を棄却された川本輝夫ら九人は厚生省に行政不服審査を請求した。一九七一(昭和四六)年八月、厚生省から行政不服審査を引き継いだ環境庁は、川本輝夫らの棄却処分を取り消すという裁決をした。いわゆる「昭和四六年次官通知」である。それは、有機水銀の影響が否定できない場合は水俣病とみなすという幅広い認定基準であった。熊本水俣病第一次訴訟で勝訴した患者集団は、この認定基準にもとづいて被告企業チッソとの間で補償協定書を締結した。したがってこの認定基準は、水俣病の補償に一般的なものと考えられた。ところが一九七七年、環境庁はこの認定基準を大幅に改悪し、「後天性水俣病の判断条件について」(昭和五二年判断基準)を発表した。その内容は水俣病を様々な症候の組合せとして捉えるもので、結果として認定申請者の多くが認定を棄却されることになった。そこで追い詰められた未認定患者らは、再三にわたって裁判に訴えるしか自らの人権や生活をまもることができなくなかったのである。

一九九〇年九月、東京地裁は判決に先立って、原告被告双方に和解勧告をした。司法のこのような勧告は、各裁判所に波及し、一〇月には熊本地裁、福岡高裁、福岡地裁が、一一月には京都地裁がいずれも和解勧告をするに至った。被告熊本県とチッソは、勧告を受け入れたが、しかし国のみは勧告を拒否した。国に対する世論の批判が集中するなかで、ようやく環境庁は、一九九一年二月、中央公害審議会に未認定患者の総合的な救済対策についての検討を諮問した。同年一一月に同審議会は、「今後の水俣病対策のあり方について」を答申した。答申の内容は、有機水銀に汚染された四肢末端の感覚障害が広範囲に認められるとし、環境行政において積極的に対処することを求めた。具体的な施策としては、医療費、療養手当てを支給する総合対策医療事業を新たに講ずべきであると述べた。

4　水俣病問題の政治解決

村山内閣は戦後日本の未解決の問題の一つとして水俣病問題の政治解決に意欲を示した。内閣発足後、最初に水俣病問題の政治解決のために行動を起こしたのはおそらく村山総理であっただろう。村山総理は、一九九四年八月二日に首相官邸で吉井正澄・水俣市長や自社両党議員と水俣病問題について会談し、「抜本的解決の時期にきている」との認識を示した。

与党の水俣病問題の政治解決のための動向の概略を見てみよう。与党三党は一九九四年九月二一日、水俣病問題について初めて非公式会談を開いた。当初自民党の見解は、国の法的責任があいまいな現状では和解に応じることはできない、上級審の最初の判断である福岡高裁の判決を待つべきである、三権分立の上からも政治は介入すべきではないという認識を示していた。社会党の久保亘書記長は、一一月二八日の与党責任者会議で水俣病問題を今国会中に解決できるようにと精力的な努力を求めた。与党の政策調整会議と環境調整会議は、一二月一六日に合同会議を開き、環境調整会議において水俣病の未認定者救済のための解決策案を作り、与党としての結論を出すことを確認した。与党の環境調整会議は、一九九五年一月二六日に衆議院会館で熊本県内の水俣病患者団体から、未解決の未認定患者救済について意見を聞いた。一方患者団体は、和解による解決を望んでいた。与党の水俣病問題対策会議は三月九日に訴訟の和解を含む話合いによる早期かつ全面的解決を目指すという基本認識で一致した。自民党が柔軟姿勢に転じて社会党に歩みよりを見せたといえるが、しかし和解を拒否する国を含む全当事者の合意が前提であるとした。与党の水俣病問題対策会議は、三月一四日に熊本、新潟、関西などの患者団体を個別に訪ねて解決案の意見調整を始めることを決めた。与党は、三月三〇日に水俣問題対策会議(座長・矢田部理参議員＝社会)を開き、政治解決へ向けて救済対象者や国の責任について踏み込んだ内容の座長見解をまとめた。

おおむね以上のような経緯をたどり、四月二八日に与党三党の水俣病問題対策会議は、和解を含む話合いによる全面解決を図ることという基本姿勢で合意し、五月九日に与党の政策調整会議と院内総務会に正式に報告した。宮下創平環境庁長官は、六月一六日の閣議後の会談で未認定患者の認定にあたって患者側提出の民間医師の診断書も採用するという姿勢を示し、自民党も一六日までに民間医師の診断書を認めることを決めた。自民党が歩みよったのは、早期解決のためにはこれ以上の入口での議論を避けるべきだと判断したためである。

与党の中間報告を基礎に六月二一日に与党政策調整会議の三座長と水俣病問題対策会議の三座長とが協議し合意に至った。それは翌六月二二日、総理官邸で総理、官房長官、環境庁長官に報告された。この合意により、水俣病問題の政治解決の枠組みが固まった。与党三党合意の概要は次のごとくであった。

①解決の基本姿勢

和解を含む話合いにより、早期に最終的かつ全面的に解決し、関係者が納得するものとする。

②国・県の責任

国家賠償法上の責任論での解決は困難であるが、国・県は遺憾の意など何らかの責任ある態度を表明する。

③救済対象者

ア、一定の疫学的条件があり、四肢末梢優位の感覚があると認められた者。

イ、救済者の範囲は、すでに総合対策医療事業の適用を受けている者と今後総合対策医療事業の判定検討会において救済をうけるべきであるとされた者。

なお、判定検討会には自己の診断書も使用して総合して判断する。

④救済の内容

ア、紛争解決のため可能な限り患者らの要求を考慮し原因企業を主体に、国・県が協力して解決を図る。

イ、救済内容は一時金・医療手当・医療費とする。

ウ、一時金は原因者負担の原則にのっとり原因企業が負担するが、国・県はその支払いが確実に遂行されるよう支援策について適切な施策を講じる。

エ、一時金のランクづけと金額の確定は、司法の和解協議の場および自主交渉の場にて双方の診断書により行う。

オ、一時金の額の確定は、地域住民や国民も納得できるものとし、司法の判断を参考として関係当事者間の調整を図る。

カ、総合対策医療事業費は継続を基本とし、その具体的内容については今後検討する。

⑤地域保健福祉対策および地域振興

ア、総合対策医療事業の判定検討会で公的資料により四肢末梢優位の感覚障害以外の精神症状を有すると認められた者のため、保健福祉対策の一環として配慮する。

イ、水俣病発生地域の特性を生かし、教育機能の充実、インフラ整備について配慮する。

その後の当事者間の合意形成を受けて、一九九五年一二月一五日、政府は関係閣僚会議での申合わせ、閣僚了解・閣議決定の手続きを経て、水俣病解決案とその解決にあたっての内閣総理大臣談話を決定し、発表した。総理談話の内容は、「苦しみと無念の思いの中で亡くなられた方々に深い哀悼の念をささげますとともに、多年にわたり筆舌に尽くしがたい苦悩を強いられてこられた多くの方々の癒しがたい心情を思うとき、誠に申し訳ないという気持ちで一杯であります」と被害者への謝罪をし、「水俣病問題の発生から、今日までを振り返る時、政府としてはその時々においてできうる限りの努力をしてきたと考えますが、新潟での第二の水俣病の発生を含め、水俣病の原因の確定や企業に対する的確な対応をするまでに、結果として、長期間を要したことについて率直に反省しなければならないと思います」と行政の対応が遅れたことへ反省をし、「このような悲惨な公害は、決して再び繰り返されてはならないとの決意を新たにしているものであります」という決意の表明を行った。この総理談話は、チッソとの直接交渉を目指した一部の患者団体からは批判されたが、チッソと闘った多くの患者団体からは評価された。

四　おわりに

以上概説してきたように、被爆者援護法の制定と水俣病問題の解決は、いずれも困難にしてかつ長い年月を要した課題であった。いずれも戦後自民党の単独政権のもとでは、未解決のままに取り残されていた課題であり、村山政権が解決に積極的に取り組んだ課題である。それらは社会党としては政権に加わる以前からひたすら取り組んできた党是ともいうべき課題であった。したがって、それらの課題がもつ重要性や問題点についての理解は深かった。社会党の党首が総理であったことは、課題解決に重要な利点をもたらしたことはいうまでもないが、社会党の潜在的に蓄積された知識や運動が政権に参加してからリーダーシップを発揮し得た要因であろう。また、被爆者援護法も水俣病問題もどちらかといえば国内問題であったことが成果につながっていよう。対外的関係をもつ問題であったならば、東西の冷戦構造の緊張が緩和していたものの事態はもっと困難を極めたであろう。たとえば元従軍慰安婦問題の場合は、関係者の真摯な努力にもかかわらず、あまり効果を発揮することができないでいる。

被爆者援護法と水俣病問題とに対する社会党の対応を比較してみると、社会党は両課題に政権参加以前から取り組んできたということでは同じである。また、両課題とも政治的に解決されたという点で、また自民党が社会党に歩み寄ったという点では同じである。しかし社会党にとっての欲求充足度という観点からするならば、被爆者援護法の制定より水俣病問題の解決の方がより高かったといえよう。というのは、被爆者援護法の場合には社会党が以前から強く要求したのは国家責任であったが、それは認められなかった。それに対して水俣病問題の場合には社会党は、政治解決の交渉の過程の途中から国家の責任を問うことは保留していたからである。総理の心情からしても、両当事者団体からしてもほぼ同じことがいえるように思われる。というのも被爆者援護法においては国家責任そのものが争点であったからであり、一方水俣病問題においては患者の救済が主要な争点であったからである。

被爆者援護法においても水俣病問題においても、自民党が社会党に譲歩し、歩み寄ったのは政権への参加の経緯が社会党と新党さきがけの作成した共同案に自民党が同意したものであること、せっかく得た政権の座を維持する必要性があったからであろう。社会党にしても政権の維持は崩せない状況にあった。しかし、被爆者援護法においても、水俣病問題においても、両者とも国家の厚い壁を越えられなかったという点では同じであった。行政も自民党も一貫してそれは拒否しつづけた。そこに村山政権の限界と妥協的性格の根拠がある。

コラム――水俣病問題と石坂発言

水俣病問題の政治解決にむけて、与党三党が合意にこぎつけ、政治解決が終盤に入っていた一九九五年七月一七日、村山総理は遊説先の福岡市で記者会見し、救済が遅れたことに心から遺憾の意を表したい、新潟で第二の水俣病が発生したことを含めて反省する点がある、患者のみなさんの無念の心情を思うとき痛惜の念でいっぱいだ、という所感を「私自身の率直な気持ち」として表明した。

これに対する記者団からの質問に答えて、「段階段階で、もう少し企業も行政も手を打っていけば、これだけ(被害を)拡大させず、繰り返すこともなかったのではないかということを考えると、そういう意味での責任は反省せざるをえない」と述べて、行政の責任に歴代総理として初めて触れた。

これを知った環境庁の石坂匡身事務次官は七月一六日の記者会見で「首相が率直な気持ちを述べたのだ。遺憾の意を含む、政府としての責任ある態度表明は、関係者の調整を踏まえたうえで今後検討する。法的責任とか国家賠償につながる責任を認めたわけではない」と述べて、水俣病訴訟で国に責任はないとして争っている国の立場に変わりはないことを強調した。しかし五十嵐宏三官房長官は、石坂発言に強く反発し、同日夕の記者会見で、「首相の発言は政府の発言だ。環境庁が首相の発言と異なる見解をもつことはあり得ないことだ」と述べた。さらにそれを追認するように、宮下創平環境庁長官は七月一八日の記者会見で、「首相に個人という立場はありえない。政府としての発言であることは当然だ。首相のヒューマニズムがにじみでた発言で、私たちも全く同じ気持ちだ」と述べて、総理と環境庁の間に見解の違いがないことを強調した。水俣病問題における立場の相違と、国に責任がないということを頑強にいい張る官僚の本質がよく汲み取れるやりとりである。

引用・参考文献

（1）金森和行『村山富市が語る天命の五六一日』（ＫＫベストセラーズ、一九九六年）。
（2）『朝日新聞』（一九九四年、一九九五年縮刷版）。
（3）宮澤信雄『水俣病事件四十年』（葦書房、一九九八年）。
（4）原田正純『水俣病は終わっていない』（岩波新書、一九八五年）。
（5）被爆四五周年被爆者援護法を実現する京都の会編『核時代の人権宣言・被爆者援護法』（かもがわ出版、一九九〇年）。
（6）『法と民主主義』（No.２４９、一九九〇年七月）。
（7）『月刊社会党』（No.４６７、一九九四年五月）。
（8）『時の法令』（No.１５０３、一九九五年八月）。
（9）『日本の科学者』（Vol.３０、No.８、一九九五年八月）。
（10）『月刊社会党』（No.４８２、一九九五年八月）。
（11）『ジュリスト』（No.１０８８、一九九六年四月）。
（12）水俣病に関する社会科学研究会『水俣病の悲劇を繰り返さないために―水俣病の経験から学ぶもの―』（国立水俣病総合研究センター、一九九九年）。

第九章　村山内閣と「世論」の支持動向

池田美智代

一　はじめに

一九九四年六月三〇日、村山富市・社会党委員長を首班とする自民、社会、新党さきがけによる三党連立政権が発足した。自民党一党支配体制の崩壊とそれに続く細川・羽田非自民党連立政権という流れの中で、自社連立による村山政権の誕生は、戦後日本政治の大きな節目となるものであった(1、「社説―村山政権で課題に対処できるか」一九九四年六月三〇日、三面)。基本政策・理念・政治手法等が異なるだけに自民・社会両党連立は、国民に大きな戸惑いと衝撃を与えずにはおかなかった。国民にとって、村山政権は総選挙を経たいわゆる「民意」にもとづいた政権ではなかったし、また必ずしも「民意」に反映された政権でもなかった。

その意味で村山政権の出発は、決して楽観視できるものではなかった。すなわち、村山政権発足時の内閣支持率は、二九・七%であった。この数字を細川・羽田両政権の発足時のそれと比べてみると(それぞれ六二・九%、四〇・九%)極めて低いことがわかる。また、村山首相退陣を受けて成立した橋本政権の支持率も四六・九%であり村山政権よりも高い支持率であった。なお、細川政権の支持率の平均は、五〇・九%、羽田政権は四〇・八%となっていた。しかし村山政権は、三四・

九％であり、これは相当に低いことがわかる。なぜ、村山政権に対する国民の支持率はこれほどまでに低いのだろうか。そして一九九〇年代における連立政権の潮流の中において、村山政権と他の連立政権とを区別するものは一体何であろうか。

本章は、上述の問題意識のもとに村山政権に対する国民の支持動向について考察するものである。そのためにまず本節での問題意識を踏まえた上で、第二節では一九九〇年代における連立政権の軌跡を追うとともに、歴代政権、すなわち宮沢、細川、羽田、村山、橋本政権の支持動向を概観する。次に第三節では、村山政権のもとで遂行された政策のうちで、進歩的側面と後退的側面とに着目してそれらの評価を行い、政策・課題に対する世論の動きを検証する。続いて第四節では、村山政権の支持動向を月間別に詳しく検討する。そして、最後に村山政権について筆者の見解を述べておきたい。

なお、本章で使用しているデータは、基本的には『時事世論調査特報』の「内閣支持率」に依拠している。ただし、第三節では上記のデータに加えて各新聞社の世論調査も利用した。それは両者を併用することによって、内容がより包括的なものになると考えたからである。

二　一九九〇年代歴代政権の支持動向

1　宮沢政権

第二次海部内閣は、政治改革関連三法案が廃案となり、小選挙区制の導入に失敗したため、その責任をとって退任へと追いこまれた。それを受けて、一九九一年一一月五日、宮沢喜一内閣が誕生した。

宮沢政権発足時の支持率は、四七・六％、不支持率は二一・二％であった。一方、宮沢政権退陣時の支持率は一〇・三％、不支持率は七五・八％となっていた。支持率が最高となったのは発足時のみであり、そして最低支持率は退陣時であった。また、宮沢政権の不支持率が最高となったのは、退陣時の七五・八％、最低となったのは発足時の二一・二％であった。

なお、宮沢政権時代の支持率の平均は二五・六%、不支持率の平均は五二・六%であった。

2　細川政権

自民党は一九九三年六月の政治改革関連法案をめぐって分裂し、三八年間守り続けてきた政権の座を失った。そして第四〇回総選挙を経て日本新党の細川党首を首班に、非自民八会派の連立政権である細川政権が発足した。それは、一九九三年八月九日のことである。細川政権が発足時の支持率は、六二・九%、不支持率は一一・一%であった。また、細川政権の退陣時の支持率および不支持率は、それぞれ四六・二%、三三・二%であった。細川政権の支持率が最高となったのは一九九三年九月の六七・四%、最低となったのは退陣時の四六・二%であった。さらに細川政権の不支持率が最高となったのは、退陣時の三三・二%、そして最低となったのは発足時の一一・一%であった。

なお、細川政権時代の平均支持率は五九・〇%、不支持率の平均は一九・九%であった。

3　羽田政権

細川政権の退陣後、少数単独内閣である羽田政権が発足した。羽田政権発足時の支持率は、四〇・九%であり、不支持率は三五・二%であった。また羽田政権が退陣時の支持率は、四〇・二%、不支持率は二七・六%であった。羽田政権は社会党が離脱したため少数与党政権であり、二カ月足らずの短命政権に終わった。したがって上で述べたような、羽田政権時代の平均支持率および不支持率についてのデータは、必要でないと考える。

4　村山政権

羽田政権の後を引き継いだのは、自民党、社会党、および新党さきがけの三党連立による村山政権である。村山政権発

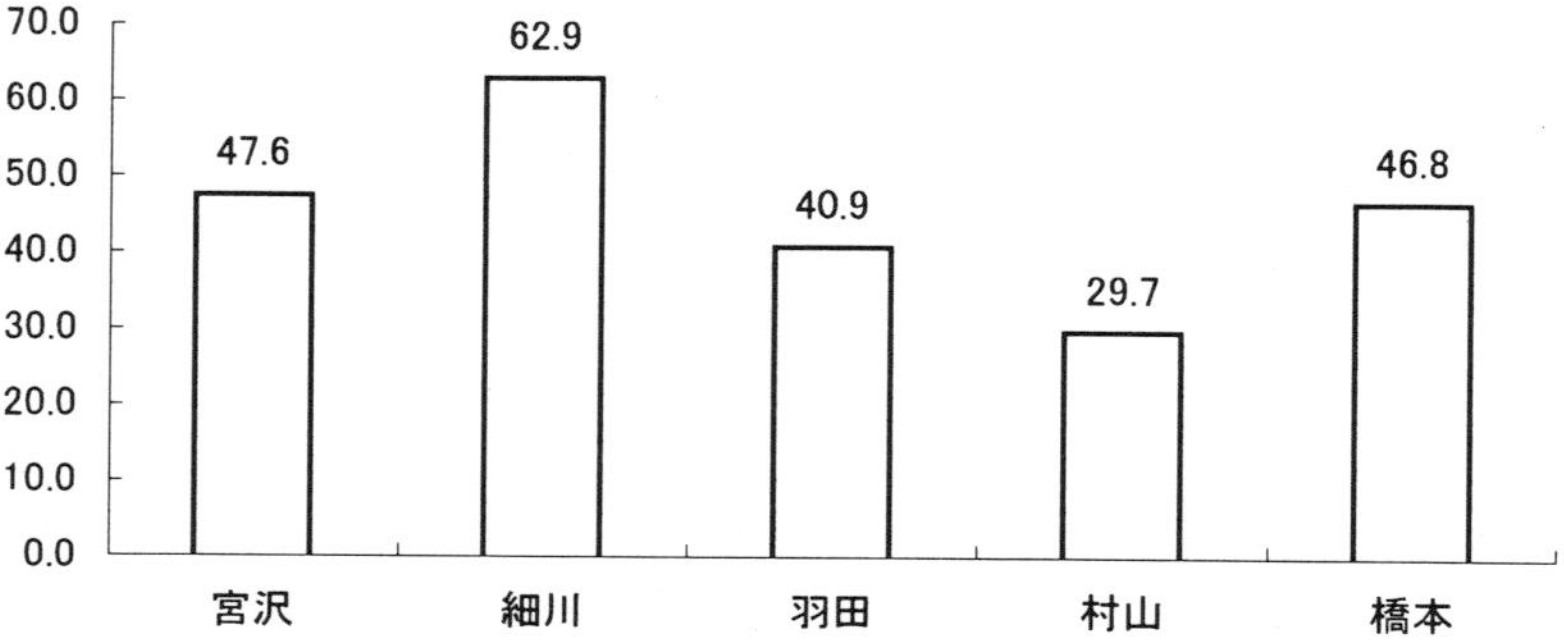

図１　歴代政権発足時の支持率

足時の支持率は、二九・七%、不支持率は三九・二%であった。また、村山政権退陣時の支持率は二八・九%、不支持率は四八・〇%であった。村山政権の支持率がもっとも増加したのは、一九九四年九月の四一・九%、減少したのは一九九五年一一月の二八・一%、一方、不支持率が最高となったのは退陣時の四八・〇%、最低だったのは九四年九月の三〇・四%であった。

なお、村山政権時代の平均支持率は三四・九%、不支持率の平均は三九・二%であった。

5　橋本政権

一九九六年一月五日、村山首相は退陣じ、それを受けて橋本政権が発足した。橋本政権発足時の支持率は四六・八%、不支持率は二〇・三%であった。ちなみに橋本政権の支持動向に関しては便宜上、一九九六年一二月までと区切ったため、その点までのデータを用いた。一九九六年一二月までの橋本政権の最高支持率は、発足時と一九九六年一一月の四六・八%、一方、最低支持率は一九九六年一〇月の三七・七%、橋本政権下で不支持率がもっとも高くなったのは、一九九六年一〇月の三五・六%、一方、最低だったのは発足時の二〇・三%である。

なお、橋本政権時代で一九九六年一二月までの平均支持率は、四二・一%、不支持率は三一・二%であった。

それでは次に、宮沢、細川、羽田、村山、橋本各々の政権発足時の支持率と平均支

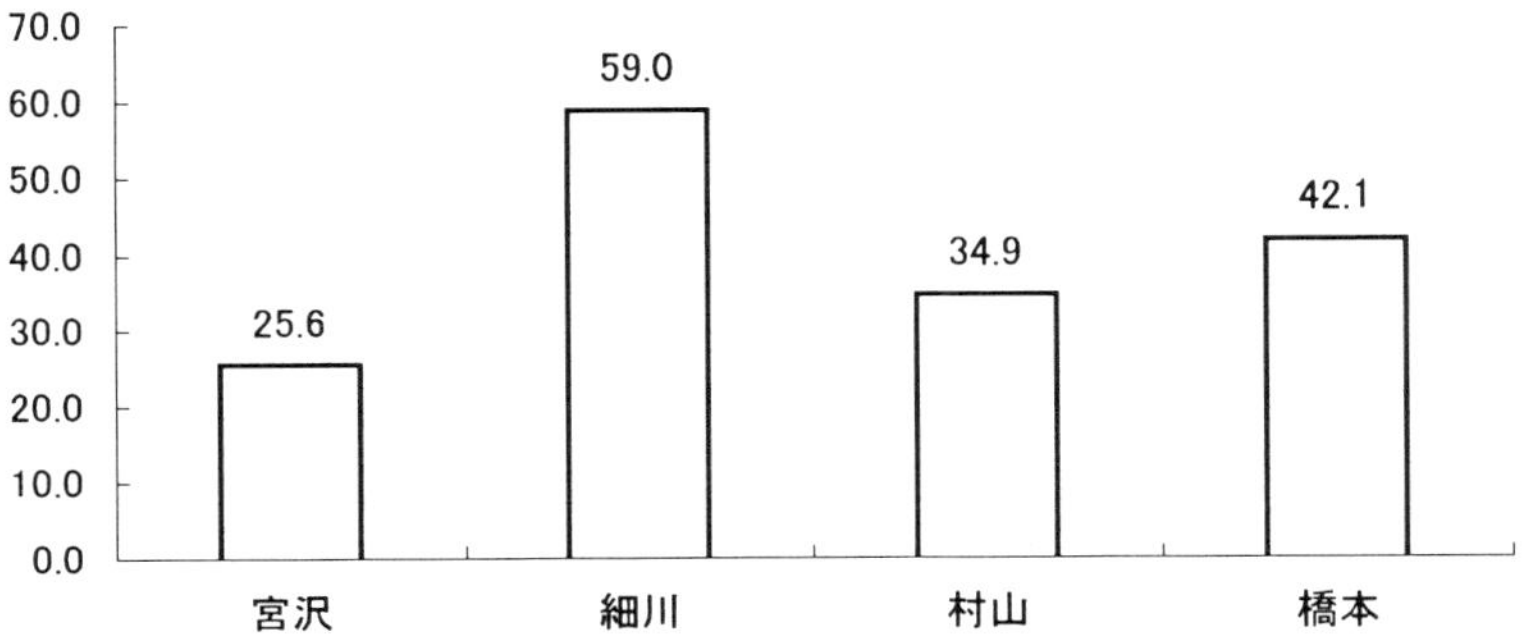

図２　歴代政権平均の支持率

持率を比較してみることにする。図1、2から明確なことは村山政権発足時の支持率が、一九九〇年代の他のいずれの政権と比較してもかなり低いということであった。この点に関して東京大学法学部の蒲島郁夫氏は、①これまで対立してきた自民党と社会党が連立を組むことに戸惑いを覚えた、②自民党の政権復帰を望んでいなかった、の二つの理由をあげた(2、二四頁)。

一方、平均支持率の方は、宮沢政権がもっとも低い。これは自民党単独政権への拒否感のあらわれであり。反対に平均支持率が高いのは、細川政権である。それは非自民党連立政権であったからであり、さらに細川首相個人の人気の高さもその理由のひとつであると思われる。

三　村山政権と政治的課題

以上、一九九〇年代の歴代政権の支持動向を概観してきた。次に村山政権に的をしぼって同政権の政策・課題を進歩的側面と後退的側面とに分けて、各々について国民がどのようにみているか、主として各新聞社のデータを利用して、分析してみることにする。なお、ここでいう「進歩的側面」とは、戦後政治の中で「革新的な政策・課題」を指し、一方、「後退的側面」とは「保守的政策・課題」のことを指している。

1　村山政権の進歩的側面

①戦後処理問題　自衛隊・安保等の基本政策を転換した社会党にとって戦後処理の問題は、社会党色を出す格好のテーマでもあった。村山政権下で遂行された主な戦後処理策を列挙すれば、次のようになる。

1　一九九四年九月、「戦後五〇年に向けての首相談話」
2　一九九四年一二月、「被爆者援護法」の制定
3　一九九四年一二月、台湾の確定債務返却の決定
4　一九九五年三月、サハリン残留韓国人永住帰国支援の決定
5　一九九五年六月、「戦後五〇年決議」の採択
6　一九九五年七月、「女性のためのアジア平和国民基金」の創設

ここでは、以上の戦後処理策のなかから、被爆者援護法と従軍慰安婦問題を取り上げて支持動向を分析する。両者は、社会党が熱心に遂行したものであり、極めて重要だと考えるからである。

②被爆者援護法　村山連立政権にとって戦後処理問題は最大の政治課題であり、自民党単独政権と社会党政権とのちがいを明確にする上で重要であったといえる。被爆者援護法もそうした見解の延長上におかれていた。

被爆者援護法の制定は、「被爆者への国家補償は一般戦災者や元従軍慰安婦などへの補償にも波及しかねない」という自民党の主張と社会党の折り合いがつかず、社会党首相でありながら踏み込んだ表現をすることができなかった。結局、村山首相は「国家補償となると、なぜそれだけに対して補償するのかという議論が出てくる。『非核』という観点でものを考える必要がある」として、国家補償の導入は行わず、「非核の精神」を盛り込んだ被爆者援護のための法案を臨時国会に提

出することとなった(3、一九九四年八月二九日、二面)。そして一一月二日に与党間で合意、二二日に閣議決定され、一二月九日に成立した。施行は一九九五年七月一日からであった。

被爆者援護法案が与党間で合意された一九九四年一一月の支持率をみてみると、同月の支持率は三九・四%、不支持率は三三・一%であった。前月は支持率三七・八%、不支持率三七・〇%で支持率は二・四%上昇していた。ちなみに、一九、二〇日に実施された読売新聞社の調査では、支持率は四三・〇%で前回の四四・七%から一・七%減少、不支持率は三九・九%で前回の三八・九%から一・〇%上昇していた。支持理由は「首相が信頼できる」二九・四%(前回二八・四%)、「政治姿勢が評価できる」二七・五%(二四・六%)、「非自民連立政権よりまし」二七・五%(二五・七%)の順となっていた。他方、不支持理由は「安定感がない」三三・一%(前回三二・〇%)、「政治姿勢が評価できない」三二・三%(三四・六%)、「見るべき実績がない」三一・二%(二四・〇%)となった(1、一九九四年一一月二三日、一、二面)。また、朝日新聞社の調査(六、七日実施)では、支持率三九・〇%、不支持率三八・〇%であった。支持理由は「なんとなく」一三・〇%(前回一三・〇%)、「連立政権をつくっている政党がよい」八・〇%(九・〇%)、「首相が村山さんだから」七・〇%(六・〇%)の順となっていた。他方、不支持理由としては「政権に期待できない」一七・〇%(前回一四・〇%)、「連立政権をつくっている政党がよくない」八・〇%(九・〇%)、「社会党の首相だから」七・〇%(七・〇%)の順となった(3、一九九四年一一月九日、一、二面)。

③従軍慰安婦問題　「従軍慰安婦」という言葉は、一九七〇年代に千田夏光氏らの著書で取り上げられたものである。そして一九九〇年以降日本の戦争責任の一環として扱われるようになった。一九九四年四月のこの問題の中学教科書掲載をきっかけに、強制連行や公文書の有無をめぐって論争が行われた。

村山政権では、一九九五年七月、従軍慰安婦対策として「女性のためのアジア平和国民基金」が創設された。村山首相は従軍慰安婦問題への対応を、戦後処理問題のなかでもとくに優先されるべきものであると位置付けていた。一九九四年八月三一日に発表された首相談話のなかにも「政府の計画とあいまって、この気持ちを国民に分かち合っていただくため、幅広い国民参加の道をともに探求していきたいと考える」とのくだりがあり、村山首相の意気込みが感じられる。しかし、「政府による個人補償」を主張する社会党に対して、自民党とさきがけは「国家間の賠償は決着済みである」として意見が対立、また政府内からも大蔵省や外務省が「いったん個人補償を認めてしまえば際限なく広がる」として反発が起こり、構想づくりは難航した(3、一九九五年六月一五日、一面)。

その後、与党間での調整によって意見が対立していた「政府による個人補償」は見送られたものの、新たに福祉や医療面での支援事業を盛り込み、基金を通じてこれらの事業に資金を拠出することで政府も一部責任を負う形となって、そして一九九五年六月一四日、「女性のためのアジア平和友好基金」の事業内容が五十嵐官房長官によって発表された。

朝日新聞社による一九九五年六月二五、二六日実施の調査では、支持率が四二・〇%に上昇している(前回三八・〇%)。一方、不支持率は三九・〇%(四三・〇%)で前回調査にくらべて支持と不支持が逆転している。支持理由は「なんとなく」一四%(前回一二・〇%)、「自・社・さ連立政権だから」一一・〇%(九・〇%)、「首相が村山さんだから」六・〇%(七・〇%)となっている。他方、不支持の理由は「政策の面から」一三・〇%(一八・〇%)、「自・社・さ連立政権だから」九・〇%(九・〇%)、「なんとなく」六・〇%(七・〇%)の順となっていた。また、「村山内閣のよいところは」という質問に対しては「とくにない」を挙げた人は、五六・〇%、「首相の政治姿勢」一九・〇%、「年金・福祉政策」六・〇%、一方、「悪いところは」に対しては「物価・景気政策」を挙げた人は二五・〇%、「とくにない」二一・〇%、「外交政策」と「首相の政治姿勢」がともに一二・〇%であった(3、一九九五年六月二八日、一、二面)。今回の調査で支持率が上昇した背景には、連立与党の課題であった「戦後五〇年決議」の採択など懸案をそれなりに処理したほか、オウム事件捜査の進展、全日空機乗っ取り事件の解決が国民の間で評価されたことがあったと思われる。しかし、この調査結果からは国民がとくに経済対策を重視していることがうかがわれた。

④水俣病未認定患者救済　水俣病とは、熊本県水俣湾周辺で発生した有機水銀中毒症のことである。一九九七年一二月末

までに二九五二人が認定され、一五九六人が死亡した。

一九五六年、熊本大学医学部は水俣病を、新日本窒素（現チッソ）の水俣工場の排水中に含まれる有機水銀が魚介類を通じて人体へ入り中毒症状を引き起こしたものと結論づけた。しかしこれに対して政府は、何ら事後対策をとらなかった。その後一九六五年には、新潟阿賀野川流域で第二の水俣病（新潟水俣病）患者が発見された。原因は昭和電工鹿瀬工場からの排水であった。一九六八年八月、政府はこれを認め、九月には水俣病は公害と認定されたのである。

水俣病の訴訟は、一九九四年七月の大阪地裁判決までに六件の判決が下されている。そのうち半分の三件が国、県に行政責任があるとしている。また、各訴訟では和解勧告が出されており、原告の患者側、熊本県、チッソは交渉の席に着いたものの、国は和解を拒否してきた。

しかし、村山政権になって一九九五年六月に与党三党が「水俣病政治決着」に合意し、これを受けて水俣病被害者・弁護団全国連絡会は訴訟取り下げを条件に同年一〇月に政府案を受け入れた。そして一二月一五日、水俣病未認定患者救済策が決定され、村山首相が陳謝の談話を発表したのである。ついに一九九六年五月、和解が拒否された関西訴訟を除く七裁判所で和解が成立し、ここに水俣病問題の一応の解決が図られたのである。

一九九五年一二月二〇日付の朝日新聞社の調査（一二月一七、一八日実施）によれば、内閣支持率は前回九五年一〇月調査の三五・〇％から三三・〇％に下がり、発足以来最低の支持率となっている。不支持率は四六・〇％で、前回の四七・〇％とほぼ同じ数字となった。支持理由は「自・社・さ連立政権だから」と「なんとなく」が同率で一〇・〇％（前回それぞれ九・〇％、一二・〇％）、「村山さんが首相だから」四・〇％（六・〇％）、「政策の面から」三・〇％（二・〇％）となっており、村山首相の個人の人気にもかげりがみえ、進歩的政策に関しても国民の低い評価となった（3、一九九五年一二月二〇日、一、二面）。

2　村山政権の後退的側面

①自衛隊・安保政策転換　社会党は、終戦直後の一九四五年の結党以来、対日講和条約などをめぐる左右分裂、その後の一九五五年の左右統一による自社両党のいわゆる五五年体制の成立を経て、日米安保堅持を掲げる自民党に対抗して、一貫して「反安保・反自衛隊」の姿勢を貫いてきた。しかし、自民党と連立を組み、党委員長が首相となったことは社会党にとって大きな転換期となった。

一九九四年七月一八日、第一三〇回臨時国会が召集され、村山首相は所信表明演説を行った。続いて二二日までの五日間、衆院両議院本会議において各党の代表質問が行われた。この一連の質疑・応答のなかで村山首相は、自衛隊は合憲、日米安保体制の堅持、非武装中立の政策的役割の終焉、日の丸・君が代の容認、というこれまでの社会党の基本政策を次々に転換したのであった。とくに自衛隊の合憲については、「現実に三つの自衛隊の最高指揮官になったわけだから、違憲では首相を辞めざるを得ない」と述べ、首相としての立場を重視したことを強調した。

このような社会党にとって党の存続さえも危うくなりかねない「政策転換」に対して、党内からも批判が噴出した。また、退陣後、首相はこの「政策転換」について次のように述べて、反論している。

「冷戦構造が崩壊し、サミットに出かけていくと、あれだけ敵対してきたロシアの大統領が同じテーブルについて議論する時代になった。社会党が自民党と同じテーブルにつくのはおかしい、というのはバカげている。そんな時代のなかにあって国民的コンセンサスが得られたものについては、常識的に判断して政策を転換していくのは当然だ。社会党がこれまでもってきた理念は変えないが、情勢の変化に対応して柔軟に政策を変えていくのは当たり前のこと。私が総理になって、社会党の政策転換を積極的に図ったことに後悔はあまりない」(4、七二—三頁)。

一九九四年八月の『時事世論調査』では、村山首相が「自衛隊は合憲」と表明したことへの評価に関する質問項目がみられる。村山首相の「自衛隊は合憲」との発言を「大いに評価する」と答えたのは一〇・四％、「だいたい評価する」四〇・〇％、「あまり評価しない」二四・六％、「まったく評価しない」七・九％、そして一七・一％が「わからない」と答えた。「あまり評価しない」と「まったく評価しない」を合わせると三二・五％の人が村山首相の政策転換を否定的に見ているのに対して、「大いに評価する」と「だいたい評価する」を合わせると五〇・四％であり、約半分の人が好意的に受けとめたようである(5、五六〇頁)。

一方、一九九四年八月三一日付の読売新聞社の調査(八月二七、二八日実施)では、村山内閣への支持が四三・三％で前回の三七・一％から六・二％の増加、不支持が四一・六％で前回の四六・二％から四・六％の減少という結果になった。支持理由は「何か新しいことをやりそうだ」二九・〇％(前回三二・三％)、「これまでの非自民連立政権よりましだ」二五・三％(三二・〇％)、「以前の自民党政権よりましだ」二三・八％(二一・〇％)の順となっている。他方、不支持の理由は「自民党と社会党が無原則に手を組んだ」五一・二％(前回四九・七％)、「安定感がない」三一・九％(三六・七％)、「何もできそうにない」三〇・一％(三七・五％)となっていた(1、一九九四年八月三一日、一、二面)。

②阪神・淡路大震災　一九九五年一月一七日、五〇〇〇人を越す死傷者を出した阪神・淡路大震災が発生した。自衛隊の出動、情報の管理、対応の遅れなどの村山内閣の下での危機管理体制に対して多くの批判がなされた。

一九九五年二月一日付の読売新聞社の調査(一月一八、二九日実施)では、内閣支持率は四〇・八％で前回の四四・八％から四・〇％の減少、不支持率は四四・七％で前回の三九・四％から五・三％の増加となった。支持理由は「以前の自民党政権よりましだ」三〇・五％(前回三〇・一％)、「首相が信頼できる」二九・三％(三一・一％)、「政治姿勢が評価できる」二七・八％(二五・六％)の順となった。一方、不支持の理由は「政治姿勢が評価できない」三二・〇％(三一・三％)、「安定感がない」三二・八％(二六・八％)、「見るべき実績がない」二九・八％(三三・八％)となっていた(1、一九九五年二月一日、一、二面)。

また、一九九五年一月二九日付の朝日新聞社の調査(一月二七、二八日実施)では、震災に対するこれまでの政府対応について「大いに評価する」四・〇%、「ある程度評価する」三五・〇%、「全く評価しない」一四・〇%、「あまり評価しない」三九・〇%という結果で、「全く評価しない」と「あまり評価しない」をあわせると五三・〇%が批判的な見方をしていた。また、政府の取り組みでとくに問題となる点を選択する質問では、四一・〇%の人が「救助・救援の姿勢」をあげ、次いで「地震直後の状況判断」を二九・〇%の人が、「首相の指導力」を一九・〇%の人があげた(3、一九九五年一月二九日、一、二面)。

③オウム真理教事件　一九九〇年代はまさに、日本の「安全神話」が崩壊した時代であったといえる。一九九四年六月二七日に発生した松本サリン事件では七人の死者と五八人の中毒者を出した。さらに翌年一九九五年三月二〇日には、地下鉄丸の内線、日比谷線、千代田線の電車内でサリンがまかれるという事件が発生した。この地下鉄サリン事件は、じつに死者一〇人、負傷者五五〇〇人を出す大惨事となったのである。そしてこれら二つの事件がオウム真理教によるものとして、一九九五年一二月一四日、政府はオウム真理教に対して破壊活動防止法(破防法)団体規制の規定を発動した。

この破壊活動防止法は、一九五二年に成立した法律で、その目的は「団体の活動として暴力主義的破壊活動を行った団体に対する必要な強制措置を定めるとともに、暴力主義的破壊活動に関する刑罰規定を補整し、それによって公共の安全の確保に寄与すること」である。破防法は、暴力主義的破壊活動を規制する規定と破壊的団体規制に関する規定とに大別されるが、そのうちオウム真理教に適用されるのは、破壊的団体規制に関する規定であり、「解散の指定」の処分が請求されたのであった。

一九九五年一二月二〇日付の読売新聞社の調査(一二月一六、一七日実施)では、村山内閣への支持率は三五・四%で前回の三四・二%から一・二%増、一方、不支持率は四九・二%で前回の四九・一%とほぼ横ばいという結果になった。支持理由は「首相が信頼できる」二七・六%(前回三一・六%)、「以前の自民党政権よりましだ」二七・四%(二八・〇%)、「一応実績をあげた」二三・六%(一九・一%)の順となっている。他方、不支持理由は「見るべき実績がない」三五・五%(前回三四・

三%)、「政治姿勢が評価できない」三三・六%(三五・七%)、「安定感がない」三二・二%(三六・八%)となった(1、一九九五年一二月二〇日、一、二面)。

一九九五年一二月二〇日付の朝日新聞社の調査(一二月一七、一八日実施)では、村山内閣の支持率は三三・〇%(前回三五・〇%)で同内閣発足以来最低の数字となった。不支持率は、四六・〇%であった(四七・〇)。支持理由としては「自・社・さ連立政権だから」と「なんとなく」が一〇・〇%(前回それぞれ九・〇%、一二・〇%)、次いで「首相が村山さんだから」四・〇%(六・〇%)の順になった。一方、不支持の理由は「政策の面から」二〇・〇%(前回二〇・〇%)、「自・社・さ連立政権だから」九・〇%(九・〇%)、「社会党の首相だから」と「なんとなく」六・〇%(六・〇%、七・〇%)という順になっていた(3、一九九五年一二月二〇日、一、二面)。

④第一七回参議院選挙　この項目は政策ではない。しかし、参議院選挙での社会党の大敗は、村山政権の課題にとって失態ともいうべきものであり、後退的側面として扱うほうがよいと考えた。

第一七回参議院選挙は、一九九五年七月二三日に行われた。国政選挙では史上最低の四四%という投票率であった。連立与党は、自民党が前回の獲得議席六七を大きく下回って、五〇議席を割り込んだ。社会党も過去最低の一六議席に落ち込んだ。これに対して野党側は新進党が比例区の議席数で自民党を上回るなど、改選議席一九を四〇議席台にのせ、共産党も議席を伸ばした。この結果を受けて、連立与党は対応を協議し、与党全体では改選議席一二六の過半数をかろうじて確保したことから連立の枠組み維持と村山首相の続投が決定した。

選挙前に行われた読売新聞社による参議院選挙に関する有権者の意識調査(七月一四日、一五日、一六日に実施)では、村山内閣の支持率が四〇・三%、不支持率が四三・六%であった。また、「いまの国の政治に満足しているか」との質問には、五〇・九%の人が「あまり満足していない」をあげており、「全く満足していない」二二・三%と合わせると七三・二%の人が村山政権に否定的な見方を示していた(1、一九九五年七月二〇日、二面)。さらに選挙後の七月二九、三〇日に実施された八月二日付の調査では、村山内閣の支持率は三四・六％で前回の四〇・一％から五・五％の減少、不支持率は五〇・四％で前回の四四・〇％から五・六％増加し、初めて不支持率が五割を超える結果となった。支持理由は「以前の自民党政権よりましだ」三〇・二％（前回三二・五％）、「首相が信頼できる」三〇・一％（二七・四％）、「政治姿勢が評価できる」二三・六％（二四・〇％）という順になった。一方、不支持の理由は「見るべき実績がない」三八・七％（前回三九・八％）、「安定感がない」三四・一％（三〇・八％）、「政治姿勢が評価できない」三三・七％（三二・八％）となった（1、一九九五年八月二日、二面）。

また投票日の七月二三日に行われた朝日新聞社の投票者アンケート（東京の結果）では、「投票にあたっての気持ちは」との質問に「政権の継続を期待した」と答えた人は一八・〇％であり、これに対して「交代を期待した」と答えた人は五一・〇％という結果が出ている。なお、「政権の継続や交代のことは考えていなかった」は二八・〇％であった。さらに、比例区で投票した政党別にみると、自民党では政権継続派が二六・〇％、交代派が四四・〇％、「政権の継続や交代のことは考えていなかった」は二七・〇％、さきがけでは継続派が二一・〇％、交代派が三三・〇％、「考えていなかった」が四四・〇％となった。一方、社会党では継続派が七〇・〇％、交代派が四・〇％、「考えていなかった」は二四・〇％であった（3、一九九五年七月二四日、三面）。

選挙後七月二四、二五日に実施された朝日新聞社の調査では、続投を決めた村山首相に対して「続けるほうがよい」と答えた人は三二・〇％であるのに対して、五二・〇％が「ほかの人にかわるほうがよい」と答えたのである。支持政党別では、社会党支持層の六八・〇％が村山首相続投を支持したのに対して、新進党支持層では七三・〇％、自民党支持層でも五一・〇％が「交代」を主張している。自・社・さ連立政権についても「続いたほうがよい」は二八・〇％であり、五三％が継続には否定的な見方を示した（3、一九九五年七月二六日、一面）。

四　村山政権の支持動向

前節では村山政権が遂行した政策を「進歩的側面」と「後退的側面」とに分けて、その支持動向を概観してきた。本項では『時事世論調査特報』のデータにしたがって、村山政権の支持動向を月間ごとにより詳しくみていくことにしたい。以下では便宜上、一九九四年七月から一二月、一九九五年一月から六月、そして七月から一二月に区分している。

1　一九九四年―七月〜一二月

この時期に村山政権は、自衛隊合憲、安保堅持、日の丸・君が代容認などの大きな政策転換を行った。この基本政策の転換は、既述のように肯定的に国民に受け止められた。また、村山首相個人の人気もあって、この時期の村山政権への支持率は比較的高い。なお、平均支持率は三七・四%であった。

一九九四年七月　一九九四年六月三〇日、自民、社会、新党さきがけによる三党連立の村山政権が発足した。社会党首相の誕生は昭和二二年の片山政権以来のことであった。

七月はこのほかに、ナポリ・サミット、所信表明演説、衆院本会議での「自衛隊合憲」答弁などがあった。ナポリ・サミットは村山首相にとって最初の試金石となるものであり、その動向に注目が集まった。

政権発足時の支持率は、二九・七%で、それ以前の細川・羽田両政権発足時(それぞれ六二・九%、四〇・九%)に比べると極めて低い。不支持率は、三九・二%、「わからない」は、三一・〇%であった。不支持の理由は、「期待がもてない」一九・三%、「リーダーシップがない」九・五%、「首相の属する党を支持していない」七・八%となっている。一方、支持の理由は、「首相を信頼する」八・五%、「他に適当な人がいない」七・〇%、「だれでも同じ」五・六%、「印象が良い」五・四%の順となっていた。

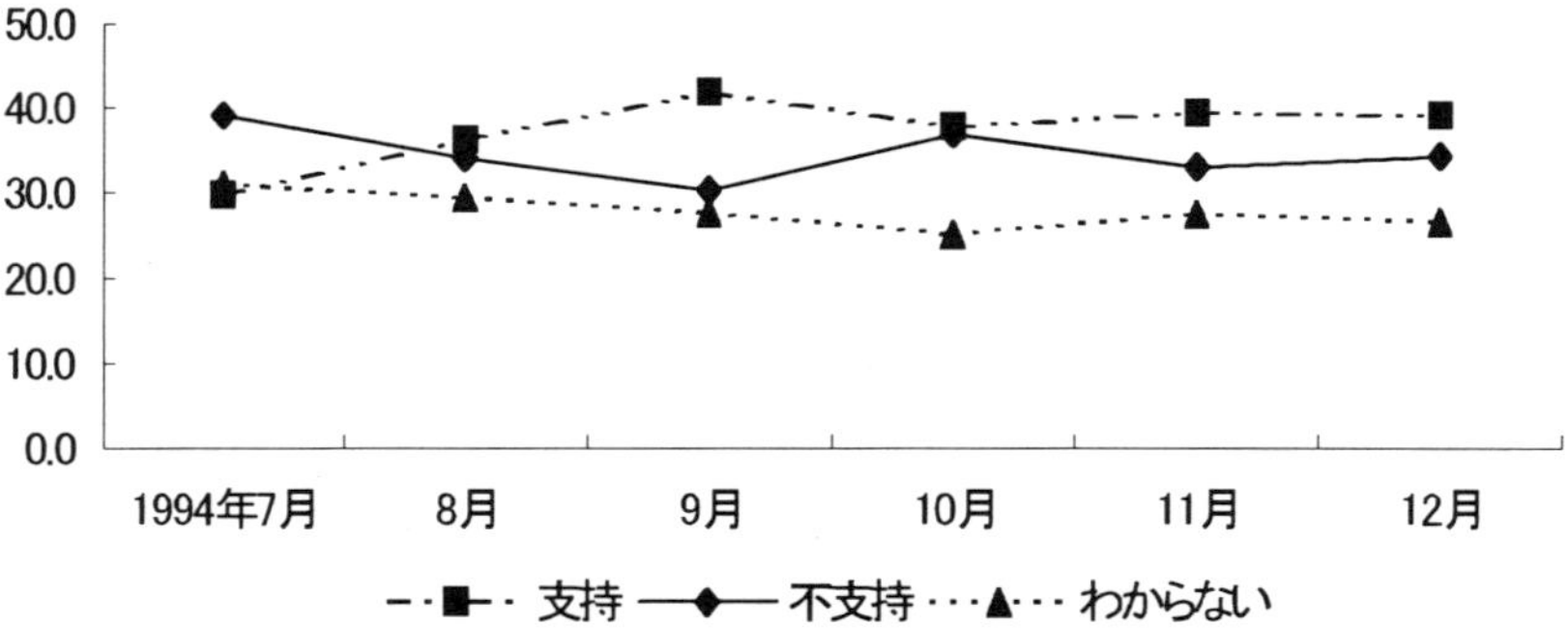

図３　1994年7月〜12月の支持率推移

地域別では、一三大都市とその他の市では三〇%前後、郡・町村では二七・八%と少し低い。職業別でみると、支持率がもっとも低いのが農林漁業の二四・七%。それ以外でもほとんどが三〇%以下となっている。性別では、支持率は男三一・六%、女二八・二%、不支持率は男四三・六%、女三五・六%。年齢別でみれば、支持率は年齢と比例している。目立つのは二〇代の支持率一六・五%という低い数字である。また、不支持率も五一・二%と高い。

教育別では、支持率はいずれも三〇%前後だが、しかし(旧)高専・大学(新)大学の支持率の低さ(二八・三%)が目につく。不支持率も四七・一%と高い。

支持政党別では、連立与党は社会党七五・〇%、さきがけ六〇・〇%でかなりの高水準であるものの、自民党は、四〇・九%で不支持率も三五・五%となっていることから、判断に迷っている様子がうかがえる。野党では、公明党の支持が八・六%、不支持は七一・四%、民社党の支持は二五・〇%、不支持は五五・〇%、共産党は支持率一五・八%、不支持率六八・四%となっていた。

一九九四年八月　桜井環境庁長官が「侵略戦争」発言問題で引責辞任、一方、村山首相は、全国戦没者追悼式の式辞で、戦後処理問題に初めて言及した。

内閣支持率は六・六%増の三六・三%。不支持率は五・〇%減の三四・二%、「わからない」は一・五%減の二九・五%であった。支持理由は、「印象が良い」一〇・一%、「首相を信頼する」八・七%、「だれでも同じ」八・四%で、順位が入れ代わっている。一方、不支持の理由は「期待がもてない」一五・一%、「首相の属する党を支持していない」八・〇%、「リーダーシップがない」六・七%となっていた。

地域別では、一三大市三五・七%、その他の市三七・二%、郡・町村三四・六%でいずれも支持率をのばしていた。

職業別では、前月と一転して農林漁業が支持率四二・九%でトップとなり、不支持率も二七・四%でもっとも低い。その他に、前月の支持率二五・九%であった自由業・管理職が、一三・六%増加して三九・五%となっているのをはじめ、事務職も八・六%増の三五・二%など、支持率が軒並み上昇している。性別では、男性が七・四%増の三九・〇%、女性も五・八%増加して三四・〇%となっている。年齢別では、二〇代が前月と同様にもっとも低い。しかしそれでも前月比一一・一%増の二六・六%となった。三〇代は五・六%増の三〇・六%、四〇代は四・三%増の三二・七%、五〇代は四・七%増の三九・一%、六〇代以上では九・三%増の四五・四%であった。

教育別では、(旧)小・高小・(新)中学が三六・九%、(旧)中等学校(新)高校が三六・三%、(旧)高専・大学(新)大学が三五・六%となっている(それぞれ前月比五・二%増、七・〇%増、七・三%増)。

支持政党別では、与党の自民党、社会党、さきがけのいずれの支持率も増加している(それぞれ前月比七・六%増の四八・五%、九・二%増の八四・二%、一八・六%増の七八・六%)。野党についても、新生党以外の支持率は上昇している。前月一五・八%であった共産党が一〇・九%増の二六・七%、公明党も前月の八・六%から五・七%増の一四・三%であった。

一九九四年九月　社会党臨時大会で安保・自衛隊など基本政策の転換を承認し、また消費税率を九七年四月から五%に引き上げることなどを盛り込んだ税制改革大綱が決定された。

内閣支持率は、四一・九%で五・六%増、不支持率は、三〇・四%で三・八%減、「わからない」は、二七・七%で一・八%減という結果になった。支持理由は、「首相を信頼する」が一一・一%でトップ、「印象が良い」一〇・九%、「他に適当な人がいない」八・八%。一方、不支持は「期待がもてない」一二・五%、「リーダーシップがない」六・二%、「首相の属する党を支持していない」六・一%となっていた。

地域別では、郡・町村で四四・六％、その他の市四三・二％、一三大市三五・三％となっている。職業別にみると商工・サービス業の五〇・五％がトップ、次いで四五・一％の同率で農林漁業と自由業・管理職、無職四四・五％の順となっている。性別では、男四六・三％(前月比七・三％増)、女三八・一％(前月比四・一％増)。年齢別では、やはり二〇代で支持率が低いものの一・七％増加して二八・三％、三〇代は五・四％増加して三六・〇％、四〇代は八・九％増加して四一・六％、五〇代は五・八％増加して四四・九％、六〇代以上では三・六％増加して四九・〇％であった。

教育別にみると、(旧)小・高小(新)中学は、九・〇％増の四五・九％、(旧)中等学校(新)高校は、二・七％増の三九・〇％、(旧)高専・大学(新)大学は、七・七％増の四三・三％であった。

支持政党別では、自民党は五八・六％と一〇・一％の増加であり、一方、社会党とさきがけはそれぞれ七・九％減の七六・三％、一四・三％減の六四・三％という結果に終わった。

一九九四年一〇月　ウルグアイ・ラウンド合意後の国内農業対策が、六兆一〇〇億円で決着した。

内閣支持率は、前月比四・一％減の三七・八％、不支持率は、六・六％増の三七・〇％、「わからない」二・六％減の二五・一％。支持理由は「他に適当な人がいない」一〇・〇％、「印象が良い」九・八％、「首相を信頼する」九・三％、不支持理由は「期待がもてない」一六・二％、「リーダーシップがない」八・八％、「首相の属する党を支持していない」七・七％となっていた。

地域別にみると、郡・町村の四〇・六％が目につく。一三大市では三二・〇％、その他の市は三八・九％。職業別では、無職が四二・七％でトップ、農林漁業、事務職、自由業・管理職、主婦がほぼ三八％前後。年齢別では、男性が支持率・不支持率ともに三九・八％。女性は支持三六・一％、不支持三四・五％。年齢別では、三〇代の二四・五％から、六〇代以上の四四・八％というように、数字のばらつきがみられる。

教育別では、(旧)小・高小(新)中学四一・五％、(旧)中等学校(新)高校三五・九％、(旧)高専・大学(新)大学三七・六％。

一方、支持政党別では、自民党五七・五%、社会党八二・一%、さきがけ四二・九%となっており、相変わらず社会党の支持率が高いのには目をみはるものがある。野党の公明党は七・八%、共産党一八・二%、民社党四二・九%となっていた。

一九九四年一一月　原爆被爆者遺族に対して、一人一〇万円の特別葬祭給付金の支給を柱とした被爆者援護法案が決定された。また、政治改革関連法の成立などがあった。

内閣支持率は、三九・四%で一・六%増、不支持率は、三三・一%で三・九%減、「わからない」は、二七・五%で二・四%増となっている。支持理由は、「印象が良い」九・七%、「他に適当な人がいない」九・三%、「首相を信頼する」九・一%の順となっている。不支持理由は「期待がもてない」一六・一%、「政策がだめ」七・六%、「リーダーシップがない」七・〇%という結果であった。

地域別では、一三大市が七・二%増加して三九・二%となっているのが目立つ程度。その他の市はほぼ変動なし。郡・町村は〇・五%増の四一・一%。職業別では、自由業・管理職が一三・九%増の五二・八%、事務職四・五%増の四三・〇%、農林漁業五・八%増の四二・六%の順となっていた。性別では、男性が四三・三%で三・五%増加しているのに対して女性は三六・一%と横ばい。年齢別は、二〇代と五〇代では減少している(二七・三%、四三・一%)が、三〇代、四〇代、および六〇代以上では増加していた(三〇・三%、三八・四%、四八・八%)。教育別では、(旧)高専・大学(新)大学で減少した他は(三七・二%)、(旧)小・高小(新)中学、(旧)中等学校(新)高校ともに増加していた(四三・三%、三八・三%)。

支持政党別では、社会党が一一・九%減少して七〇・二%、自民党は〇・九%増加して五八・四%、さきがけは三七・一%増加して八〇・〇%。野党は公明党が増加しているが(二五・七%)、共産党、民社党などは減少していた(一六・七%、三六・八%)。

一九九四年一二月　野党九党派の国会議員二一四人が参加して、「新進党」が結成された。

内閣支持率は、前月比〇・三%減の三九・一%、、不支持率は、一・二%増の三四・三%、「わからない」は、〇・九%減の二六・六%。支持理由は、「印象が良い」一〇・五%、「だれでも同じ」一〇・三%、「他に適当な人がいない」九・八%、不支持理由は、「期待がもてない」一四・九%、「リーダーシップがない」八・七%、「首相が属する党を支持していない」七・〇%の順となっていた。

地域別では、一三大市で三・九%減少して三五・三%となっていた。その他の市、郡・町村ともにわずかではあるが増加している(それぞれ前月比〇・五%増の三九・二%、〇・八%増の四一・九%)。職業別にみると、特に目につくのは九・三%減少している事務職(三四・三%)。その他に減少しているのは、自由業・管理職と労務職で、それ以外は増加している。性別では、男女ともに微減している(四三・〇%、三五・九%)。年齢別では、年齢と支持率が比例する傾向に変わりはないものの、二〇代、三〇代で増加していた。(三一・一%、三四・五%)しかし、四〇代、五〇代、六〇代以上は減少に転じていた(三七・〇%、四一・六%、四五・六%)。

教育別では、(旧)高専・大学(新)大学が三・九%増加して四一・一%、(旧)小・高小(新)中学、(旧)中等学校(新)高校ともに減少していた(前月比二・七%減四〇・六%、一・二%減三七・一%)。

支持政党別では、さきがけの九一・七%という数字が目立つ(前月比一一・七%増)。自民党は五九・〇%、社会党は七二・六%(前月比〇・六%増、二・四%増)となっている。共産党は〇・七%増加して一七・四%、新進党は二八・〇%。

2　一九九五年一月～六月

この時期は、村山政権にとって阪神・淡路大震災や地下鉄サリン事件など国内の危機管理を問われる大きな問題が発生した。政策面での批判が多く、支持率を首相個人の人気に頼ることは難しくなってきた。この時期の平均支持率は三五・〇%であり、一九九四年七月～一二月の平均支持率よりもポイントを下げている。

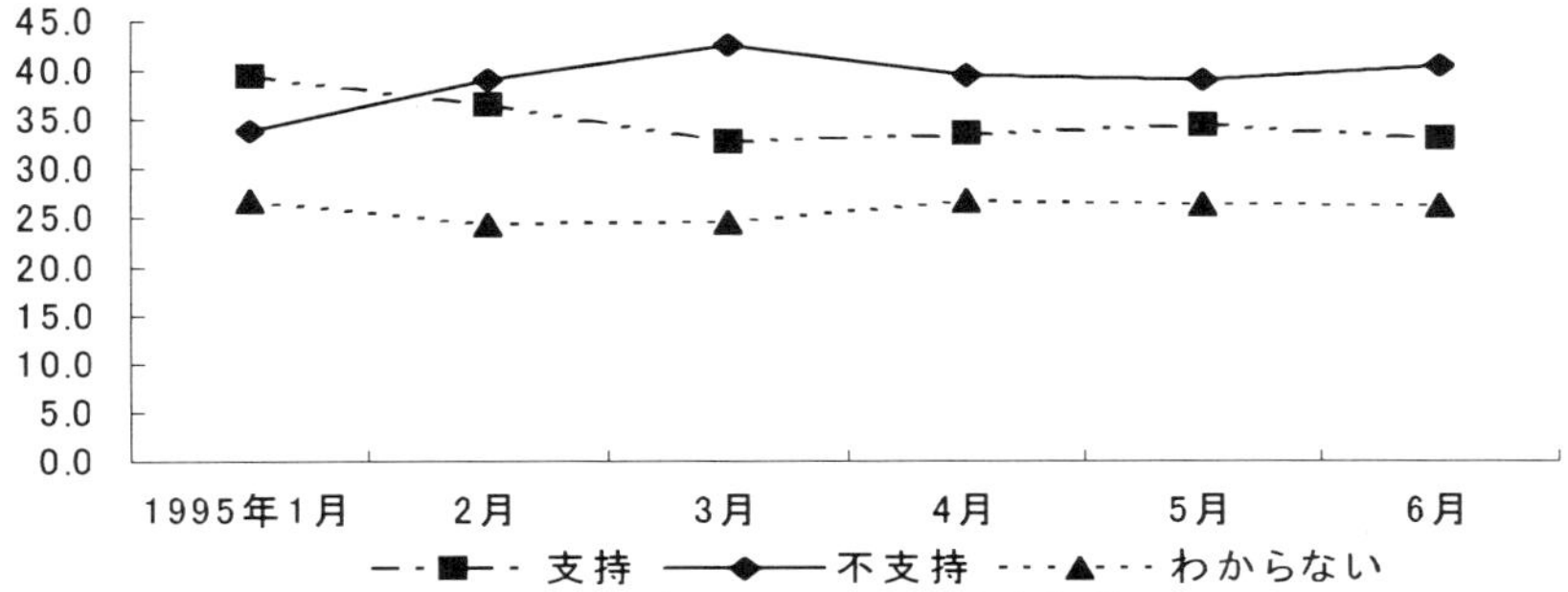

図４　1995年1月〜6月の支持率推移

一九九五年一月　アメリカのワシントンD．C．で村山首相がクリントン大統領と会談した。また、死傷者が五千人を越す大惨事となった阪神・淡路大震災が発生した。

内閣支持率は、〇・三％増で前々月と同じ三九・四％、不支持率は、〇・四％減の三三・九％、「わからない」は、ほとんど変わらず二六・七％。支持理由は「他に適当な人がいない」一〇・九％、「印象が良い」九・六％、「だれでも同じ」九・一％、不支持理由は「期待がもてない」一四・九％、「リーダーシップがない」八・七％、「首相が属する党を支持していない」七・〇％となっている。

地域別では、その他の市で二・二％減少して三七・〇％となっていた。一三大市と郡・町村はそれぞれ五・四％増加の四〇・七％、一・八％増加の四三・七％。職業別では、農林漁業が一一・一％増加して五五・四％、次いで自由業・管理職が一〇・二％増加して三六・七％、商工・サービス業、事務職がそれぞれ〇・五％増加の三六・七％、一・一％増加の四五・四％、その他は減少していた。性別では、男性は〇・六％減の四二・四％、逆に女性は〇・七％増の三六・六％。年齢別では、二〇代、四〇代、五〇代では増加していた（三三・一％、三八・五％、四一・八％）が、三〇代、六〇代以上では減少していた（三〇・八％、四五・四％）。

教育別では、（旧）小・高小（新）中学、（旧）中等学校（新）高校で増加していたものの（四一・〇％、三八・〇％）、（旧）高専・大学（新）大学では減少していた（四〇・八％）。

一方、支持政党別では、自民党が〇・五％減少（五八・五％）、社会党は四・二％増加（七六・八％）、さきがけは一九・〇％減少（七二・七％）、野党・共産党は四・八％増加（二二・二%)、新進党は一九・六%減少(八・四%)となっていた。

一九九五年二月　「地方分権推進法案」が政府・閣議で正式決定された。二月は、阪神・淡路大震災の復興に追われた月であった。

内閣支持率は、三六・五%で二・九%減、不支持率は、三九・一%で五・二%増、「わからない」は、二四・四%で二・三%減。不支持率が支持率を上回る結果となった。支持理由は「印象が良い」九・三%、「首相を信頼する」八・九%、「他に適当な人がいない」、「だれでも同じ」が同率で八・八%となっている。一方、不支持の理由は「期待がもてない」一九・〇%、「リーダーシップがない」一六・五%、「政策がだめ」七・九%の順となった。

地域別では、一三大市、その他の市、郡・町村のいずれも減少していた(前月比五・九%減の三四・八%、〇・四%減の三六・六%、六・〇減の三七・七%)。職業別では、労務職と自由業・管理職は増加していたが(前月比二・七%増の三六・七%、二・八%増の三九・五%)、それ以外のいずれも減少していた。性別では、支持率は男女ともに減少(四〇・三%、三三・〇%)し、不支持率は増加している(四一・〇%、三七・四%)。年齢別でも、全世代で減少(二〇代から世代順に、三一・二%、二八・四%、三三・〇%、三八・二%、四四・八%)。

教育別でも、全て減少傾向にあった(四〇・九%、三四・八%、三五・六%)。

支持政党別では、自民党五〇・一%(前月比八・四%減)、社会党七九・八%、(前月比二・〇%増)、さきがけ六九・二%(前月比三・五%減)、共産党二四・〇%(前月比一・八%増)、新進党一二・六%(四・二%増)となっていた。

一九九五年三月　地下鉄サリン事件発生。また、戦後最短で九五年度予算が成立した。

今月も不支持率が支持率を上回った。内閣支持率は、前月よりもさらに落ち込んで三二・八%となった(三・七%減)。不支持率は、四二・六%(三・五%増)、「わからない」は、ほとんど変わらず二四・六%。支持理由は「他に適当な人がいない」八・八%、「印象が良い」八・六%、「だれでも同じ」八・三%、不支持理由は「期待がもてない」二〇・二%、「リーダーシップがない」一五・五%、「政策がだめ」九・五%であった。

地域別にみると、一三大市では二九・七%となっており五・一%減少していた。その他の市では四・三%減少して三二・三%、郡・町村では一・三%減少して三六・四%となっていた。職業別では、無職を除いて減少していた。性別では、支持率が男三六・八%で三・五%の減少、女二九・四%で三・六%の減少、不支持率は男四五・六%で四・六%の増加、女四〇・一%で六・七%の増加となった。年齢別では、二〇代、三〇代、四〇代までが二〇%代という低い数字となった(二三・五%、二六・五%、二七・〇%)。五〇代は三三・九%、六〇代以上は四四・九%。

教育別では、(旧)中学(新)高校で三〇・七%、(旧)高専・大学(新)大学で三一・〇%、(旧)小・高小(新)中学でも三八・五%で、いずれも減少していた。

支持政党別では、自民党がわずかに増加して五一・九%、社会党は減少して七一・六%、さきがけは五七・一%でこれも減少していた。野党の共産党は一五・六%で八・四%減、新進党は一五・二%で二・六%増となっていた。

一九九五年四月　緊急円高・経済対策を決定。

内閣支持率は、三三・五%で前月より〇・七%増加、不支持率は、三九・六%で三・〇%減、「わからない」は、二六・八%で二・二%増。今月も前々月から引き続いて不支持率が支持率を上回った。支持理由は、「他に適当な人がいない」九・八%、「印象がよい」八・二%、「だれでも同じ」七・五%、不支持理由は、「期待がもてない」二〇・〇%、「リーダーシップがない」一六・五%、「政策がだめ」七・四%となっていた。

地域別では、いずれもほとんど変動はみられなかった。職業別では、九・八%増の農林漁業(五四・二%)、五・三%増の自由業・管理職(三九・二%)が目につくくらいで、他には特徴はない。性別では、男性が二・四%支持率をのばしていた(三九・二%)のに対して、女性は〇・四%減らして二九・〇%となった。年齢別では、大きな増減はない。前月と同様に二〇代、三〇代、四〇代は二〇%代にとどまっており(二二・七%、二六・三%、二七・三%)、五〇代では三三・四%、六〇代以上では四五・八%であった。

教育別では、(旧)小・高小(新)中学が三・三%増の四一・八%、(旧)中学(新)高校が〇・三%増の三一・〇%、(旧)高専・大学(新)大学が一・五%減の二九・五%となっていた。

支持政党別では、自民党が一・五%増の五三・四%、社会党が三・七%増の七五・三%、さきがけが四・七%減の四四・四%。共産党は四・九減の一〇・七%、新進党は二・〇%減の一三・二%であった。

一九九五年五月　村山首相が訪中。社会党臨時大会では、新党結成方針を明記した九五年宣言を採択した。

内閣支持率は、一・〇%増の三四・五%、不支持率は、〇・五%減の三九・一%、「わからない」〇・四%減の二六・四%。

支持理由は、「他に適当な人がいない」一〇・〇%、「だれでも同じ」九・五%、「首相を信頼する」七・〇%となっている。

一方、不支持理由は、「期待がもてない」二〇・六%、「リーダーシップがない」一五・五%、「政策がだめ」七・九%となっていた。

地域別では、郡・町村が五・五%増の四二・〇%、一三大市が〇・六%増の二九・九%、その他の市が一・〇%減の三二・九%となっており、数字に少しばらつきがみられた。職業別では、九・二%減少した農林漁業(四五・〇%)、七・九%増加した労務職などが目立った。性別では、男性が〇・九%減少して三八・三%、女性は二・三%増加して三一・三%。

年齢別では、二〇代は五・七%増の二八・四%、三〇代は四・〇%増の三〇・三五、四〇代は二七・三%で横ばい、五〇代は〇・五%増の三三・九%、六〇代以上では一・六%減の四四・二%であった。

教育別では、(旧)小・高小(新)中学が一・二%増の四三・〇%、(旧)中学(新)高校が〇・八%増の三一・八%、(旧)高専・大学(新)大学が一・四%増の三〇・九%となっていた。

支持政党別では、さきがけの変動が大きいことに驚かされる(前月比三三・四%増の七七・八%)。自民党、社会党はそれぞれ前月比一・三%増の五四・七%、七・九%減の六七・四%。野党・共産党は六・七%増の一七・四%、新進党も一七・

四％であり四・二％増加した。

一九九五年六月　衆院本会議で戦後五〇年の国会決議が採択され、内閣不信任案の否決、日米首脳会談、全日空機ハイジャック事件などが起こった月だった。

内閣支持率は、三三・一％で一・四％の減少、不支持率は、四〇・六％で一・五％の増加、「わからない」は、二六・三％でほとんど変化はなかった。支持理由は、「他に適当な人がいない」一一・三％、「首相を信頼する」七・七％、「だれでも同じ」七・四％、不支持理由は、「期待がもてない」一九・五％、「リーダーシップがない」一五・七％、「首相を信頼できない」八・七％となっている。

地域別では、一三大市が〇・五％増加して三〇・四％、その他の市が〇・九％増加して三三・八％、これに対して郡・町村は八・〇％減少して三四・〇％となっていた。職業別では、自由業・管理職が一一・三％増加して三六・八％となっているのが目立った。それ以外は、ほとんどが減少している。性別では、男三六・〇％、女三〇・六％、それぞれ前月比二・三％減、〇・七％減。年齢別では、二〇代は五・五％減の二二・九％、三〇代は四・四％減の二五・九％、四〇代は四・九％増の三二・二％、五〇代は一・一％増の三五・〇％、六〇代以上は三・三％減の四〇・九％であった。

教育別では、(旧)小・高小(新)中学は五・六％減の三七・四％、(旧)中学(新)高校は〇・四％増の三二・二％、(旧)高専・大学(新)大学は〇・六％減の三〇・三％であった。

支持政党別では、自民党が一〇・二％減の四四・五％、社会党は五・九％増の七三・三％、さきがけは一七・八％減の六〇・〇％。共産党は四・八％増の二二・二％、新進党は四・一％減の一三・三％であった。

3　一九九五年一七月～一二月

この時期の村山政権は、参議院選挙での大敗、住専への公的資金導入などによって、支持率が大きく低迷した。平均支

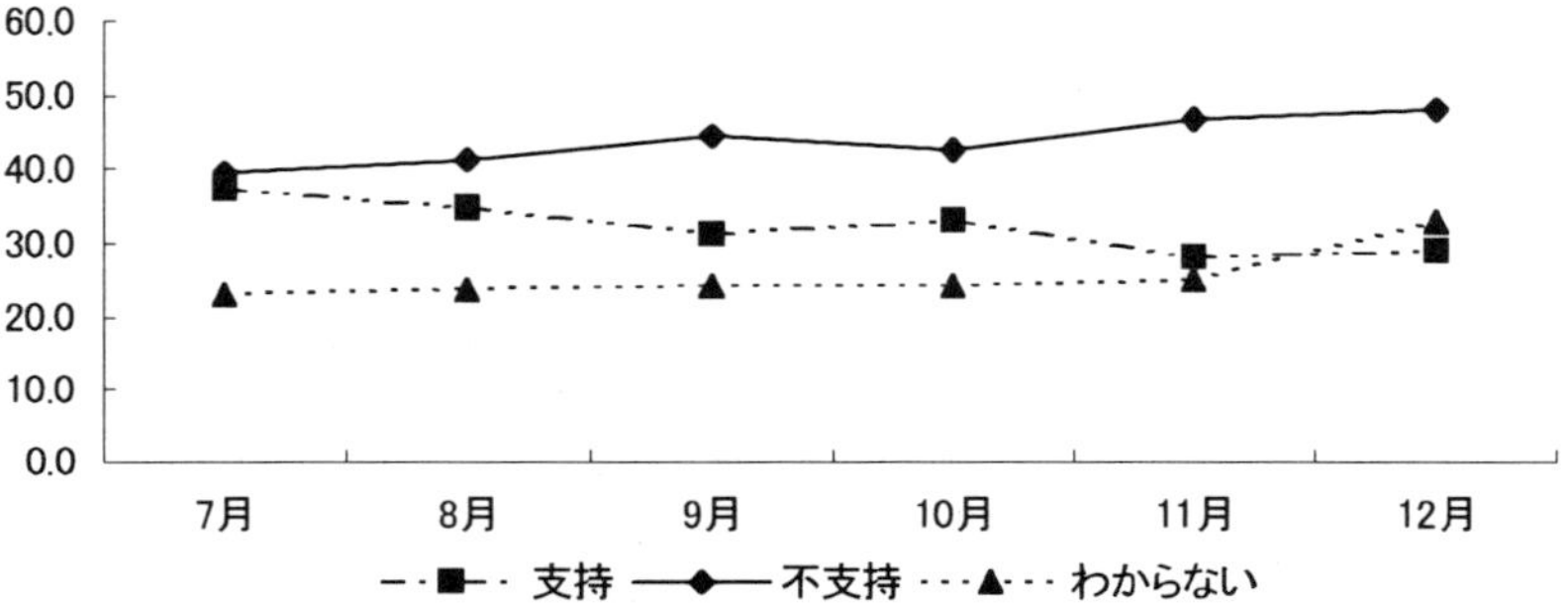

図５　1995年7月～12月の支持率推移

持率も、三二・三%と、低い数字となった。

一九九五年七月　「女性のためのアジア平和国民基金」を創設。一方、国政選挙では史上最低の投票率となった参院選が行われた。連立与党がかろうじて過半数を確保したものの、社会党は大敗するという結果に終わった。

内閣支持率は、四・二%増加して三七・三%、不支持率は、一・〇%減少して三九・六%、「わからない」は、三・二%減少して二三・一%。支持理由は、「他に適当な人がいない」一〇・六%、「印象がよい」九・四%、「首相を信頼する」八・七%、不支持理由は、「期待がもてない」一九・四%、「リーダーシップがない」一四・二%、「政策がだめ」七・六%であった。

地域別では、郡・町村で一〇・一%増加して四四・一%、一三大市で六・四%増加して三六・八%、その他の市は変化の幅が少なく、〇・六%増加の三四・四%。職業別では、事務職が七・九%増加して三八・七%、主婦が六・四%増加して三七・七%、その他の無職が一三・九%増加して四七・六%となっているのが目立った。性別では、男性が三・三%増加して三九・三%、女性が五・一%増加して三五・七%。年齢別では、二〇代が九・〇%増加して三一・九%、三〇代が五・八%増加して三一・七%、四〇代は〇・一%の減少、五〇代は四・六%増加して三九・六%、六〇代以上は四・〇%増加して四四・九%となっていた。教育別では、(旧)小・高小(新)中学は三・三%増加して四〇・七%、(旧)中学(新)高校は二・九%増加して三五・一%、(旧)高専・大学(新)大学は八・四%増加して三八・七%であった。

支持政党別では、自民党五一・六％、社会党八五・七％、さきがけ八三・三％（前月比七・一％増、一二・四％増、一三・三％増）。共産党二八・六％、新進党一七・八％（前月比六・四％増、四・五％増）。

一九九五年八月　村山改造内閣が発足し、戦後五〇年にあたっての首相談話が発表された。

内閣支持率は、三四・八％で二・五％減、不支持率は、四一・四％で一・八％増、「わからない」は、二三・八％で〇・七％増。支持理由は、「他に適当な人がいない」九・九％、「首相を信頼する」九・〇％、「だれでも同じ」八・六％。一方、不支持理由は、「期待がもてない」二〇・六％、「リーダーシップがない」一五・七％、「政策がだめ」九・四％で、前月と同じ順になった。

地域別にみると、いずれの地域も減少している。一三大市は三一・八％、その他の市三三・二％、郡・町村四〇・六％（前月比五・〇％減、一・二％減、三・五％減）。職業別では、事務職の二七・八％（前月比一〇・九％減）、無職の四〇・九％（前月比六・七％減）といったあたりが目立った。性別は、男三五・〇％（前月比四・三％減）、女三四・五％（前月比一・二％減）。年齢別では、四〇代を除いて減少している。教育別では、（旧）高専・大学（新）大学の三〇・三％（前月比八・四％減）が目についた。

支持政党別では、自民党は五一・六％で横ばい、社会党は七七・三％で八・四％の減少、さきがけは七一・四％で一一・九％の減少。共産党は三・六％減で二五・〇％、新進党は四・〇％減で一三・八％であった。

一九九五年九月　村山首相が中東諸国を歴訪し、また、自民党総裁選では橋本龍太郎通産相が第一七代総裁に選出された。

内閣支持率は、前月比三・五％減の三一・三％、不支持率は、三・一％増の四四・五％、「わからない」は、〇・五％増の二四・三％。支持理由は「他に適当な人がいない」九・一％、「印象がよい」七・六％、「だれでも同じ」六・八％、不支持理由は「期待がもてない」二二・〇％、「リーダーシップがない」一六・〇％、「政策がだめ」七・四％であった。

地域別では、一三大市で一・五％増の三三・三％、その他の市で四・二％減の二九・〇％、郡・町村では六・〇％減の三四・六％となっていた。職業別では、支持率が上昇しているのは事務職のみ(前月比三・四％増の三一・二％)。労務職の七・〇％減の二六・六％、主婦四・八％減の二八・七％といった低い数字が目についた。性別では、男性が三四・一％で〇・九％減、女性が二八・八％で五・七％減。年齢別では、二〇代が一八・〇％で一・三％減、三〇代が二五・六％で二・五％減、四〇代が二六・九％で五・八％減、五〇代が三二・三％で三・九％減、六〇代以上が四一・二％で二・六％減であった。

教育別では、(旧)小・高小(新)中学が三四・一％で五・五％減、(旧)中学(新)高校が三一・一％で三・二％減、(旧)高専・大学(新)大学が二八・二％で二・一％減であった。

持政党別では、連立与党の自民党が四〇・七％で一〇・九％減、社会党が八〇・二％で一二・九％増、さきがけが六六・七％で四・七％減。野党の共産党は一四・八％で一〇・二％減、新進党は一九・一％で五・三％増であった。

一九九五年一〇月　九月の自民党総裁選の結果を受けて、橋本自民党総裁が副総理に就任した。また田沢智治法相が、二億円借入れ問題で辞任した。

内閣支持率は、三三・一％で一・八％の増加、不支持率は、四二・六％で一・九％の減少、「わからない」は、前月と同じ二四・三％。支持理由は、「他に適当な人がいない」九・六％、「だれでも同じ」八・一％、「首相を信頼する」七・〇％、不支持理由は、「期待がもてない」二三・九％、「リーダーシップがない」一四・六％、「政策がだめ」九・九％であった。

地域別でみると、その他の市と郡・町村はわずかながら支持率をのばしていた(前月比四・三％増の三三・三％、〇・九％増の三五・五％)。一三大市は二九・八％で三・五％減小。職業別では、前月から減少したのは農林漁業の三九・二％と商工・サービス業の三一・七％であった。それ以外は増加していた。性別では、男性が三五・七％で一・六％の増加、女性が三〇・八％で二・〇％の増加。年齢別では、二〇代が二三・四％で五・四％の減少、三〇代が二五・九％で〇・三％の増加、四〇代が二六・二％で〇・七％の減少、五〇代が三九・二％で六・九％の増加、六〇代以上が四一・四％で〇・二％

の増加であった。

教育別では、(旧)小・高小(新)中学は四一・九%で七・八%の増加。(旧)中学(新)高校は三一・三%で〇・二%の増加。(旧)高専・大学(新)大学は二八・二%で横ばい。

支持政党別では、自民党は五三・四%で一二・七%の増加、社会党は七一・三%で八・九%の減少、さきがけは一五・四%で五一・三%の減少。共産党は一〇・〇%で四・八%の減少、新進党は一五・七%で三・四%の減少となっていた。


一九九五年一一月　沖縄米軍用地の強制使用に向け、首相自身が代理署名代行方針を決定した。

内閣支持率は、前月比五・〇%減の二八・一%、不支持率は、四・二%増の四六・八%、「わからない」は〇・八%増の二五・一%。支持理由は、「他に適当な人がいない」七・九%、「首相を信頼する」六・八%、「印象がよい」六・四%、不支持理由は、「期待がもてない」二四・二%、「リーダーシップがない」一八・八%、「政策がだめ」九・七%であった。

地域別では、いずれも減少していた。一三大市は二六・一%、その他の市は二七・九%、郡・町村は三〇・三%(それぞれ前月比三・七%減、五・四%減、五・二%減)。職業別では、自由業・管理職が増加したのみで(前月比七・四%増の三九・五%)、他はいずれも減少していた。

性別では、男性が二八・七%で七・〇%の減少、女性も二七・六%で三・二%の減少。不支持率は男性で五三・二%、女性も四一・四%と高い。年齢別では、二〇代が二〇・一%で三・三%の減少、三〇代は二一・一%で四・八%の減少、四〇代は二四・二%で二・〇%の減少、五〇代は三〇・八%で八・四%の減少、唯一四〇%代を維持してきた六〇代もここにきて三六・〇%となった(五・四%の減少)。

教育別では、(旧)小・高小(新)中学が三四・二%で七・七%の減少、(旧)中学(新)高校は二五・七%で五・六%の減少、(旧)高専・大学(新)大学も二六・九%で一・三%減少した。

支持政党別では、自民党が四一・五%で一一・九%の減少、社会党が七六・五%で五・二%の増加、さきがけが二八・

六％で一三・二％の増加。共産党は、二三・一％で一三・一％の増加、新進党も一一・八％で三・九％減少した。

一九九五年一二月　オウム真理教に対し破壊活動防止法（破防法）への適用を認める。水俣病未認定患者救済策を決定。住宅金融専門会社（住専）の不良債権処理に財政資金の投入を決定。

内閣支持率は、二八・九％で〇・八％増、不支持率は、四八・〇％で一・二％増、「わからない」は、三二・九％で七・八％増。支持理由は、「他に適当な人がいない」九・九％、「首相を信頼する」六・六％、「だれでも同じ」六・五％、不支持理由は、「期待がもてない」二七・五％、「リーダーシップがない」二〇・一％、「政策がだめ」一一・八％であった。

地域別では、郡・町村が前月比四・三％増の三四・六％、一三大市は一・四％減の二四・七％、その他の市は〇・二％増の二八・一％。職業別では、自由業・管理職の一六・二％減の二三・三％、農林漁業の九・八％増の三六・二％などが目立った。性別では、男性が三〇・八％で二・一％の増加。女性は二七・四％で〇・二％の減少。年齢別では、二〇代が二三・〇％で二・九％の増加、三〇代が二一・八％で〇・七％の増加、四〇代が二二・四％で一・八％の増加、五〇代が三〇・七％で〇・一％の減少、六〇代以上が四〇・四％で四・四％の増加となっていた。

教育別では、（旧）小・高小（新）中学は三二・三％で一・九％の減少、（旧）中学（新）高校は二九・三％で二・六％の増加、（旧）高専・大学（新）大学は二四・七％で二・二％減少した。

支持政党別では、自民党が四五・四％で三・九％の増加、社会党が七一・六％で四・九％の減少、さきがけが五三・八％で二五・二％の増加となっていた。野党・共産党は二二・二％で〇・九％の減少、新進党は一一・一％で〇・七％の減少であった。

以上、月間別に村山政権の支持率動向を詳しくみてきた。次では、角度を変えて項目別にまとめて村山政権の支持率の動きをみていくことにする。

4　項目別支持率

地域別支持率　地域は一三大市、その他の市、郡・町村の三項目に分けて分析する。

まず一三大市における発足時の支持率は二九・九%、その他の市では三〇・五%、郡・町村では二七・八%であり、退陣時の支持率は一三大市が二四・七%、その他の市が二八・一%、郡・町村が三四・六%であった。一三大市でもっとも支持率が上昇したのは一三大市が二四・七%、その他の市が二八・一%、郡・町村が三四・六%であった。一三大市でもっとも七%であった。その他の市で最高の支持率となったのは、一九九四年九月の四三・二%であり、最低の支持率となったのは九五年一一月の二七・九%である。また、郡・町村では一九九四年九月の四四・六%が最高支持率であり、一九九四年七月の発足時の支持率二七・八%が最低支持率であった。なお、平均支持率は一三大市で三二・五%、その他の市では三四・四%、郡・町村では三七・八%となっていた。

職業別支持率　職業は農林漁業、商工・サービス業、事務業、労務業、自由業・管理業、無職の主婦、その他の無職、主婦＋その他の無職の八項目に分けて分析する。農林漁業における発足時の支持率は、二四・七%、退陣時の支持率三六・二%であった。最高支持率は、一九九五年一月の五五・四%で、最低支持率は、発足時の二四・七%であった。商工・サービス業での発足時の支持率は、三〇・六%、退陣時の支持率は二七・二%であった。最高支持率は、一九九四年九月の五〇・五%で、一九九五年一一月の二六・九%が最低支持率であった。事務業での発足時の支持率は、二六・六%、退陣時の支持率も二六・六%で、最高支持率は、九五年一月の四五・四%、最低支持率は、発足時および退陣時の二六・六%であった。労務業の発足時の支持率は、二七・三%で退陣時と同じ数字となっている。最高支持率は、一九九五年九月の三九・四%、最低支持率は、一九九五年一一月の二五・七%である。自由業・管理業の発足時の支持率は、二五・九%、退陣時は二三・三%、最高支持率は、一九九四年一一月の五二・八%、最低支持率は、退陣時の二三・三%である。無職の主婦では発足時の支持率が三一・四%、退陣時が二七・七%、最高支持率は一九九四年一二月の四〇・七%、最低支持率は一九九五年一一月の二六・八％であった。その他の無職では発足時の支持率は三九・一％、最高支持率は一九九五年七月の四七・六％、最低支持率は一九九五年一一月の三二・七％であった。主婦＋その他の無職では発足時が三三・九％、退陣時が三一・七％、最高支持率が一九九四年一二月の四三・一％、最低支持率が一九九五年一〇月の二五・一％という結果になった。

なお、平均支持率は、農林漁業で四二・七％、商工・サービス業で三四・四％、事務業で三三・五％、労務業で三二・九％、自由業・管理業で三五・六％、無職の主婦で三三・四％、その他の無職で四〇・五％、主婦＋その他の無職で三五・四％という結果がでた。

男女別支持率　男女別では、男性の支持率についてみると、発足時の支持率三一・六％、退陣時の支持率は三〇・八％であり、最高支持率は、一九九四年一一月の四三・三％で、最低支持率は、一九九五年一一月の二八・七％であった。女性の支持率については、発足時が二八・二％、退陣時が二七・四％、最高支持率が一九九四年九月の三八・一％、最低支持率は、退陣時の二七・四％という結果になっていた。

なお、平均支持率については男性の平均支持率が三七・八％であるのに対して、女性の平均支持率は三二・四％であった。

年齢別支持率　年齢別では、二〇歳代の発足時の支持率は一六・五％、退陣時の支持率は二三・〇％、最高支持率は、一九九五年一月の三三・一％、最低支持率は、発足時の一六・五％であった。三〇歳代の発足時の支持率は二五・〇％、退陣時の支持率は二一・一％、最高支持率は、一九九四年九月の三六・〇％、最低支持率は、一九九五年一一月の二一・一％であった。四〇歳代の発足時の支持率は二八・四％、退陣時の支持率は二二・四％、最高支持率は、一九九四年九月の四一・六％、最低支持率は退陣時の二二・四％であった。五〇歳代では発足時が三四・四％、退陣時が三〇・七％、最高支持率は四四・九％、最低支持率は退陣時の三〇・七％となっている。六〇歳以上では発足時の支持率が三六・一％、退陣時の支持率が四〇・四％であり、最高支持率は一九九四年九月の四九・〇％、最低支持率は一九九五年一一月の三六・〇％であった。

なお、平均支持率は二〇歳代では二五・六％であり、三〇歳代では二八・〇％、四〇歳代では三一・三％、五〇歳代では三七・三％、六〇歳以上では四三・五％となっていた。

教育別支持率　教育は、(旧)小・高小(新)中学、(旧)中学(新)高校、(旧)高専・大学(新)大学の三項目からなる。(旧)小・高小(新)中学における発足時の支持率は、三一・七％で、退陣時の支持率は三三・三％である。最高支持率は、一九九四年九月の四五・九％、最低支持率は発足時の三一・七％であった。(旧)中学(新)高校では発足時が二九・三％、退陣時が二九・三％、最高支持率が一九九四年九月の三九・〇％で、最低支持率は一九九五年一一月の二五・七％である。(旧)高専・大学(新)大学では、発足時の支持率が二八・三％、退陣時の支持率が二四・七％、最高支持率は一九九四年九月の四三・三％、最低支持率は退陣時の二四・七％であった。

なお、平均支持率は(旧)小・高小(新)中学で三九・二％、(旧)中学(新)高校で三三・四％、(旧)高専・大学(新)大学で三三・二％という結果になっていた。

五　おわりに

本章の冒頭でも述べたように蒲島氏は、村山政権発足に対する国民の意識が自社連立への戸惑いと自民党復権の拒否があったと指摘した。このことが発足時の支持率を大きく低下させる要因となった。また、その後の政権運営に関しても国民に強く訴えるものが少なかったことが村山政権の支持率を低迷させた理由の一つであるといえる。村山政権は、政策も支持基盤も理念も大きく隔たりのあった自民・社会両党の連立政権であったがそれゆえに、与党内の意見調整時間がかかるという問題を内部に抱えていたのはいうまでもない。また、互いの支持基盤への配慮のために課題が「先送り」されることも少なくなかった。これもまた、支持率を下げた要因となった。

村山政権のなかで一定の成果をあげたと思われる政策課題は、一連の戦後処理問題、被爆者援護法、従軍慰安婦問題、水俣病未認定患者救済といったものが挙げられ、一九九五年がちょうど「戦後五〇年」にあたった村山政権は、戦後処理問題を最大の政策課題と位置付け、これを処理していった。村山首相は、これらの政策に関して、退陣後次のように述べている。

「社会党委員長の私が総理になったことに、歴史的必然性を感じ、歴史的課題に取り組めといわれているような気持ちをもった。そして戦後五〇年の節目に総理になった私の任務は、自民党単独政権が積み残してきた問題に果敢にけじめをつけることだと考えた。それは被爆者援護法であり、従軍慰安婦問題であり、水俣病問題であった。それらの問題は、一〇〇％満足のいくものではなかったが、けじめをつけることができ、それなりに任務は果たせたと思っている」(4、一九九六年、一頁)。

また、村山政権について一九九六年一月六日付『読売新聞』の社説「やはり早期の総選挙が必要だ」では次のような評価を行っている。

「確かに、被爆者援護法の制定や、従軍慰安婦問題、水俣病補償などの懸案に一応の決着をつけた。決着内容の是非は別としても、長年にわたる保革の対立のいくつかが解消されたという点では、一定の成果をあげたといえるであろう」。

しかし、これらの政策は、非常に限定された人々を対象としたものであり、国民全体に及ぼす政策インパクトは低いものであった(6)。したがって、村山政権に対する支持動向を見るかぎりでは、戦後処理問題が支持率へと直接的に結びついている点はほとんど見出せない。

確かに「戦後五〇年」に関する問題は村山首相にとってほぼ思惑どおり進んだといえる。しかし、その他の問題では「苦渋の決断」を迫られる場面が多かった。たとえば、自衛隊、安保、日の丸・君が代等の基本政策の転換、破防法の適用、沖縄米軍基地強制使用問題、住専への公的資金投入などである。

村山政権の支持動向と照らし合わせると、これらの問題のなかで支持率に跳ね返ったと考えられるのは、基本政策の転換と住専への公的資金投入問題であった。というのも基本政策の転換は社会党党首である首相にとっては強い抵抗があった。しかし、国民には好意的に受けとめられたからである。本章で展開した世論調査の結果にもそれは明らかであるし、支持率も伸びていた。これに反して、住専問題が騒がれるようになった一九九五年一一月の支持率は最低の数字であった。

一方、阪神・淡路大震災やオウム真理教事件では村山政権の危機管理体制への批判、急激な円高への対応や景気対策への批判が相次いだ。さらに国民に三党連立の信を問う一九九五年七月の参議院選挙では社会党は大敗を喫した。これらは支持率や世論調査動向に明確に反映されていた。

以上において、村山政権の世論と支持動向についてみてきた。既に述べたように、村山政権は「戦後五〇年」に関しては一定の成果をあげた。しかし、二一世紀をにらんだ長期的な政治・経済面での展望については何ら明確に指針を打ち出すことができなかった。この点こそが村山政権時代の全般的な支持率の低さにもつながったのは否定できない。

コラム――社会党は「ダマスカスへの道」を歩んだのか

「ダマスカスの道」とは、キリスト教迫害の目的で、ガザからダマスカスに向かう途上で盲目となった後のパウロが、ダマスカスに至ってキリスト教に回心し、奇跡によって目が開き、やがてキリスト教の殉教者となったという使徒列伝の挿話に由来するものである。

一九九四年六月三〇日に自民・社会・新党さきがけによる連立政権が誕生した。いわゆる五五年体制のもとで対立してきた政権与党としての自民党と野党第一党としての社会党とが連立を組んだことは、内外に大きな衝撃を与えた。さらに村山首相は臨時国会の所信表明演説で、自衛隊は合憲、日米安保はこれを堅持、非武装中立は歴史的役割を終えた等、次々と社会党の基本政策を転換し、社会党の支持者をはじめ国民や世界の目を疑わせたのであった。

村山首相の発言は冷戦終結によって社会党議員の政治的態度や価値観、国際関係の現状認識が衝撃を受け、それが下地となって政権獲得によって一挙に回心したのだろうか。あるいは、この連立政権は政権獲得という共通利害で結ばれた政治的態度や価値観のまったく異なる政治集団の単なる連立にすぎないのだろうか。すなわち、連立政権は「ダマスカスへの道」であったのか、それとも数合わせだったのか。

堀江氏は一九九四年六月一四日付朝日新聞朝刊に掲載された全衆議院議員に対する面接調査の結果とその分析、九四年七月二七日付朝刊に掲載された村山首相の基本政策転換への賛否をめぐり社会党の衆参両議員を対象とした調査結果とその分析、村山政権発足後の九四年九月七日付朝刊に掲載された国連安全保障理事会の常任理事国入りをめぐり衆参両議院を対象とした調査結果とその分析、の三つの調査結果に二次分析を加えて村山政権をめぐる各党議員の政治的態度を考察している。まず政権をめぐる与野党議員の政治的態度では、①羽田政権成立後の解散総選挙、②内閣不信任案、③ポスト羽田内閣の政権形態、の三項目から分析を行っている。次に基本政策をめぐる与野党議員の政治的態度では、①税制改革、②地方分権、③不戦決議、④憲法第九条、⑤国連の常任理事国入り、⑥死刑制度、の六項目から分析を試みている。そして社会党の政策転換に対する社会党議員の政治的態度を、①自衛隊合憲答弁への賛否、②現状の自衛隊は合憲か否か、③「日米安保必要」答弁への賛否、④「非武装中立」答弁への賛否、⑤自衛隊合憲答弁にもかかわらず、今後も「護憲勢力」としての政策を展開できるかどうか、⑥「国旗・国歌の尊重と学校教育での指導の必要」答弁への賛否、の六項目に基づいて検証し、最後に与野党議員の政治的態度を五グループに分類している。

以上で明らかとなるのは、衆議院議員が羽田内閣末期という時点において、政権形態や内政外交にかかわる政策についてどのような態度を持ち、これら態度をめぐりどのようなグループが存在し、これらグループの議員が所属政党の方針とどのような関係にあったかであり、この結果から村山政権誕生に至る議員の動きをさぐることができると述べられている。　（以上7より）

引用・参考文献

（1）『読売新聞』。

（2）内田健三他『日本政治は蘇るか—同時進行分析—』（日本放送出版協会、一九九七年）。
（3）『朝日新聞』。
（4）金森和行『村山富市が語る天命の五六一日』（KKベストセラーズ、一九九六年）。
（5）内閣総理大臣官房広報室編『世論調査年鑑』（平成七年版、一九九四年）。
（6）野中尚人「先祖帰り？—連立政権時代における政策過程の変容」『レヴァイアサン』（一九九八年、臨時増刊号）。
（7）堀江湛「社会党政権の成立は『ダマスカスへの道』か—村山内閣成立をめぐる各党議員の政治的態度—」（『法学研究』六八巻一号、一九九五年）。

第一〇章　村山内閣と東南アジア

伊藤　重行

一　はじめに

本章では、村山内閣が成立した一九九四年六月三〇日から辞任発表をした一九九六年一月五日までの東南アジアに対する政策について考察する。この内閣が成立した経緯については十分知られていることであるが、その前の羽田内閣の総辞職による自由民主党、日本社会党、および新党さきがけの連立に始まる。日本社会党が政権に入ることには多くの国民が驚いた。しかしそのことによって日本の政治のあり方が大きく変わったことをみれば、日本社会党にあっても村山富市という人物によって初めて政権に入ることを契機にして大転換が可能となったといっても過言ではなかろう。彼の東南アジア政策は、既存の日本政府が推進していた政策から特別に変わったものがあったかといえば、否であるが、しかし既存の日本政府が積極的に展開できなかった戦後処理問題に対して積極的姿勢で対処した点で歴史的評価を与えることができよう。彼の政治思考と彼自身の謙虚な性格がそうさせたものと結論できるかも知れない。これまでの日本の外交政策の継承に彼の力点があったと見れば、問題点として挙げることはないが、もう少し独自性を出しても良かったのではないのかとみれば、多くの問題点を指摘できるだろう。とはいえ多大の迷惑をかけたアジア諸国に対する村山総理の「内閣総理大臣の談話」(1、一六九頁―七一頁)は、その意味の重大さから歴史的記録として残ると考えられる。

二　村山富市首相の東南アジア訪問外交に対する各国の評価

一九九四年六月三〇日に自由民主党内の内部調整によって、全く偶然であろうか、あるいは歴史的必然であろうか、村山富市日本社会党委員長は、第八一代総理に選出され、「自社さ政権」のまとめ役としての役割を果たす政権を成立させた。彼は政権につくと、七月九日に北朝鮮の金日成の死去と相まって、直ちに韓国を訪問し日韓首脳会談をもった。そこでこれからも日韓関係は重要であり、また北朝鮮の動向についても見守っていくことで意見の一致を確認した。それから一カ月後に彼は東南アジアの公式訪問に旅だった。その目的は、第一に、従来の基本的外交方針の継承とアジア重視政策の確認、第二に、冷戦終結後のアセアン諸国とベトナム、ラオス、カンボジアなどインドシナ諸国間の一体化により、東南アジア新時代での新たな日本・東南アジア協力関係の構築、第三に、アジア・太平洋地域の中核的な存在となってきたアセアン諸国との対話の促進にあった(2、一〇頁)。日程は、以下の通りである。

訪問先	フィリピン	一九九四年八月二三日―二五日
	ベトナム	一九九四年八月二五日―二六日
	マレーシア	一九九四年八月二六日―二八日
	シンガポール	一九九四年八月二八日―三〇日
	インドネシア	一九九四年一一月一二日―一五日

1　フィリピン訪問（一九九四年八月二三日―二五日）

東南アジアへの村山富市総理大臣の第一番目の訪問国は、フィリピンであった。フィリピンの大統領府・マラカニアン宮殿でラモス大統領と会談し、これまで通り両国の関係強化が確認された（3、三〇頁）。そこでの会談の焦点は、元従軍慰安婦問題であった。村山総理は、「おわびと反省の気持ちをわが国がどう表すか、できるだけ早期に結論を出したい」と約束して、女性のための職業訓練センターの設置や歴史研究、青少年交流を含む各種施策の具体化を検討していることを伝えた。またラモス大統領は、「過去の問題は日比間における黒い雲だが、いつまでも先の大戦をうんぬんするのではなく、未来に向かって進むべきだ」と、未来志向の姿勢を打ち出した。さらに日比混血児問題にも前向きに取り組むように求めた。村山総理はこれらの問題に対して前向きに取り組むように約束して会談を終えた（4、七四頁）。公式な論調は上述のようであったが、しかし東南アジアの新聞は、村山総理訪問前の桜井新環境庁長官の「日本はアジア侵略戦争をリードしたくなかった」といった発言、そういった後での彼の辞任をすばやく報道したし、またフィリピン婦人問題保護機構のサンチョ会長の「村山総理滞在中、日本大使館と彼のホテルにデモをかける」といった発言を掲載して、フィリピン側の立場を明解に報道していた（5、Aug. 21, p.17）。

2　ベトナム訪問（一九九四年八月二五日―二六日）

フィリピン訪問を終えた村山総理は、次に一九七六年の南北統一後、初めて日本からのベトナム訪問を果たした日本代表の人物になった。この訪問の意義については、どのように考えても両国にとって非常に大事であったといわざるを得ない。ベトナム戦争で米国に勝利したベトナムにはベトナムのプライドがあったし、また日本側は米国のベトナム政策を気にし、独自の政策を遂行できるまでになっていなかったからであった。このように明言できるのは、一九九四年春に米国のベトナム政策が変わった後に日本の代表である村山総理が行ったことから明らかである。

ベトナムのボー・バン・キエト首相と村山首相は、会談で日越新時代を語り、村山総理がドイモイ政策を支持する一方で、ベトナム首相が日本の対ベトナム政府開発援助の増額を求めたのに対して前向きに検討することを約束し、さらに今後政治対話の促進と外務次官級協議を新設することで合意した(4、七四頁)。戦争問題では、キエト首相の「過去の扉を閉ざして、ともに未来へ歩こう」の発言は、両国にとってこれからの関係を大事にしていこうとするメッセージであったと考えられる。

今回の村山総理のベトナム訪問時にベトナムとの間で調印した条約には、以下のものがある(6、二四〇一―三一頁)。

1	第一次初等教育施設整備計画のための贈与取極	一四億四六〇〇万円
2	第二次ハノイ市ザーラム地区上下水道整備計画のための贈与取極	二七億六六〇〇万円
3	カントー大学農学部改善計画のための贈与取極	一五億一八〇〇万円
4	ハノイ市医療機材整備計画のための贈与取極	一一億二六〇〇万円
5	チョーライ病院改善計画のための贈与取極	八億七七〇〇万円
6	青年海外協力隊派遣取極	

以上のような取極の中で、青年海外協力隊派遣取極を除く他の五つは、贈与取極で約七七億円にものぼるものであったため、新聞は「村山はベトナム支援を約束」という見出しを付けて報道した。そして昨年度も同額程度の支援をしたので、世界最大の贈与者となった。がしかし世界の投資国として日本は、台湾、香港、韓国、オーストラリア、シンガポール、マレーシアに次ぐ七番目であり、日本の投資家たちはさめた目で見ていると報じている(5、Aug. 25)。

3　マレーシア訪問（一九九四年八月二六日―二八日）

二日間滞在のベトナム、その中で六つもの条約締結で多忙を極めた村山総理は、次の訪問国のマレーシアに向かった。そこでは三日間の滞在であった。マハティール首相は、進言として「日本が五〇年前に起きたことを謝まり続けるのは理解できない。現在から未来に向かって進めるべきだ。……また日本の国連への常任理事国入りを支持」と記述されている（4、七四頁）。だがマレーシアの新聞では、その一面見出しそのものが「マレーシアは日本がEAEC（東アジア経済協議体）形成から得る利益のことを理解するよう望んでいる」（5、Aug. 28）というものであった。その内容を読むと、EAECは、開放的地域主義であり、多国間貿易体制堅持であると述べ、それは地域の経済発展に非常に貢献するものとなることから日本の参加が自然なものであると促している。さらにマハティール首相は、世界経済をEU、NAFTA、ASEANを含む東アジアの三極化傾向に言及し、排他的経済グループ化をEAECは目指すものではないと村山総理に夕食会で語ったとしている。

また日本の国連での国際的役割を積極的に果たすことを歓迎する一方で、これからの日本との相互互恵的経済交流の強化促進について言及している。最後の記事の所で、村山総理は娘のナカハラユリさんと一緒に来訪し、その娘さんが孤児院を訪問、そこで孤児を抱いているところを写真入りで詳しく報道している。同じ新聞の国内版の見出しは、「村山、東アジア経済協議体を真剣に考える」（5、Aug. 28）となっている。このことは、マレーシア側が日本に何を期待していたかが明確である。その後日本は、どのようにマレーシアのEAEC構想に対処しただろうか。日本政府はマハティール首相の期待に対して消極的であったことは事実であり、多くの民間人が心配してEAEC構想支持を打ち出したのであった。だがどうもその後の動向を見てみると、米国と韓国の反対、日本の消極姿勢、オーストラリアやニュージーランドとマレーシアの対立、アジア・太平洋経済協力会議（以下APECと略す）との違いを明確にできなかったようで、EAEC構想は構想に終わったように見受けられる（7、五八―六三頁）。

4　シンガポール訪問（一九九四年八月二八日―三〇日）

マレーシア訪問を終え、村山総理は次の訪問国、シンガポールに向かった。当地の新聞見出しは、「村山、東南アジア訪問最後の行程ここシンガポールに着く」というものであった（5、Aug. 29）。その報道の内容は、控えめであったといえよう。まず村山総理の公式訪問は日本の外交政策を説明するものであり、彼の娘やその他の外交団員と共にシンガポール入りし、公式行事としてゴ・チョク・トング首相、オン・テング・チョン大統領、リ・クアン・ユー前首相などとの会談および会食を行うと報道していた。次に新聞社とのインタビューで、村山は日本がシンガポールを地域と地球的問題を話し合うパートナーになってもらいたいと語り、日本占領時に亡くなった犠牲者を慰霊している慰霊塔に参拝、日本からの初めての公人として献花をし、さらに占領時日本軍に殺された四地域の代表者と会談したことを語った。この墓地訪問を受けた外務大臣ジャクマール教授は、報道機関のインタビューでこの村山首相の墓地訪問が日本の首相としての、また日本政府の行為として極めて重大なことであったと述べている。

さらに新聞の文面は、村山総理の犠牲者慰霊塔での行動（つまり献花をし、頭を下げ、黙祷をし、一分間そのまま不動で立ち、その後その慰霊塔の周りを回り、また頭を下げ、一分間ぐらいの黙祷後、記帳したこと）を実に詳細に報道しているのである。

以上のように、シンガポールはこの村山総理の訪問を日本占領時を中心にした視点、そしてシンガポールの国民向けに日本全体の過去と現在の動向を伝えようとした報道であったといえよう。村山総理に同行していた娘の動向についても、実に詳しく履歴書風に報道していた。

前日の控えめな報道から一転して、次の日の第一面の新聞は「日本は積極的な地域の役割を果たさなければならない、とゴ首相語る」と報じた（5、Aug. 30）。シンガポールと日本の間での経済協力の拡大発展、シンガポールの産業構造改善のための日本の協力、東南アジアの第三国に対する両国の投資協力の可能性、東南アジアの第三国の人材育成のための共同事業の拡大などが両首相によって話され、両国共同で国際シンポジウムを東京で開催することに合意したと報道されている。

またシンガポール側の歓迎会食の席で、ゴ・チョク・トング首相は、日本がアジア・太平洋諸国と共に歩むことを長きにわたって理解してきた国であり、一九七六年には故三木武夫首相の汎太平洋共同体構想や一九七九年には大平内閣のアジア・太平洋構想などがあったとほめ称え、今日のAPECやアセアン地域フォーラムに対する日本の指導者的態度を高く評価したいと述べた。そして二〇三〇年までには、経済の重心をこのアジア・太平洋に移すよう努力し、この地域に住んでいる人々に輝かしい未来を享受するようにしたいものと語った。その言葉を受けた村山首相は、シンガポールはアジアのみならず世界で最も成功した経済発展モデルを提供した国とほめ称え、長きにわたって培ってきたお互いの友好関係を今後も続くよう希望すると共に、二一世紀はアジアの世紀であると確信すると述べ、終えたと報道されている。

このシンガポール訪問は、シンガポールの立場から見ればリ・クアン・ユー前首相が語ったように「過去からの決別」であっただろうし、また新世紀に向けてシンガポールと日本との協力関係強化、さらには日本の役割を再認識させるものであったといえよう(4、七四頁)。

5　インドネシア訪問(一九九四年一一月一二日―一五日)

村山総理のインドネシア訪問は、上述のフィリピン、ベトナム、マレーシア、シンガポールの四カ国訪問とは別のインドネシアのジャカルタで開催されたAPECが初めてであった。しかし日本とインドネシアの関係は、その経済協力関係の数字を見るだけで十分であろう。日本からの政府開発援助資金は、アジア諸国の中で第一位を占め、また直接投資の累積額も世界で第一位になっていることがこれら両国の関係の深さを物語っているし、両国の要人往来の頻度から見てもそうであるといえる(1、二八五―六頁)。

ＡＰＥＣの中で、シアトル以来の閣僚会議が一一日—一二日にジャカルタで開かれ、六回目を迎えたこと、一五日にボゴールで非公式首脳会議が開催されたこと、さらにインドネシア、米国、中国、韓国の首脳と会談を持ったことをまず記しておこう。そしてまたこのＡＰＥＣでは、村山総理が一九九四年八月にフィリピン、ベトナム、マレーシア、シンガポールの四カ国訪問、特にシンガポールが提案した様々なプロジェクトがこの会議の中に登場していることが散見されるし、その他の東南アジア諸国やそれ以外のアジア・太平洋地域の首脳と面識を持つのに絶好の機会であった。

ＡＰＥＣの閣僚会議共同声明によれば、この会議で経済動向及び諸問題、貿易及び投資の諸問題、賢人会議第二回報告、太平洋ビジネス・フォーラム報告、人材育成、公共及び民間インフラストラクチャーの改善における協力、中小企業、首脳のヴィジョン及びイニシアティブの実施、ＡＰＥＣ作業計画、機構問題、その他が議論されたと報告されている(1、三一—六八、二二二—二二頁)。

以上の中でも、特に貿易及び投資の諸問題の中で議論され、その結果貿易と投資の自由化促進に大きな成果があったといえよう。このことは、世界貿易機関(ＷＴＯ)設立を視野に入れたもので多角的自由貿易体制の下でより一層の貿易と投資の自由化を求められることからＡＰＥＣ加盟国内でも促進しようとしたものである。具体的には、域内の製品規格、輸出手続きの統一、相互承認を推進する基準・認証枠組みの宣言、企業の非拘束的で自由な投資の促進などが議論され、総論的合意を得た。またもう一つの成果は、村山総理とゴ・チョク・トング首相が八月に話し合った人材育成の件が、今回インドネシアのイニシアティブでアジア・太平洋地域での人材養成枠組み宣言として合意をみたという点であった。これはアジア・太平洋地域の多様性を理解し、より一層の開発協力のためにどうしても必要であると加盟国がお互いに認めたことを意味する。この点で河野外務大臣の「貿易、投資、自由化と開発協力は車の両輪である」という言及から先進国、途上国を問わず、それぞれの経験と技術を生かした支援ネットワークの形成を目指そうといった提案は広く受け入れられたと見てよいであろう(8)。以上のような成果を踏まえた上で、一五日にボゴールで開かれた非公式首脳会議でも地域内での貿易と投資の自由化という今後の政治的方向性を示したこと、域内ブロック化を避け、多角的自由貿易体制に向かうことを確認し、ＡＰＥＣは閉幕した。

村山総理にとっては、学んだ点も多かったと同時に、自らの考え、そして日本の外交政策の常道を確認できたインドネシア訪問であったと思われる。

三　村山富市首相の東南アジア訪問外交の重点策と「内閣総理大臣の談話」

村山総理の八月のフィリピン、ベトナム、マレーシア、シンガポールの四カ国訪問で彼が公的に会談し、日本の代表として語った内容からの重点策をここでまとめてみることにしよう。また七月の総理就任直後の韓国訪問、さらに一一月のインドネシア訪問も考察の対象にして総合的にここで論じてみることにしよう。

彼の四カ国訪問の最後の地、シンガポールの報道関係者との会談で、総括的な発表をした。それは、彼村山総理の東南アジア訪問外交の重点策と置き換えて見ることもできる。

第一に、彼は日本と東南アジア諸国との関係拡大のイニシアティブを取ることを約束した。

第二に、彼は日本が軍事的脅威とはならないこと、核を製造しないし、また所有もしないこと、さらにもっぱら防衛指向政策のみを堅持することを約束した。

第三に、彼は日本のアジア政策としてアセアン諸国と共にさらなる発展のためのパートナーシップを組んで共に歩むことを約束した。

第四に、日本の政府開発援助の拡大、私企業の投資と貿易の拡大、人材育成に協力することを約束した。

第五に、日本はインドシナ諸国の経済発展のためのアセアンの努力をより一層支援することを約束した。

第六に、日本はAPECのフォーラムやアセアン地域フォーラムを推進することでアジア・太平洋の地域協力の拡大高揚を約束した。

第七に、日本は東南アジア諸国との協力を通じて、環境、人口、麻薬、エイズなどの問題解決に努力することを約束した。

第八に、日本は第二次世界大戦中にこの地域の人々に耐え難いほどの苦しみと悲しみを与えたことに対して常に心にとめておくことを約束した。

第九に、日本はアジア近隣諸国とのそれまでの関係の歴史を直視し、子孫に伝え、これからより一層の相互理解を深めるように努め、これから未来を担う若者の交流を促進することを約束した。

以上のような約束に加えて、村山総理は各国の繁栄と、より一層の経済成長に非常に期待しており、また高い見地から東南アジア諸国がアジア・太平洋地域での中心的役割を果たすこと、地球的安定と繁栄に向けて関心を拡大することを望むと言及した(5、Aug. 30)。

村山総理は、東南アジア訪問、韓国訪問、そして日本社会党時代に培った哲学と思想、未来を洞察する思考から一九九五年八月三一日に「内閣総理大臣の談話」として世界に向けて発信した(1、一六九—七一頁)。その内容は、おおよそ上記のシンガポールでの記者会見のなかで言及したものと一致している。彼は、経済大国日本が軍事大国日本にならないようにするために、相当の抵抗があったが、自分が総理になった意味はそのためだといい、このことについておっかなびっくりにも彼を支持する政治家が多くなったという(9、三三—四頁)。彼のこの談話によって二〇世紀初頭から中期まで続いた日本の対外膨張政策に対する最終声明として決着し、朝鮮半島の植民地化、日中戦争、大東亜戦争、日米対決と第二次世界大戦への日本の反省として受け入れられることを希望するものである。

四　村山富市首相の東南アジア訪問外交に対する総括的評価と問題点

村山総理の東南アジア訪問外交は、多くの点で高い評価をすることができよう。フィリピン訪問での会談の焦点は、元従軍慰安婦問題であった。村山総理は、「おわびと反省の気持ちをわが国がどう表すか、できるだけ早期に結論を出したい」と約束して、女性のための職業訓練センターの設置や歴史研究、青少年交流を含む各種施策の具体化を検討していることを伝えた。また日比混血児問題にも前向きに取り組むよう約束した。

ベトナムのボー・バン・キエト首相との会談では、日越新時代を語り、村山総理がドイモイ政策を支持する一方で、ベトナム首相が日本の対ベトナム政府開発援助の増額を求めたのに対して前向きに検討することを約束し、さらに今後政治対話の促進と外務次官級協議を新設することで合意した。さらに言葉ではなく、実質的に条約締結による両国間の協力関係強化策を実行に移したことが信頼醸成となり、成果は大である。

マレーシアのマハティール首相との会談では、もっぱら彼からのEAECの談義であったといえよう。新聞の国内版の見出しは、「村山、東アジア経済協議体を真剣に考える」となっていた。このことは、マレーシア側が日本に何を期待していたかが明確である。村山総理は「話を聞いた」だけで納めたいようである。だが毎日新聞特派員・大野俊氏によれば、マハティール首相は、日本にEAEC構想の実現のために、「日本が五十年前のことを謝り続けるのは理解できない」とか「五十年前のことで補償を求めるとなると、その前の(欧米)の植民勢力への要求はどうだとなる」とリップ・サービスしたのではないかと書いている(10、九四頁)。仮にそうだとしても、的を射た発言であると評価できないであろうか。アジア経済の強力な発展とアジア文明の世界参加が実現した後での後世の歴史家の評価は、マハティール首相の発言を公平にして正義であると評価するものと考えられる。マハティール首相の発言にフィリピンは反対したとのこと。村山氏はどのように考えているか伺ってみたいものである。

シンガポールのゴ・チョク・トング首相、オン・テング・チョン大統領、リ・クアン・ユー前首相との会談では、シンガポールのこの地域での前向きな姿勢がそのまま現れていた。それに相槌を打ちながらも、村山総理の目的とした日本占領時に亡くなった犠牲者の慰霊塔への参拝は、日本からの初めての公人として献花をしたので高く評価したい。シンガポールはこの村山総理の訪問を日本占領時を中心にした視点、そしてシンガポールの国民向けに日本全体の過去と現在の動向を伝えようとした報道にあったと思えるが、老練な総理がうまくこなしたと評価できよう。

インドネシアのスハルト大統領との会談は、ジャカルタで開催されたAPECが初めてであった。村山総理はこれまでの関係継続を約束したにすぎない。それにしても日本とインドネシアの関係は、その経済協力関係の数字を見るだけで十分であろう。日本からの政府開発援助資金は、アジア諸国の中で第一位を占め、また直接投資の累積額も世界で第一位になっている。しかしあまりにも日本はインドネシアに深入りしていると考えられないだろうか。スハルト体制下での開発独裁に批判が多くなってきたし、非民主政治に対する非難や人権問題もかかえている国である(11、二〇二―七頁)。

結局のところ、村山総理の東南アジア訪問外交に対する総括的評価は、上記のように多くの点で高い。問題点は日本の代表として日本の立場を説明したに過ぎず、過去の問題処理に終始したに過ぎないといえよう。それだけでも良いという評価もまた一方にある。新世紀の真なる指導者は、少なくとも英語で会談ができるくらいにはなってもらいたいものである。そうなるならば、それだけで日本の役割が倍以上に評価されることになるであろうからだ。

五　おわりに

村山富市氏は、歴史の過程的流れと時代の要請で内閣総理大臣の椅子に座らされ、また日本国の首相となり過去の政権政党ができなかった戦後処理問題に終止符を打った。と同時に日本社会党の路線変更を時代の要請に応じて成し遂げ、今日、社民党の長老として今なお日本外交で活躍している人物である。彼は、大分弁の「そうじゃのう」を連発しながらも、人の心を抱握し、したたかに自らの意志を表し目的を実現していく人物である。

同様に、彼の東南アジア訪問外交の会談においても、東南アジア四カ国のしたたかな首脳を説得し、自らの意志を通し、日本のために尽くしてきた。彼の「内閣総理大臣の談話」は、アジア諸国にとって高い評価が与えられ歴史的に残っていくであろうし、また後世の日本の政治権力者に正道を歩むように要請する道程図となろう。

彼が東南アジア訪問外交の会談においてのみならず、他の重要な会談においてもひょうひょうと事を治めることができるのは、第二次世界大戦時の軍事訓練や学生時代の哲学研究に根源がある。また彼の記録から見て、社会党に入り、活躍したのも、あの北海道池田町のワイン町長で有名になった丸谷金保氏に師事したことからであろうと想像できる(12、二三八—二三一頁)。長い間に培ってきた彼の信念が彼を政治家にさせ、最近の北朝鮮問題の解決に向かわせたに違いないと読みとることができる。

コラム1——「パシフィック・アジア」から「アジア・パシフィック」(アジア・太平洋)へ

この九州産業大学に勤務するようになってから、私のゼミナールは「国際関係及び日本近隣諸国の研究」というテーマを約二〇年間変更してこなかった。その理由は、一九七六年に米国ペンシルベニア大学で開催された国際会議と米国二〇〇年祭に関係しているとは誰もが知らないことだ。もちろん、その時の会議の大テーマは、地球環境問題であったが。その会議にはカーター大統領と組んだロックフェラー副大統領が出席し、スピーチをおこなった(私は一九九七年五月には、米国のロックフェラー財団関係の友人からの誘いで、イタリアのコモ湖の中世風の城のロックフェラー財団所有の「ベラジオ・スタディー・カンファレンスセンター」での会議に参加し、素晴らしい一時を過ごした)。日本からは戦後日本から初めて国連機関で働いた元外務大臣の大来佐武郎博士が出席していたし、またこの会議には世界から多くの指導者が招待されていた。

この会議のコーヒーブレイクで話されていたことが、その後の私の耳から離れなかった。それは「宇宙船地球号」「地球環境」と「パシフィック・アジア」という言葉であった。前者二つはローマ・クラブが専門に研究してきたことであり、後者は、今は誰でも知っていることだが、その時の私には初めての言葉であった。つまり二一世紀はアジアの時代であることに対するヨーロッパ発の言葉であったのだ。今は、「パシフィック・アジア」をひっくり返して「アジア・パシフィック」、すなわち「アジア・太平洋」になっているのだ。どうしてひっくり返すことができたのか。それはアジアの指導者の発言が強くなったからであり、またアジアの経済が強力に発展をしたからである。余談だが、日本一といわれている大学の教授の著書を読んで、そこに「パシフィック・アジア」と記されていたので苦笑した覚えがある。そのような大学の教授の無思想は恐いと思った。無思想では新しい世界秩序を創造できないと今は気づいたであろうか。

コラム2——東南アジア諸国との交流

私が九州の福岡にやってきた二〇年前、福岡市で「アジア・太平洋博覧会」(俗称「よかトピア」)が開催された。本当にその時は驚きと共に、すごい福岡と思った。仕掛人は情報通の新市長であった。その市長の努力の結果、今、福岡には「アジア・太平洋」と名の付く施設、道路、プロジェクトが多くある。

私が米国の国際会議で聞き、そして学んだ新しい言葉の「アジア・太平洋」が、今勤務している大学で私のゼミナールに反映し「国際関係及び日本近隣諸国の研究」というテーマを約二〇年間変更してこなかった理由が理解できたと思う。それだけ思い入れが強いのである。それ故、このゼミでの国際関係はアジア・太平洋地域を指し、日本近隣諸国は東南アジアと北東アジアの諸国としてきたのであった。

しかし学生からは私の講義に対して違和感を覚えるという苦情を聞く。彼らは欧米に関心があり、心まで汚染しているといってみても、どうにもならない。認識のずれが大きいのだ。そこで毎年、ゼミ研修旅行として東南アジアを主にし、アジア・太平洋に行くことにしている。村山元総理も行って謝罪してきたことでもあるし、真の現場を見せることが一番。ベトナム、マレーシア、フィリピン、シンガポール、インドネシア、台湾、韓国、中国などを訪問してきた。彼らにはアジア蔑視といった意識があるのではなく、ただ無知なのだというのが結論である。大人の側の教育、情報の伝え方によるのだ。この研修旅行と交流を通じて、多くの大学や研究機関のお世話になった。最近、卒業生の中から東南アジアの情報に関心を持ち始めていると電子メールで報告してきている。教育的効果を出すには、本当に苦労するものである。アジアがアジア・太平洋の秩序形成を通じて、地球文明に貢献するにはまだ先のことかも知れない。

引用・参考文献

(1) 外務省編『外交青書一九九五』第Ⅰ部。
(2) 外務省編集『世界の動き』(一九九四年、五五四号)。
(3) 外務省編　『外交青書一九九五』第Ⅱ部。
(4) 『世界週報』(一九九四年九月二〇日)。
(5) *The Straits Times.*
(6) 外務省条約局『条約集』(平成六(一九九四)年二国間条約)。
(7) 寺田貴「ＡＰＥＣにおける日本の役割」『外交フォーラム』七九巻(一九九五年四月号、世界の動き社)。
(8) 外務省編集『世界の動き』(一九九五年、五五七号)。
(9) 村山富市(辻元清美インタビュー)『そうじゃのう……』(一九九八年、第三書館)。
(10) 大野俊「マハティール波紋呼ぶ発言」(『アジア時報』二九四号、アジア調査会、一九九四年)。
(11) 平和・安全保障研究所編「インドネシア」『アジアの安全保障―一九九六～九七』(一九九六年、朝雲新聞)。
(12) 村山富市「あの頃をふりかえって」(明治大学雄弁部編『明治大学百年の顔』暁書房、一九九七年)。

(本論文作成にあたって、村山富市衆議院議員の事務所の佐々木美枝さんに資料提供のお世話になった)。

第一一章　村山内閣と米国
——日本社会党の対米観の変遷を中心に——

浅野　一弘

一　はじめに

一九九四年六月二九日、村山富市・日本社会党(以下、社会党と略記する)委員長は、第八一代目の内閣総理大臣に指名された。首相就任直後、村山首相は、第二〇回主要国首脳会議(サミット)出席のため、空路イタリアのナポリへと向かった。ナポリ・サミットにさきだち、村山首相は、ビル・クリントン大統領とのあいだで日米首脳会談をおこなった。これが、村山・クリントン両首脳によるはじめての顔合わせとなった。

ナポリ・サミット後、村山首相は、初の所信表明演説で、「私は、日米安全保障体制を堅持しつつ、自衛隊については、あくまで専守防衛に徹し、国際情勢の変化を踏まえてその在り方を検討し、必要最小限の防衛力整備を心がけてまいります」と語った。

この村山演説をめぐって、社会党の対米観が一変したとの批判が投げかけられた。はたして、そうした非難は的を射ているのであろうか。社会党の対米認識は、このとき劇的な変化をとげたのではなく、戦後、漸進的に変容してきたとみるほうが適切ではなかろうか。これが、本章の問題意識である。

そこで、本章においては、以上のような認識にもとづいて、社会党の対米認識の変遷を中心に検討する。論述の順序としては、まず第一に、村山政権以前におこなわれた社会党訪米団の成果についてふれる。これにより、従来、社会党が抱いていた対米観の一端が浮き彫りとなろう。つぎに、都合四回におよぶ、村山・クリントン会談の概要を紹介する。そして最後に、村山政権の意義について、若干の私見を述べてみたい。

二　社会党の訪米団

周知のように、従来、社会党は米国を〝敵視〟し、与党・自民党の対米外交を「米国追随」と批判してきた。しかし、反米的な態度をとっていた社会党も、戦後、五度にわたる訪米団を派遣している。そこで、本節では、五回の訪米団の目的およびその成果を概観し、社会党の対米観の変遷をかいまみることとしたい。

1　河上訪米団

一九五七年九月二八日、社会党顧問である河上丈太郎氏を団長とする一行が、米国へ向けて、空路羽田空港を飛びたった。訪米団の団員は、河上団長をはじめ、曽祢益・企画局長、森島守人・国際局国際団体部長の三人であった。このほか、河上団長の夫人・河上末子氏が随員として加わった。

出発にあたり、河上団長は、「我々はこれから約一カ月にわたり、米国各地を訪問して官民との接触をはかり使命の達成に努めたい。我々は社会党の基本方針を中軸としつつ岸首相、藤山外相などの訪米によって必ずしも正確に伝えられていない日本世論のアメリカに対する批判や要請を先方に伝えるとともに社会党の政策などについて、先方の理解を深めたい。会談にあたっては日米間に横たわるすべての重要な問題、たとえば安全保障体制、軍事基地および駐留軍撤退の問題、沖縄、小笠原問題、通商制限問題などのほか核兵器、軍縮問題、中国問題などの国際平和の諸問題ならびに憲法問題を含む内政問題にも当然ふれることを予想している」と述べた。

この河上談話からもわかるように、同年六月には、岸信介首相が訪米し、ドワイト・アイゼンハワー大統領とのあいだで首脳会談をおこなった。当該会談において、日本側は、自主的防衛努力の決意を表明した。これにたいして、米国側は、「日本の防衛力整備計画を歓迎」したのであった(1、第二部第三章参照)。

社会党は、このような岸首相の対米姿勢をつよく批判し、岸外交を非難の的とした。

こうした状況のなかで、河上訪米団は米国へと派遣された。同訪米団が、米国滞在中に接見した政府要人は、ウォーレン最高裁判所長官、ジョンストン大統領顧問、ラーソン対外情報局長官、ダレス国務長官、ロバートソン国務次官補、マーフィ国務次官代理らであった。

これら米国側要人のうち、社会党訪米団につよい印象を抱かせたのは、以下の三名であったという(2、一九五七年一〇月二〇日、二面)。第一に、ウォーレン最高裁判所長官である。ウォーレン氏のマッカーシズムや人種差別問題にたいする進歩的な態度ならびにジラード事件についての理解に関して、河上団長は、「自分の賛同し、かつ歓迎するところである」と述べ、同長官の姿勢をたかく評価した。

つぎに、ロバートソン国務次官補の対応である。同氏は、国際共産主義にたいして堅固な不信感を抱いており、米ソ冷戦のさなか、力には力で応じなければならないとの主張を繰り返した。これには、河上団長は、「我々の賛同しえないところであることはいうまでもない」と、嫌悪感をあらわにした。そして最後のマーフィ氏についてであるが、同氏は、社会党の政策にたいして真摯な姿勢で耳を傾け、その詳細に聞き入ったという。

しかしながら、なんといっても、今回の社会党訪米団の会見のうちで、もっとも注目を集めたのは、ダレス国務長官とのものであったろう。河上団長は、ダレス氏にたいして、日米安全保障条約の解消、核実験の即時無条件停止、沖縄・小笠原返還、日米間の通商問題および中国問題の五項目を社会党の政策として伝えた。これを受けたダレス長官は、「これらはいずれも日米両政府間の交渉題目となっているのだから、ここで社会党といま交渉するわけにはいかぬ。社会党が政権を担当したらそのときに交渉する」と、辛辣に返答した。

このダレス発言からみて、今次訪米団の主要任務の一つである、「日本社会党が近く日本において政権を担当する資格を備えた政党であることを説明」(3、一九五七年一一月三日、二面)する目的は、完全に失敗に終わったといえよう。

他方、もう一つの任務である、「社会党の外交政策を率直にアメリカの指導的な立場の人々に知らせること」に関しては、一定の成果が得られたようであった。それは、約一カ月間という長期旅程において、河上訪米団が、社会党の大物トーマス氏、ニューヨーク・タイムスの最高幹部、タイム・ライフ社の社長、ハーバード大学の教授陣、デューイ共和党前大統領候補、スチーブンソン前民主党大統領候補、ハリマン・ニューヨーク州知事ら、各界各層の人々と会見した事実からも明白であろう。

このことは、「党訪米使節団の報告書」のなかでも指摘されているように、「ワシントン行政府乃至は国会の要路との会談のみに重点を置くことなく、却ってアメリカの世論形成に影響力のある民間各界の指導者との接触を重視した」結果であった(4、一九八頁)。

ところで、今回の米国訪問において、河上代表団は、「日米安全保障条約を双方の合意によって終了し、同時に中ソ友好同盟条約の解消と、日米中ソ四カ国を中心とする、アジアの新しい相互不可侵、安全保障条約を結ぶ必然性を力説した」とのことであった(4、一九九頁)。しかし、右でみたように、米国側政府要人は、このアイディアにまったく関心を示さなかった。

それは、帰国後、河上団長が『朝日新聞』(一九五七年一一月三日、二面)紙上に発表した「荒地にくわを入れてきた」と題する手記をみれば明らかであろう。このタイトルが指し示しているように、社会党の第一回訪米団は、次回以降の代表団派遣のための〝地ならし〟的な役割をはたしたにすぎなかったのだ。

2　江田訪米団

一九七五年九月一六日、江田三郎・副委員長を団長とする一団が、米国へ向けて出発した。メンバーは計六名からなり、団長のほか、小林進・衆議院議員、河上民雄・衆議院議員、上田哲・参議院議員、田英夫・参議院議員および杉山正三・国際局副部長が参加した。

江田代表団の派遣は、前回の河上訪米団以来、じつに、一八年ぶりのことであった。

では、なぜ、これほどまでの期間、社会党と米国との直接対話が途絶えてしまったのか。その理由として、今次訪米団のメンバーである河上民雄氏は、つぎの三点を指摘している。第一が、中国との国交問題である。これは、従来、社会党が中華人民共和国との国交を主張してきた一方で、米国はこれを受け入れようとしなかった事実をさしている。第二に、ベトナム戦争の問題である。米国主導のもと、ベトナム戦争は展開するが、社会党は、これにつよく反対してきた経緯があった。そして、最後の理由がいうまでもなく、日米安全保障条約に対する評価の違いであった。河上氏によれば、これら三つの原因のうち、第一番目と第二番目の要因が解消されたことから、ようやく訪米団の派遣が実現したとのことである(5、一四九―五〇頁)。

だが、これ以外にも、「一八年間の空白」をうみだした理由は、存在した。それは、社会党自身が政権を担当する意欲を衰退させたという現実である。よって、社会党を受け入れる米国側にしてみても、同党を相手にすることの意義をみいだせないという実状があった。

いずれにせよ、社会党代表団は、一八年ぶりの訪米をはたした。このとき、江田団長は、ニューヨークのジャパン・ソサエティにおいて、「日本社会党はアメリカの友人になりうるか」というタイトルの講演をおこなった。その席で、江田団長は、日米安全保障条約反対の立場を鮮明にした。その際、「決して日米間の同盟関係を他の国との政治、経済、軍事同盟と置き換えようということではありません」と付言した。さらに、「私たちは、特定の国と軍事的、政治的結びつきを肥大化させ、ある国々を仮想敵国視することが重大な紛争を生じ、深刻化させる土壌をつくるものであるから、反対しているのであります」と述べ、「日本を中心とする北東アジアからすべての核兵器を撤去し、この地域を非核武装地帯とするよう配慮を要請したいと思います」と、提案した(4、五三九―四〇頁)。

また、この演説のなかで江田団長は、「早ければ次の総選挙ででも、遅くともここ二、三年の間に、二十数年にわたる自民党の単独政権は終わりを告げ、日本社会党が国政に対して、より大きな責任をとる時期が到来することは、も早、歴史のすう勢であります」との認識を披露した(4、五四一頁)。これは、「保革伯仲」という当時の日本国内の政治状況を受けての発言であった。だが、そのあとの歴史は、江田団長の予測の甘さを如実に物語っている。

ところで、江田団長は、「今回のわれわれの訪米が、新しいトビラを開くことに成功した、との確信が持てた」、「社会党が米国とのパイプを切り開くという任務は果たせたと思う」などとの感想を述べたが、これでは、一八年前の河上代表団の任務となんら変わりがない。換言するならば、河上訪米団が荒野にまいた種子は、十分には発育していなかったということになる。

なお、今次の訪米団が会談したのは、ラムズフェルド大統領補佐官、シュレジンジャー国防長官、ハビブ国務次官補、ザヘーレン国務次官補代理、イクレ軍縮局長、ヤング上院議員、ストラットン下院議員、外交問題評議会およびブルッキングス研究所の研究者らであった。

ちなみに、このときの江田訪米団に参加していた河上民雄氏は、「一九七五年の江田訪米団が過去五回の社会党訪米団の中で一番成功した団であったと、私は思っている」と述懐している(5、一四四頁)。

3　飛鳥田訪米団

一九七九年一一月一三日、第三回目の社会党代表団が、訪米の途についた。今回の訪米団は、社会党委員長である飛鳥田一雄氏を団長に、七名の随員が同行した。具体的には、秘書長である河上民雄・国際局長、スポークスマンを務める上田哲・教宣局長、団員としては、曽我祐次・企画担当中執、大塚俊雄・企画担当中執、杉山正三・国際局副部長、天辰武夫・機関紙局員、そして、通訳の佐藤敬子氏という顔ぶれであった。ちなみに、党委員長の訪米は、今回が最初であった。

第三次の訪米団派遣は、激動する国際情勢のなかでおこなわれた。というのは、代表団派遣にさきだつ一〇月二六日には、韓国の朴正煕・大統領が暗殺され、また、一一月四日には、イランのアメリカ大使館員人質事件が発生していたからである。しかし、飛鳥田訪米団は、これらの問題を議論の中心にすえるのではなく、どちらかというと、過去二回の代表団同様、日米安全保障条約をめぐる争点ならびに非核武装地帯の設置に議論を集中させた観が否めない。

それは、ニューヨークのジャパン・ソサエティでおこなわれた飛鳥田団長の講演「日本社会党からアメリカ国民へのメッセージ――変わりつつある日米関係のなかで対話を求めて――」をみれば、明らかであろう。このときの演説でも、時間の大部分は、従来から社会党の関心の高い問題に割かれた。たとえば、このなかで、飛鳥田団長は、「私はこの一、二年来、アジア・太平洋地域にある各国の友人たちと協議して、東北アジアならびに、西南太平洋地域における非核武装地帯設置の宣言を拡げる運動に取り組んできています」と述べ、非核武装地帯設置の必要性を訴えた(6、一二二〇頁)。

また、飛鳥田団長は、日米間での安全保障条約の問題に関して、「私たちが、究極の目標として、非武装、中立の日本をめざす以上、その過程のどこかの段階で、日米安保条約は廃棄されなければなりません。だが、私たちは、日米間の一般的な交流と友好関係を損うことなしに、この条約をなくしたいと考えています。したがって私たちは、日米安保条約に代わる日米友好条約締結の可能性とその具体的内容について、いまからでも皆さんと話し合い、検討を進めたいと思います」と、その決意を示した(6、一二二〇頁)。

ここで注目すべきことは、飛鳥田団長が、これまでの社会党の主張とは異なる見解を披露したことであった。従来、社会党は、日米安全保障条約第一〇条にもとづいて、〃一方的通告〃による同条約の廃棄を求めてきた。だが、ジャパン・ソサエティでの飛鳥田演説によれば、社会党は、〃日米間の合意〃による当該条約の廃棄へと方針を大転換したのであった。この点について、たとえば、『朝日新聞』の社説(一九七九年一一月二三日、五面)は、「同党が現実的な政党であるとの印象を、米側に与えたようだ」と評価していた。

では、なぜ、飛鳥田団長は、日米安全保障条約の「一方的廃棄」から「合意による廃棄」へと、その立場を変えたのか。それには、このころの日本の国内政治状況が大きく関係している。当時、日本国内では、自民党の「四〇日抗争」が展開されており、社会・公明・民社の野党三党にとっては、絶好の政権交代の機会が到来していた。飛鳥田団長は、この点について、「自民党が、ついに末期的な症状を呈しつつあることは、隠しがたい事実であります。われわれ野党が、連立の形でも政権を握ることは、あながち夢ではなくなりつつあります」と述べていた(6、一二一九頁)。しかし、日米安全保障条約の一方的廃棄を主張する社会党と公明・民社両党とのあいだには、大きな政策上の溝があった。すなわち、公明党は、日米安全保障条約の合意による廃棄をうちだしていたし、一方の民社党にいたっては、同条約を積極的に肯定する態度を表明していたからだ。そこで、飛鳥田団長は、公明・民社両党との政権協議を円滑にすすめる目的から、社会党の方針転換を明らかにしたのであった。

また、ジャパン・ソサエティでの演説において、飛鳥田団長は、日米間の懸案であった通商問題について、つぎのように言及した。「日本は貿易総額のうち、対米貿易が輸入で二三%、輸出で三〇%をしめ、アメリカも貿易総額の約一〇%を対日貿易でしめています。このように深い関係にある日米経済関係は、私たちが政権を担当した場合も、これを引き継ぎ、改善していかなければなりません」(6、一二二一頁)。この発言からも明らかなように、当時、日米間の貿易摩擦は、注目を集めるまでの存在になっていた。社会党が、こうした現実的な問題をとりあげた背景には、同党の政権獲得にかける意気込みの一端がうかがわれよう。

なお、今回の飛鳥田訪米団は、モンデール副大統領をはじめ、バンス国務長官、オニール下院議長、チャーチ上院外交委員会委員長、ケネディ上院議員、グレン上院議員、ストラットン下院軍事委員会調査小委員長、ウルフ下院外交委員会アジア太平洋小委員長らの政府・議会関係者と会談をもった。そのほかには、ウィルソン研究所、ブルッキングス研究所、外交問題評議会、コロンビア大学、ハーバード大学などの研究者やワシントン・ポスト紙、タイム誌などのマスコミ関係者との議論をおこなった。また、ワルトハイム国連事務総長とも接見した。

ところで、このときの米国訪問でも、飛鳥田団長の口からは、「これはあくまでも、わが日本社会党のアメリカの方々との対話のごく第一歩にすぎません」との発言が聞かれた(6、一二三頁)。社会党の送る訪米団は、今回で三度目であるにもかかわらず、依然として米国との対話のはじまりを強調せざるを得ないのは、社会党の対米外交の不在ぶりを明示するものであろう。

しかし、そうしたなかで、ハーバード大学の研究者から、朝鮮民主主義人民共和国(北朝鮮)への視察団派遣の仲介を依頼されたことは、社会党の対米交流の進展を示すものとして、特筆できる。

4　石橋訪米団

石橋政嗣・社会党委員長は、一九八四年三月三一日、「訪米にあたって」と題する委員長談話を国会内で発表した。そこで、石橋委員長は、四月七日からの訪米を社会党のめざす「全方位外交の一環」と語った。また、訪米の役割としては、「政府の外交活動を助け、補完する」、「政府間だけでは、情報が一方的になる場合が多いので、政府のいうことが、必ずしも日本国民の総意でない問題については、他の有力な意見もあるのだということを正しく伝え、誤らないようにする」ならびに、「民間レベルの友好関係を確立する」という三点を強調した(7、第三三九号、二一〇―一頁)。

こうした目的意識をもって、石橋訪米団は、米国へと旅立った。訪米団の団員は、石橋団長にくわえ、土井たか子・副委員長、八木昇・国際局長、森永栄悦・企画調査局長、久保田真苗・参議院議員、温井寛・社会新報編集長、安井栄二・国際部長であった。

石橋団長は、「ニュー社会党」をうたい文句にしていたこともあり、今回の訪米では、従来の訪米団にみられたような日米安全保障条約一辺倒の議論から、流動的な朝鮮半島問題、核軍縮問題などに力点をおいた論議を展開した。たとえば、シュルツ国務長官との会談では、石橋団長は、朝鮮半島問題をめぐる米国・韓国・北朝鮮の三者会談の開催を要請し、また核軍縮問題については、米ソ交渉の早期再開を求めた。また、ブッシュ副大統領との会談の席では、「アジア太平洋の核軍縮会議」の設置を提案するなどした。

しかし、これら社会党による提案は、米国側の賛意を得られなかった。

それでは、どうして、石橋訪米団は、あえて日米安全保障条約の話題を前面に押しだそうとしなかったのか。それは、過去の訪米団の例をみてもわかるように、日米安全保障条約の問題を争点としても、米国側との議論は平行線をたどるだけでしかないからだ。それゆえ、石橋団長は、米国側との話し合いを少しでも実り多いものとするために、朝鮮半島問題、核軍縮問題などに焦点をしぼった。他方、米国側にとっても、レーガン大統領の中国訪問を間近にひかえていたこともあって、朝鮮半島情勢に関する情報収集に懸命であった。こうした米国側の思惑と社会党訪米団の作戦がうまく合致し、日米安全保障条約の話題がわきへおいやられたかたちとなった。

さて、今回の訪米でも、ニューヨークにおいて、団長の講演がおこなわれた。「新しいもう一つの友好関係をめざして」というタイトルの石橋演説は、つぎのような言葉からはじまった。「私どもは、日米両国政府の友好関係とは異なるもう一つの、恒久的な真の友好関係を確立する目的をもって、アメリカにやってまいりました。前者が大統領と総理大臣の、いわゆるロン・ヤス同盟に代表されるものなら、私たちの目標は太郎とジョン、花子とメリーの、だれが政権を担当しよ

う と決して変わることのない、両国国民の友情を育むということであります」(6、一三六六頁)。

そして、みずからの生い立ちにふれながら、平和憲法を固守する決意を披露した。その後、米ソ両超大国による軍拡競争の無益さを指摘し、核兵器の廃絶を訴えた(6、一三六六—九頁)。

また、今回の訪米では、あえて話題としなかった日米安全保障条約の問題に関連して、石橋団長はつぎのような考えを示した。「現実には、日本の軍事力が着実に増強されているのです。私たちは、この現状を認めるわけには参りません。日米の軍事同盟強化にも反対です。何故ならば、それは東アジアの平和と安全を保障するものではなく、逆に緊張を激化させるだけだからです。しかし繰返し申し上げますが、日本社会党は、日米の軍事同盟には反対していますが、日米両国の政治的・経済的・文化的な繋がりはむしろ発展させたいと願っているのです。安保条約に代わる日米平和友好条約を締結し、新しいパートナー・シップを確立し、恒久的な世界平和と人類の生存と繁栄に寄与したいと熱望しているのです」。その具体像としては、①開発途上国にたいする日米の共同事業、②地球環境の保護、③エネルギー資源の確保、④アジア文化と欧米文化の交流の四つをあげた(6、一三六九頁)。

さらに、「いろいろと私が申し上げたことを要約すれば、私たちは、日米の間に、政府レベルとは違ったもう一つの国民レベルの友好関係を、軍事的協力とは違ったもう一つの多様な協力関係をつくりたいと願っていることであります」と述べ、最後に、「ノー・モア・パール・ハーバー」、「ノー・モア・ヒロシマ・ナガサキ」と唱え、演説を結んだ(6、一三七〇頁)。

ちなみに、石橋団長は、今回の訪米を終えるにあたって、「政府がどのように代わろうと、揺るがない国民レベルの友好関係の確立という目的へ向かっての第一歩は、着実に踏み出すことができたと思う」、「継続的対話の端緒は確実に開かれた」との感想を残している。

なお、今回の石橋訪米団の会談相手は、前述のブッシュ、シュルツの両氏にくわえて、ワインバーガー国防長官、オルマー商務次官、ウォルフォウィッツ東アジア太平洋担当国務次官補、アーミテージ国防次官補、オニール下院議長、デクエヤル国連事務総長、全米通信労組会長、外交問題評議会の研究者らであった。

5　土井訪米団

社会党の五度目の訪米団は、土井たか子・委員長を団長として、結成された。団員は、土井団長以下、武藤山治・日米交流委員長、久保亘・副書記長、岩垂寿喜男・総務局長、久保田真苗・婦人局長、舘林千里・国際局長、伊藤陸雄・広報部長、池内尚郎・社会新報記者、五島昌子・委員長秘書であった。同訪米団は、一九八七年九月一三日に、米国へ向けて羽田を発った。

今回の土井訪米団をとりまく環境は極めて厳しかった。というのは、同年四月に、東芝機械によるココム違反事件がおこっていたからである。そのため、米国内では、〝ジャパン・バッシング〟の嵐が吹き荒れており、米国側の関心は、ひとえに日米経済摩擦問題に集中していた。したがって、米国側は、社会党が日米間の経済上の争点に関連して、どのような対案を提示するのかに注目していた。

だが、この点に関して、土井訪米団は、米国側を満足させるだけの回答をもちあわせていなかったようである。たとえば、訪米中の一八日にコロンビア大学でおこなわれた土井団長の日本国憲法に関する講義ののち、「社会党は、日米貿易不均衡解決のためになにをすればいいと思うか」との質問にたいして、土井団長は、みずから答えるのではなく、随行の武藤団員に答弁をまかせた。その武藤団員の回答も、「利潤優先の経済にガイドラインをもうけて人間本位の経済大国をつくります」という抽象論でしかなかった。

こうしたやりとりを受けて、『朝日新聞』(一九八七年九月三〇日、五面)は、社説「土井外交の出足はまずまず」で、「貿易摩擦でも農業問題でも、きちんとした対案を示すべきだった。それが十分でなかった」と手厳しく批判した。

では、土井訪米団は、日米経済摩擦問題以外の争点について、いかなる論議を展開したのであろうか。まず、政府関係者との会談からみてみよう。シュルツ国務長官との会談では、翌一九八八年に予定されているソウル・オリンピックの成功を確認しあった。さらに、中距離核戦力（INF）交渉の進展具合なども議論の対象となった。また、アマコスト国務次官との会談の席では、ペルシャ湾での相応の負担を求められたのにたいして、土井団長は、「軍事的な協力は困難だ」と持論を展開した。

一方、議会関係者では、土井訪米団は、ソラーズ下院外交委員会アジア太平洋問題小委員長と話し合いの場をもった。この折りに、土井団長は、南北両朝鮮が軍縮協定を締結することの重要性を指摘した。くわえて、この席上、三宅島の米軍艦載機夜間発着訓練（NLP）基地の問題、神奈川県逗子市の米軍池子住宅問題などをとりあげた。これらの会談以外に、土井訪米団は、スマート商務長官代行、フォーレイ民主党下院院内総務、ロックフェラー上院議員、オコナー最高裁判所判事らと意見を交換した。

ところで、帰国を前にして、土井訪米団は、ニューヨークのジャパン・ソサエティでの恒例の団長演説をおこなった。土井団長の講演のタイトルは、「日米関係改善のために」であった。土井団長は、まず、「憲法に対する私の愛情は非常に深いものがあり、私は憲法と結婚し、これまで独身ですごしてきたわけであります」とのジョークをまじえ、憲法学者でもある自分の経歴について語った（8、一一七―九頁）。

また、「私はここにやってくるのが遅きに失したのではないかと思っています」と述べ、東芝機械事件に代表される日米関係の悪化に懸念を表明した。さらに、「われわれは、両国のみならず世界の平和にとって欠くことのできないほど重要な関係である日米関係を危険にさらすような無知や、感情的な考え方やナショナリズムを、許すわけにはまいりません。われわれの相違点をきちんと処理し、課題や問題を解決し、またこの二つの大きな社会の間で協力を強めていくためにも、われわれは冷静に事態を見つめ、一緒に効果的な方法を探るべきであると考えます」との認識を披露した（8、一一九―二〇頁)。

そして、その一策として、日本の対外援助を例に出し、「私が不思議でならないのは、軍事費をめぐる論議ばかりがされて、それに比べてはるかに低率にとどまっている日本の対外援助が一向に問題にされないことです。もしこのことで貴国がわが政府に〝圧力〟をかけるというのなら、戦後初めて、私たちの党はアメリカと〝共闘〟を組んでもよいとさえ私は思います」とまで発言した(8、一二四頁)。

このように、今回の土井演説は、過去の江田、飛鳥田、石橋演説にくらべ、かなりつっこんだ内容となっているのがわかる。また、これまでの団長演説ではかならずふれられていた、日米安全保障条約に関する言及がまったくなされなかったことも、注目に値する。その意味において、社会党は、この段階で、かなり変化していたといってよい。それは、社会党が、政権交代をつよく意識していたからであり、そのために現実的な政党であることを米国側に訴えかける必要があったのだ。

しかしながら、社会党は、みずからの力によってではなく、偶発的な状況で、政権を手にすることとなる。

三　村山・クリントン会談

1　第一回首脳会談

先述したように、村山・社会党委員長は、一九九四年六月二九日に、第八一代目の首相に就任した。総理就任直後の村山首相にたいする米国側の反応は、極めて厳しかった。

たとえば、翌七月五日に村山首相と会談した、ウォルター・モンデール駐日米国大使は、「米国は新政権の正統性(レジティマシー)を認める」との発言をおこなった。通例、「正統性」という言葉は、クーデターなどの異常事態のなかで樹立された政権にたいしてもちいられるものであって、民主的な政権交代によって成立した政府には使用されない。このことからも、米国側の村山政権にたいする懐疑的な姿勢がみてとれよう。

また、マスコミの論調も、村山政権の誕生を歓迎していないようであった。米国を代表する新聞である『ニューヨーク・タイムス』紙(一九九四年六月三〇日、A二二面)は、「日本でのやむを得ない連立」(Shotgun Wedding in Japan)と題する社説を掲げ、自民党・社会党・新党さきがけの三党からなる村山連立政権をつよく非難した。その批判の言葉は痛烈であり、たとえば、「村山氏は、左翼政党の左派を代表する人物であるが、いまや、党名とは似ても似つかない日本最大の右翼政党である自民党の右派分子に依存しなければならない」とまでいいきっていた。さらに、同社説は、村山首相の登場が、「クリントン政権にとって深刻な打撃」であり、朝鮮半島問題および通商問題での日米の協調はうまくいかなくなるとの懸念を示していた。

このように、米国側は、村山新政権にたいして、なんらの信頼もおいていなかったといえよう。

そこで、外交に不得手な村山首相は、ナポリ・サミットの折りの日米首脳会談を円滑にすすめる目的から、知米派の宮沢喜一元首相のもとを訪ね、アドバイスを求めるなど、懸命の努力をおこなった(9、六八頁)。

そして、七月六日正午過ぎ、村山首相は、ナポリへ向けて旅立った。これには、河野洋平副総理・外相、武村正義蔵相、橋本龍太郎通産相の三閣僚が同行した。

注目のクリントン大統領との会談は、現地時間八日午前からナポリ市内にある大統領の宿舎で開催された。このときの首脳会談の席において、村山首相は、外交方針の継続、日米安全保障体制の堅持を約言した。また、クリントン政権がつよく求めていた内需拡大の問題に関連して、村山首相は、「とくに経済について、日本は内需拡大をはかり、景気が成長できる条件を整備したい。一つは、来年も今年と同規模の減税をおこなう。さらに、公共投資の見直しを質量ともにおこないたい。一〇年間で四三〇兆円という(現計画の)規模を見直して上積みを考える。同時に、配分も生活者中心に変える」

と述べ、クリントン大統領から「結構だ」との言質を得た。

さらに、朝鮮民主主義人民共和国の核開発問題については、「これからも北朝鮮の情勢については、できるだけひんぱんに意見を交換したい」とのクリントン大統領の発言にたいして、村山首相も、「北朝鮮の問題は、可能なかぎり話し合いで解決されるようにとりくみたい。日米韓が緊密な連携をとらないといけない」と協力を表明した。

また、「日米包括経済協議はこの一年進展したか」との記者団からの問いにたいし、クリントン大統領は、「率直にいってノーだ」とつよい調子で答えた。これは、今後、日米間において、深刻な対立が生じる可能性があることを暗示していた。

ところで、今回の日米首脳会談を設定するにあたって、外務省は、村山・クリントン両首脳だけによる話し合いの時間をできるだけ短くしようと考えていた。それは、村山首相が外交に不慣れであることにくわえて、連立与党の党首である、河野副総理・外相、武村蔵相をまじえた議論をおこなったほうが、新政権にたいする米国側の不安感も払拭できるのではないかとの判断が働いていたからだ(3、一九九四年七月九日、三面)。

しかしながら、村山首相とクリントン大統領の二人だけの会談は、予定の一五分を大幅に超過し、じつに四〇分間もおこなわれた。というのは、その場で、村山首相がみずからの生い立ちや社会党に入党した理由などを話したからであった(9、七〇頁および10、九八—九頁)。村山首相によれば、クリントン大統領は、この話しに熱心に耳を傾けていた。そして、「いちばん聞きたい話を聞かせていただいた」と述べ、「安心したような顔」をしていたということである(9、七一頁)。その後、両首脳の「話は打ち解けたものになった」(10、九九—一〇〇頁)。

このように、第一回目のクリントン大統領との顔合わせの場では、村山首相は、新政権にたいする米国側の信頼獲得に必死になっていた。その意味において、第一回目の首脳会談は、一応の成功をおさめたといってよかろう。

2　第二回首脳会談

一九九四年一一月一四日、アジア・太平洋経済協力会議(APEC)非公式首脳会議出席のため、インドネシアのジャカルタを訪問していた村山首相は、クリントン大統領との第二回目の会談をおこなった。

これにさきだつ一〇月一日には、日米両国は、懸案であった日米包括経済協議のなかの政府調達および保険分野で合意に達しており、また、板ガラス問題でも大筋で決着をみていた。しかし、注目の自動車・自動車部品分野に関する交渉では、自動車補修用部品などでの対立点を解消することができなかった。そこで、クリントン政権は、自動車補修用部品の分野を通商法三〇一条にもとづき、不公正貿易慣行に特定した。したがって、村山・クリントン首脳会談時において、日米間の最大の争点は、自動車・自動車部品分野であったといえよう。

しかしながら、クリントン大統領は、自動車・自動車部品の問題に関して、「自動車分野は米国にとって重要なのではやく再開を」と述べたにとどまった。また、それ以外の経済問題ついても、ナポリでの「サミット以降の日本の(マクロ分野での)約束実行ぶりはたいへんよかった」と発言し、それまでの日本の対応を高く評価した。それに対して、村山首相は、「残された課題では互いの立場はあるが、なるべく合意に達するよう努力を願う」と応じた。

ところで、朝鮮民主主義人民共和国の軽水炉転換支援問題では、日米両首脳の認識のギャップがみられた。この問題については、「軽水炉転換支援はすべてが解決するまで米日韓を中心に緊密に協力したい」と語ったクリントン大統領にたいして、村山首相は、「三国の協力はもちろんだが、核問題はグローバル。G7(主要七カ国)などの理解力と力を借りる必要がある」との認識を示した。クリントン大統領は、米日韓三カ国の連携を強調しているが、これは、軽水炉転換に必要な資金の大部分を日本と韓国に負担させようとの思惑からであった。他方の村山首相は、G7諸国でその資金を分担しようとの考えであった。

このように、朝鮮民主主義人民共和国の軽水炉転換支援をめぐる問題では、両首脳のあいだに若干のズレがみられたものの、ことさら日米間の対立が強調されるようなことはなかった。というのは、首脳会談直前の一一月八日におこなわれた米国の中間選挙において、共和党が、じつに四〇年ぶりに上下両院を制し、クリントン政権内部では、「各国との対立を強調しすぎた。むしろ外交で政府が成果をあげていることを国民に訴えるべきではないか」との反省がなされたからだ。そのため、クリントン大統領は、ことさら日米間の対立に脚光をあてる従来の手法ではなく、これまでの成果をアピールするやり方を選択した（3、一九九四年一一月一五日、一面）。

ちなみに、今回の首脳会談では、米国の大手宅配便会社であるフェデラル・エクスプレス社の航空便を日本経由でフィリピンまで運航させることについて、クリントン大統領から村山首相に依頼があったという(3、一九九五年一月九日、二面)。このように、クリントン大統領が首脳会談の場で、一企業の利益を優先したのは、中間選挙での民主党の敗北と無関係ではなかった。

3　第三回首脳会談

村山・クリントン両首脳による第三回目の顔合わせは、一九九五年一月一一日に、米国の首都ワシントンD．C．でおこなわれた。この年は、戦後五〇周年という節目の年にあたり、それまでの日米関係の発展を回顧する目的から、首脳会談が設定された。

ちょうど、このころ、スミソニアン博物館の原爆展や米国郵政公社の原爆切手発行計画などが日米間において話題となっていた。くわえて、太平洋戦争終結(日本の降伏文書調印)五〇周年記念の九月二日に、米国政府は記念行事を計画しており、そこに日本を招待する予定であった。これに対して日本側が難色を示すなど、日米関係は険悪化していた。それゆえ、日米間の関係修復につとめることも今回の首脳会談の目的の一つであった。

首脳会談にさきだつ一〇日、河野副総理・外相とクリストファー国務長官は、会談をもった。その席で、河野副総理・

外相は、米国内で予定されている太平洋戦争終結五〇周年記念関連の行事について、日本の国民感情に配慮するよう要請した。これにたいして、クリストファー国務長官は理解を示し、日米協調の重要性を指摘した。

翌一一日午前に開催された村山首相とクリントン大統領との会談では、沖縄の在日米軍基地縮小問題が議題となった。その際、クリントン大統領は、「基地の問題は日本国内でデリケートな問題であることを承知している。沖縄での三つの問題については、モンデール大使に解決の方法を探るよう指示している」と述べた。ここでいう三つの問題とは、①那覇軍港の返還、②読谷補助飛行場でのパラシュート降下訓練の廃止と同施設の返還、③沖縄本島北部の県道一〇四号線越え実弾砲撃演習廃止、のことである。

クリントン大統領の発言を受けて、村山首相は、「沖縄の基地問題についてはわたし自身、関心をもっており、国民の広範な支持を得るためにも整理統合に向けた協力をお願いしたい」と、米国側の協力を要請した。

また、日米間の安全保障問題に関連して、村山首相は、「安保条約はアジア太平洋地域の安全、秩序維持のためにも大事で、米軍の駐留経費をふくめ協力していく」と語った。

つぎに、朝鮮民主主義人民共和国の軽水炉転換支援問題では、村山首相が「軽水炉プロジェクトは、日本としても意味のある財政的支援をしていきたい」と決意を表明したのにたいして、クリントン大統領は、「歓迎する。米国もひきつづき指導的な役割をはたしていく」と応じた。

懸案となっていた自動車・自動車部品問題について、クリントン大統領は、共同記者発表の折りに、「日本の経常黒字はあまりにも大きい。自動車・自動車部品分野で前進が必要だ」、「対日赤字の六割をしめる自動車の問題で前進をとげなければならない」と述べるにとどまった。

したがって、村山首相がいうように、今回の首脳会談の雰囲気は、全体として、「かなり打ち解けたもの」であった(10、一〇三頁)。しかし、それは、日米両国が協調的な姿勢を演出したからにすぎないとの意見もみられた(11、一四―七頁)。

そうした点に着目して、『朝日新聞』アメリカ総局長の船橋洋一氏は、『戦後五十周年』を日米にとって意味ある省察と新たな門出の年にするには、真摯な知的共同作業と相互の敬意が必要である。その第一歩を踏み出せないまま、首脳会談は終わった」との痛烈な批判を記していた(3、一九九五年一月一三日、二面)。

その意味において、クリントン大統領が、前回の会談と同様、一企業の問題を首脳会談の場でとりあげた事実は、問題視されてよい。今回、クリントン大統領は、ブリヂストンの子会社であるブリヂストン―ファイアストン社の大規模な労働争議問題について、村山首相に苦言を呈した。これが、「戦後五〇年の間の日米関係の発展を回顧し、その上でこれからの日米協力の在り方を話し合った」(12、四一頁)首脳会談の実態であった。

そのため、今回の首脳会談にたいする米国側マスコミの反応は総じて低く、たとえば、『ワシントン・ポスト』紙は、国際面で簡単にこの会談について報じただけであった。また、三大ネットワークのうち、この問題をあつかったのは、ABC、NBCの二社であり、しかもその放送時間は、わずか一五～三〇秒のみであった(11、一五頁)。

なお、このときの会談で、村山首相は、クリントン大統領の訪日を招請した。

4　第四回首脳会談

日米間でおこなわれていた自動車・自動車部品分野での交渉は、未解決のままであった。そこで、一九九五年五月一六日には、カンター通商代表部(USTR)代表は、通商法三〇一条にもとづき、対日制裁リストを発表した。その内容は、日本製高級乗用車一三車種にたいして、一〇〇%の関税を賦課するというものであった。こうした措置を受けて、日本側は翌一七日、世界貿易機関(WTO)に米国を提訴した。ここに、日米関係は、一触即発の緊張状態におちいった。

そうした状況のなかで、六月一五日、第四回目の村山・クリントン首脳会談が、カナダのハリファクスでおこなわれた。このときの議論の中心は、いうまでもなく、自動車・自動車部品問題であった。会談の場で、クリントン大統領は、「日米間の問題はいろいろ進展した。しかし、通商問題が残っている。これが日米関係全体に影を落とすことがあってはならない」と述べ、未解決の自動車・自動車部品問題にふれた。これにたいして、村山首相は、「自動車問題で日米関係がそこなわれないようにという意見には賛成だ。しかし、自動車問題に関する米国の一方的措置は残念だ」と語り、米国による対日制裁リストの発表に反発した。

くわえて、クリントン大統領は、「制裁が発動する二八日の期限は延期できない、といわないと率直ではない」として、自動車・自動車部品問題にのぞむ、米国の毅然とした態度をあらわにした。他方、村山首相は、「二八日の期限というのは米国の国内法の問題。これを前提に話すことはしない」と、クリントン大統領の発言を一刀両断にした。

しかし、「今回は、具体的な個々の問題にふみこんだ話し合いはしなかった。それぞれ有能な担当者、専門家がいるので、ジュネーブで十分話し合いを尽くしてほしい」と村山首相が述べ、一方のクリントン大統領も、「われわれがここでなにか答えると、今後の交渉に支障をきたす可能性がある」と語るなど、協議の決着は、ジュネーブでの次官級協議にゆだねられた。

また、首脳会談の席では、自動車・自動車部品問題のほかに、日本の景気対策、航空交渉、大阪で開催されるアジア・太平洋経済協力会議の問題、朝鮮民主主義人民共和国の核開発問題、対イラン円借款問題、テロ防止問題などが、議題にのぼった。このうち、日本の景気対策について、クリントン大統領は、自国の財政赤字削減努力に言及したうえで、日本が貿易不均衡の是正につとめるよう注文をつけた。さらに、同大統領は、そのためにも、公共投資などの内需拡大策を早急に講じる必要があると訴えた。

ところで、ハリファクスでの村山・クリントン会談において結論の得られなかった自動車・自動車部品問題は、期限ぎりぎりの二八日になって、ようやく決着をみた。この背景には、最終期限を目前にひかえた二〇日、日本の大手自動車メーカー四社(トヨタ、日産、三菱、本田)が公表した海外での現地生産の増大や部品の現地での調達拡充計画があった。たとえば、トヨタ自動車は、米国およびカナダでの自動車の現地生産台数を年間五八万台から一九九六年には七九万台に、そして一九九八年には九〇万台にまで増加させ、さらに、一九九六年から米国においてエンジンの部品加工を開始する旨、発表したのであった。

さて、交渉終了後に発表された「自動車及び同部品に関する橋本龍太郎日本国通商産業大臣及びマイケル・カンター米国通商代表の共同発表」には、「両大臣は、米国又は日本の企業により新たに発表された計画が約束でなく、いずれの国の貿易の是正に関する法律の対象でもないことを認識し、理解する」と記されていた(13、一七三頁)。

また、「日本自動車メーカーの計画に関する橋本龍太郎日本国通商産業大臣及びマイケル・カンター米国通商代表の共同発表」では、「カンター代表は、……北米市場に関し以下の見積りを行った」として、北米製部品の購入額、北米における完成車生産台数および日本企業による外国製部品の購入額が明記されていた。そして、「橋本大臣は、日本国政府はこの見積りの計算に関与していない旨を述べた」と併記された(13、一七七頁)。

このほかの文書には、ディーラーの数について、米国政府の試算による具体的な数値が盛り込まれていた。これに関しても、日本政府は関与しない旨が記されていた(13、一八二頁)。

かくして、注目を集めた自動車・自動車部品交渉は、日本側・米国側両方のメンツをたてるようなやり方で、解決がはかられたのであった。

四　おわりに

以上、社会党の対米観の変遷および村山政権下での日米首脳会談について概観してきた。ここから明らかとなったのは、既述したように、社会党の対米認識は、村山内閣の登場とともに劇的な変化をとげたのではなく、漸進的に変容してきたことである。たとえば、村山首相は、第三回目のクリントン大統領との会談後の共同記者発表の席において、「安全保障だけではなく、経済や文化の交流などすべての分野において、日米が軸になっていくことが極めて重要な役割ではないかと思っている」と述べているが、これは、これまでの社会党訪米団が主張してきたことと実質的に同じである。したがって、村山政権の成立と同時に、日米安全保障条約をめぐる社会党の態度が一変したとの非難が展開されたが、この批判はあまり的を射ていないように思われる。

つぎに、日米関係からみた村山内閣の意義について考えてみたい。ここでは、「社会党の首相であっても変わらなかったこと」、「社会党の首相であったからこそできなかったこと」および「社会党の首相であったからこそできたこと」の三点について検討してみよう。

まず第一番目の「社会党の首相であっても変わらなかったこと」である。これは、たえずくりかえされる米国からの「外圧」である。村山首相の言葉をかりれば、「やっぱり日本にはアメリカの重圧というのがある。陰に陽に。それは経済だってそうじゃろう。今の日本の景気対策だって、アメリカからだれかが来ると、圧力かけてくるとかね、あるでしょう。もう少し主体的な立場で対応できるようにしなきゃいかんと思うけどね」ということだ(9、一一五—六頁)。これは、従来の自民党政権下でもみられた傾向である。すなわち、米国は、日本の輸出自主規制を求める圧力にはじまり、市場開放を求める圧力、貿易黒字の縮小を求める圧力、構造変革を求める圧力をかけてきたのだ。

そのため、村山首相も、自民党政権下でおこなわれた日米首脳会談同様、クリントン大統領との四回の首脳会談にのぞむにあたって、米国への「御土産」を用意した。第一回目のときは、減税の継続および公共投資の見直しであった。以下、第二回目のときには、検討中の規制緩和推進計画リスト、第三回目のときは、朝鮮民主主義人民共和国の軽水炉転換問題での財政支援、そして第四回目には、対イラン円借款の延期であった。

第二に、「社会党の首相であったからこそできなかったこと」について述べたい。この好例は、規制緩和、沖縄の在日駐留米軍基地の縮小問題である。前者については、村山首相のつぎのような発言が興味深い。村山首相によれば、「もっと規制緩和も厳しくやらなきゃいかんし、いろいろな改革もやらなきゃいかんし、そういう大きな課題を担っていくためには、よほど政権基盤ががっちりしてないと、とてもじゃないけども無理だ。もうおれの能力以上だ」とのことである(9、二〇八頁)。この言葉は、官僚機構を切り崩すためには、いかに強固な政権基盤が必要であるかを示している。同時に、このことは、沖縄の米軍基地縮小問題についてもあてはまろう。

しかし、逆にいえば、沖縄の米軍基地縮小問題が日米の首脳レベルでの議題となったのは、「社会党の首相であったからこそできたこと」である。また、あまり脚光をあびることはなかったが、ワシントンD．C．での首脳会談の折りに、村山首相が提案した途上国の女性支援問題も、やはり社会党出身の総理ゆえの発想ではなかったか。

これまで、村山政権の対米外交は、非難の対象とされてきた。もちろん、従来の自民党外交と同じ手法もみられないわけではない。しかし、村山政権であったからこそ、可能となった問題も多数存在した。したがって、われわれは、今後、こうした点をより積極的に評価していくべきではなかろうか。

コラム——日米首脳会談

周知のとおり、戦後の日本外交は、「対米追随外交」と揶揄されてきた。その理由の一つに、日米首脳会談の開催場所の不均衡があげられる。一九九九年六月一八日、小渕恵三首相とビル・クリントン大統領は、ドイツのケルンで日米首脳会談をおこなった。これは、吉田茂首相とハリー・トルーマン大統領による一九五一年九月四日の第一回日米首脳会談から数えて、じつに七八回目であった。ここで、七八回の日米首脳会談の開催場所に注目すると、次表のようになる。

会場場所	回数
ワシントンD．C．	三一
米国のワシントンD．C．以外の都市	一八
日米両国以外の都市	一九
東京	一〇
合計	七八

上の表からも明らかなように、戦後の日米首脳会談の大部分は、米国の首都ワシントンD．C．で開かれており、日米関係の不均衡な状態が反映されている。それゆえ、社会党をはじめとする野党は、この実体をとらえて、「ワシントン詣で」、「参勤交代」との言葉で、日本の対米外交をつよく批判してきたのだ。

つぎに、日本で開催された一〇回の首脳会談について、検討してみよう(左表参照)。

回数	年月日	日本側	米国側
第一回	一九七四年一一月一九・二〇日	田中　角栄	ジェラルド・フォード
第二回	一九七九年六月二五・二六日	大平　正芳	ジミー・カーター
第三回	一九八〇年七月九日	伊東　正義	ジミー・カーター
第四回	一九八三年一一月九・一〇日	中曽根康弘	ロナルド・レーガン
第五回	一九八六年五月三日	中曽根康弘	ロナルド・レーガン
第六回	一九八九年二月二三日	竹下　登	ジョージ・ブッシュ
第七回	一九九二年一月八・九日	宮沢　喜一	ジョージ・ブッシュ
第八回	一九九三年七月六・九日	宮沢　喜一	ビル・クリントン
第九回	一九九六年四月一七日	橋本龍太郎	ビル・クリントン
第一〇回	一九九八年一一月二〇日	小渕　恵三	ビル・クリントン

このうち、米国の大統領が、日米首脳会談そのもののために訪日したのは、わずか四回(第一・四・七・九回目)のみである。それ以外の来日は、先進国首脳会議(サミット)出席を目的としたものが三回(第二・五・八回目)、葬儀の折りの会談が二回(第三・六回目)、そして、アジア・太平洋経済協力会議(APEC)との関連が一回(第一〇回目)といった具合である。

こうした数字からみても、野党による「対米追随外交」との批判は、的を射ているといえよう。

引用・参考文献

（1）藤本一美・浅野一弘『日米首脳会談と政治過程―一九五一年～一九八三年―』（龍溪書舍、一九九四年）。
（2）『毎日新聞』。
（3）『朝日新聞』。
（4）資料日本社会党50年刊行委員会・日本社会党中央本部機関紙広報委員会編『資料　日本社会党50年』（資料　日本社会党50年刊行委員会・日本社会党中央本部機関紙広報委員会、一九九五年）。
（5）河上民雄『社会党の外交』（サイマル出版会、一九九四年）。
（6）日本社会党結党四十周年記念出版刊行委員会編『資料　日本社会党四十年史』（日本社会党中央本部、一九八五年）。
（7）『月刊社会党』第二八〇号、第三三九号。
（8）土井たか子『山の動く日―土井たか子政論集―』（すずさわ書店、一九八九年）。
（9）村山富市〔辻元清美インタビュー〕『そうじゃのう……』（第三書館、一九九八年）。
（10）金森和行『村山富市が語る天命の五六一日』（ＫＫベストセラーズ、一九九六年）。
（11）鈴木美勝「日米両国が『静かな首脳会談』を演出した理由―相互の〝無関心〟状況をつくる内向き傾向―」（『世界週報』一九九五年二月七日号）。
（12）外務省編『外交青書　第一分冊』（平成七〔一九九五〕年版）。
（13）通商産業省通商政策局米州課編『日米自動車交渉の軌跡―新たな日米経済関係構築への取り組み―』（通商産業調査会出版部、一九九七年）。
（14）石橋政嗣『石橋政嗣回想録―「五五年体制」内側からの証言―』（田畑書店、一九九九年）。
（15）『江田三郎』刊行会編『江田三郎―そのロマンと追想―』（『江田三郎』刊行会、一九七九年）。
（16）杉山正三『野党外交の証言』（ミネルヴァ書房、一九八二年）。
（17）日本社会党五〇年史編纂委員会編『資料　日本社会党史』（社会民主党全国連合、一九九六年）。

第一二章　村山政権と社民主義
——九〇年代〝政治改革〟考——

進藤　榮一

一　はじめに

「家から駅が見えるのですよ。みんな爆撃でやられてしまった。空襲で市内が焼野原になって、駅まで一眺のもとに見渡せるのですよ」。

村山富市元首相（以下村山と記す）と差しではじめて話をした時、冒頭私が「大分のご自宅を留守中訪ねました。奥様にあいさつにまいりました」といったのに応えて村山が私に語った、最初のコトバだった。それは、報道された通りの〝あばら屋〟だったが、その〝あばら屋〟が村山のコトバと共に、今でも執拗に私に語りかけてくる。あの時の敗戦と、敗戦後の戦後体験こそが、村山と村山に代表される日本社会党（現、社民党）の政治の原点ではなかったのか。それが、彼らと戦後日本の政治と外交の基軸をつくっていたものではなかったのかと。

それではなぜ、村山は一九九四年六月三〇日に首相に就任したあと七月一八日、その所信表明演説で、日米安保を〝堅持〟するといい切ったのか。そしてそれは、村山政権と日本の安保平和政策にとって、何を意味していたのか。あるいは、いまだ根を広げることのない日本の社会民主主義にとって、何を意味しているのか。

それら一連の問いに答えるために、まずは、村山政権論をめぐるディスコース（言説）を分析してみたいと思う。〝言説〟とはいうまでもなく、ヨーロッパ政治学で急速に力を得つづけているポストモダンもしくは脱構造主義の政治分析法のタームだ。すべての〝知〟と〝現実〟に、客観的な〝知〟もしくは〝現実〟なるものはなく、むしろその知や現実の中にそれを見るものの〝利益〟が投影されているというフランクフルト学派の哲学を基礎にしている。

ありていにいえば、たとえば村山政権を評価する言説にしろ批判する言説にしろ、その言説の中に論者の〝利益〟が組み込まれているとみる社会科学の方法論である。以下まずはその方法論によって、いまだ評価の定まるところない（あるいは多かれ少なかれ日本型社会民主主義の挫折の終結点として批判の対象となりつづける）村山政権に対する、もうひとつの見方を提示してみよう。そしてそこから、世紀初頭に至ってもなお景気回復することない日本の〝失われた一〇年〟の意味をさぐり出してみたいと思う。いったい〝失われた一〇年〟は、政治改革の成功もしくは失敗と、どう結び合っていたのかいなかったのか。いうまでもなくそれは、日本の安保平和政策のありようの解とつながるはずだ。

ともあれまずは、政治改革論と村山政権論に焦点を絞ってみよう。

なべていえば、村山政権に対する批判の厳しさは――すべての政権が知識人・ジャーナリストや政治学者たちにとって批判の対象に供せられるのは当然のことなのだが――政治家・小沢一郎に対する批判と、反比例関係に立っている。そのことに、私たちの視座をすえることから村山政権の言説分析を始めたいと思う。

二　二つの極――村山と小沢

第一に、村山を批判しつつもそれを応分の形で評価するものたちは、多かれ少なかれ、小沢の政治理念――外交安保理念を含め――に対して、評価よりも批判の度合いが強い。逆に小沢の政治理念を評価するものほど、村山政権への批判が手厳しい。

周知のように九〇年代、自民党単独一党支配体制終焉の日本政治は、連立政権の時代に入るのだが、とりあえずその連立政権を、小沢を中心とする新生党主導下の、細川、羽田連立政権(それぞれ九三年八月〜九四年四月、九四年四月〜九四年六月)までを第一次「自社連立」政権、自民党主導下の、村山、橋本両連立政権(それぞれ九四年六月〜九六年一月、九六年一月〜九八年六月)を第二次「自社連立」政権と呼ぶことにしよう。

ともあれ役者と党名に違いはあれ、九〇年代のそれら二つの連立政権に関し、政治理念のスペクトラムで村山と小沢は対極に立っている。

〝小沢政治〟評価論の言説の最も早い好例を私たちは、小沢を政権交代と〝自民党政治〟終焉のキーパーソンに、つまりは政界再編成の中心人物に見立てた後房雄氏の議論の中に見い出すことができる。

後氏は、早くも一九八〇年代末のイタリア留学の後、『政権交代のある民主主義――イタリア共産党と小沢一郎』(1)を著し、小沢への思い入れをあらわにしていたのだが、そうした小沢評価論が、その前後、四大新聞を含むマスメディアの中心論調となり始めていた。その論調下でのもうひとつの好例が、数十回にわたって『朝日新聞』紙上でつづいた連載記事「小沢一郎探検」(2)である。

三　負の表象としての〝護憲平和主義〟

第二に、小沢の政治理念を評価するものは、その政治理念の中でも、明示的にしろ黙示的にしろ外交理念への積極的な評価に支えられている。そのことは、村山政権に対する消極的評価論の背後にひそむ〝護憲平和主義〟論への消極的評価とつながり合う。

承知のように小沢は〝普通の国家〟論をもって日本外交の基調とすべきだとする外交論を主軸に、九〇年代政界再編の主役となっていくのだが、その小沢のいう〝普通の国家〟とは、いわゆる西側大国並みに軍備を持ち、湾岸戦争にしろコソボ紛争にしろ、単にカネやモノだけでなく、ヒトを出すことが、それも単にヒトを出すだけでなく、〝血を流す〟覚悟をも辞さないことが、つまりは軍隊を海外に派遣することが〝普通の国家〟の〝国家〟たるゆえんであると説かれる。現実には日本が、少なくとも兵器の質量をあらわす軍事費に関するかぎり、英、仏を含む西側諸国を充分にしのぐ軍事力を手にし、米国に次ぐ世界第二の〝軍事大国〟に、つまりは〝普通の国家〟以上の国家になっているにもかかわらずである。だからこそ小沢らにとって〝普通の国家〟たるためには、英仏並みに日本の核武装をも射程に入れることになる。当然のことながら、憲法第九条を含めた改憲が、必要不可欠の政治アジェンダとして浮上してくる。

それゆえ、小沢の政治理念を評価する者は、同時に村山政権に対する厳しい評価と重なり合う。換言するなら、小沢の政治理念への評価は、その外交理念への積極的評価を背後に従え、それゆえに村山政権と、村山に象徴される〝護憲平和主義〟的な社会党(社民党)の外交理念への消極的評価と重なり合う。

だからこそ、小沢政治評価論者の一部、特に社会党系の論者たちが、一方で〝政界再編〟論を展開しながら、いわゆる〝創憲〟を打ち出して、改憲論へのタブー外しを主張した言説と重なり合う。さらには第二次「自社」政権以後、自自公政権下で広がるいわゆる〝論憲〟論の言説と、多かれ少なかれ重なり合う。

その早い例をたとえば、社会党〝消滅〟のきっかけをつくった山花貞夫に見ることができる。すなわち彼は、一方で政界再編の必要を説きながら、他方で現行憲法の改正のタブー外しを主張した政治学者たちの〝創憲〟論に共振していく。ちなみに山花は、九二年一二月、田辺誠辞任の後を受けて社会党委員長に就任。「九三年宣言」を策定、九三年七月総選挙での社会党敗北後、小沢、羽田グループと、市川(公明)、米沢(民社)との主導下に生まれた細川内閣、いわゆる第一次「自社連立」内閣に、改革担当大臣として入閣し、小選挙区制――正確には小選挙区比例代表〝並立〟制――導入の旗振り役となる。

その山花貞夫（当時社会党委員長）と、政治学者・山口二郎氏は、政界再編を議論した対談（のち社会党ブックレットとして出版）の中で、創憲論の必要を説く。実に同ブックレットの全三〇頁のうちの八〇％近く二四頁を、安全保障論議にあて、憲法第九条が〝時代にそぐわなくなった〟とする議論を示唆展開し、〝創憲〟の必要を説いている。

ただ、山口二郎氏の名誉のために記すなら、氏はのち、第一次「自社」政権誕生――とりわけその誕生によってもたらされた選挙制度改革――に賭けた自らの期待が、現実の政治の中で裏切られていく事実をその後卆直に認め、その上でなおかつ、日本に中道リベラル左派政治の実現を期待し、その期待を、第二次「自社」政権――村山／橋本政権――への積極的評価につなげている。

四　マスキュリニティの思想

第三に、小沢政治への評価が、多かれ少なかれその強いリーダーシップに求められ、〝凄腕政治家〟なる新しいキーワードすら生み出されるに至っていること。

小沢政治への積極評価はまた、細川政治に見るパーフォーマンス手法の高い評価とも重なり合う。いずれも、従来の日本政治のパターンを破るものとして、とりわけ国際化された世界の中で日本の政治家に求められる新しい資質として評価される。

その意味でいえば、小沢の政治手法への消極的評価が、逆に、第二次「自社連立」政権――村山／橋本政権――の政治手法への積極的評価と裏表の関係をなしている。実際、第一次「自社連立」政権からの〝社会党〟離脱を促し、村山政権誕生につなげた動きの主軸に、小沢流〝強権政治〟への強い批判がすえられていたことは、十分記憶に止めておいてよい。

〝凄腕〟政治に対する積極的評価――それは、ジェンダーの視座からするなら、マスキュリニティ(筋肉質／男性的なもの)の表象として正確に位置づけることができるだろう。政治の本質を、強制力を基軸に権力をとらえて、「希少価値の権威的配分」と見る近代政治学の生み出すマスキュリニティ讃歌の、連続線上にそれはある。

その小沢のマスキュリニティや細川の政治手法のノヴェルティ(新奇さ)を評価し、そこに政治家の積極的資質を見る政治観は、(1)政治世界にひそむ〝強権的なもの〟への許容度の高さと、(2)ジェンダーやジェネレーション、環境をはじめとする新しい政治アジェンダ／イシューに対する感受性の低さとを、共に意味しているといえる。そしてつまるところそれは、政治手法を重視し、政策や政治理念の内実を問うことのない政治を、政治の常態と見る見方と通底する。

その点で、九〇年代日本とイタリアの政治改革を比較研究した真柄秀子氏が、一方でジェンダーとジェネレーションを視座に入れたイタリアの改革政治と、それを欠落させた日本の改革政治との落差をつき、他方で政治改革劇のスタータとして登場した細川の政治手法を、ジャーナリスト田勢康弘に依拠して次のような批判を引用しているのは、充分な意味を持っている。

「彼(細川首相)は、内容より見た目、映像メディアを通じて自分がどう映るかにしか興味がなかった。例えば、ニューヨークの国連総会での演説の際、各国首脳とロビー外交をするかわりに、ホテルの部屋でハリウッドから呼び寄せた英語スピーチの専門家の訓練を受けていた」(3、一一七頁)。

ありていにいえば「腕ぷしの強く」「かっこのいい」リーダーに率いられた政治改革劇の幕明けだともいえようか。少なくともそれが、第一次「自社」政権の本質の一部、それも最重要な一部を、構成していたことは疑いあるまい。

その時、たとえば村山政権が、村山自らがいうように「突然降って沸いたような」政権であったがゆえに、何ら積極的政策を打ち出すことができなかったとする批判には、二つの留保がつけられねばならない。

第一に、たとえ「降って沸いたような」政権であったにしても、半世紀にわたり野党第一党として〝護憲平和主義〟と〝民権主義〟の立場から相応の政策を展開できる潜在性を、それ自体の中に持っていたこと。

その潜在性が第一に、政権掌握早々に着手した「被爆者援護法」の制定(九四年一二月成立)と、「水俣病問題」の決着(九五年一月)としてあらわれている。その制定と決着は、村山が若い日に政治家になって以来追い求めつづけた「社会保障と医療福祉」のアジェンダの連続線上にあったものだ。その意味で、村山と〝厚生族〟橋本を結びつけていたのは、〝医療福祉〟行政への想いであったともいえるだろう。

水俣に関して村山は次のように回想する。「僕は、細川さんが総理の時に『あなたは熊本の知事もやったし、水俣の問題はだいぶ苦労され……あなたが総理になって……国がやるなら解決すると知事時代からいっていたのだから、みんなも期待している。あなたも腹を括ってやりなさいよ、僕らも全面的に協力する』という話をしたことがあるのです。しかし細川さんはやらなかった。だからそういう経過もあって社会党としてもずっと取り組んできた経緯があるものですから……旗をふって三党にお願いして、それは真剣にやってくれたのです。そうでなければああいう問題は片づかないのです」(4)。

潜在性は第二に、村山による、官房長官・五十嵐広三の選任にあらわれている。実際、五十嵐は、政治学者・坪郷實氏が的確に指摘しているように、就任前から社会党のシャドーキャビネットの自治大臣として、地方分権推進のための勉強会を、自治省の役人たちを加えて進めていた。そして自らの旭川市長としての経験を土台に五十嵐は、村山の全幅の信頼下に九五年五月、地方分権推進法を成立させることになる(5、一九二頁)。

同じことは、この前後、村山内閣から橋本内閣にかけて、男女平等参画法制定の動きが進められ、〝ジェンダー後進国〟日本の離陸の条件が用意されたこともまた指摘できる。さらに、市民が政策形成に積極的に参画できる途を、不完全ながらも開いたＮＰＯ法案の推進もまた、同じ文脈の中で位置づけることができる。ちなみに前者は、堂本暁子(さきがけ)、後者は辻本清美(社民党)の二人の女性議員が、橋本や加藤、土井らの支持下に、法案化の中心的役割を担っていた。

その意味で、私たちに求められているのは、「腕ぷしの強さ」や「かっこのよさ」ではなく、地方自治やジェンダーや福祉への視座を組み入れた「しなやかで、したたか」な、二一世紀世界を先取りできる政治観もしくは政治手法だといえるのかもしれない。第一次「自社連立」と第二次「自社連立」との決定的差はそこにある。そしてそれが、第二次「自社連立」と自自公政権との落差だともいえる。

五　選挙制度改革をめぐって

第四に、小沢に対する積極的評価は、政治改革の軸にすえられた選挙制度改革に対する積極的評価と裏腹の関係をなしている。

周知のように、八〇年代末以来、自民党小沢らを中心に、自民党政治家たちは、財界主流派と共に「日本政治のあり方そのものを改革する」ため、選挙制度改革を、改革のテコにすえた。

その政治改革過程を成田憲彦氏は、事務方として内側から観察し、改革が「後藤田によって発案され、小沢、細川によって実現された」としるす。そしてその選挙制度改革こそが、自民党一党支配、いわゆる五五年体制を崩壊させ、政権交代を可能にする制度を、日本政治がはじめて手にしたのだとして、それに高い評価を与えていく。

のち、政治改革イコール選挙制度改革としたために、小沢、細川、山花らにエールを送りつづけたことをもって、「熱に浮かされ」ていたと山口氏はたとえば次のように正直に告白することになる。

「政治・行政改革を標榜する政権交代(細川政権誕生を意味する)を見て、我々一部の学者もやや熱に浮かされ、具体的な改革の手順と戦略を見失ったことは、正直に認めなければならない。改革という言葉が熱を帯びれば帯びるほど……」(5、三〇頁)。「もちろん、政界の中で選挙制度改革を有意義な改革だったと考えている人はほとんどいないであろう。こんなはずではなかったという思いが、あのころ政治改革を唱えた政治家や学者、評論家の間に蔓延している。筆者を含め、選挙制度改革を支持した政治家や学者は、制度の変更が、期待された効果を持たなかったことについて、その間違いを素直に認めるべきである」(6、三頁)。

また次のようにもいう。「この点について、並立制を答申した第八次選挙制度審議会から、当時世論に大きな影響力をもっていた民間政治臨調、そして筆者を含めた改革推進派の学者に至るまで、小選挙区制によって政党中心の選挙が期待されるというおおざっぱな観測を、決まり文句のように繰り返しただけであって……。まったく未知の選挙制度を導入する一方で、政治家に腰を据えて改革に取り組めというのは、後知恵ではあるが、無理な注文であった」(5、三二頁)。

確かに、「熱に浮かされていた」のだろう。それも「やや」ではなく「激しく浮かされていた」のではなかったろうか。たとえば前出の山口氏は、一九九三年七月の座談会で、選挙制度改革の必要、すなわち小選挙導入の必要を強く訴え、次のようにすらいい切っている。

「これから二、三年、国民はたいへんな混乱と苦難を経験するかもしれない。しかし、一度小選挙制という圧力釜の中で日本政治と国民が蒸し直されなくてはならないのです」。

繰り返しいうように、山口氏はその後自ら、その小選挙区制改革が政治改革をもたらさず、「失敗だった」と自認する。しかし、その九三年からおよそ七年もへた今日、第二次「自社」政権をへて自自公政権のもとで、腐敗と景気低迷がつづく状況下で、圧力釜に入れられた国民と日本政治はどんな思いで〝政治の言説〟を見ているだろう。そしてその帰結が、その後広がる国民の政治に対する限りないアパシー(無力感)だといえる。

政治へのアパシーの広がり――それは、たとえば一九九九年末の朝日新聞世論調査(同紙、二〇〇〇年一月五日付)で、政治改革が焦点となったこの一〇年をへて日本政治が「よくなった」と答えた人は一割未満にとどまり、現在の政治に満足と答えた人が一一%、不満が七五%で、これまでの調査で最高水準に達した現実に集約される。

小選挙区制導入は、いまだその制度の正当性を説きつづける後房雄氏らの主張とまったく逆に、実質的政権交代も政党本位の政治も、金権政治の打破も政策本位の政治も生み出さず、逆に金権政治の変わらぬ存続と、選挙民の選挙離れが投票率の低下を進行させている。その現実の仔細は、すぐれたジャーナリスト出身政治学者・石川真澄氏の諸論稿にゆだねるが、〝政治の言説〟に即しここでは政治改革・小選挙区制導入論者、大嶽秀夫氏の言説について、次の二点を付記したいと思う。

(1)　氏は、一九九六年総選挙の緻密なすぐれた実証共同研究の結語で、「選挙運動を選挙期間に限らず全体としてみれば、各候補者は従来以上の多額の資金を使ったようである」と認めながらも、「しかし、……二、三度選挙が繰り返されれば、現職の優位が確立し、有力な対立候補が出なくなる選挙区も増加すると予想されるので、この一時的な事態は逆転し、将来的には全体的な選挙費用も減少する」だろう、と〝改革された〟選挙制度を評価した上で、九六年選挙の過程で政治資金が増大したのは、「バブル景気の異常な事態」を背景としていると弁明する(7、三六二頁)。

だが、バブル崩壊はすでに九二年に始まっている。

しかも数字の示すところ、「カネのかかる政治」の実態は、九六年以後もまだつづいている。たとえば、中央政治資金とは別に地方政治資金に関して、九九年に集計された政治資金額は、再び増加傾向に転じ、一三・二%増を記録している。加えて、大嶽氏の楽観主義的予測のように、二、三年選挙を繰り返して「現職優位」が確立することそれ自体が、政治資金を減少させていくとはとても考えられまい。少なくとも私たちは、その予測とまったく逆の実証例を、実質的に小選挙区制に依拠し、そのため「現職優位」の再選率を九〇%以上にまで記録するに至った米国政治で、まさに「現職有利」下で膨大な政治資金がさらに増えつづけている現実に見ることができる。

実際、九〇年代中葉の米国で、上院議員は年間通して毎週一万二千ドル、下院議員は毎週五千ドルを政治資金のために稼ぎ使いつづけなければならなくなっている。しかも、再選率が高くなればなるほど、選挙民の足は投票場から遠のき、政治的アパシーを生んで、それが、米中間選挙の投票率を三〇%台にまで下げつづけさせている(8、一八三頁)。

(2)　大嶽氏によれば、「政治改革の結果、「政党本位、政策本位」の政治は、ほとんど実現できていない」と、これまた政治改革の〝失敗〟を自ら認めながらも、しかし同時にそれは、政党の怠慢というより「先進諸国に共通する歴史的・構造的背景」のためであって、「第二のイデオロギーの終焉」の帰結だとする。

しかし、氏がその編著を出版した前後から、ヨーロッパには社民主義の波が高揚し、新しいイデオロギー政治の到来をうかがわせるに至っている。すでに九六年四月にはイタリア、九七年五月にイギリス、九七年六月にフランス、九八年九月にはドイツが、相次いで社民主義政党政権を誕生させていた。これに、九四年五月のスウェーデン、九八年三月のデンマークなどを加えるなら、今日、社民主義政権下の国家は、EU加盟一五カ国中一三カ国にまで及んでいる。いったいその状況を私たちは、どう捉えるのか。

たとえばイタリアに関してそれは、真柄秀子氏が鋭く指摘するように、「イデオロギーの終焉」でなく〝反終焉〟すなわち「イデオロギーの再活性化」だ。そしてその現実が、イタリアにかぎらず、ドイツ、イギリス、フランスから南欧、北欧諸国をも貫き、アメリカをも襲いつづけている。「政党本位、政策本位」の政治の不在は、けっして「先進国共通の現象」ではない。

政治改革を選挙区制度改革に短絡させた〝政治の失敗〟を明らかにした時、改めて浮上するのは、第一次「自社」政権と第二次「自社」政権との差である。とりわけ、村山、竹村や加藤紘一らの左右両派のリベラル派の小選挙区制改革に対する根強い批判の視座だろう。

加藤を含めて、少なからず自民党政治家たちが——新進党結党に走り第一次「自社」政権を支えた小沢らを別にするなら——選挙制度改革に反対していた事実や、当時制度改革に賛成したものたちの少なからぬ自民党政治家たちが、「あの時は国中が熱病にかかっていた」と悔恨の言葉を吐きつづけている事実を、私たちは繰り返しかみしめておいてよい。そしてその文脈の中で、村山自身、次のように語る。

「ぼくが総理になった時すでに、小選挙区制を受け入れて小選挙区制度になったことが今日の社民党になる……決定的要因です。だから小選挙区制にはぼくは反対だった」。

村山の証言の中から浮かび上がる言説を〝敗者の弁明〟として一蹴することも可能だろう。しかし、同時にその証言がえぐり出す、マスキュリニティに支えられ「熱病に浮かされた」日本の政治文化が、多様性の価値観の表出を縮小させる小選挙区制の導入を促していた現実を、消し去ることはできまい。そしてその現実が、自自公政権下で、再び小沢のイニシアティブを軸に公明党をも巻き込んで、比例代表区二〇議席削減法案を二〇〇〇年二月、全野党欠席下に通過させた、もうひとつの現実と重なり合ってくる。

六　改革の射程

選挙制度改革と政治改革を同一視し、小選挙区制（もしくは並立制）こそ、政権交代と「政策本位の政治」を生み出すとしていた、小沢らに代表される改革論を正当化する言説に共通しているのは、日本政治を規定しつづける〝金権政治化〟に対する批判度の低さである。

日本政治の金権政治化――それは、六〇年代末佐藤政権下の政治資金規制法以後、〝土建国家〟化への変貌の中で表出してくるのだが、少なくとも改革論者たちの議論の中に、それら金権政治化――とそれを促す土建国家化――の現実に対する批判の視座は希薄であると、いわざるをえまい。

金権政治化に支えられてそれを促す土建国家化が、九三年三月の金丸・自民党副総裁逮捕に象徴される〝九三年政治危機〟を生み出していくニッポンの現実は、たとえばＧ・マコーマックによって次のように指摘され、その危機回避のために九三年政変（つまり政治改革）が演出されていく日本政治の構造への指摘につなげられていく。

「日本の国家予算の一〇％が公共工事予算です。アメリカは日本より国土が二五倍も広いのに、日本の公共工事投資の方がアメリカよりも多い。その総額は、冷戦期の最盛期に、米国が支出した防衛予算をも上回っている。建設関係の五二万社の業界は就業人口が六二万人で、自動車産業やコンピュータ産業や農業よりもはるかに大きな産業になっている。そして二％の大企業が九九％の工業契約をしている。……〔それを支えているのが政治屋と利権の癒着の構造であり〕その〝癒着の構造〟から生まれた腐敗が、一九九三年のあの政治危機の中心にあったのです」(9、三九―四〇頁)。

土建国家化と、それを支える政財官〝癒着の構造〟――リベラル派の政治改革論者・山口二郎氏の場合、早くからそれは視座に含められていたといってよい。氏はそれを、官の頂点に立つ大蔵省支配に視座をすえて早くから論じていた。そしてその視座はまた、前出の『連立政治・同時代の検証』の氏の論稿の中でも的確に言及されている。その意味で、氏が小沢に対して示す相対的距離感は、政財官の〝鉄の三角形〟に対する氏の批判的視座の反映だといってよいだろう。

しかしにもかかわらず、かつて政治改革を唱導し、小選挙制導入を主張してそれを、二大政党制導入の〝くい〟にしようとしていた論者たちに欠落しているのは、大蔵を頂点とする官僚たちが、その「支配の終焉」の時を迎えているように見えながら、容易にその時を見ることのない〝鉄の三角形〟の構造の強靱さではないだろうか。

しかもいわゆる九三年政変を演出した小沢たちの動きが、いわゆる民間政治臨調に支えられ、民間政治臨調が、三人の主役によって担われていたことは繰り返し想起されてよい。すなわち、かつて中曽根政権下で国鉄解体をやってのけた財界人・亀井正夫。同じ中曽根政権下で教育臨調の広報担当の任に当たり、民間政治臨調の委員長をつとめた内田健三。その内田氏の下で、研究者、知識人、ジャーナリストたちを総括した東大教授、政治学者佐々木毅の各氏である。

しかも、その民間政治臨調に、労働界代表や大新聞の論説委員までもが参画し、右から左まで、目ぼしい政治学者たちが参集している。リベラル左派の雑誌『世界』の執筆者たちや、その『世界』が冷戦後打ち出した平和基本法なるものの執筆メンバーも複数加わっている。そしてその政治臨調に依拠して彼らが、政治改革を選挙制度に等置し、小選挙区制と比例代表制との併用性をまず主張し、併用性が不可能なら並立制を支持していく。

まさに、知と労働界をも巻き込んだ日本型コーポラティズムの現在を表象しているとはいえまいか。人々が〝熱病に浮かされた〟のは、単なる気候風土のせいではあるまい。日本の政治文化にひそむ、自民党や東大を頂点とする〝お上〟中心主義的で集団主義的なヒエラルヒー文化の当然の帰結であったのかもしれない。

だからこそ、第二「自社連立」政権下で村山が、加藤紘一や武村正義らと共に、公明党を加えた形で〝三人中選挙区〟への変革戦略を打ち出した時、早々と民間政治臨調がそれに反対の意を表明し「政治改革の後戻りを許すべきでない」として、小選挙区並立制下での選挙の完遂を勧める動きを示したのだろう。

政治を、その深部で規定している社会経済構造にも国際構造にも眼を向けることなく、政界再編と政治改革を、〝権力のパワーゲーム〟として、スポーツになぞらえながら戦略と戦術を説く言説——それを最も端的にあらわしているのが、かつてそのゲーム論によって「共産党と小沢一郎」との提携を勧め、のち同じゲーム論によって日本版「オリーブの木」を唱導した後房雄氏ではなかったろうか。

氏は、共産党と小沢がとうてい提携不可能なことを知った後、小選挙区制を〝二大政党制〟樹立の必要条件として位置づけ、第二次「自社」政権期の終盤、九八年三月、衆議院解散を間近に控えた時点で、今度は「菅直人を首相にする会」の国民運動を展開し、「首相選択の政治」を「新しい政治」のスタイルだとしてそれを提唱する。

しかし、政治を権力のパワーゲームに矮小化し政策のありようを論ずることのない、政治改革論議に私たちは、どれだけ「新しい政治」への展望を期待できるだろう。権力政治ゲームの延長上に〝首相選択の政治〟を位置づけて〝おみこし〟かつぎをつづける知の中に、いったいどこまで、真の変革を期待できようか。そしてその知の中に私たちは、護憲平和主義を批判して改憲の要を説く改憲論の卑小さを見ることもできる。あるいは小沢を評価し、村山や土井らの社民党が表象する〝政界再編の敗者〟をむち打つ論理のおかしさを見ることができる。

改憲や〝論憲〟を説く人々は、現行憲法に欠けている環境権とか、外国人の人権規定を新たに制定する必要を説き、だからつまるところ憲法改正が必要なのだと主張する。しかし、改憲や論憲を勧める人々には、どこまで環境権や「新しい人権」の不在を説く資格があるのだろうか。

憲法史学者・古関彰一が鋭く指摘するように、環境基本法ができる時に、環境権の明記に反対したのは自民党「改革派」の政治家たちであり、外国人の地方参政権に反対しつづけているのも同じ改憲派であり、時に論憲派だ。あるいは鳩山民主党を含めて彼らこそが、人権を規制する一連の法律の——周辺事態法から盗聴法、住民基本台帳法、国旗国歌法に至る法律の——制定を推進もしくは容認し、人権を制約して〝民権〟ではなく〝国権〟の拡大を促す契機をつくりつづけたのではあるまいか。

七　〝非自民・非共産〟の陥穽

〝失われた一〇年〟九〇年代を通して〝政治改革〟を唱導し、それを選挙制度改革と同一化して小選挙制導入を進めた改革論者たちに共通しているのは、彼らの日本政治論の言説の中に、政策としてのラディカル・リベラリズムと、（権力集団としてでなく）政策集団としてそれを左から体現する日本共産党の存在への視座が、奇妙にも欠落しつづけていることである。それは、二つの意味で、決定的な政治の〝読み誤り〟を生み出している。

第一。いわゆる「オリーブの木」——イタリアの保革逆転が、九〇年代初頭の小選挙制導入によって可能になったとする（特に後氏らの）議論の背後にひそむ分析の片面性である。

その分析に欠落しているのは、イタリアの「オリーブの木」中道左翼政権の中軸を担いつづけているのが、旧イタリア共産党の主軸を継承したイタリア「左翼民主党」である事実である。しかもその旧イタリア共産党の中でマルクス主義的色彩をなおも残す「共産党再建派」もまた中道左翼政権に閣外協力し、いくつかの選挙で統一候補を立てて戦い、多数派を制している事実である。しかるに日本で、「オリーブの木」を提唱する改革論者たちの言説の中には、政策としてのラディカル・リベラリズムへの視座はないし、政策集団としての日本共産党の存在も見えてこない。

彼ら改革派に共通し、九三年連立政権成立後の政治改革論議に通底しているのは、日本のラディカル・リベラリズムの一翼をかつて担い、今日（ちょうどイタリア共産党が、オケットらの主導下に社民主義的政党へと変身させたように）ヨーロッパ型の社会民主主義へと接近しつづける日本共産党の役割とその意味への言及の不在である。

周知のように日本共産党は、九六年衆院総選挙で七二七万票、九八年参院総選挙で八二〇万票を集め、地方議会では三千議席を越えて最大政党へ浮上し、さらにその力を、旧社会党層や無党派市民層へと伸ばしつつある。いったいその時、その政党の存在を抜きにして、この国の政治――と社会民主主義――への展望を開くことができるのだろうか。

「先日も（連合会長の）鷲尾君に会った時いってやったのです」と村山総理は証言する。『あなた方は、労働者の首切りにストひとつ打たない。護憲の旗もふらない。〔共産主義を嫌って〕共産党を押え込むといって〝非自民・非共産〟を主張し、選挙制度改革をやったけれども、そのため逆に、大量の共産党票を増やしつづけているじゃないか』（10）。つめていえば、改革論者たちは、なべて冷戦期八〇年代以来の〝非自民・非共産〟という冷戦思考の閉ざされた枠組みの中で行動し、思考しつづけているといわざるをえまい。

第二。しかし、イタリアと日本とを、これまた安易に同一化する悪を繰り返してはなるまい。一方で、小選挙区制の効用を礼賛しながら、他方でイタリアに引きつけて「オリーブの木」を構想することの愚だといいかえてもよい。というのも、かの国の左翼中道連合「オリーブの木」を担う中心「左翼民主党」――旧共産党――の歴史は長く、その力は、私たちの常識を越えて実に根強いからだ。

実際、すでに七六年選挙で同党は、三四・四％の得票率を単独で獲得し、保守のキリスト教民主党の三八・七％と伯仲劇を演じていた。しかもその時、イタリア社会党は九・六%を取り、左派中道だけですでに四五%に達し、保守をしのいでいたのである。いわゆるホワイト・コミュニズムの脅威が、米国で叫ばれたことを、そしてそのためにキッシンジャーが、イタリア政治への介入を画策したことを、私たちは想起してもよい。

その保革伯仲劇は、米国の介入にもかかわらず、八〇年代から九〇年代に至る各種選挙で繰り返し現出されている。たとえば八七年選挙でキリスト教民主党三四・四%に対して、共産党二六・六%、社会党一四・三%、緑の党二・五%を獲得し、左翼中道が保守を一〇%近くも引き離していた。

そのことは、九四年に登場したベルルスコーニの保守右翼連合が、九六年選挙で「オリーブの木」左翼中道連合に取って替わられた現実が、すでに九〇年代以前に用意されていたことを意味する。換言するなら、「オリーブの木」は成熟した多元的なイタリア民主主義の反映にほかならなかったのである(11)。

逆にいえば、右にしろ左にしろ改革論者たちが、〝非自民・非共産〟の論理と政治戦略の中で二一世紀日本の政治を構想するかぎり、私たちは〝失われた一〇年〟の先に十分な、政治と政策の展望を開くことはできないだろう。そしてその点では、かつて社共による華麗な「地方の革新の時代」を現出させていながら、七〇年代中葉を境に〝非自民・非共産〟の路線に転換し自らの路線を狭めつづけた、社会党自体の構想力と度量の欠如こそが、責められるべきなのかもしれない。

その意味では、第一次「自社連立」とも自自公連立とも異質で〝リベラル〟な光彩を、第二次「自社連立」(とりわけ村山政権)が放っているにもかかわらず、その光が従える長く黒い影を、私たちはもっと直視すべきなのかもしれない。そしてそれはつまるところ、彼我の、ヨーロッパ社会民主主義と日本との政治文化の違いに求めることもできるだろう。しかもその文化の違いが、少なくとも私たちの、政治文化の未熟さに由来し、民主主義の歴史の浅さに起因していると見ても大筋まちがいあるまい。

それが知の狭隘な言説に表出し、村山政権論と、村山政権自体の、限界を形づくっていたと見てもよいだろう。

八　村山以後を考える

社民主義はいったい二一世紀に生き残ることができるのだろうか。ヨーロッパでなら愚問とされるこの問いも、この国にあっては繰り返し問い返されなくてはなるまい。その時私たちは少なくとも二様の形で答えの手がかりを示すことができるはずだ。

第一に、社民主義は、国境を越えた平和軍縮外交と不即不離の関係に立たざるをえないこと。社民主義の思想が、国権でなく民権に、戦争や対決でなく軍縮や他民族との共生を、その主軸とする限り、国境と時代を超えた持続可能性を持ちつづけるはずだ。さまざまな問題を抱えながらも北欧や西欧の社民主義が、内政と外交で示す今日の政策像に、私たちはもっと多くの光を、あてるべきだろう。

第二に、社民主義は、それゆえ東アジアにあって、朝鮮半島を含めたアジア諸民族との共生や軍縮平和を抜きに、その生命を手にすることはできないこと。

第一期「自社」政権と第二期「自社」政権との、安保平和政策にかんする最大の違い——それは、朝鮮半島危機に対するに、周辺諸国家(とりわけ中国やロシア)との「協議なし」に外交や武力の発動をするのかしないのかの違いにある。政治学者・草野厚氏が見事に析出したように、その違いを政策化したことの中にこそ、第二期「自社」政権、とりわけ村山政権の外交安保政策の真髄がある(12、一〇五～一一頁)。

村山が一方で日米安保の〝堅持〟をうたいながら、その後、しばしばそれを〝維持〟とおきかえ直し、さらに東アジア諸民族との共生の途を多様な形で模索しつづけている現実を、私たちはもっと評価してよいだろう。

確かに、山口二郎氏の示唆するように、水俣病患者やアイヌ人や、戦略下に被害を受けたアジアの同盟たちのような「気の毒な少数者のために、という過去の懸案を処理しても、大多数の市民に対して未来に向けて何をするかを提示できないままに、村山も社会党も市民から支持を得られなかった」という言説もまた可能かもしれない。しかし、それら過去の遺産の処理なくして戦後日本の負の遺産をけっして解消できないこともまた、そしてそれら諸問題の解決抜きにアジアの諸民族との共生の未来を開くことがけっしてできないこともまた、否定できない事実なのである。

首相退陣後、村山がおそらく政治家として最後の情熱を、日朝国交樹立に賭けようとしているその現在に、私たちはなお消えることない、社民主義とユマニズムの希望の光を見出していきたいと思う。その意味で私たちに突きつけられているのは、いかに知の言説にひそむ虚構をつき、それをもうひとつの現実につなげていくかの、重たい課題だといってよい。いったいそれを解くことができるのかどうか。それは、権力や政治の側にあるのでなく、私たち自身の知の中にある。求められているのは、政治の改革である前に、私たちの知のありようなのだといいかえてもよい。

コラム――デモクラシーの知の条件

二年前、一九九八年三月、雪のまだ残るストックホルムで、岡野加穂留先生に一日お世話になった日のことを今なつかしく想起する。あの時、パルメやスウェーデン社民主義の歴史のことを、石畳の道を上りながら、熱く語って下さった姿が、いまだ私の脳裏に焼き付いている。学生時代、恩師猪木正道先生に、ブラントやミルダールらヨーロッパ社民主義の歴史を教わった北国生まれの私にとって、パルメやブルントラントの北欧はわが心の故郷だ。その〝故郷〟で一日共にさせていただいた時をなつかしく回想する。

たまさか、村山と岡野が、飛鳥田(元社会党委員長、横浜市長)と共に明大卒であった事実と、ストックホルムに岡野先生を訪ねた日の翌日、大蔵疑惑にメスを入れた熊崎勝彦・東京地検特捜部長(当時)がまた無類の〝東大官僚嫌い〟を公言してはばからない明大卒であった事実とに、ある偶然を感じながら……。そしてその偶然が、かつて八〇年代反核運動の燃えた頃、日本の軍縮政策立案を私自身、依頼され手伝わせていただいた元首相三木武夫が、同じ明大卒であった事実と、その三木が、岡野と同じように政治改革の主軸に金権政治の浄化をすえていたこととが、重なり合ってくる。

メディアを含めた日本の政治文化の歪みをもたらす知のヒエラルヒー化が、単に東大、京大を頂点とする官学アカデミアのヒエラルヒー構造によってつくられているだけでなく、早大と慶大を頂点とする私学のそれによってまたつくられている知の仕組みを、それら一連の事実は指し示しているのではあるまいか。フーコー流のポストモダンによるまでもなく、「権力としての知」の仕組みの解体が、二項対立(ペアリング)の解体と共に、真のデモクラシーへの知の不可欠の条件であることを、それは示唆している。そのことを、岡野との対話の中で痛感させられたかつての日を今想起する。

引用・参考文献

(1) 後房雄『政権交代のある民主主義―イタリア共産党と小沢一郎』(窓社、一九九四年)。
(2) 朝日新聞社政治部編『小沢一郎探検』(朝日新聞社、一九九一年)。
(3) 真柄秀子『体制移行の政治学』(早稲田大学出版部、一九九九年)。
(4) 石川真澄『墜ちていく政治』(岩波書店、一九九九年)。
(5) 山口二郎・生活経済政策研究所編『連立政治・同時代の検証』(朝日新聞社、一九九七年)。
(6) 山口二郎『日本政治の課題』(岩波書店、一九九七年)。
(7) 大嶽秀夫編『政界再編の研究』(有斐閣、一九九七年)。
(8) 進藤榮一『アメリカ・黄昏の帝国』(岩波書店、一九九四年)。
(9) 宮本憲一『地球環境政策と日本の課題』(岩波ブックレット、一九九五年)。
(10) 村山富市とのインタヴュー、一九九九年一〇月三〇日、二〇〇〇年二月三日。
(11) D. Sasson, *ed., Looking Left : European Socialism after the Cold War*, Touris, 1997.
(12) 草野厚『連立政権・日本の政治　一九九三〜』(文藝春秋、一九九九年)。

第二部　村山政権発足の意義——村山富市元総理をかこむ座談会

（岡野加穂留、藤本一美、木村良一他、明治大学関係者出席）

岡野　今日は、私どもの研究会「駿河台政治研究会」のゲストとしておいでいただき、まことにありがとうございます。私は明治大学の岡野加穂留です。今日は私の司会で村山元総理にいろいろとお話をお聞きしたいと思います。まず最初に、西欧社会の習慣である、辞任後も前職の職名を冠して村山総理と呼ぶことをお許し下さい。

まず村山総理から御発言いただきまして、それに関連して私が主として質問を致します。どうぞよろしくお願いいたします。

村山政権発足のプロセス

村山　今日はお招きいただきどうもありがとうございます。私は記録というものを一切もってないものですからね。だいたい記録をしないんです。(記録を)もっていないものですから、思い出し思い出しお話をさせていただきます。貴重な時間ですから、御質問にも答えなければなりませんので、ごく簡単に、村山内閣が誕生する前後の話と、その後の動きを若干経過的に申し上げたいと思います。よろしくお願いします。

御案内のように一九九三年の七月に総選挙があり、自民党が過半数を割り込むことになりました。当時は、日本新党、新党さきがけといったような新党ブームがありまして、その勢いに乗せられて自民党が敗北するという結果に終わったわけです。そして、細川内閣が誕生するわけです。当時は社会党が野党第一党でした。それで八つの党・会派が集まって細川内閣が誕生したわけですけれども、あのときの国民の意識は、もう自民党の政治に飽き飽きして、「何とか政治を変えて欲しい」と。そういう意欲が、あの選挙に表明されたのではないかと思います。それが細川政権にずっとつながってきた。だから、細川政権が誕生した当時は八〇パーセント近い国民の強い支持があったんです。私はそのときには党の国対委員長をしておりまして、政権をつくることの話し合いなどには一切ノータッチでした。当時の社会党は山花貞夫さんが委員長、久保亘さんが書記長で、そのメンバーが中心になってやっていたと思います。私はこれだけ「政治を変えて欲しい」という国民の期待があるなら、政治を変えるということを社会党も断然表明すべきだと考えたわけです。そういうふうに思っていましたから、連立政権に入ることについて別に異議は唱えませんでした。そして、その後細川政権が誕生しました。

ところがこれだけ国民の期待があって誕生した細川内閣も長く続かなかったのです。その背景には、私は一つの大きな理由があると思います。「野合」という言葉が使われておりますが、連立政権の存立の意味というものを理解していない、少数の者が権力を握って役人と提携して欲しいままに細川政権を動かしているということでしょう。細川政権というのはまさに、その権力に魅せられた「傀儡政権」という印象が強かったですね。したがって、その連立政権に参加している政党の中には、やり方に対する不満というものが鬱積していたわけです。だから、これが短命に終わったという一つの背景だと思います。もう一つは、細川さん御自身が政治資金の問題で執拗に追求されたわけなんです。まあ、この問題がどこまで発展するかという点に対しては不安も若干あったのではないかという気がします。そういうことがあって細川政権は、期待に反して短命に終わってしまいました。

それで、次に羽田政権ができるわけです。羽田政権も全く細川政権の継続みたいなものであって、その政権ができたときに、政権をつくる段階では社会党も参加していましたけれども、投票が済んで細川さんから羽田さんに総理が決まってから組閣までの間に、いろんな画策があったんです。例えば、会派を統合して一つの大きな力にしてメインの党を中心に多数派で連立政権を支配すると。こういうような動きが顕著にでてきたものですから、これはもうわれわれは賛同できないと。そのときにはむしろ、社会党を除外する動きもみえましたから、とんでもないが政権に参加はできないというので政権から離脱したわけです。それで、羽田政権は、二カ月もたずに終わった。その後で私は現実と心中するんだと考えました。羽田氏が総理で外務大臣をしており、当時公明党の委員長は市川さんでした。お二人にも何度か話して、政局を収拾する責任が私にもあるんではないかといったような話をしたんですけども(二人とも)話にはのってこなかったわけです。私はそのときに羽田さん自身に責任があってやめたわけではないし、無理に何とか(政局を)収拾する意味でもういっぺん羽田政権をつくってもいいんじゃないかという気持ちで各党・各会派に話をしておりました。これでいよいよもう一度羽田政権ができるなと見通して、私は各会派の代表に集まってもらって三つの問題を提起しました。

この問題で了解できるなら、やろうじゃないかということで提起したんです。

その一つは何かと申しますと、細川政権が短命に終わったその原因についてお互いによく理解し反省して出直すぐらいの気持ちがなければ、次の選挙も同じようなことになってしまうということです。何が一番の問題かというと、「民主主義」を遂行できなかったことだと。だから次につくる連立政権は、民主的基盤をしっかり維持していくことを前提として確認して欲しいと。

もう一つは、六月二九日に、首班指名選挙で首班ができないと会期延期になってしまう。こんなことは、この際止めようじゃないかと。どんなことがあっても会期内に政局を収拾して、新しい内閣を発足させることでお互い責任をもってやろうじゃないかと。これが二つめですね。

それで、三つめは、当時連立政権から新党さきがけが外れたことがある。さきがけが戻ってくるときには歓迎しようじゃないかと。そういう話をしたことがあるんです。そうしましたら、何を話し合いするんだとか、なんで歓迎しなくちゃならないんだ、とかいろいろ意見がありました。けれど、私のいってることに悪気はないもんですから、皆さん賛同してくれまして、それなら結構だと。

そして何故、第二次羽田政権ができなかったのかについてとなりますと、最終段階で政権の合意、政策の合意をする話し合いにおいてとてもじゃないけど社会党が同調できないような条項を持ち出してきたのです。確か安全保障かなんかの問題だったと思いますけどね。だからそれはね、いくらなんでも呑めないといったんです。この段階でこんな問題を持ち出してくるということは、これはもういよいよ社会党を切る気かというんで、社会党のほうでは執行委員会で議論してわれわれはもう一切政権に参加できないということになったんです。そんなときに、海部さんが総理にでるんじゃないかという報道がありました。海部さんを担ぎだすと。海部さんを担ぎだせば必ず勝てると踏んだと思うんです。もう社会党を当てにせずに、もし仮に社会党を当てにせずに切ったにしても、社会党の中から何人かくるはずだと、こういう計算があったのではないかと思うんです。それでもう社会党を切る行動にでたのではないかと。

片一方では、河野総裁と森幹事長のお二人から何回も話があったんだけれども、私はその話にのらなかったんです。「新しい連立政権をつくる話を一方でやり、一方では自民党と話をしているというのは信義に反するので私にはできない」といって、帰っちゃったんです。それでもまだいってくるので、河野さんと森さんと久保さんと私の四人で話合いをした。そのときに河野さんと森さんが、「これは自民党の党務で決めたことじゃないのです。私たち個人の判断で申し上げたことです、ということを前提として総理に」とこういう話があったわけですね。私はこのときに「大変申し訳ないけど、今は一方で第二次羽田政権をつくるという話をしているんで、私はその話にはのれない」。だから、そういう話があったということは自民党の中でも、そういう動きがあったということだろうと思います。また、うちのメンバーとも会っていろいろ話をしておったようです。そういうことがあったから、それを踏まえた上で河野さんと森さんは、話を私に持ち込んだのではないかという気がします。それで、そういう話もあったんですが、会期末になってそれ以後の話がないので、うちの党では「各党の党首を首班指名で選挙する以外にないんじゃないか」ということで、私の党では村山委員長を首班に出そうということに決めたわけです。期せずして、海部さんと私が争うことになった。第一回の投票で、私のほうが多かった。あとは、決戦投票で私と海部さんがやって私が勝った。あのときは実をいうと、第一次羽田内閣に投票した投票数よりも、私と海部さんとでやった選挙で私に投票した数のほうが社会党は少ないんです。ですから、相当無謀なことだとわかるわけです。それがまあ、今(社会党)が分裂する一つの背景になったわけでしょう。

村山政権と戦後処理

そういうことで私が総理になった。私は細川政権と羽田政権の状況をみておりまして、こういう人達だけが集まって政権を担うだけの具体的な方策があるのかを考えました。しかしそれは無理だろうと思わざるを得なかった。だから、党が責任をもって政局を収拾するんだと。いうならば、八会派で政権をつくるよりもまだそっちのほうがましだ、という判断も私のなかに若干ありました。やむを得ないと。ただまあ、私の持論なんですけど、議院内閣制度の下では、多数党をとった党首あるいは総裁なりが首相になるというのが本来の姿であり、その意味では社会党の委員長が首相になるというのは邪道であるという気持ちはもっておりました。しかし、そういう政治がうまれてくるのは、それだけ歴史的に与えられた課題があると、その課題についてその任務が終わったらそれで終わりにしたいと、そういう決意で政権を担うことにしました。

その年はちょうど、戦後五〇年の節目にあたりました。五〇年の節目に未解決の問題について処理しようと。五〇年の節目にけりをつけるという意味でね、アジアの国々に対する戦後処理の問題など、自民党単独内閣ではできなかった課題をこの連立政権では解決できるのではないかという気持ちでやらしてもらおうかと思った。それが終われば、私自身もそれ以上期待することもないと。そこで、政権をつくるときに政策については社会党とさきがけとで「新しい政権を樹立する構想」というものをつくって、政策の定義を行った。その政策の定義について、各党との話し合いがあったわけです。自民党のほうは当時橋本さんが政調会長で、橋本さんのほうから「全面的に承諾するわけにはいかないけれども、残っている問題についてはこれからいっしょにつめたいと思う」という話がありました。社会党とさきがけと自民党の連立政権が作られることになった背景がそこにあるわけです。私はその政策をふまえて、政権を運営するにあたって、「各党の立場を尊重し理解をする。それを前提として民主的な運営については譲れない」といった。たとえばいろんな委員会ができますね。課題ごとに対策委員会ができます。その対策委員会の構成等については、自民党のほうが多いんです。けれども、委員の数は同数にするとか、多数決はせずにあくまでも合意にするとか、約束してもらいました。自民党は最後までそれを守ってくれました。私はこういう政権が短命に終わって後悔しています。だけども、あれだけ長く続いたのは各党が誠意をもって議論を尽くして合意するために努力する。そういう努力を真剣にやって、けんかするぐらいに議論をすることによってお互いに信頼関係もうまれてくるし、状況もかわってくる。その点は最後まで崩れずにやったと思います。それが、連立政権を維持する大きな力の基盤になったと思います。私は連立政権というのは、もともと理念や政策の違う政党が政策に合意して政権を維持していくものだと思っています。したがって合意がなくなれば、これはなくなってしまうわけですね。ですから、そういう立場というものをしっかりと踏まえるようにして、政策の論議をいかすようにしなければならないと思ったわけです。

被爆者援護法とか、水俣の問題とか、地方分権推進法とかいろいろ政策課題はありましたけども、地方分権推進法は地方分権がいわれてずいぶん久しいんですが、法律としてはなかなかできなかったんです。ちょうど、野中(広務)さんが自治大臣でしたけれども、京都の副知事をしたこともあって経験がありますし、官房長官の五十嵐(広三)さんも旭川市長をして経験がありますし、それから武村さんも滋賀の知事をしておりましたから、比較的地方行政の経験者が多いもんで、そういう人を主体としてなんとか法律をつくって地方分権を軌道にのせようじゃないかということで、私の内閣のときに地方分権推進法をつくったわけです。そして、推進委員会をつくって橋本内閣で後日報告するところまではこぎつけたわけです。それは、当時私どもが考えたものより後退してますけれど。そして行革委員会をつくって規制緩和と情報公開について準備をしました。その行革委員会をつくるときに一番厳しい意見を出したのは、田中秀征さんです。田中秀征さんがこの行革委員会のメンバーを絞る場合、とくにそのポストにいっさい官僚を入れるのはだめだと最後まで強硬でした。それくらい厳しくやった面もありました。いわゆる情報公開法とかアジアの女性問題もそうですね。

　それから、八月一五日に総理談話というのを出しました。私はＡＳＥＡＮ、中国に行きました。けれども、私は、いつまでも歴史に対する傷跡を引きずって行ったのではよくない。できることなら過去の歴史にたいするけじめをここでつけて清算をし、これからお互いに出直して手を携えてやっていけるようなアジアにしていかなければならないと思いました。そのためには歴史の清算もする必要もありますし、同時に社会的に問題となっている従軍慰安婦の問題等にけりをつけようと考えたわけです。最初は抵抗もありました。けれども私が総理になってこの程度のことができなければ総理をやる意味はないというぐらいの気持ちでぶつかっていきました。そして、内閣の満場一致の決議でもって総理の談話は発表したわけです。ですからそれは日本政府の見解です。中国もそれなりにあの談話は期待していたといいますから、よかったのではないでしょうか。北朝鮮についても歴史に対する理解というものは、韓国の宣伝に使われたものと北朝鮮とそれがちがうのならば問題ですけども、同じものならば大事なのではないかと思うわけです。それから今日は沖縄の方がみえてますけれども、ちょうど少女暴行事件がありました。それで、十万人集会とかいろいろ騒然たる動きがありました。私はそのとき、大田(昌秀)知事に「沖縄問題というのは正直に申し上げて沖縄だけの問題としか思っていなかった。沖縄にはあれだけの基地があって大変だが、危機管理という問題もある。日米安全保障条約に基づいて、沖縄にこれだけの基地があって、戦後五〇年間平和を保障されたわけだ。もちろんそれは沖縄の犠牲の上に立っている。そのことを忘れるわけにはいかない。沖縄の問題については日本全体の問題として、政府も対策を考える」とお約束して、政府と沖縄県とで話し合いをする機関をつくって、これまでやってきたわけです。

　それから、安全保障の問題については、自衛隊の問題も含めて、内閣総理大臣は自衛隊の監督で長です。自衛隊を憲法違反だといって否定したのでは総理は務まらないですよ。やめなきゃならない。「社会党は違うけれども、内閣としてはこういう方向でいきます」ということで通るなら、それでもいいかと思いましたがそれはいくらなんでも無理でしょう。私は、以前から自衛隊を憲法違反として否定してしまったのでは、政治にならないのではないかと考えていました。自衛隊が憲法に抵触するのならば、憲法の形に沿うように変えることもしなければならないのではないかと。そういう取り組みをこれからしていくという前提でもって、一応自衛隊を認めるということにしたわけです。しかも国民の世論調査をみましても、八〇％以上の人が肯定してきているわけです。国民の意識というものを無視してはならない。そういう認め方をしなければ、政党が責任をもって政治を変えたことにはならないのではないか。社会党も転換をしたほうがいいんじゃないか。ただ、党で十分議論した後で党が政策を変えたほうがよかったのだが、私が総理になって、先に政策を変えてしまってから党もこれでいくという展開になったのが残念だった。しかし、以前から党内ではこの問題について「喧喧諤諤」議論しているんですよ、今までは。とにかく、現実問題としてどう対応するかということのほうが大切だと思ったわけです。

東南アジアの国々は、これだけ経済大国になった日本がもう一度誤った道に踏み込むことが全然ないとは思っていません。だから福田さんが総理のときに、「日本は軍事大国ではありません」と宣言して、その懸念をどうにか取り除いたという経緯があります。私は、日米安全保障条約があってアメリカ軍が日本に駐留している限り、そのようなことはないだろうと思っています。アメリカは領土に対する野心がない。また、アメリカ軍が治安的な警察的な役割を持っていると思います。安全保障条約の効用というものもそれなりにあったと思う。安全保障条約が果たしてきた経緯というものも無視するわけにはいきません。しかし、安全保障条約が作られたときには、ソ連が仮想敵国として想定されて作られた条約だったわけです。その後、仮想敵国もなくなったわけです。

これからはアジアの中の日本ですから、二国間における安全保障ではなく、多国間の安全保障に拡大していくという展望をもたなくてはならないと思います。私のこうした意見に、党内では必ずしも一〇〇パーセント賛成ではなく、他にもいろいろな意見があります。そういう政策を推進してきた連中が党を離れてしまったのは、残念なことです。そういうことがあって、私は自衛隊を肯定するし、安全保障条約を肯定するに至ったわけです。外交問題における展望については、先ほど申し上げた通り、日本があまりにもアメリカに依存しすぎているのではないか、もう少し別の道があるのではないかということです。東南アジアの国々にしても、これだけ発展できたのは日本からの援助もあるわけですし、日本に期待してもいるんです。その期待に答えるためにはもう少ししっかりとした態度をもって欲しいですね。

昨年の年末に韓国に行って、金大中大統領にお会いしました。あの方はあれだけ苦労されて、しかも死刑の判決を受けたり相当弾圧を受けてますよ。しかし、そうなればそうなるほど、あの人の信念というのは変わらないんですね。北朝鮮に対する対応について話し合いをしたんです。前の大統領のときには、むしろ北朝鮮との緊張関係でもってお互いに詰め寄ろうとしてました。しかし、今度の大統領の場合はそうではなくて、私はよく知っていますが、対話で分かりあえる可能性はあるんだと考えていらっしゃる。アメリカはどっちかというと、緊張関係をもって「もしいうことを聞かなければやるぞ」という構えをみせながらアメとムチでもって対応している。これに対して日本は「強硬な態度は困る。それは止めて欲しい」というぐらいのことをいわなければならない。それなのにアメリカの尻馬にのって、アメリカがイラクを爆撃すればすぐ賛同する。北朝鮮に対しても「アメリカと同じような態度をみせているうちは、日本は孤立するぞ」と外務省にやかましくいったけどね。そういう態度を日本はとるべきではないと思います。最初にクリントン大統領に会ったとき、四〇分くらい話しました。そのときに北朝鮮の問題に触れたんですよ。「核は絶対に許さない。これは日本国民が思っていることだ」と。これは九三年の北朝鮮の核問題があったときからです。それと、「いくらなんでももう（戦後）五〇年もすぎて隣の国といまだに不自然な関係にあるなんておかしい。やはり、国交回復をしなければならない。だから私は日米で困った問題があったら日米でなんとかしたい。北朝鮮に対してはその点を理解して欲しい。それぐらいの責任が日本にあると私は思っている」とクリントン大統領に話しました。大統領もこれに理解を示してくれました。

私は、植民地時代の韓国の様子を再現した資料館に行ってきました。民衆が拷問にあったところを再現しているんです。目を覆われました。ちょうどそこを出たときに、韓国のマスコミが出てきて感想を求められた。その中に一つこういうのがあったんです。当時サッカーのワールドカップが話題になっていたんですが、「韓国の選手はどんなことがあっても日本に負けるなといって練習しています。どう思いますか」ってね。そりゃスポーツなんでね、ここには負けたくないと目標を決めて練習することはあるんじゃないだろうか。憎しみでもって何かをするのはどうだろうかという話をしたんです。この資料館には若い学生や青少年が来ているんですが、資料館を出るときに「日本人はけしからん」という憎しみだけが残って皆さんお帰りになるんじゃないかと思いました。せっかく大統領が来日して日韓共同宣言が出され、「二一世紀に向けて日韓両国がお互い手を携えていきましょう」ということになったのに、できれば出口のところにそういう趣旨のことを書いてもらえるとありがたいですね。過去はこうであったけれども、これからは違うんだという気持ちになって、資料館を出て行っていただけると嬉しいです。それから、金大中大統領が最後に私におっしゃったことは、「私が大統領在任中に南北を統一したいなんていう気持ちはもっていません。それは無理です。そうではなくて体制が違うことを前提とした上で平和共存が可能な状態にしたい、というのが私の願いです。辛抱強く粘り強くやりたいと思っています。」というお話でした。

最後に総理になって私が一番感じたことを申し上げますと、私みたいな素人がいきなり官邸に入って行ったわけです。それで、一番最初に感じましたのは何かと申しますと、官邸の中にバッジをつけた政治家というのは三人しかいないんです。総理大臣と官房長官と官房副長官。政務担当の官房副長官です。あとは全部官僚です。「官邸というのは行政の長であると同時に、政治的な判断をする最高責任の場所である。だからもう少し政治的な判断ができるようなものでなければだめだ」と、私は率直に思ったわけです。だから三党の与党責任者会議を行いました。政治的な判断を求めるには三人だけじゃできませんから、総理府から三人出していただいて、彼らを総理補佐官として登用しました。総理補佐官は政治家からのと民間からのがありました。官邸というのは権限が限られていると思いましたね。それから官僚というのは、優秀な人が多いですよ。仕事もできますしね。だけども保守的です。「君子危うきに近寄らず」という諺がありますが、危ないことはしたくない、危ないことは避けたいという気持ちが強い。これはしかたないですね。シンガポールにいったときに、「血債の塔」(日本占領時期の死難人民記念碑)にお参りして献花した。そのときに私にいろいろいうわけです。「お参りするのはやめて欲しい」と。私が「どうして」と聞いたら、「もし、総理がお参りすると次に来た総理もお参りしなくてはならなくなります」。私は「余計な心配をしなさんな。私は参りたいから参るんだ」といった。まあ、役人というのはえてして、こういうことが突然現れると、今までと違ったことをされるとどのように対処してよいのか心配なんじゃないでしょうか。だから保守的になるんですね。だから官僚ができないことは政治が責任をもってする。このことは私が総理を経験して感じたことですね。もう一つは阪神・淡路大震災。危機管理の体制が全然できていなかったことです。あれだけの被害があって、状況がいち早く官邸に知らせられなければならないのに、全然情報がないんですから。NHKをみて知ったようなものです。危機管理の体制をつくっていかなくてはならんと痛感しました。

以上、大変お粗末な話で恐縮です。

自・社・さ連立政権の背景

岡野　できあがる予定の本の内容ですが、第一巻は村山内閣だけに集中しようということなんです。村山内閣の歴史的な位置づけであるとか、政治的な意義であるとか、しかも戦後俗にいう保守体制が続いている中で、発足した内閣がどういうふうに日本に方向付けを与えるのかを考察しようということなんです。ありがたいことに村山総理がいらっしゃって直接お話をしてくださったのは望外の幸せです。こういうことはなかなかないわけです。三木武夫さん、飛鳥田一雄さん、村山総理などによくお会いいただきました。ありがとうございます。

さて、私は政治の世界で働く人々を三つのカテゴリー、つまり政治家(せいじか)と政治屋(せいじや)と政治業者(せいじぎょうしゃ)とに分けております。普通の人は政治屋までは分類します。私はどうも長いこと「臨床政治的」研究をやってるものですから、statesman, politician だけではなくて political wheeler dealer というもっとも質の悪い概念を日本に設けないと分析できないのではないかと考えてきました。第三のカテゴリーの政治業者のことです。それで、その三つの概念から申しますと村山総理はれっきとした statesman だと、私の経験から申し上げております。私は、佐藤栄作さんと田中角栄さんにはお会いしたことがないんですが、あとの首相の方々には公的なところでお目にかかっております。

日本の政界人には何か決定的なものが欠けているように思われます。政治的な重要なことが決定的に欠けているように思われる節があります。このことをもし簡単にいいましたら、私はコモンセンスではないか。庶民の思っている感覚的なそういう常識というものが、どうも政界人には基本的に欠けているように思われる。それから、たとえば「総理と語る」とか「総理に聞く」というような番組がありましたときに、いろんな方と事前に会って番組が終わってからもお話を聞いたりしますと、何か決定的に重要なものが欠けていると思いました。その点で政界人の中にも、保守も革新もありますし、共産党もすべて入るわけですが、村山総理の基本的な政治理念、お考えというのはその基底に流れているいい意味での常識的な発想という点がおありだろうと思います。具体的にお尋ねしたいことは選挙制度、二番目に防衛問題、三番目は憲法・護憲問題、などです。

今から八年前の一一月二二日です。正確には一九九一年の一一月二二日。この時は社会党委員長が田辺誠さんでした。民社党は大内啓伍さんで、公明党は私の明大の後輩で石田幸四郎さんだと思います。それで、ときの副総理金丸信氏が経世会竹下派の連中を引き連れまして千葉県浦安のディズニーランドにある一番大きなホテルに集まりました。そのときに金丸さんは経世会竹下派の衆参一〇〇人を超える人々に対して次の四つの演説をしたんです。第一点はこういうことをいっています。九二年に参議院選挙があったんですが、「参議院選挙が終わったら、田辺さんと自社で連立政権をつくるという話をした」と村山総理、連立を組む話を田辺さんからお聞きになったことはございませんか。

村山　いやいや。

岡野　当選同期ですし。田辺さんと金丸さんは仲が良かったそうですし。

村山　いやいや。

岡野　北朝鮮にも一緒に行ってますよね。

村山　ええ、そうです。それは間違いない。だがそれは家族的な付き合いだった。

岡野　そうですか。家族的な付き合いですか。その会合でこういうこともいってました。「連立内閣をつくるときに一番困るのは社会党のマルクス・レーニン主義者だ。左派を切って欲しいということを自分は田辺さんにいっておいた」と。これが第二点だそうです。この第二点は「自民党の中に社会党嫌いがたくさんいる。それで、連立内閣を作ろうといっても、社会党嫌いの人々が離反するかもしれない。だが我が経世会竹下派は社会党の方々と、社会党の左派を切った方々と手を組む。大内啓伍君にはすべて話をしている。公明党にも竹下君を通じて話をしてある。これを全部合わせると過半数だ。そして自・社・公明・民社で連立内閣をつくる打診をしているんだ」とこういうふうにいったわけです。第三にいったことは「中選挙区はよろしくない。派閥の抗争ばかりで、政策論争しない、金がべらぼうにかかる」と。よくもそういう嘘八百を並べたと思いますが、「だから小選挙区がいい。したがってわしは中選挙区をやめて小選挙区にしたい」といってます。四番目に、「小選挙区が実現すれば保守二党になる。保守二党で交互に政権を担当すればいい。経世会の皆様にご批判をいただきたい」とこの四点を金丸さんは八年前の一一月二二日の夜しゃべったわけです。先ほど村山総理もおっしゃいましたように、このしばらく後に自民党が衆議院で敗北しまして、細川内閣ができるということになるわけです。細川内閣ができましたとき日本のジャーナリスト、評論家、政治学者等は「これにて五五年体制は終わった」というふうに騒いでおりました。私はずっと「臨床政治」をやっておりましたので、そういう騒ぎには同調できませんでした。私の場合、「臨床政治」といいますのは、友人の新聞社の編集局長に頼みまして取材バッジを入手しました。授業日でない日に衆・参両院の本会議、委員会、首相官邸に自由に出入りしまして、新聞記者の書けなかったこと、握り潰された内容を直接当事者から取材しました。自民党から共産党まで直接お話をしてくださいました。

村山　何年頃からですか。

岡野　一九七六年から、三木内閣が倒れる頃からです。六年前まで約二〇年間ずっとやってました。ただし、そこで話したことは絶対外でしゃべらない、それから物には書かない、という約束でやってました。村山総理、金丸さんがしゃべった四つのことについてですが、お会いしてみて、勘の良い金丸信さんがこういうふうにしゃべったというのは、後ろに頭脳集団がいて彼の口をしてしゃべらせたのか、ないしは竹下氏が自民党のこれからの行く末を見た上で、そういうシナリオを書いたのか、それから石田幸四郎氏や大内啓伍氏を籠絡すると。田辺誠さんが籠絡されるのは、私は当然なぐらいに考えてますけども。民社党は一応かっこいいことをいってます、公明党も。その話に既にのっていたというようなことを当時ご存知でしたか。

村山　いや、どこまでが本当かはわからないけども、そんな話は聞いてません。

岡野　当時……。

村山　当時、どういうふうな話があるとか、動きがあるとか?

岡野　それがああいうふうな形で実現するとはお思いになりませんでしたか。

村山　実現するとは思ってなかったですね。それは第一に社会党がのるとは思えなかった。当時ね。

岡野　村山総理は当時は社会党の左派というふうに、一般的にはいわれてましたね。

村山　そうですね。一般的にはそういわれておった部分がありますね。だから、どっちかというとあまり派閥のこと知らなかったけども。金丸さんについては後ろに誰かいるというより、あの人の勘でしょうね。理論的にどうのというのではなくて、「このままでいったんじゃ自民党がだめになる。派閥抗争だけで自民党が多数をとるといった展望はない」と。

だから、保守二党というのは自民党が分裂することでしょうね。分裂した一方は社会党や大内さんやそういう人達と手を結んで、保守二党になるということだと思います。今の小選挙区制というのもそういうことでつくられた。日本はアメリカみたいに共和党と民主党という二大政党で政権交代できるような歴史的背景がない。これだけ複数政党制がすすんで、しかも国民の価値観も多様化してきておるのに、二つしか選択する政党がないなんて民主主義の原則に反する。だから、そうした国民の意識というものを尊重することを前提として選挙制度というのは考えなくてはならないと私は思う。

社会党と政治改革

岡野　村山総理が社会党の委員長選にお出になるとき、総理が明大学生時代先輩の丸谷金保参議院議員(北海道の池田町長、ワイン町長)が私のうちに電話をかけてきまして、「村山さんが委員長選に出るので、あなたはそこへいって持論を展開してほしい」という話をされた。「持論とはなんですか」と聞きました。「私は学者だから、選挙制度のことならば勉強しているから、選挙制度のことなら対処する」そういって、首相官邸の裏のキャピトル東急ホテルでそれをやったんです。いろいろ演説があった後で私が呼ばれて壇上に立ったときに、私の前に山花貞夫さんがいた。のちの社会党の委員長ですね。それから田辺さんもいましたし、それから大蔵大臣をやった久保亘さんもいました。私は今総理がおっしゃるように「民主政治は多元的価値観で、多元的社会で、政党の選択肢があったほうがいいから、そのためには小選挙区がもっともふさわしくない」と、小選挙区の比較政治学をレクチャーしたんです。そうしましたら私の話の途中で、山花貞夫さん、久保亘さんが出て行った。それから後ろの方には組合の諸君がいたようなんですが、組合の諸君も出て行った。

その後私は、稲葉三千男さん(現東久留米市長の稲葉三千男元東大教授・新聞研究所所長)らと「国民総背番号制に反対しプライバシーを守る国民会議」というのを作っていた。そのスポンサーが全電通だったんです。その全電通が私に選挙制度の話をしてくれというので、全電通にいきまして「小選挙区制は日本の民主政治を破壊するからよろしくない」とこういいましたら、ときの全電通の委員長が真っ赤な顔をして「だから学者というのはけしからん」とこういうわけです。それで、人を呼んでおいて客である私を非難するのでびっくり仰天した。それで私は「なぜ私を非難するのか」といいましたら、「今だいたいほとんどの学者関係者は小選挙区を推している。だが、土井たか子は違う。全電通はあの人を推した。しかしあの人は組合の意向を無視して、小選挙区に反対している。土井の要請で、国弘正雄を参議院議員にした。しかし彼も小選挙区に反対している。岡野学長とおんなじだ」とこんなことをいい出した。「私は学問的な話をしている。政治の世界の話じゃないんだ。あなたは病院に行ったら医者のいうことを聞くでしょう。選挙制度の話に関しては私は医者と同じだから、私のいうことを聞かないと社会党なんか潰れちゃいますよ」とこういったんです。そしたら委員長が立ち上がりまして「このような講師の話は聞きたくない」とかいったんです。実に無礼。多数の力と金で人を自由に動かせるという驚くべき思い上がりには、ただただ閉口しました。これはやっぱり、連立内閣の裏工作があったんじゃないですか。なぜ、社会党は本会議であの小選挙区のときに賛成したのか。これはどういうわけですか。

村山　それはもう、細川政権の連立に社会党が入ったときから反対するわけにはいかなかったんでしょうね。しかも、山花さんが選挙制度担当大臣ですよ。小選挙区に反対している党の委員長が選挙制度担当の大臣をしているなんておかしいでしょう。そして佐藤観樹がいましたね。

岡野　名古屋の?

村山　ええ、名古屋の。その佐藤観樹が不在ですよ。小選挙区制度のレールを敷いて小選挙区制度を実現させるというのは、社会党の大臣を辞めさせるという意図もあったのかもしれない。

岡野　どうして辞表を叩きつけてやらなかったんですか。

村山　いえいえ。そんな勇気はない。

岡野　そんな勇気はないですか。それでは彼らも小選挙区に賛成しておったんですか。

村山　賛成しなけりゃ、大臣をやめないといかんでしょうからねえ。もちろん党内には反対もあった。あったけども、でもそれに抵抗し切れなかったんでしょう。

岡野　村山総理が初めから賛成ではなかったのはよく存じております。あのときに小選挙区のレールを敷いたら、選挙制度と政党制は数学的に関数の関係になっていますから、小選挙区が社会党のような党をつぶすような意図を持って行ったんじゃないですか。潰されるということがわかってなかったんですか。

村山　どういう判断でいったのかよくわかりませんけれどね。細川政権は小選挙区を志望したわけですからね。それはだいたいそういう方向であったと。だから、その政権に参加したということは、小選挙区制に同意したということになりますかね。

岡野　社会党として？

村山　それはだから、その「体制として責任がある」という格好でしょうねえ。今思うのは参議院で否決されたことですね。参議院で否決されたときにチャンスだと思った。なぜ委員長をやめなかったのか。それができなかったのは、国会議員の資格がないといわれても仕方がないと思いますね。

岡野　総理、三年前の一月五日に伊勢神宮にいらして、翌日総理の記者会見がありました。ちょうど、私はそれをテレビの放送局でみておりましたが、どうも奥歯にものがつまっているように感じたものですから。直接総理にお会いしようと思って、すぐ官邸で村山総理と二人だけでお話をしましたときに、選挙制度の問題がでてきました。村山総理は今おっしゃったように、参議院で否決されたときにこれはチャンスだと感じたけれども、あれがそのまま通せなかったことが断腸の思いであったというふうにおっしゃいました。参議院でつぶされたものを予算なら別ですけれども、多少違いますが、選挙制度のたぐいを国家予算と同じぐらい大変な扱いをして参議院で潰したものをまた衆議院へ持ってくるわけですから、あのときの説得工作というか、もう少し正確な用語でいえば大方の議員は私は一本釣りして買収されたんじゃないかと思ってました。

村山　そんなことはない。

岡野　ないですか。

村山　そんなことはなくて、最後のときには細川総理と自民党の河野総裁の二人と話をして、党首会談で決めたというふうになっています。それで、党首会談の前に細川総理が私に「話がある」と。

岡野　そのときは国対委員長ですか。

村山　いえ、党の委員長です。党首だからそういう話があったんです。私に「これから河野総裁に会います」と細川総理がおっしゃるので、「何の話をするんですか」と私が聞きますと、「話は一切ありません。選挙の話はしません」と。そして私に「来てください」と、こうおっしゃるんです。私が「何の話をするのかわからないのに、行けるわけがありません」といいますと、（細川総理は）「はい、わかりました」とこういったんです。そのときにはおそらくうちの党内でも、「委員長がどういお（とそんなことは気にしなさんな」というような話になっとったんじゃないかと思います。それはうちの党内でも話がされていたんだと思います。それでも細川さんは、いくらなんでも党首にはいっぺん断っておかないと無断でことを進めたみたいに思われるのはいかんと思ったでしょう。だから単なる挨拶ですよ。

岡野　それは新聞に出ましたか。

村山　いや、出てないです。

岡野　それでですね、私が是非とも政治学者として伺いたいのは、一国の総理が決断なさったときに、その決断の案件がどういった政策作成過程をたどっていくのか。例えば今、細川総理が来て幕引きしたと、二番目に村山総理がおっしゃったようにたぶん党の役員が事前にそういう話をしていたと。事前の話をするというような人というのは国対レベルなんですか、議員レベルなんですか、それとも個人的に話をしているんですか。

村山　それは国対レベルのものもあろうし、議員レベルのものもあろうし、個人レベルもあろうし、ケースによりけりですね。端的にどちらかに分けるならば、議員レベルでしょうね。上の連中はね、私が総理になるときに一番積極的だった。下の連中はどちらかというと批判的だった。それで、今度は内閣ができてからは上の連中が足を引っ張ったり、いろいろとね。

岡野　村山総理は、総理大臣をお引き受けになるときの哲学をお話なさいましたが、非常に重要な歴史的認識であると私は思います。単純に左右に分けたときに、右の連中というのはそういう歴史的認識があまりないのではないか。

村山　右の連中というい方がいいかどうかわからないけども、協会の連中が主体ですね。協会の連中が右だというもともとの考え方はね、労働組合だからね。民間の労働組合というのは、官公労、鉄労、そのメンバーというのはだいたい業界内ですね。それが一変したわけですよ。総評時代というのは、平和とか民主主義とかの運動も総評の運動としてやっていた。ところが連合になったら、企業内組合ですよ。企業の枠を越えられないわけですよ。

私は組合だけじゃなくて、社会党も組合が変わるということを見越して党の組織を改善し、基盤をつくることをしなかったのが党の欠陥だと思う。それで、党と労働組合との関係はこの際はっきり分けてしまう。そういう労働組合になったんならもういっぺん、組合主義に立ち返る。組合員の権利・利益を守ってくれる党を支持するというふうに格好にすればいい。党と労働組合が共通のことを考えるなんてのはもうできない。だから党と労働組合はいったん距離をおいて互いの立場を尊重しあいながら、協力できるところは協力しあうということにすればいい。自民党が一時、連合の連中とは合わないといっていたことがありました。連合のやつが「けしからん」と怒ってましたけどね。

例えば、環境問題で、公害地域の住民と一緒になって運動をやれますか、それは無理でしょう。それが今の自民党の限界だ。でも総評時代は違いますよ。官公労とか公労協が主体ですから、それに引きずられてやっていた。それが総評と連合になってからとの大きな違いです。それを見通してなかったことが、社会党の最大の欠陥でしょうね。

戦後政治の問題点

岡野 一九七四年の暮れですが、田中角栄氏が退陣して三木さんが総理になります。いわゆる「椎名裁定」を書いた産経新聞の論説委員が文章化したとたんに三木さんに連絡がいきました。三木さんは最後までとぼけて「青天の霹靂」とこうおっしゃってましたが、いきさつは御本人から直接伺いました。当時私はアメリカにおりました。それで、共同通信の政治部から電話が入りまして、「田中がやめて三木になる」と国際電話があって、「談話をどうぞ」といわれたんで多少話をしたんです。その問題に関連するんですが、池田内閣のときに三木さんは池田さんと手を組んで、「たとえ二人になっても政党の近代化をはかろう」というので、自由民主党組織調査会というのをつくった。三木さんが会長でした。それで、三木さんは「学界からの協力も必要だ」というので、早稲田の吉村正教授、東大の辻清明教授、朝日新聞の土屋清さんと私が呼ばれました。私はその中で「三木答申」の一部を書いたんです。自民党の近代化のために発表したんですが、しかし実現されなかった。

これがだんだん悪い方向にいって、池田、佐藤、田中角栄で、汚職事件の多発で、厳しい世論が内閣・与党に向けられた時に、自民党は大変なウルトラCで全く違う〝クリーン〟三木さんを推したということと、村山総理のご登場の件とを私はだぶらして考えたのです。私は戦後の歴史認識における村山内閣の出現というものはいろんな角度で検証すべきだと思います。自由民主党はもうどうしようもない。「全く水と油の社会党でも、多少場つなぎでもしないと保守政権がもたない」という形で考えた冷やかな人たちはいたと思います。自民党の深謀遠慮があって社会党はそれにのせられたんじゃないかと思いました。それで、村山総理はその片棒を担いでいたんじゃないかと。三木内閣とだぶらして考えたときに、村山総理のご出現というのはどのように理解されたんでしょうか。

村山　それは、たしかにある意味で自民党を救うことになった。自民党はもう少し野党として五年ぐらい続いたら分裂していたかもしれない。総選挙で負かされたことが日本の政治を変えることになったと私は今でもそう思っています。自民党が負かされなければ日本の政治は変わらなかった。だけどもそうかといって日本の政治がどうなってもいいというわけにはいかない。さっきからいってますけど、細川政権が潰れて、そして継続して自民党を野党において新しい内閣をつくろうとしたんだけれども結局できなくて、むしろ自民党の中から首相を引っ張りだして社会党を経て、そしてこういう構図になった。ですからね、社会党が自民党に手を貸したという批判もあるのはあながち否定しません。しかし、あのときの政局の収拾からいって、あの方法しかなかった。歴史的な必然から生まれたのだろうと私は受け止めていますけれど。それで、私も考えはちょっと甘いかもしれないけれど、全く異質なものが連立政権を作ることによって、真剣な議論をすることで野党の経験しか知らない社会党も変わるんじゃないかという期待があった。同時に自民党も変わるんじゃないかと、変えられるんなら変えたいと思った。そういう役割が果たせるんなら、この連立内閣の意味もあるということも全然考えていないわけではなかった。期待していましたよ。

民主主義は多元的価値であり、数では物は通らんよということをきちんとさせないといかんというぐらいの気持ちでやってもらおうと。橋本内閣になったら、選挙に勝ったから社会党を切ると。これは小選挙区の弊害です。多数を握ったら社会党のいうことなんか聞く気になんかなりませんよ。だんだん疎外されていくんですよ。そういう意味で自民党の体質というのは変わらない。変わらないけれども、自民党は　リベラルといわれる層については、政策的にはある程度われわれと共通のものもあると思います。

岡野　村山内閣が成立して、村山総理が閣議が終わった後で、日付はちょっと正確に覚えていないんですが、河野洋平さんに総理をお譲りしたいようなご発言がありましたね。

村山　それは、閣議が終わった後ではなくて、参議院選挙が終わった後です。自民党支持者の中に相当野党に流れた部分があったんだね。そこで、じっと待っていた河野さんを、公邸で……、

岡野　森喜朗幹事長(現総理)もいましたか。

村山　そのときにはいませんでした。河野さんを呼んで相談した結果、武村さんと話した(「さきがけとしては村山さんが継続してやるということを前提に考えている。政権が変わるなんてことは想定していません」と。

岡野　大蔵大臣ですね。

村山　河野さんが「ちょっと相談させてくれ」というんで、「どうぞ」と。河野さんが帰ってきて「申しわけない」と。

岡野　無理といいましたか?

村山　党内の派閥やなんかを考えたら河野さんでは?

岡野　それは河野外務大臣に後継首相をやって欲しいというお気持ちですか。

村山　河野さんは総裁ですよ。

岡野　第一党の自民党総裁ですね。総裁だから、それとも彼の考えがリベラルだから?

村山　リベラルで護憲で、そういう共通点は私も考えた。

岡野　あの後しばらくたって、明治と早稲田のラグビーの試合がありました。

村山　ああ、河野さんと森さんと三人で行った。

岡野　明治勝利で明早戦が終わった後、森喜朗氏に「なぜ、総理が河野さんにやってほしいといわれたのに、どうして君断ったのか」とこう聞いたわけです。そうしましたらね、森氏は「村山総理のお気持ちはわかるけれども、ああ突然いわれちゃあ。自民党は根回しを十分した上じゃないとできないので」、そこで私は「だってそれは幹事長の仕事だろ」といいましたら、「どうしてそんなことをいうんだ」というから「どうして村山総理のお気持ちを尊重しないんだ」と。そしたら「村

山総理は全く根回しをしないから、困った」といってました。そうなんですか。

村山　私は自民党で根回しをしているんじゃないんでね。全く突然の話ですよね。

岡野　三年前の正月に村山総理と首相官邸の執務室でお目にかかった後、私がテレビ朝日の報道番組で話をしたときに、元公明党の委員長矢野と一緒になった。控え室で公明党委員長だった矢野さんと新党さきがけの話になったときに、武村大蔵大臣の話になりました。

村山　新党さきがけを旗揚げしたときというのは、やっぱりあの改革の旗手でしたね。そういう改革をしようという気持ちをくんだほうがいいと思いました。

岡野　総理におなりになって、これだけはどうしても社会党出身の総理としてやりたいと思われたことは何ですか。

村山　内閣といっても社会党単独内閣ではなくて連立内閣ですから、限界がありますよ。その限界の中で、僕らが主張してきたことをやろうと。例えば被爆者援護法の問題なんかもね、社会党は何回も法案を出してます。でも自民党に阻まれて廃案に終わっている。水俣の問題についても、ぼくは水俣に行って皆さんに会ってきましたけれど、ああいう体になって切々と訴えられてね。国の責任というものを考えさせられますよ。環境問題についても東南アジアを回って来たけど、こういった国々は開発をどんどん進めています。その開発による環境問題、公害問題についてこれまで本気になって考えてこなかった。今、公害問題をおざなりにしたつけが来ているんです

岡野　三木内閣のときに三木さんが独禁法の改正をやろうとして、党内から総スカンを食ったことがあります。あれが後に椎名さんの三木おろしにつながるわけです、総理も何かをやろうとして足を引っ張られたケースがありますか。

村山　ああ、これはちょっと嫌な話かもしれないけれど、戦後五〇年の節目の談話を発表したときに、アジアの皆様も全部お招きしましてね、一つの大きな節目の行事をやろうと思ってたんです。五十嵐官房長官が、司馬遼太郎の記念講演をしようとした。この時ものすごい抵抗があった、自民党からの。

岡野 司馬さんではだめなんですか。
村山 だめなんです。司馬さんがだめとはいわないけれど、行事の持ち方にけちをつけられるんです。
岡野 それは皆で靖国神社へ参拝に行こうというような議員連中のたぐいも含めて反対なんですか。
村山 そうですね。
岡野 何かその他にやりたいことがあったのに、さらに足を引っ張られたことはございますか。
村山 そうですねえ。その他にはあんまりない。
岡野 それでは逆のやりたくないことをやらされたということはございますか。
村山 それは、正直いいますと安保問題と防衛問題ですね。僕は、あのまま政権を持ってたら、抵抗したと思う。ガイドラインを作るんですもんね。

村山内閣の退陣

岡野 あのときに総理がおやめになるとおっしゃらなければ、続いていたと思います。ある段階まで。
村山 ええ、おそらくそうですね。
岡野 私は伊勢神宮からお帰りになって、村山総理と執務室でお目にかかった時(一九九六年一月五日)に非常にこれは問題じゃないかなと思いました。予算を作っておいて、総理の職務権限の中に「これを統括してこれを国会に提出する」とある。作った人間が質疑応答をして討論をやって裁決をやって、通すまで責任があると思います。当然私は、どうして総理はお作りになった予算を誕生まで見ないであの一月の五日に伊勢神宮(一月四日参拝)から帰ってこれられて、夜になって退陣を決意されたというお話をなさったのか。論理の一貫性で考えてみますとどうも納得いきませんが……、

村山　僕はね、細川さんが内閣を改造したときに、武村幹事長に隣でいったわけですよ。

岡野　愚痴ですか。

村山　愚痴ですよ。僕はこういったんです。「絶対に改造なんて承知しないよ」と。「絶対反対だ」と。「今日あなたが僕に話した話は聞くにたえない。だからおれは聞かない」。そのときに、「作ったものは最後まで責任をもつのが常道じゃないか。それを予算をあげる前に内閣を改造するなんてのは邪道じゃないか」というようなことをいったんです。それで、僕がやめるときに官房長官、野坂官房長官が「あんたあのときそういったじゃないか」というわけです。論理の一貫性からいえばそれも理屈だと。「連立政権をつくるのは政党が作ってるんです。だから誰になったって予算を作った者が最後まで仕上げて交代するというのも理屈だし、予算を審議する前に半分はつくったと、その半分を審議して引き続いて実行するのも理屈だ」とそういったら「それは屁理屈」だと。

岡野　それは屁理屈ですね。いや、村山総理、憲法六六条と内閣法第二条の二項に「国務大臣は国会に対して連帯責任を負う」と書いてあります。予算を作るときは連帯責任です。箱根の駅伝みたいなものでちゃんとバトンタッチしなくちゃならない。二〇人のチームワークです。

村山　そうすればね、審議をして決めたものを審議をしないまま引き継ぐのは無責任じゃないかという理屈もあるんですよ。だから両方理屈なんですよ。どっちを選ぶかということは問題じゃない。理論的にはおかしいけどもね。だけど細川さんのときには僕はあなたがおっしゃったように反対したです。

岡野　それでは、一九九六年一月四日に伊勢神宮にいらっしゃって、さらに引き続き内閣をおやりになるようなご発言を、伊勢神宮の内宮の外の会見でなさいました。おくびにも出さないで帰ってこられて。あれからすぐにホテルオークラに入られたんですか。

村山　いや。

岡野　私にはそういうお話になっておりましたが。

村山　いやいや。そうだったかな。伊勢神宮から帰ってきて、いや公邸におったんじゃないですか。

岡野　そうですか。そのときに総理をおやめになる腹を決められたのは。

村山　決めたのは四日ですね。

岡野　四日ですか。別に五日は関係なかったのですか。

村山　四日の晩に、公邸に橋本さんと野坂官房長官と。

岡野　橋本(通産相)さん?

村山　いや、橋本さんは自民党総裁でした。橋本さんには僕は世話になった。

岡野　公邸に来たんですか、彼は。

村山　いや、来なかったです。電話だけ。

岡野　総理は予算を作ったときに総理をおやめになる腹を決めていた。ご発言になる前。伊勢神宮に行く前の年に。

村山　いやいや。そんなことはないです。

岡野　しかし、かなり前からやめる腹は固められていましたね。

村山　そうですね。

岡野　発言を遅らせたのは。

村山　やめる時期をいつにしようかと考えていたんです。

岡野　やめる時期のご発言は年が明けてからになさいましたけれど、村山内閣の閣僚が閣僚として新年を迎えてないのでかわいそうだという気持ちがあった。

村山　いつ辞めようかと考えていたのはね、今さっきおっしゃったように予算の審議が二三日から始まるわけですよ。

そのときに全然準備してなくて審議に出るのは無理だろうと。それで逆算してみてどの程度準備に必要だろうと。それから、年を越してからのほうがいいかなという気持ちもあった。

岡野　それは人情論ですか。

村山　人情論ですね。それでいろいろ計算してみて、五日にしたわけです。次の日記者会見でやめることをいうんですが、どこかでボロを出すんじゃないかと心配しました。だけど、迷いはないし、戸惑いはあったかもしれないけどもう淡々としたもんだったですよ。

岡野　ボロは出ませんでしたか。

村山　出なかったです。誰もわかりませんでしたよ。

岡野　総理、お辞めになる決断はご自身で決められますけども、そこまでにもいろいろプロセスがありますね。

村山　それはね、一つはこれからの課題を考える上で、政権の基盤をどうするか。もう足元がもう限界だと。自分自身の能力ということを考えてみて私は辞めようと思いました。私は予算委員会やなんかで一対一で質問を受けるのはそれほど苦にならないんです。一番苦になったのは本会議です。国政全般でしょ。細かいことを聞いてくるんですよ。答弁しなかったら答弁漏れがあるといわれる。だから本会議のときだけは答弁をつくっていくんです。質問なんか聞いてられませんよ。あるとき、答弁したら「そんなことは質問してない」といわれました。質問する前に時間がオーバーするから適当に切ったんじゃないかと思うんですよ。切ったことをこっちは知らないから。

岡野　役人からメモは入らないんですか。

村山　入らない。おそらく答弁する寸前で切ったんじゃないですかね。僕は聞いてないもんだから。本会議の答弁は苦手だった。

日本の官僚制度

岡野　日本の官僚制度の問題なんですけれども。官僚と政治家の関係ですね。さきほど総理は、官僚というのはいったことはきちんとやると。しかし、頭の中には政治の好き嫌いというものが本来入ってはいけないと。これはマックス・ウェーバーの官僚制度じゃありませんけれども、官僚機構そのものは、中立で要するに正確に機械的に動けばいいんだという問題があります。しかし、日本の場合には、村山内閣以外は自由民主党の保守系の内閣のもとでの官僚制であった。そういう点で連立内閣で社会党の党首が総理になったことで既成の官僚の抵抗感というものはなかったですか。

村山　私が感心したのはね。たとえば国会で施政方針演説をしますね。その原稿は自民党の総理なら自民党色を、社会党の委員長なら社会党色をきちっと出してくること。

岡野　しかし、さっき総理は官僚は基本的には保守的だとおっしゃった。いいかえれば体制擁護派ですね。現在の体制擁護派。とするならば、現在の体制が崩れない限りにおいて教育されているということですね。村山総理が社会党の御出身だってことは社会党でやってこられた総理が話しやすいように原稿を書いてくるんですか。

村山　話しやすいというよりも、社会党の政策やこれまで演説したものを(官僚が)読んでるんじゃないかねえ。あんまり外れないようなことを書いてきますよ。演説の原稿と答弁の原稿は違うんです。演説は総理の持ち味です。答弁は質問の答え。国会の質問に対する答弁なんて前の日に徹夜してね、関係者が集まって答弁をつくる。訂正ばかりしていたら、もとの意味と違ったりしたこともあった。

岡野　総理、ああいう官邸でしょっちゅう顔を合わせているのは秘書官ですか。

村山　秘書官です。

岡野　七代の総理大臣に仕えたといっている石原信雄さんは官房副長官で、彼は副長官の中では筆頭になるんですか。

村山　そうですね、筆頭というよりも事務担当の副長官ですね。

岡野　一九九八年、私はスウェーデンのストックホルム国立大学にいましたが、日本のスウェーデン大使が村山内閣の時の官邸の内政審議室長だったそうでスウェーデンに行きましたらすごく村山総理のことを評価しほめておいででした。それで、「自分は大蔵省の理財局長で長いこと保守政権をみてきたけれども、村山総理のように立派なご人格をお持ちの方には初めてお会いした」とこう私にいうんです。おたずねしたいのは、総理になる前となった後、情報量というのは。

村山　それはもう全然違います。

岡野　しかし、自分たちに不都合な情報というものは官僚は教えてくれないのではないかと思うんですね。総理というのはどんな中味の情報をどこまでもっているんでしょうか。政務次官は知らないですか。

村山　とくに外務省関係はね。

岡野　歴代の総理は、重要な情報源と、権力のコントロールのために検事総長、国税庁長官、大蔵省主計局長、警察庁長官の人事は自分でやりたいといっていますがどうですか。

村山　そうなんですか。僕は違うけど。

岡野　それが崩れてきたのは福田さんあたりです。となりますと、権力の保持のために税金関係とか警察関係とかいろいろ総理は気配りしたということを聞いていますけど。今はそれが崩れてきていますね。それは閣議室でやるんですか

村山　ええ。

岡野　そういうときは石原さんなんかはいるんですか。

村山　いますよ。

岡野　三木さんが総理になる前に「もし僕が総理になったら文部大臣だけは彼だ」とおっしゃるので、「それはどなたですか」とたずねますと「もう亡くなったけれども、岡山県倉敷の大原美術館の大原総一郎さんだ。彼は大変な文化人で、常

識を持っていた。大原君がいないから朝日新聞の永井道雄さんを文部大臣にしたんですね。京大出の彼は東大嫌いで「富士の山より八ヶ岳」と、ただ一つの峰より峰の多いほうがいいといっていました。。総理は就任した時、このポストだけはおれが決めるというようなポストはございましたか。

村山　いや。これだけは自分が決めるというのはなかったですね。三党連立でだいたいポストの数は決まっているから。よほどのことがない限りそういうことはない。ただ、僕が一番心配したのはスキャンダルだね。それだけは困るからね。これは事前に調べますよ。ちょっと前に気にかかったことだけれども、行政と政府との関係。国会の審議の中で行政の実態を役人に聞くんですよ。行政の実態について質問する場合は役人に聞く。そのやり方が間違っている、こうするんじゃないのかといったようなことは僕は政治判断だと思う。それを混同してはいけないと思う。ただ質問する側もそうだし、する側も難しいわからない問題をね、なかには「これは大変重大な問題ですから」といって官僚任せにしたりするのは、答弁する側もよくないですね。よくないですけど、それはお互いにきちっと誠実にしなきゃならんという気がします。それから、そうなって大臣や副大臣を何人もおいて行政を政治判断しますとね、下手をすると違憲になりますよ。それだったら何人も大臣はいらない。むしろ「政」と「官」とが、互いに自分の得意な分野を明らかにして、行政は行政でやってもらいたいと　役人が全部悪いんだといって、役人を排除してしまったら滞りますよ。役人が行政を守っているから、うまくいってるんです。六月二九日の首班指名選挙で僕が総理に首班指名されて、そのまま官邸に行ったんですよ。単身赴任ですよ。総理大臣の部屋なんか、ベッドがないんですよ。「これが総理大臣の部屋ですよ」って。

岡野　総理執務室は小さな部屋ですね。

村山　それに周りはみんな官僚ですよ。どうしますか。それで、官僚がちゃんと日程表を作って来て、「明日はこういう日程ですから」というから、「そうか」というしかないじゃないですか。だけど先ほどもいいましたけれど、まあそれは直感的にこれはいかんと。もっと政治的な判断ができないといかんと。そんなもんですよね。各省の大臣もね、官僚あがりのいくらか行政に精通している者が大臣になればそんなに悪くはないけど、だけど突然経験もないその行政についてのいくらの知識もなく大臣になった人が、いきなり乗り込んでいってどうしますか。そして半年間経験してだいたいわかって、よしこれからだと思ったときには交代ですよ。これはいかんと思います。あんまりころころころころと内閣や大臣が変わるのはどうかと思うね。

岡野　よくないですね。

村山　ええ、よくないですよ。官僚政治はだめだっていう基本的な見解は考えなきゃいかん。だけど、私が何度もいってますように官僚というのは保守的ですよ。本質的に現状維持派ですよ。間違いがあったらいかんというんで、その限りにおいてはきちんとやりますよ。でも改革やなんかは政党がやらなきゃいかん。政治家が担当する分野と行政が担当する分野とがあるわけです。その行政が担当する分野までは、権力が入っていくようなことにはならないほうがいいと思いますね。そこのところはわきまえないと。そういう問題があるわけですね。

日本政治の将来

岡野　大変重要なご指摘で、すばらしいご意見だと思います。ロンドン大学名誉教授の森嶋さんの岩波新書から出した本の抜粋なんですけれども、「日本は没落する。それは二一世紀などと漠然としたものではなくて二〇五〇年ぐらいだ」とこういっておられるわけです。今総理大臣になるのは年齢的にいって、六五歳から七〇歳ぐらいが総理になっていると。そうすると二〇五〇年に総理になる人というのは、ちょうど今高等学校から大学出るぐらいの連中だ。その教育をみると、ごく単純な因数分解もできない。ろくな教育を受けていない。そんな人が日本の政治の世界に入ったら、日本はどうなるのかという問題です。さらに森嶋教授のお説でもありますが、日本が戦争に負けたときに全面的に旧制度の破壊が行われ、新しい憲法の下に民主国家を作ろうというんで何もないところから作ってきた。しかし五〇年の間にセメントでがっちり固められたと。ちょっと部分的に直すというわけにはいかない。これはよほどの革命的な行為がない限り、日本を変えないとだめなんだけれども、今のままでは日本はいわゆる〝沈没〟してしまう。総理大臣の官邸からご覧になって、日本は〝沈没〟しますか。

村山　沈没という意味がどういう意味かは私にはわかりませんけどもね、そんなことはないでしょう。

岡野　しかし、例えば経済の問題をみましても、バブルの状況をみましても当然トップ経営者というのは、成功と失敗は絶えずセットで裏表の関係ですから、そういうことをみればやがて景気が後退していくことはわかる。頭ではわかっているけれど、大変なお金を消費した。

村山　沈没するという意味がそういう意味なのかどうかはわかりませんけどね。ただ、私は今の日本の経済の姿なんかを見てますと、ここまで落ち込んだ責任というものをもっと感じて欲しいですね。公的資金を導入するといったって、それだけのことをするんですからね、責任者ももう少し責任を感じてもらわないといかんですね。それが一つ。それから私は、専門家じゃないからよくわからんけども、減税して消費を拡大するというのは、国民の観念と違っている。もう大量消費の時代じゃないんですよ。だから必要のないものは買わないんですよ。金があっても。そういうふうに変わってきているんですよ。それに大量消費の時代にたくさんゴミを出した。そのゴミがまわり回って地球を破壊している。環境汚染だとか、公害問題だとか発生している。だからゴミを出さない、出さないほうがいいという観念に変わってきているんですよ。それなのに政府は公共投資だの、減税だの依然として変わらない政策を行っている。

岡野　そうですね。

村山　だから、そういう国民の観念の変化に対応して企業の体質も変えていく。そして必要のないものはつくる必要はないんだから、新しいものはどんどん開発していくというふうなところに目が向かないといけない。ところが、やはり体質的には保守的なんですよ。そういう気がしますね。それが、今やっている景気対策も、景気は浮上せずに借金ばかり増えていくという可能性が全然ないわけではないという気がしますね。だからそういうところで、改革というか発想の転換が必要だと思う。

岡野　確かに、ケインズは読んだけれどもケインズを理解していないことが日本人の欠点だと思いますね。西ヨーロッパでは共産党以外は、ECではほとんどみんな社会民主主義者の立場を理解しています。スウェーデンは共産党を含めてみんな政策的には社会民主主義の立場です。日本では肝心のそれがない。東京都知事選挙でも社会民主的な立場の候補者がいない。共産党と自民党サイドの人々だけだと。日本でこれから社会民主主義ないしは民主的社会主義の将来というものはあるんでしょうか。

村山　私は、二大政党を志向する小選挙区制が問題だと思う。だから予算だってあれで通るんですよ。公明党もそうだし。それから野党もだめになってるんです。民主党といったって理念があるわけじゃないしね。いずれにしても過渡期ですよ。複数政党が存在して連立政権の時代が続けばいいと私はそう思います。その意味からいいますとね、社会民主主義の潮流をくむ一つの新勢力がなきゃいかんと、あっていいと思う。

だから今いきなり小選挙区で二大政党にしようなんてのは無理がある。国会だって活気がないですよ。敵がいないんですから。中選挙区だったらね、同じ選挙区で争った人がいますから、あいつには負けるかという気持ちがありますけど。野党がいい返したって、ご苦労だなと思われるぐらいですよ。小選挙区であれだけ与党が安定していると、胡座かいてますよ。正直いってね。議員が地元にサーヴィスするだけで終わっちゃう。それは小選挙区はつくるときにいわれたものとは全然違う。イギリスもそうですよね。知事やなんかが権力をもてあそぶようになる。そういうことになる可能性がある。そういう意味では小選挙区はいかんと思いますよね。二大政党になることがいいか悪いかはわからんけどね、二大政党になるためにはそれだけの経緯が必要だと思います。いきなりではね。そんな意味では僕は責任を感じてますけども、これだけ社会民主主義政治が後退しているということは、日本の場合はアメリカの政治とは違って、ヨーロッパのほうに近いというふうに僕は思いました。ま、頑張らないといけないと思います。残念ながら党独自の力はなくなった。労働組合の力に依拠したのが最大の欠陥です。

岡野　本当にどうも長時間ありがとうございました。大変重要なご指摘が村山総理からございまして、これは日本の将来を考える場合にわれわれ研究者は相当根底的に問題を分析し、方向性を出さなければいけないと思います。私のみならず、このようにすばらしいお話を聞けまして、心から敬意を表したいと思います。

木村　村山政権で非常に印象が強いのは、最初のほうでお話がありましたが、日の丸・君が代問題です。村山政権が日の丸・君が代を肯定したというのは、従来の社会党からみれば考えられない決断をしたわけですけれども。ああいう決断をしていく過程においては、何らかの決断材料があったのでしょうか。

村山　日の丸については以前から議論がありました。私は日の丸の扱いについては自由にしたらいいんではないかと。掲揚したい人は掲揚すればいいし、したくない人はしなくていいと、そういうぐらいの扱いにしたらどうだといっていました。ただ、絶対に強制はいかん。だれにも強制することはできないんだと一貫していってきました。自然と国民の中に日の丸を掲揚したいという気持ちが出るまでは強制はいかんと。教育の場ではとくに強制はいかんといったことがあるんです。行ってみれば日の丸には責任はなくて日の丸を侵略戦争に使った人間が悪いんだと。それから君が代についてはね、今の若い人に聞いてみたら、君が代を歌ってないと。歌詞がわからないというんですね。だからもし国歌が必要ならばなんか考えて、もっと国民の皆さんが心から歌えるようなものを考えてみてもいいんじゃないかという気もしますね。だから君が代の問題についてはいってませんけれども、僕はそれほど強くいってはいないけれど、以前からそういう考えでした。党内でもはっきりと議論してきたことだから。党内も気に食わなかったんでしょうね。勘違いしたんでしょうね、あるところから僕は呼ばれた。「紀元節の日に来てくれ」と。それはもう全くそのほうの人でね。いくらなんでも紀元節の日に僕が行くことができるわけはない。

藤本　さきほど村山前首相がおっしゃった官僚に対抗しうる政治家をこれから作っていかなくてはならない。こういった大きなビジョンははっきりしていると思うんです。ですが、具体的にはどういうふうに取り組んでいけばよいか、例えば二〇五〇年の首相を考えた場合に、これから政治家を育成することについてどのようにお考えでしょうか。

村山　それはやっぱりね、民主主義と倫理を尊重しなければならない。倫理が本当に正しいものかといえば、マスコミで作られた倫理もある。だから政治家は本当のことをいわなくてはいかん。最近そういうことをいう人は増えてます。僕は住専の問題もね、それから消費税を上げることもね。僕のときに五%に上げることに決めたんだけども、いろんな情勢をみて上げることを決めたんですけれど。上げるときにも抵抗はありましたよ。住専の問題のときもだいぶ批判が、抵抗がありましたよ。そのときにいったんです。「うその宣伝にまどわされちゃいかん」と。消費税だってね、「上げずにすむなら上げない方がいいに決まってます。でも五兆五千億円の減税をやってきて、一応為替レートも落ちついたし、景気も上向きになっている。これから高齢者のことを考えた場合に、所得税だけに頼るわけにはいかない。税体系から考えても消費税を上げるしかない」といったんです。選挙が怖くて大衆に迎合するようなことはしてはならない。それが必要なことだと思いますね。長い目でみればあの人のいったことは正しかったといわれるような政治家を育てたいですね。

（一九九九年三月二〇日、明治大学・リバティタワーにおいて）

第三部　戦後デモクラシーを語る——岡野加穂留先生に聞く

（聞き手・藤本一美、大六野耕作、浅野一弘）

I

藤本　おはようございます。今日は長野県の岡野加穂留先生の八ツ岳山荘をお訪ねしまして、お話をお聞きすることになりました。先生は二〇〇〇年の三月末に、明治大学の定年を迎えられます。この際、我々明治大学の後輩達が岡野先生のオーラルヒストリーというかたちで先生のお話を是非記録に残したいとお願いしましたら、よろしいでしょうとのお返事をいただき、ちょうど先生ご退官の年に本書が出ますので、これを入れまして、村山富市議員(元首相)との対談と一緒に並べたいと思っております。

岡野先生は、長年にわたり明治大学において教鞭を執られ、比較政治学と政治学原論を担当されてきました。いわば明治大学の顔と申しましょうか、大学を背負ってこられた方でありまして、明治大学の近代政治学を確立した方といってもよろしいのではないかと思います。

先生の詳しい業績につきましては後ほど大六野先生が触れられますが、私の印象に残っておりますのは、デュベルジェの政党論の翻訳である『政党社会学』、それから、〝田中的〟なものを批判されて注目された『政治風土論』ですね。これらは名著として、これからもずっと日本の政治学界の共通の財産として残っていくのではないかと思います。そして、岡野先生は当初スウェーデン政治を研究されまして、スウェーデン政治研究の我が国における草分けの一人であります。また、比較政治学のお立場から、日本政治の分析、特に〝臨床政治〟という新しい概念を日本で開拓された方としても広く知られております。

先生は明治大学のみならず、日本を代表する政治学者として意見を求められた場合に、必ず一〇人の中の一人に入るということで、そのご活動は、マスコミ等を通じてよく知られています。マスコミとの関係についても、「権力との一定の距離」をおいて評論すべきである、ということを常にお話され、それが長年にわたってマスコミ等に接して示される一つの姿勢となっているのではないかと思います。

それから、大学以外では、文部省の「大学設置学校法人審議会」の委員、内閣総理大臣の諮問機関である「腐敗防止政治倫理審査会」、「外政問題懇談会」等の委員を歴任されております。また、先生は私どもが学生の時に、テレビにおいても活躍され、我々の記憶に残るのは、「総理に聞く」という番組ですね。特に三木内閣の時に、先生が名インタビュアーとして名を成したわけです。その後、連続的なものとして、「野党党首に聞く」という番組があります。これらは、我が日本の政治学界においても非常に貴重な、生の資料として使えるものであると思います。

今日は、岡野先生を囲んで、これまでの先生の歩んできた道、学問の姿勢、マスコミとの関係、さらには今後の日本の政治学の目指すべき方向についても、お聞きしたいと思っております。

私は、明治大学の岡野先生の後輩で、現在は専修大学に勤務しております藤本でございます。私がまず、先生の生い立ちから助手時代までをお聞きし、次に、大六野教授に、岡野先生のご業績を中心にお聞きいただきます。最後に、コーヒーブレイクという形で、先生がラグビー部の部長や雄弁部の部長を務められた時のことや、海外のご友人との交流について、浅野講師がお話をうかがいます。

それでは、始めさせていただきます。先生は一九二九年にお生まれでいらっしゃいますが、先生のお生まれになったご家庭についてお話し願えればと思います。

出生と学生時代

岡野　私は、一九二九年六月二三日、昭和四年、東京府京橋区築地明石町の国際聖路加病院で生まれ、佃島小学校を出ました。家に近いところに五年制の旧制中学の府立三商と府立三中があり、府立三中は後の両国高校、府立三商は東京都立第三商業高等学校ですが、ちょうど入学する時は太平洋戦争が始まった翌年の一九四二年で、家の近くのほうがいいのではないかということと、両校とも優秀な生徒は海軍兵学校、陸軍士官学校、陸軍東京中央幼年学校、そういう軍隊のエリート校に行く数が多かった。ですから、府立三商のほうに行きました。私の親父は、天皇の側近の近衛歩兵第一連隊、天皇のつまり〝親衛隊〟におりました。親父は職業軍人ですが、途中で体を壊しまして、私が大学に行く前後の時には小さなレストランを経営していました。終戦直後です。私が旧制の府立三商の四年生の時に、敗戦になりました。日本が、連合軍に敗けて敗戦になった時、とりあえず勉強したいんだといったら学費がないという。その頃は、敗戦のどん底という言葉があったぐらいひどい状況でした。私は、東京帝国大学の法学部に入るのが経済的にも一番安いと考え、そこで旧制の浦和高等学校と、兄貴が明大の法学部にいたので明大の政経学部を受けたわけです。浦和高校は落ちましたが、明大の政経は受かりました。その頃、海軍士官学校や陸軍士官学校を敗戦のために中途退学した連中は、ほとんど旧制高等学校を狙っておりました。私は、旧制中学の大部分は学徒動員で、陸軍の特攻隊の爆弾を作っている軍需工場である江東区深川の日立製作所の製造部門で働いておったわけです。だから、中学時代はほとんど勉強しておりません。やっていたのは剣道だけですね。水戸東武館道場の北辰一刀流免許皆伝の柳沼長治(鉄水)師範の指導による剣道の記憶はありますが、勉強の記憶は全くなかった。私の同級生のほとんどは予備校に通って、大体国立大学に行きました。私は、早く入学したほうがいいだろうということもあって、兄貴が明大に行っていた関係もあり、明大の政経に入ったというわけです。明大に入ったのは敗戦三年後の一九四七年、昭和二二年です。明治大学専門部政治経済学科を出たので、村山さんの後輩になりますが、昭和二五年、西暦一九五〇年です。その時に新制大学ができる。新制大学に行けば二年で卒業できるというので、新制大学の三年に編入しました。つまり私は、新制の明治大学政経学部の第一期生です。その中に、人口論の吉田忠雄が経済におりまして、吉田君と私は「お互いトップで出よう」と、猛烈に勉強しました。私が主席優等生になって、吉田君が二番目の優等生となって卒業しました。その時に私は、弓家七郎先生の比較憲法を学び、先生のご専門はアメリカ政治史、地方自治論ですが、先生がワシントン大学とコロンビア大学に学ばれたようなことを中心にやりました。当時は翻訳がほとんどなかったものですから、大体において原典での授業でした。

藤本　先生は政治学を選ばれたということですが、それは、小中学校の頃から政治の勉強をしたいとか、それとも誰かの影響があって政治学に向かったということだったのでしょうか。

岡野　東洋経済新報から出ました『日本国にもの申す』に書いてありますが、母方ですが、旧制の弘前高校を出て、東京帝大の法学部政治学科を出た、共同通信の前身の同盟通信社から毎日新聞社に移った私の伯父がいます。私が明大に入る頃、毎日新聞東京本社の政治部長をしていました。その前に伯父は近衛内閣担当で、首相官邸長をやっておりましてね、二・二六事件の頃から日本の政治に深い関係を持った人です。この伯父の影響が、非常に強いです。私の伯父は東大の学生時代に、どちらかというと、英国労働党、ドイツ社民党、つまり第二インターナショナルの流れを汲む二〇世紀社会主義に傾倒しておった。それで特高などに狙われたようですけれども、伯父は全世界の通信網の中で生きてきたので、日本は太平洋戦争に負けると初めからいっていました。

藤本　先生が政治学を専攻されるにあたっては、毎日新聞におられた叔父さまの影響が非常に強いということですが、政治学をやってみようと思われたのは？

岡野　伯父は昭和二二年から二四年まで政治部長をしていて、私が大学に入学したとき最初の衆議院総選挙がありました。あの頃は政界のマッカーシズムの問題がとりざたされた頃で日本中が真っ赤で政界も学会もマスコミ界もコミュニズム色が全面に出ていました。伯父は「これからは政治がちゃんとしなくちゃ駄目だ。今まで軍人が威張っておった。軍人が政治をやったから軍政だ。これからは本当の政治家が政治をやらなくちゃいけない」といった。それで「伯父さん、本当の政治家って誰ですか」って聞いたら、松村謙三とか、片山第一次内閣で逓信大臣になった三木武夫の名を挙げた。当時、明治ＯＢでは三木武夫と矢野庄太郎と一松定吉の三人が大臣になった。伯父は「社会党首班は連立政権で基盤が弱いけれども、日本の将来を展望するような内閣のアイディアをもっている。面白い内閣だな」といっていた。東宝争議の話もしてくれた。マッカーサー司令部は軍政に代わって連合軍が軍政をやる都合で日本の前近代的なものを倒すために共産党に力が必要だから共産党を解放したと、共産党の基本というのはマルクス・レーニン主義だと、これからは共産党がガンになるよ、と。これはカール・ヤスパースの第二次世界戦後のスターリン主義批判と同じ見解ですね。権力一辺倒のスターリニズムへの批判が秘められていたんです。

　僕はほとんど明大の帰りに、毎日新聞編集局政治部長のデスクに行っていたので、当時のオピニオンリーダーと知り合うことができたと思います。

藤本　今までのお話をうかがっていると、現実政治との結びつきが、先生の出発点からあったということで、そこから政治学の道に入っていかれたということですね。

岡野　それは決定的でしたね。それともう一つ、僕がそういうことを好きだったということがありますね。伯父に将来何になるのかと聞かれて「外交官、新聞記者、政治家、学者」と答えましたが、外交官は色々な順序があって希望通りにはいかないからやめたほうがいいと、新聞記者はいいと、政治家は自分の目的をちゃんとやった後になるべきで、政治家になるのは決して遅すぎるということはない、だからやるなら、ジャーナリストか学者がいいといわれました。

藤本　先生は卒業のとき最も優秀で、総代を務められたということですが、当時、学部のゼミの先生につくということはあったのでしょうか。

岡野　ありました。昭和二二年の夏頃と記憶しますが、「未来は青年のもの」というテーマで、明大の三人の閣僚が、後輩のために、記念館で演説をしたんです。そこに、国民協同党書記長で逓信大臣の三木、矢野蔵相、一松厚相の三大臣が来ました。その時の雄弁部長が小島憲先生でした。小島先生に、政治学の勉強をしたいがどの先生につくのがいいでしょうかとお聞きしましたら、先生の一期先輩の弓家さんがいいとおっしゃって、弓家先生を紹介してくださったんです。弓家先生は「一生懸命勉強するように」とおっしゃいまして、ゼミに行ったら原書をずっと訳していました。

藤本　弓家先生といえば、明治大学の政治学原論、地方自治など、明治大学の政治学の草分けですから、やはりそこへ行ったということは、アメリカの最高のレベルの学問を学んだということですね。

岡野　明治大学の草分けというよりも、日本の地方自治論、それから比較憲法論の草分け、政治制度論のパイオニアですね。それから、チャールズ・A・ビァードに学んだ。彼はアメリカ政治学会会長、アメリカ歴史学会会長、ワシントン州立大学の大学院の政治学担当教授であり、関東大震災の時には後藤新平に呼ばれて東京都復興のためにアイディアを出し、その通訳を弓家先生がされましたが、都市行政の草分け的研究機関である東京市制調査会を作るというアイディアを出したのがこのビァード氏であり、初代の理事兼研究部長を務められたのが弓家先生というわけです。弓家先生は大変立派な先生でしたが、日本でもてはやされないというところに、日本の学界の限界があったと思います。

藤本　イギリス、フランス、ドイツの政治学のほうに目が向いて、アメリカ政治学というのは軽んじられたところがありましたからね。ところで、弓家先生の本を私は読みましたが、どちらかというと制度論中心なものですから、岡野先生の現実政治との関わりからすると、不満だったのではないかと思いますが、いかがでしょうか。

岡野　僕が明治大学にいたのは、昭和二七年までで、それから一年間お寺に行って、大学院が昭和二八年から三〇年までです。弓家先生のゼミに入ったのは昭和二五年です。僕は、弓家先生の一番弟子であり、また、明大の政経学部の最初の正式な政治学担当助手です。先生に、戦争中のことをお聞きしましたことがあります。先生のように明大をご卒業なすって、アメリカの屈指のワシントン州立大学を出られて、コロンビア大学でもご研究なさった先生は、アメリカ文化を熟知した良い意味でのアメリカびいきで、東条内閣から睨まれたのではないですかと。先生は、「僕は軍部や思想警察に睨まれてやられるのが怖いから、現実政治には一切発言せず、翻訳に徹した。外国のものをもっぱら訳していれば危害は及ばなかった」とおっしゃった。そこで、こうお聞きした。外国で研究された方は先生のような生き方ばかりしたわけではなかったのではないですか。すると、先生は、いいことを聞く、といわれ、次のようなことをおっしゃった。「清沢洌君は私と同じ頃アメリカに留学しました。清沢君はアメリカ民主主義を自分と同じように研究してきて、東洋経済新報を中心に日本に帰ってきてからマスコミ・ジャーナリズムで積極的に発言し、書きました。そのために憲兵隊に睨まれて、清沢君は何回も捕まりました。それが原因で、彼は体を壊した」と。弓家先生に話をうかがっている時、まだ清沢氏は生きておりました。その数年後に、五〇代で亡くなっている。弓家先生は明治二三年生まれです。僕が政経学部長の時に、先生の「白寿記念パーティー」の一〇〇歳のお祝いをしたわけだけど、僕が習った時はちょうど六〇歳、それから一〇年間先生のそばで研究したわけです。

藤本　ゼミに入ると、今と同じように卒論があったと思いますが、先生はどのようなテーマを選ばれたのでしょうか。

岡野　弓家先生の影響がありまして、アメリカ政治学の勉強をしたんですよ。弓家先生は、アメリカ政治学の前提は歴史だから歴史をやったほうがいいと、アメリカは建国以来二〇〇年も経っていないから勉強しやすいとおっしゃった。私は、アメリカ政治史の勉強もいいけれど、アメリカに行ったことがないから分からないんですといったら、それはそうですねということで、丸善に行って、史実に基づいて作られた映画の歴史に関する本が売っているから買いなさいといわれました。丸善の図書部長に相談したら、ジョン・フォードという監督が、「ステージ・コーチ」といういい映画を作ったというんですね。「舞台監督」と皆思ったらしい。だけど、映画には舞台監督は出てこない。四頭立ての馬車（ステージ・コーチ）が来るわけです。そこで映画評論家の淀川長治か誰かが「駅馬車」と訳したんだ。映画史に残る西部劇の名作の『駅馬車』ですよ。そのステージ・コーチの背景と脚本を見せてくれたんです。リンゴキッドというガンファイター、流れ者がステージ・コーチに乗る話なんだ。レポートで弓家先生に話したら、先生はご存知なかったが、面白いねっていうんだよ。それからずっと、岡野が話すなら聞いていようって誰も報告しないから、毎週報告しました。弓家先生は面白がって、「岡野君、面白いから続編やりなさい」っていうので、やりました。当時、神保町の岩波書店の裏に東洋キネマという映画館があって、休講になると映画を観に行っていた。ジョン・ウェインの映画を観ました。ほとんど西部開拓史と南北戦争の騎兵隊ものだった。でもそればかりではしょうがないと思って、先生に「これだけでは面白くない。政党の研究がしたい」と相談したら、チャールズ・A・ビァードの『アメリカ憲法の経済的解釈』、『アメリカ合衆国史』を読むように勧められました。その中に〝プレッシャーグループ〟という言葉が出てきた。これは面白いと思いました。しかし先生はあまり詳しくご存じなかった。丸善に行き、V・O・キーの *Politics, Parties and Pressure Groups* という本を手に入れた。これが面白く、卒論のテーマは「なぜアメリカには第三党が育たないのか」にした。

藤本　先生はなぜ政党に興味をもたれたのか、日本の政治の現状を意識されたのか、それとも、アメリカの占領下にあるからアメリカの実態を知らねばならないということで、アメリカの政党の研究をされたのでしょうか。

岡野　明大の裏にある山の上ホテルが、アメリカの大学を出たオフィサーズ・ホテルになっていた。つまり、大学出の米占領軍の将校専用のホテルで私と年齢が近い若者がいた。この人が、アメリカの政党の話をしてくれた。それを聞いて、ものすごく関心をもったんだ。また、伯父も日本の政党の現場の話をしてくれた。それで、政党の研究を始めたんです。

藤本　大学院時代も一貫して二年間、政党研究をされたわけですね。大学院のマスター論文もそういう内容だったのでしょうか。

大学院と助手時代

岡野　文部省にユネスコ国内委員会が作られまして、文部省がユネスコ国内委員会の調査をやりましょうということになった。第一回の調査が、「近代工業が農村社会に進出した時に都市化過程の中で起きる緊張の研究」だった。調査委員長が当時、東大法学部長で法哲学の尾高朝雄先生、調査幹事が明大助教授の藤原弘達、東大教授で農村社会学の福武直、補佐が丸山ゼミの藤田省三、松下圭一と私だった。なぜ藤原先生が僕を使ったかというと、具体的な調査地点が必要ということで、茨城県の日立市にある日立製作所の調査に行くことになったのだが、私の伯父は毎日新聞東京本社の編集局次長だったから、私に頼めば毎日新聞の支局の調査網が使えるということだったわけです。日立周辺をカバーするのが水戸支局だったので、調査本部を水戸支局におくことにしました。水戸の支局長は、伯父の帝大の後輩でした。当時、自動車がなくて、支局のサイドカーに乗って、新聞社の社旗をたてて取材調査をしました。福武先生が、社会学の調査も兼ねるからということで、明大助教授泉靖一さんにも入ってもらった。私は調査の現地責任者になり、大学院時代はほとんど水戸市にいたのです。修士課程の二年の後半まで水戸にいて、自分の論文が書けなかったのです。困りましてね、そこで尾高ユネスコ調査でやった手法を自分の住んでいるところでやろうと思った。僕の家は東京の京橋でしたから、東京都中央区の地方議会の分析をやったのです。敗戦になって、どういう復興をしてどういう形で緊張関係が生まれたかの調査を議会中心に書いた。二カ月で書き上げました。審査員が、弓家先生と吉村先生と藤原先生だった。早大教授で明治の大学院講師だった吉村先生は「面白い」っていって、一部を持っていってしまった。その論文でマスターを取ったわけです。

藤本　銀座周辺も変わってしまって、戦前と戦後の地方議会の構成員が変わったということですか。つまり、社会構造が変わった。

岡野　そうそう。議会の構成メンバーの変遷調査だけをやった。

藤本　議会の構成メンバーの社会的な背景の違いということなんですか。

岡野　そうです。

藤本　当時としては先覚的な面白い論文ですね。政治社会学的な分析手法を援用した。

岡野　そういうことです。

藤本　それが認められた形で、修士を出た後に助手に採用されるということなんですね。

岡野　僕は明大で政経の学生運動の中央執行委員会の委員長をやっていました。あの時代は日米講和条約の締結（一九五一年、サンフランシスコ講和会議）で、アメリカが主導権をもったアメリカ的な講和条約にするか、ソビエトなど、東側陣営を入れた講和条約にするかで、明大の学生会が二つに割れてしまった。僕はどう対応したらいいか分からなくなって悩んでいました。そこで最後に伯父に相談したら、組織の自由に任せたほうがいいといわれました。そこで私は方針だけ決めると具体的なことは各派に任せました。激しい学生運動だったのでその後自分の将来を長期的に考える意味で一休みする必要を感じました。家は曹洞宗であるので、北陸の曹洞宗の寺に行った。そこで一年間修行生活をした。それが非常にプラスになりましたね。その時、弓家先生に手紙を出しましたら、激励してくださり、大学院を受けて勉強したらどうですかと勧めを受けました。そこで、母校の大学院を受験することにしました。

藤本　その時は、日本がちょうど曲がり角の時でしたから、先生は、現実政治とぶつかって先が見えなくなって失望されたというか、寺に居た時は政治的なものに関わらなかったんでしょうか。

岡野　朝から晩まで道元禅師の著作中心に宗教関係のいろんな本を読んでいました。そこで覚えたのは、炊事係でカレーライスと豆腐など精進料理の作り方ですね。

藤本　そこは先生の転換期だったと思います。青春時代の迷いというものがあったんでございましょうか。

岡野　それは、学生運動ですね。同級生で共産党の党員たちは警察に捕まったり、多くの人が死にました。〝人民広場〟の流血事件は、すごかった。「皇居前の広場を人民に！」といって警察機動隊との衝突事件です。

藤本　大学に戻られて、ユネスコの調査をされ、中央区における議会構成メンバーの変化の研究をされ、結果としてはそれが助手として認められることになったのでしょうか。

岡野　大学院に入ることは、助手になることを前提としていた。今になってみると、そういうスケジュールになっていたと、後になって分かった。

藤本　助手になられてからも政党研究をされていたのか、それとも、現実政治に引っ張られる形で、何か新しいテーマに取り組まれたのでしょうか。

岡野　私は昭和二四年ぐらいから二七年ぐらいまで、平日夕方五時から毎日新聞社に準職員として勤めていました。伯父は私を編集局の世論調査部に配属させ、約三年間、世論調査の仕事をさせたわけです。これが後のユネスコ調査に役に立ちました。

藤本　助手時代になって、本格的に勉強をされたということですね。

岡野　その頃、弓家先生は、地方制度調査会などの仕事と、東京都の仕事、東京市政調査会の仕事があって、非常に休講が多かった。

藤本　最初に講義をもたれたのは、助手時代ですか。

岡野　助手時代には講義はもてませんが、弓家ゼミの代行をしました。その前後に、大学院を拡張するについて、新制大学は文部省の大学設置基準のチェックが厳しくなりました。そこで、弓家先生のもっている講座をどうしても手放さなくてはならなくなった。大学院のほうまで手放すことになり、弓家先生は大学院でもっておられた政治学講座を、東京大学の堀豊彦先生にもってもらうようにした。その時堀先生が、自分の九州大学時代に教えられた秋永肇先生という先生を学部のほうの担当にして欲しいということで、四つあった学部の講座のうち2つを秋永先生がもつことになった。弓家先生はその後すぐ定年でお辞めになる。正式の助手が僕しかいなかったので、先生方の関係の講座に呼ばれていた。特に秋永先生が、理論的なことに関して熱心に研究されておられて、政党の研究を今するならモールス・デュベルジェだとおっしゃって、本を紹介してくださった。その前後にヨーロッパに行った。

藤本　正式に講義をもたれるというのはいつですか。

岡野　講師からです。一九六〇年ですね。

藤本　助手はどのくらいされていたんですか。

岡野　四年です。

藤本　今思い出しましたが先生の最初の本がありますね、『多党制政治論』、あの中に中央区の地方議会のことが出ていましたし、一番最初の論文では、デュベルジェを使った政党論の分析でしたからね。そこが出発点ですね。

Ⅱ

大六野　藤本先生のお話を引き継いで、私は岡野先生の業績についてお話をうかがいたいと思います。

藤本先生のお話で、主な業績についてはすでに取りあげられたと思います。岡野先生の業績として挙げられますのは、一番初めに出された『多党制政治論』、北欧とインドネシアの政治を比較した『光の国とやみの国』、それから『政治風土論』。これらの本の中で、風土概念としての民主主義という考え方が明確化され、それ以降の日本政治分析の核になっていったと思います。また、翻訳としては、デュベルジェの『政党社会学』。これは、ヨーロッパの中の政党、日本の政党、政党・議会・選挙との関連をとらえた基本的文献だと思います。その他、たくさんの本が出ておりますけれども、先生におうかがいしたいことは、デモクラシーの比較研究というところへ先生の視点が向けられたということについてです。日本の現実があって、弓家先生のご指導や、新聞社のお仕事とか、そういうことを通じて、日本の政治に対する見方や方法論についての疑問を抱かれ、一つの新しい視点が生まれてきたように思われるのですが。先生はいつも、民主政治の三種の神器として、「議会・政党・選挙」を挙げておられ、この基本をしっかりおさえた上で分析を進めるという方針が一貫して流れているように思います。また、日本においては〈民主主義〉と〈デモクラシー〉は同じであるという意見が多い中で、風土概念としての民主主義、民主主義とデモクラシーは違うという一貫した主張があったと思います。

また、それを読み解いていく具体的な方法論として、先生は「臨床」という概念を導入された。今までの抽象的な理論や、ヨーロッパ・アメリカの学問業績を輸入してヨコのものをタテにするだけでは、政治学本来の役割を果たせないのではないか、という問題意識をお持ちだったように思います。

ティングステンは、「デモクラシーはどこの国でも採用できる制度概念である」と述べていますが、それと現実政治との緊張関係の中で、「日本ではデモクラシーはもう駄目なのではないか」、あるいは「どうにかしなければ日本の政治はまともなものになっていかない」と感じられていたようにも思います。その根底には、あらゆる権威に負けない、根底からのリベラリズムを日本の中でどうやったら具体化できるかという問題意識が存在し、これが先生の業績に一貫して流れているのではないかと感じております。特に一九九三年以降、日本で「政治改革」が動き出してからの先生の政治改革に対する目には、厳しいものがあると思います。一九九四年に、選挙制度が、小選挙区比例代表並立制になりました。先生は、「選挙制度を考える時には、議会と政党とのセットで考えなくてはいけない。国政と地方自治との関係で考えなくてはいけない。しかし現実の政治改革は特定の政治的目的のために制度が悪用されている」とおっしゃられた。その当時、マスコミにおいても、小選挙区に反対すれば、既得権を守る守旧派だと見なされました。政治改革は選挙制度改革であるという形で議論がもっていかれました。先生はこれを「ええじゃないか運動」という言葉で要約された。何に注目されて、このような業績が積み上げられてきたのか、現実の政治の中で発言される時に、どういう点に重点をおかれていたのかをお聞きしたいと思います。

まず、先生が北欧に行かれた時に、どのような感じをおもちになられたのでしょうか。

学問の出発点と業績

岡野　一九六三年でしたが、我々が外国に行く場合、当時は活字文化でしか知らない。敗戦後、民主主義はこういうものだという一つの既成概念みたいなものを教えられてきて、日本でやっている政治が民主主義であるといわれてきた。

アンカレッジ、グリーンランド経由で初めて見た外国がスウェーデンです。スウェーデンは、一九三二年から社会民主労働党が政権をとっておりました。つまり、私が行った時点で三〇年間政権が変わっていなかった。汚職事件が一件もなかった。そして政治家が皆若々しい。決定的なのは一八〇九年制定の憲法に相当する国家基本法です。戦時中立・平時非同盟、オンブツマン制度を創設し、しかも第一次大戦、第二次大戦の非常に苦しい戦時状況の中で、非同盟中立を守ってきた。その時の責任者である当時の総理大臣のターゲ・エルランダー氏に話を聞いた。そして、エルランダーの側で働いていた若きオラフ・パルメに会って話を聞いた。それからノルウェーに行きました。ノルウェーは、北欧三国ではナチスの戦車隊によって占領されて、レジスタンス運動を行ったオスロー大学教授らがナチスの重水素工場を爆破する『テレマークの要塞』という映画があったでしょ。そのレジスタンスを実際にやったノルウェー労働党のガラチン総理大臣、有名なハーバート・ランゲ外務大臣(大戦中、彼らは皆ナチスに追われ、ロンドンへ亡命してレジスタンスを指導した)らと話をする機会を持つことができました。労働党の機関紙のペール・オーセン編集長は、第二次大戦の時にトロンハイ工科大学に在学していて、ナチスに殺された同級生も多くいた中で運良く助かったということです。彼にも話を聞いた。彼は、「デモクラシーを守るということは、抽象的な、文章に書いたものではない。全体主義と対決しなければならない」といっていました。その根底に、左右にブレない〝ラディカル・リベラリズム〟があるんだということを知ったわけです。日本で習った民主主義とは違うんじゃないか、日本型の民主主義はヨーロッパ先進国では見られない。その背景はキリスト教的倫理観ではないかと考えたわけです。

実は、びっくり仰天して勉強してきたのです。

その時に、北ヨーロッパというのは、日本からいえばかなり極点に近いですね。大東亜共栄圏の思想はすべて自分を〝中心〟にするけれども、〝中心〟に考えるのは人間の業としても、〝周辺〟から自分を見てみる必要があるんじゃないか、〝周辺から見る哲学〟が大事ではないかと考えたんですよ。そこで、スカンジナビアから帰ってきて数年後に、カンボジア、タイ、フィリピン、マレーシア、インドネシア、特にインドネシアはオランダの植民地であって、スカルノ大統領がどのようにして独立を達成したのか、インドネシアは赤道直下ですが、日本から見ると周辺ですよね。北の周辺、南の周辺を見て日本をどう位置付けるのかという比較研究しようということを、スウェーデンで学んだのです。その決定的な理由は、当時、国際政治学会副会長だったグンナー・ヘクシャー先生にお会いしたことです。先生はスウェーデン国会議員、スウェーデン第二党の保守党の総裁、兼ストックホルム大学比較政治学担当教授でしたが、先生とお話して、比較研究の大事さを改めて認識したんです。先生は後に、日本大使、インド大使になり、また、私がハーバート・ティングステンの本を翻訳する時には仲介の労をとって下さいました。日本に帰国して、今度は南の国の研究をしたいと思うようになりました。

南へ行く理由が実は一つあったのです。ここで再び伯父がでてくるんです。僕の伯父の高校と大学の後輩で、当時共同通信社の外信担当の専務理事がいて、伯父の紹介でその人に会ったんです。スカルノ大統領に興味があると伝えたら、スカルノや副大統領のハッタ、スマトラのバタック族出身のアダム・マリック外務大臣などと交際があるというジャカルタの支局長を紹介してもらえることになり、非常に効率のよい調査ができることになった。国立インドネシア大学に一応籍だけ置き、現地での世話は全部共同通信がやってくれた。僕はいろんな点で、非常にありがたかったと思った。専務理事からジャカルタ支局に連絡が行き、早速アダム・マリック外相に会えることになった。当時、国際緊張の中、政情不安で彼はジープで迎えに来てくれたが、インドネシアは危険な状態で、インドネシアの右派勢力は中国が嫌いで日本人は中国人と間違えられて時々事件になるからということで、自転車やタクシーに乗る時も日の丸の旗を持っていくようにいわれました。共同通信のジャカルタ支局とアダム・マリック外務大臣が、研究のバックアップをしてくれました。インドネシアには、敗戦後に青雲の志を抱いて戦前、旧制高等学校時代にドイツ語やオランダ語をやった連中が流れてきていた。独立運動の時にスカルノを助けるために自分の人脈を使って日本からお金を引っ張り出してきたような日本人が、石油会社の社長とか材木の切り出しの社長をしており、スカルノ政権の資金源になっているから、紹介してやるということになった。『光の国とやみの国』を書く基礎となったのは、こうしたことだったんです。

この本のタイトルについては、アメリカのユニオン神学校の教授だったラインホルド・ニーヴァー氏の *Children of the Brightness, Children of the Darkness* にヒントを得ました。スウェーデンは極点に近いから太陽が無い、気象物理学的にいうと〝闇の国〟である。しかし政治がいいから〝光の国〟だ。一方で、インドネシアは赤道直下で太陽がいっぱいだ。ところが、〝光の国〟と思ったら、政治は〝闇の国〟だというわけで、このタイトルにしたのです。博士論文に出したらどうかといわれたけれど、その頃はインドネシア語やスウェーデン語ができず、全部英語とドイツ語でやったんです。内容は本物だけれども、直接原典にあたってやっていないので、将来暇になったら再び書き改めようと思った。あれは僕の中で一番好きな本で、僕の学問的スタートになるんです。そのためにはいろんなものをマルティプルに研究しなければならないということを考え、そこでデュベルジェが入ってくるわけです。

ラートブルッフの法哲学の本は、先輩に推されて読んだ。多元的な法哲学論で、政党も多党制が必要じゃないかと考え、それでデュベルジェに結びつくわけです。多元社会は多元的価値観、多元的価値観は多党制、それがデモクラシーのラディカル・デモクラシーに結びつくんじゃないかと考え、多党制に注目しました。最初に行ったスカンジナビア三国は多党制だった。二大政党ばかりが政治ではない。それで多党制の研究を始めて、法哲学と結びつけるわけです。最初に書いたのは『多党制政治論』です。この中の中心論文は多元社会における多党制政治の内容で、これを『自由』という雑誌から出す時に、編集者が「派閥政治のすすめ」にしてしまった。自民党の分析だったんだけれども、僕の研究は顕微鏡的分析だから、まず病巣を採るわけだ。研究をしてみたら、自民党はカルテル型政治集団で、寡占体制なんだ。そのヒントになったのが、現在読売新聞社長の渡辺恒雄さんが政治部副部長の時に僕にいったことです。「自民党は面白いよ。あの派閥は政党みたいなもんだな」。それを聞いて、これはカルテル型政治の寡占体制だと思った。いってみれば財閥企業のカルテルみたいなもので、派閥が一つの寡占体制を作っているから強いんだと、これは一種の多党制だ、日本型多党制だということです。つまり派閥にはプライベート機能とパブリック機能があって、マスコミはプライベート機能ばかりを追うけれど、自民党が各派で大臣の分配をしており、派閥は政党と同じ機能をしている。派閥のパブリック機能に目をつけなければいけないと思って、派閥分析をした。そしたら、『自由』の編集長が「派閥政治のすすめ」というタイトルを付けちゃったというわけです。『自由』に掲載された論文が広まり、それに目をつけたのがＮＨＫの政治報道番組担当のプロデューサーで、僕のところにインタビューに来た。彼は、「多元社会とか多党制とかいう概念は、日本ではまだ使われていない。皆、二大政党とか、右か左かだ。日本で〝多〟という言葉を使って政治の議論をまとめたのは先生が初めてだと思う」といって、テレビに出るよう依頼された。僕は「総理と語る」という番組に出ていたけれども、与党ばかりでなく野党ともやりたいという話がＮＨＫ側からあって、「野党党首と語る」をやった。これですっかり野党党首とも意気投合した。当時は、共産党の宮本顕治、民社党の春日一幸、社会党は成田知巳さんだったと思います。僕は、何か分からないことがあって政治家に会う時には、オフレコを条件に昼間会うことに決めていて、食事は一緒にしなかった。政治家とは常に一定の距離感をもって会った。それと、裏話を聞かせてもらう時には、誰から聞いた話か分からないようにして、秘密は厳守した。

藤原弘達先生は丸山真男先生をほめる。神島二郎先生もほめる。神島先生は、民俗学の柳田国男先生の自宅に出入りを許された最初の他の分野の学者です。柳田先生の理論を取り入れているんだけれども、藤原先生は口を開くと丸山先生をほめている。そこで、丸山先生の本を一生懸命読みました。大変な立派な料理人で、作る物は名人の料理なんです。ところが、僕の表現では、丸山先生は築地の市場で買ってきた魚をさばくんだ。つまり、仲買と小売りが入って、そこで初めて丸山名人の包丁で食うわけで、実際に海に入って獲った魚じゃないんだ。そこで僕は、直接獲ってみたいと思った。丸山先生は政治家とはほとんど会っていない。三木さんとはよく会っておられたようです。東大紛争の時に、丸山先生は三木先生のお宅によく行って、東大紛争で生じたいろんな問題を三木さんに話したそうです。一方、三木さんのほうは、現実政治家として意見を述べたりする。三木さんの奥さんがおっしゃるには、相当激しく話していたそうです。あの保守党の三木さんが、日本の知性の代表の一人である丸山さんと非常に親しく話ができるだけのインテリジェンスをもっていたというところに、あの頃は〝三角大福中〟各政権でそれぞれ問題があったけれども、あの中で三木さんがもつ政治家としての近代性を評価するし、その三木さんに接触した理論家である丸山先生の人間的な素晴らしさを痛感します。丸山先生は荒海で釣った魚は料理しない、仲買が入る、そこで、僕は直接それをやろうと思ったわけだ。丸山先生は、厳しい体制批判をされていたが、野党グループの人たちより、三木さんのような方とのつき合いがあったわけです。

大六野　岡野先生が最初に生み出され、今ではごく普通に共通の財産になっているものがあると思います。後から出てきた人が改めて発見したようになっている面もありますが。いかがですか。

岡野　ジャーナリズムの中で色々と経験してみて僕が残念に感じたのは、日本のジャーナリズムには抜き難い権威主義があるということです。現場のマスコミ人を観察していると日本のジャーナリズム自体が本質的な学問上のトレーニングや、デモクラシーの存亡を賭けて権力関係の中で生き抜いた経験を持っていないと思う。そうであるがゆえに、何かの権威に頼る。戦前は軍隊・天皇・旧帝国大学。これは権威の象徴だった。軍隊と天皇は今書かなくていい。残ったのは旧帝国大学だ。そうなると、東大の流れをくむ学者を尊重し、流れをくまない学者は尊重しないという伝統が今もなおある。これがジャーナリズムの中にも決定的に存在しています。僕は、それは変じゃないかと思っています。今の日本の各種の国家試験制度は、東大を出た諸君が受かりやすい制度だ。ペーパー重視主義というか、その他のものを加味しないというか、特定のテストの訓練を受けた連中が入りやすいようになっているものだから、そういう連中が書いたり喋ったりしたものが市場に出回るということになる。

大六野君のお話で思い出しましたが、〝外圧〟という言葉を使ったのは実は僕が初めてなんです。評価してくれたのは、当時横浜国立大学の教授で経済学部長だった長洲一二先生です。三〇年ほど前に、朝日新聞の書評の中で僕の論文の外圧論が使われ、今では英国の辞典に載るぐらい一般化しているけど、僕がいったということは誰も知らない。

もう一つは、〝アイアン・トライアングル〟という言葉がある。これは二五、六年前に、コロンビア大学のジェラルド・カーティスと私が「現代国家における行政改革」というテーマで産経新聞の特集シリーズものの座談会をしたんです。カーティスはご存知の通り、三木派だった大分出身の佐藤文生県会議員が衆議院議員に当選する時の過程を『代議士の誕生』という論文にまとめ、コロンビア大学の博士論文として出した人で、日本の政治をよく知っているという前提で対談することになったんです。その時に僕が「日本の政治を分析する時には、官僚と政治家と業界、この三つの関係を分析しなければ駄目だ。これを私は〝権力の三すくみ構造〟といっている。これは日本の民話にある〝庄屋は土地と金を持っている、小作人は冬になると狩人になって狐や狸を撃つ、狐や狸は庄屋サンや人を騙す〟、この三つの関係を、財界と政治家と官僚に当てはめた。これを〝権力の三すくみ構造〟というのです。庄屋が一方的に強いと思われるが、しかし庄屋は狐に騙される。庄屋を騙す狐は小作人に撃たれる。庄屋を騙す狐をやっつける小作人を庄屋が使っている。これが、財界と政界と官界の〝権力の三すくみ構造〟だ」といったんです。そうしたらカーティスが、〝アイアン・トライアングル〟という言葉を使ったわけだ。私が初めて使った〝権力の三すくみ構造〟という言葉を正確に使っているのは、国立中国社会科学院日本研究所です。このあいだＡＳＥＭ国際会議で北京へ行きました時に、中国科学院の方にお目にかかりましたが、彼らは「岡野先生がお作りになった〝権力の三すくみ構造〟を基本に研究しています」といっていました。

大六野　お話をうかがうほど、岡野先生は小さなところから徹底的に突っ込んで患部を引き出し、そこから現実を認識していく、例えば〝アイアン・トライアングル〟のような抽象的な概念にはとどまらないで、具体的な事象を通じて概念を組み立てられているというふうに感じます。岡野先生は現実の政治家や色々な状況に立ち会われたということがバックグラウンドにあるのではないかと思うのですが、お話いただける範囲で幾つか例を挙げていただけますか。

現実政治と政治家の評価

岡野　三木武夫について書こうと思っているんです。明治大学の『紫紺の歴程』の「三木武夫覚書き」の中で、中国の鄧小平以下代表者が日本に来ると、必ず、お元気な時の田中角栄邸を訪問しているわけですね。日中国交回復の恩人は田中さんであると。井戸を掘った恩人のご恩を忘れてはならないといって、角栄邸をうかがっているのです。私はそれを変だと考えている。なぜかというと、私は石橋湛山、松村謙三、三木武夫、LT貿易の高碕達之助、こういう、私立大学を出た人で中国が好きな人々、自民党のいわゆる保守本流でない民主党や改進党系の人々が、中国の門戸開放を昔からやってきた。だから、本当に井戸を掘った人は三木さんや、松村さんじゃないかと思ってきた。だが、日本の新聞記者は不勉強だから、田中角栄のことばかり書いている。それは間違いである。三木さんのことを徹底的に研究して、日中国交二五周年の一昨年、中国共産党の三人の代表者が来た時に、私は朝日新聞のシンポジウムの責任者の一人だったから、代表者に聞いた。「日本人の感情を逆なでするとね。三木さんは井戸を掘った恩人だし、そもそも発起人じゃないのか」。中国側は最終的に、「三木さんは井戸を掘った発起人だった」といった。歴史的に大変重要な事実です。今までの常識がひっくり返るからね。田中角栄は「日中」のテープカットしただけ。本当に国交回復をやろうとしたのは三木さんの時からなんだ。そういうことを、これから書こうと思うんです。

それから、重要な政治の転換期の時に、各界のリーダーたちから色々と相談を受けています。そういうことをこれから書いていこうと思うんです。決定的なのは、三木さんが総理大臣を退任する時に、記者会見用の内閣総辞職の声明文を書くことになった。三木さんは、会見用の原文を持参された。最初僕の意見を聞いて、次に永井文部大臣に聞いた。意見が合わなくて、僕と永井文部大臣が三木総理大臣の前でかなり激しく議論をした。それを三木さんが黙って聞いていて、永井さんは雰囲気を察知して、二時間ほどしたら自宅に帰られて、三木さんと私はかなりつめながら話をした。三木さんが辞める前の晩のことです。初めて飯を食べながら相談した。三木さんが書いた内閣辞職の声明文に手を加えて、よろしいですかと聞くと、構わないと。政治学者として思うように書いていいといわれ書いたんです。永井さんはそれに強く反論したんです。

大六野　最後に一つうかがいますが、日本の風土概念の中に、権威主義とかいろんなものが戦後も引き継がれていて、日本独自の形の民主主義という形で今も生きております。現実として動いているものと、先生がおっしゃる〝ラディカル・リベラリズム〟を根底としたデモクラシーというものの間に、時として大きく乖離するものと、範囲内に収まるというものがあると思います。一九九三年の政治改革以降の状況を、先生はどのようにご覧になりますか。

岡野　最初、政治改革に対して、自分の考えを明確に持ちましたのは、池田内閣の時です。その時に、池田内閣を作ったのは三木武夫、石田博英、前尾繁三郎、大平正芳ですね。池田さんが、「自由民主党組織調査会」というのを作った。その会長を三木さんに委嘱した。党内の抵抗が強かったが、池田さんは三木さんに次のようにいったという。「三木君、党の近代化を今やらないと日本は諸外国に後れを取るから、たとえ二人になっても党改革をやろう」。朝日新聞の土屋清論説副主幹の誘いで三木さんにお目にかかった。三木さんは、「俗にいう大家の学者はご免だ。あなた方三〇代の若い人にこれからの政党の近代化論を書いて欲しい。自分の事務所(当時の東京会館)で第一回の会合をやるから来て下さい」といった。第一回会合には、辻清明東大教授とその関係者が来ていた。僕の伯父と土光さんが親しかったのです。土光さんにお会いした時、「役人や行政関係の先生ばかりではどうも先が見えない。知恵を貸して欲しい」といわれ、行革本部に呼ばれた。瀬島龍三さんも来ていた。瀬島さんは三時間、その時ずっと黙ったままでメモを取っていた。行革の中には住友電工社長・会長の亀井正夫さんもいた。亀井さんは、社会経済国民会議の理事もやっていて、僕は社会経済国民会議の政治問題特別委員会の副委員長兼基本部会長だった。経済四団体のトップがいた。堀江湛、綿貫譲治、内田満、内山秀夫さんなどの政治学者にも手伝ってもらった。僕は産経新聞の『正論』のレギュラーライターだったので、『正論』に「民間政治臨調を作れ」と書いてそれが契機になってできたんです。

「民間政治臨調」は第七次選挙制度審議会の亀井さんたちが中心となって、小選挙区制度に賛成する人を入れて、比例代表制論者の僕を排除してしまったわけだ。それに、連合の山岸さんを中心に大きな組合やマスコミも小選挙区採用を唱えた。当時、日比谷公園の野外音楽堂に共産党と公明党を除いた全政党を招いて、NTTが帝国ホテルの前にあるもんだからそちらにも働きかけて、全電通などの動員をかけた。記者会見にも出ることとした上で権力ベッタリの某政治評論屋が「戦後まれに見る自然発生的な国民運動」と公然と嘘をいったのだ。僕は全部知っているから、「集団大衆ヒステリー」「西郷隆盛が仕組んだ〝ええじゃないか運動〟の現代版をやって国民を意図する方向へ持っていった仕組まれた選挙改革だ」と書いた。それから僕は敬遠されるようになった。

大六野　どの時期から、政治家がそれぞれの思惑をもちながら、本来の調査研究、提言機関を政治の中で利用するようになったのですか。

岡野　それは土光敏夫さんの行革の後からです。政治改革っていうのは、僕がいった通り、〝議会・政党・選挙〟の三つをやらなきゃいけないわけだ。政治倫理をちゃんとしない奴は政治改革をいえるはずがないじゃないかと、政治改革の中身がはっきりしないことに反対する奴は守旧派だと。この時、明大の級友で衆議院議員の佐藤孝行君が「政治改革の中身はインチキだが、反対すると守旧派だといわれる。そういう世論が作られてしまっている」と僕にいった。そこで、僕は歌舞伎が好きだから、「舞台を進めるために、暗転をバターンとやると、場面が突然別のところに行ってしまって、国民は分からないから、そっちを見てしまう。それが日本の今の政治改革である。しかしこれには、シナリオライターがいる」と書いた。

大六野　表に出てくるダイナミックスや制度の動きの裏で、シナリオライターといいますか、日本を動かす権力のエンジンみたいなものが形成されている。

岡野　僕は「政治の虚構性」という言葉を使って、日本政治の虚構性(作り話・フィクション)の分析をやったわけです。しかし、虚構というのは、観客がいるから虚構があるわけですよ。ありえないようなことを芝居に描いても、お客さんが見るから芝居が成り立つのです。日本の政治もやっぱり大衆というお客さんがいるから成り立つわけであって、政治家だけの改革では駄目だということになるわけです。そこに、「議会・政党・選挙」という枠と、「権力の三すくみ構造」をオーバーラップさせて、庶民の役割をそこに位置づけないと日本政治の本当の分析はできないわけです。それは日本ではまだ誰もやっていないから、私が何とかしようと考えています。

大六野　スウェーデンを見られた時から、すでにそう思われていましたか。

岡野　スウェーデンもそうですが、例えばデュルケームの社会論では、健全なデモクラシーを保つために中間的集団が必要だといっている。権力と庶民が直結すると、全体主義になるでしょう。だから、権力と庶民の間にたくさんの中間的集団を作って、それが多元社会だという考えがある。スウェーデンは、現在のところ、議会政党が五つある。多元社会の多元価値観と、比例代表制の構造が作用して第一党だけでは過半数を取れないんです。それが、権力的な横暴を押さえるブレーキになるわけでしょ。それをずっと見てきたわけです。

しかしそれは、社会構造の問題もからむ。つまり、マルティン・ルター、福音派教会が背景にあるといえる。宗教論の問題にぶつかるのです。ラディカル・リベラリズムの根底は、一七世紀初頭のイングランドにおけるピューリタン・レボリューションに関係があると思い、それでピューリタン・レボリューションの研究をすることになりました。理論的に分かっただけでは駄目だと考え、アメリカに行ってピューリタン派の人と接触する。それが私がクウェーカー(フレンド会American Friends Service Committee)に入る源流です。クウェーカーは、クリスチャンだけれども、生活スタイルや考え方は禁欲倫理的である面では曹洞宗の禅宗に似ています。ある意味で、座禅の瞑想の中味とクウェーカーのメディテーション(沈黙・黙想)は、似た面があります。

III

趣味と政治のはざま

浅野　ここからは、浅野が引き継ぎまして、政治学以外に関することをうかがって参りたいと思います。先生は歌舞伎や演劇などに大変関心を持たれていて、様々な分野への造詣の深さから、例えば言葉の使い方の問題についても、鋭い感覚で御覧になる土壌の豊かさがおありだと思います。

藤本　先日も、岡野先生は東京新聞に三十三間堂の通し矢のことを書かれていて、非常に面白かったです。

浅野　よく先生は、権力との距離を保つこと、〝間〟が重要であるということをおっしゃいます。間が無いのが〝間抜け〟であると。その背景となっているのが剣道だと思いますが、先生はいつ頃から剣道をされていたのでしょうか。

岡野　小学校に入る前からです。

浅野　どのようなきっかけですか。

岡野　親父がやっていた。

浅野　剣道をやっておられると、間が重要であるとのことですが、そんな中から、権力との距離を保つ重要性を感じられるようになったのですね。

岡野　理屈じゃなくて、自分でやって体で覚えないと駄目ですよ。僕は、北辰一刀流の徳川御三家の水戸東武館の免許皆伝である柳沼長治師範に正式に習いました。先生は小柄でしたが大上段が得意技で、特に日常の行儀には厳しかった。先生が大上段に構えると、生徒は恐くなって後ろに下がっていく。間が開きますね。すると先生に「間抜け！」っていわれるんです。相手は先生だから、こちらは恐くて前へ行けない。そういう時は、どうせ勝てないんだから目をつむって行きなさいと先生はおっしゃった。前に行くと間が縮みますね。それを先生は〝間じめ〟といっておられた。竹刀の先端が合うぐらいの距離が一番打ち込みができるということでした。全部、間が大事であるということが、小学校から中学校の時に頭に入りました。名人になるには、間を大事にしなければいけない。落語もそうでしょう。話のうまい人は、非常に間のとり方がいいですよ。

毎日新聞に勤めていた伯父は柔道をやっていました。伯父に剣道の話をしたところ、政治部記者の取材も同じであるといわれました。あんまり深入りすると人間の情が映って書けなくなるが、そうかといって遠のくとデータが入らない。いつでも書ける距離、いつでも打ち込める距離というのを記者は測って取材をするという。そういう意味で、何か一つ身につけると、それがずっと後まで影響するのではないですか。

それから、剣道と座禅は非常によく似ています。気合を入れるために「やあー！」ってやることもありますが、本当の剣道は静かなものです。静寂、沈黙ですよ。先ほどいいましたが、私は大学に進み、一年間お寺に行って、それが人生の一種のスタートになりました。来年大学を退職したら、この山荘を禅寺みたいにしようかと思っています。禅は座禅が基本です。禅という字は、示偏に単と書きます。これは、単純の単というシンプリフィケーションではなく、精神のあり方を示す意味のピュアとかプレインであることを示します。無駄なものは全部省いてしまう。名人になるほど、無駄なものを切るんですよ。それを、私はラグビー部の部長になって感じました。北島監督は人生の達人で、無駄なことをいいません。

「北島先生、ラグビーとは何ですか」。先生のお答は「前へ」。これが新聞記者には分からない。「明大は前へ、早稲田は横」。そうではないんです。北島監督は「前に行くのが一番ゴールに近い。真っ直ぐ行くのが全てに通ずる。人生でも何でも。ただラグビーは真っ直ぐにとは進まないから、〝前へ〟。全てのものを切った後に〝前へ〟という言葉が残った。最初から前へとはいっていません」。監督は、物の考え方が非常にピュアな方でしたね。無駄を省くのです。「禅」という字は、世俗の肩書きを捨て、人間本来の姿を見るということから、質素な衣を身につけるの意味でもあります。

浅野　試合の時に、北島先生が岡野先生の隣にいつもおられて、色々な意味で影響を受けられたんですね。

岡野　学問的影響もたくさんあります。人間は変なもので、体で覚えたことは忘れません。僕は剣道を始めて六〇数年になりますが、今でも竹刀をスッと持つと落ち着きます。来年の秋の名月の晩には、唐松の原生林の中に在るこの山荘で袴を着けてやってみようと思っているんです(笑)。

浅野　先生は大学に入られて、雄弁部を選ばれました。私も雄弁部だったんですが、話の間が下手で。

岡野　学生時代はそうですよ。落語もそうだけど、何でも六〇歳過ぎないとまともな話はできない。

浅野　先生は、ディベート大会にお出になったということですが。

岡野　昭和二五年に、朝日新聞が、朝日討論会というのをやったんです。テーマを決めて、敵・味方に分かれて討論しました。これがディベートの始まりですね。六大学と京大でやったのかな。明大は準優勝したんです。その時は、自分の思うほうの論理を展開できたからよかった。今のディベートは、たとえそう思わなくても、トレーニングや技術を磨くために反対側に立ったりするでしょう。あれはインチキだと思いますね。そんなことを若い時からやったらテクニシャンになって、ロクなことにならない。

浅野　先生はご自分の将来について、学者、ジャーナリスト、外交官、政治家で迷われたというお話でしたが、雄弁部の門を叩かれたという時点で、政治家というものにかなり関心をもっておられたのですか。

岡野　昭和二二年に片山内閣の新大臣が来校した時、三木さんが「私は記念館の上にあるあの雄弁部の部室で育った」と雄弁部の部室を指差しながらいいました。それを聞いて入った。敗戦直後は、連合軍最高司令部の命令で、剣道は軍国主義の象徴だとされていて、剣道部に入っても剣道できなかったんだよ。本当の剣道は違うんだけどね。戦う前にことを治める。剣道の精神は、闘争しないこと。刀を抜かないことなのです。

浅野　雄弁部の活動は、先生は討論中心でやっておられたのですか。

岡野　私は研究幹事をやりました。でもほとんど討論していました。あの時代は、テーマがあると授業が始まる前に先生にお願いして、教室に行き、講義で集まっている学生に向かって一〇分間演説をしました。面白い先生は、時間が来ると「弁士、交替！」とかいってね。それと、日比谷公園で辻説法をしたり、数寄屋橋で雄弁部の旗を立てて演説したりしました。夏はＯＢを訪ねて遊説に回りました。終戦直後は食べるものも困る時代でしたが、明大商学部出身の松本滝蔵代議士(明大商学部教授・ハーバード大学ビジネス大学院卒)と三木さんがスポンサーになってくれまして、松本さんの出身地である広島や、三木さんの選挙区である徳島などに行きました。

最大の問題は、日本国全体を分離した日米安保条約締結でした。冒頭でもお話しましたが、一九五二年五月一日の「血のメーデー事件」の時、講和条約発効に反対の左翼グループが皇居前に集まったんです。機動隊が準備していて、労働者・学生らの左翼が来たら一網打尽にしようと待ち構えていた。私は伯父に行くなと止められて、明治生命の本館の入り口で見ていたら、すごい衝突となった。そこに行って逮捕された友人もたくさんいました。また、刑務所に入ったり裁判ざたになったりで、その後の人生が狂ってしまった人がかなりいた。僕はいい指導者が周囲にたくさんいて、人の意見も聞いた。ただ、人の意見をよく聞いて失敗したこともあります。同級生だった吉田忠雄教授に、「岡野さんは人がいいから政治家にはなっては駄目ですよ」といわれたけど、あれ、聞かなきゃよかった(笑)。

浅野　先生が政治家になっておられたら、日本の政治にプラスになっていたのではありませんか。

岡野　それは分かりません。政治家と政界人は違うから。僕だったら馬鹿らしくなって途中で辞めるかもしれません。

浅野　先生は以前、もし政治家になるとしても国会議員にはならない、やるならば自治体の長である、とおっしゃっていたと思いますが、その意味では、東京都知事などは。

岡野　最初は、横浜市長の話がありました。飛鳥田さんが横浜市長をお辞めになって日本社会党の委員長になる過程に、僕は重要な役割を果たしているんです。当時は成田知巳さんが社会党委員長で、飛鳥田さんに次期党委員長に就任するよう説得に来ました。飛鳥田さんが、市長から党委員長に急遽就任したものだから、自治事務次官を辞めた西郷さんという方を、横浜商工会議所や経団連が担いだんです。それで皆、西郷さんに傾いてしまった。後で聞いた話では、飛鳥田さんは僕を推したかったけれども、急に西郷さんに傾いてしまったので、僕が出馬してもおそらく無理なのではと思い、決断をしなかったということです。その後、西郷さんがお辞めになる段階になり、次期市長候補に僕の名が具体的に新聞に挙がりました。私はその時、明大の政経学部長でした。横浜駅前のホテルに、連合神奈川の委員長、社会党と民社党の各責任者、公明党、創価学会の代表が集まり、話をしました。しかし、会って一週間ほどしたら、私に対していい感情を持たないグループがいるという話があり、これで駄目だと思いました。最終的に、自民党金丸副総裁の力で建設事務次官だった人の名が挙がり、その話は立ち消えとなりました。

それから、今から九年前、二人の代議士が家に来て、東京都知事への出馬要請があった。その時も政経学部長でした。僕はやろうと思っていました。ある一つの信念から、実践したい気持ちがあった。国連代表部の話もありましたが、都知事選に出るつもりで密かに準備し、その時「東京土地哲学」という文書も作りました。これは、平均的サラリーマンが年収の二倍程度で、土地と三世代が住める住宅をどうしたら持てるのかを考えたものです。

自民党は候補者擁立をめぐって、中央本部が東京都連に口を出して大喧嘩をします。最後は予算配分で妥協するんだけど。社会党の場合は、総評が口を出す。組合に都合のいい人を出したいから。最終的には社会党の東京都本部が僕を担ぐことになる計画でした。しかし、党中央本部と都連で綱引きがありました。僕は小選挙区制度に反対を唱えていました。労働組合のある有力組織は中選挙区制度に反対し、小選挙区制度を主張していました。だから、自民党本部の中枢部分とつながっている小選挙区推進派の組合が困ったらしい。都連側は、組合や党中央が口を出す問題ではないと怒ったが、僕は困ってしまった。加えて、いつも口を出す大学教授らが中心となっている「社会党を何とかする会」というところから、候補者の範囲を広げて検討したらどうかという意見が出た。これで駄目だと思った。新聞社の記者からは、「都民党」を作ってはどうですかと強くいわれた。

今でも中央政界や実際の政治を自治体レベルから変えたいという気持ちは変わりません。

浅野　お話をうかがっておりますと、横浜市長選や東京都知事選に先生が出られる、出られないというのも、色々な方との出会いがあったからなんですね。

岡野　一人ではないですね。それに、自分で進んでやろうと思ったことは一度もありません。しかし、人生に一度は自分でやろうと思わなくちゃいけないね。だから、近々に自分で何かやろうと思っている。

浅野　先生はとても幅広く様々な方にお会いになる機会があったかと思いますが、その中で一番影響を受けられた方を、挙げていただけませんか。

恩師の思い出と交流

岡野　親戚関係を除いたら、全部恩師です。旧制中学の恩師と、明大で習った弓家七郎先生、小島憲先生、秋永肇先生、藤原弘達先生、松平斉光先生。この先生方には非常に感謝しています。弓家先生は、とことんまで原典にあたることを教えてくださった。秋永先生は、問題の捉え方やヒントの与え方が大変上手な先生でした。小島先生は、幅広くいろんな方とお付き合いがあり、選挙制度審議会の副会長、地方制度審議会の会長をされていた。小島先生に一番感謝しているのは、僕が選挙浄化委員会の中央委員長になった時のことです。その委員会は、読売新聞がスポンサーで、幹事が渡辺恒雄（現在の読売新聞社社長）、委員が磯村英一（東洋大学学長）、鈴木俊一（東京都知事）、佐藤功（憲法学者）、小島憲、つまり皆大家ですから、意見がまとまらない。そうすると小島先生が「この際、議論百出でありますから、岡野委員長に一任！」っていうわけだ。すると鈴木さんが「小島委員の意見に賛成！」という。磯村さんは「小島先生がおっしゃるなら」という。もめると、恩師の小島先生が「岡野先生に一任！」っていってくれた。私が「それでは小島先生のご意見に従いまして、私案を出したいと思いますがいかがでしょうか」というと、小島先生が「賛成！」。これにて終了となるわけだ。松平先生は、徳川慶喜の孫でよく晩年の〝最後の将軍〟の話をしてくれました。先生は洒脱で、形式にこだわらない。いばらなかった。藤原先生は、明大にいらしてからお辞めになるまでずっとお付き合いしていましたが、いい先生でした。それと、北島監督。剣道の柳沼先生。お寺のお坊さん。

浅野　海外では、いかがですか。

岡野　スウェーデンのストックホルム大学国際経済研究所所長のグンナー・ミュルダール。ノーベル経済学賞を受賞された方です。スウェーデン社会民主労働党内閣軍縮問題担当相のアルバール・ミュルダール。こちらはノーベル平和賞を受賞されています。ミュルダールご夫妻ですね。それと、オラフ・パルメ首相。ハーバート・ランゲ外相。ノルウェー滞在中にランゲ外相から聞いた話で一番印象深いのは、ナチス政権下のオスロを逃げていく時の話。ロンドンＢＢＣから、レジスタンスに放送した話。ランゲ氏は、第二代国連事務総長の話があった時、ノルウェーから二人続いてはいけないと断ったそうです。それで、スウェーデンのハマーショルド第二代事務総長になるわけです。それから、労働党機関紙『アルバイダ・アビザ』編集長のピエール・ウォーセンです。

浅野　スウェーデンの方のお名前が出てまいりましたが、先生は確かイングリッド・バーグマンがお好きだったと思いますが……。

岡野　彼女はスウェーデンの女優ですが別には関係ないですね(笑)。バーグマン以外は美人ではないというのが信念(?)です。

それから、僕はアメリカのクウェーカー教徒の、ドクター・レイモンド・ウィルソンと、ドクター・ロバート・コーレーの二人に影響を受けました。レイモンド・ウィルソンは、「FCNL(Friends Committee on National Legislation)」というプレッシャーグループを作った人で、ホワイトハウスに電話をかけると大統領が直接電話を取るという人だったそうです。非常に人格者で影響力の強い人です。ここで僕は「人間格」という言葉を思い出しました。一九四七年に、アメリカ・フレンド・ソサエティは、NGOとしては世界で最初にノーベル平和賞を受賞しました。クウェーカー、つまり、フレンド・ソサエティですね。僕はロックフェラー財団から研究費をもらって一九七〇年晩秋にアメリカに行った時、クウェーカー教徒が創立したペンシルバニア州の古都フィラデルフィアの郊外にあるスワスモア大学の平和問題図書館で勉強していたら、声をかけてくれたのが博士でした。これからワシントンに行くという私に、先生はワシントン・フレンド・センター(Friends Meeting of Washington D. C.)に行くといいといってくれたので、そこへ毎日曜日通いました。行ってみると、十字架もなく、ただ椅子が置いてあって、皆黙ってメディテーションをしていた。

またある時、連邦議会そばのクウエーカーの会議場である『ウィリアム・ペン・ハウス』(William Penn House)で、"How to Humanize the American Government"というセミナーをFCNLが開催するので出席するようといわれ、出席しました。ベトナム戦争から米軍を早く撤退させる、戦争孤児を助けるなど、アメリカ議会に対し立法活動をプレッシャーするのが、FCNL、つまりフレンド・コミッティ・オン・ナショナル・レジスレーションです。一週間泊まり込んでプログラムを作り、ロビイストに話し、法律家を呼んで、難民救済を法文化しました。上院の外交委員会への説明に、僕も一緒に行きました。余談ですが、その時僕はベトナム大使と間違われ、スポットライトを浴びてしまいました。東洋人で年齢的に似ていたそうです。

フレンド会には酒、たばこは駄目、金がかかること、大声で騒ぐこと、人に迷惑をかけることをしてはいけないという規則があって、入会にあたっては会の監査委員に私自身の religious history を提出し、三人の委員による面接を受けました。その次に、僕の生活様式を見たいといって、家を見に来ました。それですべて終わったら、アメリカ合衆国フレンド全国委員会から承認された。そこの精神的影響力は非常に大きいです。「フル・メンバーシップ」の資格を得ました。

それから、フィラデルフィア市郊外にあるクウェーカー研究センターの「ペンドル・ヒル」に行った時に、ハーバート・ブリッテンという、アイビーリーグの大学で哲学と数学を教えて退官した先生にお会いした。先生は若い時に慶応大学に学ばれたが、大学に仏教徒の先生がいたことがきっかけで、鎌倉円覚寺で座禅を組んだことがあるといっていました。その一年間の禅宗のお坊さんとの生活は、クウェーカー教徒の先生にとって大変プラスになったということでした。私の逆の話ですね。私は、いい先生にお会いしたなと思いました。

それと、一九七〇年代の終わり頃にペンシルバニア州に行った時、クウェーカー・スタディーズ・センターに泊まったのですが、「日本の方だそうですね」といって、白髪の人が部屋を訪ねて来ました。ソウルから来たハム・ソクフォン氏でした。有名な朝鮮のクウェーカー教徒で、反朴体制の非暴力の宗教リーダーです。朝鮮人の心の指導者ともいわれている方です。すごい方とお会いできた。クウェーカーのおかげでそうなったと思いますね。

浅野　最後に一問だけよろしいでしょうか。私が先生に最初にお目にかかったのは、一九八九年四月の明大和泉校舎の八番教室の「政治学原論」の授業で、月曜三限だったと思いますが、それ以降、政治学原論のゼミに入れていただいて、岡野先生からは政治学だけでなく明治大学に関する様々なことまで教えていただきました。ですので、自分のゼミは〝明治学原論〟であると人にいっていたぐらいです。さてこれから二一、二二世紀と明大は続いていくわけですが、先生の後に続く後輩達に何か一言お言葉をいただきたいと思います。

岡野　何か通俗的だね(笑)。

浅野　明治の素晴らしさとか。

岡野　あまり、明治、明治とこだわるところに問題があるんですがね。外国ではあまりそういうことをいいません。というのは、去年ストックホルム大学に行った時、「あなたはストックホルム大学出身ですか」と聞くと、その人は、「私はストックホルム大学に入学したけれども、途中で、どうしてもこの事に詳しい先生はウプサラ大学にいるというので、そちらの学部を出ました。大学はイェーテボリ大学を出ました」と答えた。「三つ行った感じですか」と聞くと、「そうです。母校といわれても別にありません。ただスウェーデン人として勉強してきたという記録はあるけれども、大学はどこかと聞かれれば、そういう感じです」という返事でした。だから、あまり単細胞的な卒業意識というのは、こだわらないですね。確かに、ラグビーとか野球で他の大学に負けたらしゃくにさわるし、こだわらなくちゃいけないけれどね。もちろん、人間としての愛校心は大切です。今や、時代が変わった。明大の校歌を歌えないような奴がいたって、しょうがないでしょう(笑)。

藤本　まだまだ、お聞きしたいことがたくさんありますが、先生、今日はありがとうございました。

一九九九年九月二日、松原湖高原(長野県小海町)近くの岡野加穂留先生の八ヶ岳「普連堂」山荘において

基本文献

第一章

有馬輝武「懐の深い政治家・村山総理」（『明治大学広報』三六七号、一九九四年）

村山首相の人物評である。社会党前議員事務局長として長年にわたって村山首相を隣で見てきた人の手によるものだけあって、味わいのある興味深い内容に満ちている。

第二章

金森和行『村山富市が語る天命の五六一日』（ＫＫベストセラーズ、一九九六年）

フリー・ジャーナリストの金森和行氏が村山富市元首相にインタビュー形式で村山首相の辞任、就任、政策転換、危機、外交、新党、天命について問うているもので、村山首相の基本的立場が鮮明に述べられており、村山政権の動向に関して最も信頼できる資料の一つである。なお、本書には付録として、村山首相の主な演説および村山内閣五六一日の歩みも記されており、便利である。

第三章

佐々木毅編『政治改革一八〇〇日の真実』（講談社、一九九九年）

海部内閣が選挙制度改革で総辞職する一九八九年から政治改革関連四法案が成立する一九九四年までの政治過程を、これに参加した様々な政治的アクター（自民党・社会党・その他の政党、連合、財界・民間政治臨調、マスメディアなど)に焦点を絞って分析したオムニバス形式の著作であり、政治改革の全体像をとらえるためには大変便利である。また、この著作の編者である佐々木東大教授自身が、民間政治臨調のリーダー的存在であったことも、別の意味で興味を惹かれる。

第四章

中野実『現代日本の政策過程』(東京大学出版会、一九九二年)

全三章で構成されており、そのうち第一章では、一九八五年の公的年金改正の政策過程を事例とし、各意志決定段階での政党間関係、政官関係、政治家の影響力や制度、手続きが、詳細に分析されている。さらに、自民党単独政権の下で構造化されてきた日本の政策過程が、アクターの影響力関係を基準に類型化されており、異なる政権枠組みや他国の政策過程との比較研究にも有益である。

第五章

内田雅敏『戦後補償を考える』(講談社、一九九四年)

日本が第二次世界大戦において行った行為について概観し、それに対する補償問題を考察したものである。筆者は、アジアに対する戦後補償が進んでいない理由として、日本人が、第二次世界大戦を、アメリカとの戦争という視点でしか認識せず、アジアとの戦争という視点を欠落させているからだと述べる。そして、他国、特にドイツの戦後補償を比較検討し、戦争被害者個人への補償の必要性を訴えている。

第六章

国土庁編『防災白書』(平成七―一一年版、大蔵省印刷局)

震災直後から復興までの村山政権の国および地方自治団体の全ての対応についてふれている。

特集「阪神・淡路大震災」（『立法と調査』上・下、一九九五年五、七月号、参議院事務局）

村山政権下の危機管理問題に関して国会の論議を中心に紹介し、あわせて震災後の復興に関する立法措置および危機管理の一般的な課題にもふれている。

第七章

富森叡児『凧は揚がらず—迷走する政治改革—』（朝日新聞社、一九九八年）

朝日新聞の政治部長、編集局長、常務などを歴任した著者が、一九九〇年代の日本の政治を保守合同の当時と対比させながら、政治改革を軸に政治家の戦略や度量、選挙、官僚、財界と連合、マス・メディア、無党派層、外交などの分野から立体的に分析している。書名中の「凧」というのは、一九九五年五月のころの梶山静六氏と小沢一郎氏の極秘会談における小沢氏の発言からとられた、氏の日本改造の夢のことである。

田中宗孝『政治改革六年の道程』（ぎょうせい、一九九七年）

一九八九年初めから一九九四年末までの六年間にわたる政治改革をめぐる論議の経過を、国会、行政関係、政党、新聞にわたって概観したものである。著者はこの間、自治省選挙課長、同選挙担当審議官、衆議院事務局における公職選挙法改正に関する調査特別委員会および政治改革に関する調査特別委員会を担当する調査室長を歴任した。本書は『選挙時報』に連載された論文を加筆・補正したものである。

第八章

宮澤信雄『水俣病事件四十年』（葦書房、一九九七年）

水俣病がすでに社会問題になっていた一九六八年にNHK熊本放送局に赴任して水俣病を初めて取材した著者

が、難病、奇病である水俣病の患者やその家族と接し、原因企業チッソからも、県、通産相、厚生省などからも、真剣に原因究明に取り組まれていない事実に憤慨し、真の原因究明のため様々な関係者と直接接触したり、自ら研究仲間に入り、苦闘する約三〇年間の自分史であり、告発の書であって、水俣事件の全貌が展開されている。

第九章

内田健三他『日本政治は蘇るか―同時進行分析』（日本放送出版協会、一九九七年）

村山政権の誕生から、第二次橋本政権までの政局を鳥瞰し、今後の日本政治の動きを導きだそうと試みる、八人の著者による討議形式の書物である。政治学の分野において第一級の研究者たちが、政党再編、世論の動きにまで目を配り、村山政権の誕生の経緯から、その意義に至るまでを考察している。この書物は、村山政権の研究を行うにあたって、価値あるものといえるであろう。

第一〇章

外務省条約局『条約集』（毎年発行）

本章のような政策中心のところでは、流動的なので各国間で結ばれた条約集を基本文献としてあげておきたい。これは毎年発行されているので、それを見ると、日本と東南アジア諸国とどのような条約が結ばれ、それに基づいてどのくらいの資金が動いているかが理解できるからである。もちろん東南アジアのみならず、世界中の動きがこの条約集で理解できることはいうまでもないことである。

第一一章

藤本一美・浅野一弘『日米首脳会談と政治過程―一九五一年～一九八三年―』（龍溪書舎、一九九四年）

戦後の日米関係を日米首脳会談に的をしぼってまとめたものである。とりあげられているのが、一九五一年から一九八三年までの三〇回の首脳会談だけという限界はあるものの、共同声明や、日米両国のマスコミ論調なども収録されており、資料集としても活用できる。

第一二章

草野厚『連立政権・日本の政治　一九九三〜』(文藝春秋、一九九六年)

「平和・安全保障」政策の推移などの主要政策が、連立政権下でどのように扱われたかを知るうえで、きわめて貴重な文献の一つである。これに、進藤榮一著『敗戦の逆説—戦後日本はどうつくられたか』(筑摩書房、一九九九年)や、内山秀夫著『政治は途方に暮れている—その理念と現実』(日本放送出版協会、一九九四年)などを組み合わせるなら、村山政権における「安保の〝堅持論〟もしくは「苦渋の選択」の巨大な陥穽が浮上してくるはずだ。

あとがき

西暦二〇〇〇年三月をもって、前明治大学学長の岡野加穂留先生は明治大学を定年・退職された。そこで、その学恩への感謝の意をこめて、明治大学の教え子、後輩および関係者が中心となって、岡野先生に著作を献呈することになった。本書は、そのシリーズ全三巻のうちの第一巻である。

私たちは、五年ほど前から「駿河台政治研究会」（会長・岡野加穂留）を主催して、政治学のいわゆる〈臨床的研究〉を進めてきた。そして一九九九年三月二〇日には、元総理大臣の村山富市衆議院議員をゲストとしてお迎えして、研究会を行った。本書は、その時の所産でもある。村山元首相の首相時代の話を基本的参考資料としながら、駿河台政治研究会のメンバーが中心となり、その後数回の研究会・合宿を重ねて出来上がった成果が本書、つまり『村山政権とデモクラシーの危機――臨床政治学的分析』である。

周知のように、村山政権は、政策が大きく違う自民党と社会党が連立を組んだ点といい、また、第一党の自民党がその三分の一の勢力の社会党の首相を担いだ点といい、連立時代の過渡的色彩を色濃くもった政権であった。それだけに、村山首相は、連立政権の運営に大変苦労されたと聞く。

実際、政権の座につくやいなや、村山首相は、自衛隊の合憲、日米安保体制の堅持、非武装中立政策の破棄、日の丸・君が代の国旗・国歌化、などといった社会党の基本的政策の転換を余儀なくされた。しかしその一方で、被爆者援護法の制定や、従軍慰安婦問題、水俣病補償、戦後五〇年の決議などにみられるように、第二次大戦以降そのままにされてきた懸案事項に一応の決着をつけたといってよい。その決着内容の是非は別としても、村山首相――内閣が長年にわたる「保守対革新」の対立点のいくつかを解消したという点では、戦後日本の政治の中で一定の成果をあげたことは誰しも否定できない事実である。

本書は、以上のような目的と認識に立って、一九九四年六月に発足しそして一九九六年一月に退陣した村山政権につい て、これを多角的な側面から「臨床政治学的」手法により、総合的に分析・解説したものである。村山政権については、今後関係者の証言を含めて、より実証的な研究が出版されると思われる。本書には多くの制約条件があるものの、現時点での研究成果の一端として今後の研究の露払いの役割を果たせれば十分であると考えている。多くの読者の批判を賜われば幸いである。

なお、本書の第二部「村山政権発足の意義——村山富市元首相をかこむ座談会」および第三部「戦後デモクラシーを語る——岡野加穂留先生に聞く」のテープおこしについては、それぞれ専修大学図書館の池田美智代さんと国立国会図書館調査局の濱賀祐子さんの手をわずらわした。ここに記して御礼を申し上げたい。また、最後になるが、本書の出版については、株式会社東信堂のお世話になった。同社社長の下田勝司氏には厚く御礼を申し上げたい。

二〇〇〇年八月

藤本　一美

人名索引

事項索引

池田　美智代（いけだ　みちよ）
2000年、東海大学大学院政治学研究科博士前期課程修了。
現在、専修大学図書館勤務。

伊藤　重行（いとう　しげゆき）
1973年、明治大学大学院政治経済学研究科博士課程修了。経済学博士（九州大学）
現在、九州産業大学経営学部国際経営学科教授・同大学院教授
〔主要著作論文〕
『システム哲学序説』（勁草書房、1988年）、『アジア・太平洋関係論』（あきつ出版、1993年）、『日本からの新しい文明の波』（勁草書房、1995年）、『システム ポリティックス』（勁草書房、1995年）、"Self– Organizing Leadership In Japanese Management," *CYBERNETICA*, Vol. 36, No. 2, 1993, Belgin; "Russian Images of Today in Japan," *JOURNAL OF FUTURES STUDIES*, Vol. 4, No. 1, 1999, Taiwan

浅野　一弘（あさの　かずひろ）
1997年、明治大学大学院政治経済学研究科博士後期課程単位取得退学。
現在、明治大学政治経済学部、フェリス女学院大学文学部非常勤講師
〔主要著作論文〕
『ジャパンプロブレムin　USA』（共著、三省堂、1992年）、『日米首脳会談と政治過程―1951年～1983年―』（共著、龍渓書社、1994年）、『名著に学ぶ国際関係論』（共著、有斐閣、1999年）、『日米首脳会談と「現代政治」』（同文館、2000年）

進藤　榮一（しんどう　えいいち）
1968年、京都大学大学院法学研究科修了。法学博士（京都大学）。
現在、筑波大学教授。日本公共政策学会副会長、21世紀政策構想フォーラム代表理事。
〔主要著作論文〕
『現代アメリカ外交序説』（創文社、1974年）、『現代紛争の構造』（1987年）、『現代の軍拡構造』（1988年）、『アメリカ黄昏の帝国』（1994年）、『戦後の原像』（1999年）、『芦田均日記』（共編、1985年）以上岩波書店。『非極の世界像』（1988年）、『ポストペレストロイカの世界像』（1991年）、『敗戦の逆説』（1999年）以上筑摩書房。『地殻変動の世界像』（時事通信社、1992年）、『アジア経済危機を読み解く』（日本経済評論社、1999年）

執筆者紹介

岡野加穂留（おかの　かおる）
編者紹介参照。

藤本　一美（ふじもと　かずみ）
編者紹介参照。

大六野　耕作（だいろくの　こうさく）
1982年、明治大学大学院政治経済学研究科博士後期課程単位取得退学。
現在、明治大学政治経済学部教授、大東文化大学法学部兼任講師。
〔主要著作論文〕
『戦後世代の価値観変化と行動様式の変容』（共著、ＮＩＲＡ、1988年）、『福祉社会の未来構造論』（共著、人間の科学社、1988年）、『ジャパンプロブレムin USA』（共著、三省堂、1992年）「ＮＰＯ法成立の意義と課題」（共著、『NIRA　REPORT』vol.12, no.2、1999年）、『憲法政治』（共著、敬文堂、1996年）、『グローバル・ポリティクス』（単訳、人間の科学社、1992年）、『世界都市の論理』（共訳、鹿島出版会、1996年）

濱賀祐子（はまが　ゆうこ）
1996年、明治学院大学大学院法学研究科博士課程前期課程修了。
現在、明治学院大学大学院博士後期課程在籍、国立国会図書館調査及び立法考査局非常勤。
〔主要著作論文〕
「婦人労働政策の政治過程―1985年雇用機会均等法の立法過程を事例として」（『法学ジャーナル』14号、1999年）、「被爆者援護法の政策過程」（『法学ジャーナル』15号、2000年）

菅野　淳（かんの　あつし）
2000年、専修大学大学院法学研究科修士課程修了。
現在、専修大学大学院法学研究科研究生。
〔主要著作論文〕
「米国政治における〔リバタリアリズム〕」（『比較政治学とデモクラシーの限界―臨床政治学の展開』、近刊、東信堂）

宮脇　岑生（みやわき　みねを）
1965年、立教大学法学部卒業。
現在、遼寧大学外国語学院客員教授。
〔主要著作論文〕
「アメリカの国家戦略と東アジア安全保障戦略」（『ポスト冷戦期の環太平洋の安全保障』、共著、三嶺書房、1999年）、「危機管理の概念とわが国の対応」（『危機管理』第8号、2000年3月号）

田村　浩志（たむら　ひろし）
1990年、明治大学大学院政治経済学研究科博士後期課程単位取得退学。
現在、道都大学社会福祉学部助教授。
〔主要著作論文〕
「代表とデモクラシー」（『明治大学大学院紀要』27、1990年）、「立憲主義と現代日本の政治」（『道都大学紀要』20、1997年）

宮下　輝雄（みやした　てるお）
1967年、明治大学大学院政治経済学研究科博士課程修了。
現在、創価大学法学部教授、明治大学政治経済学部兼任講師。
〔主要著作論文〕
『ジョン・ロック研究』（共著、御茶の水書房、1988年）、『人間社会の知の総合』（共著、第三文明社、1996年）、J・W・ガフ『ジョン・ロックの政治哲学』（単訳、人間の科学社、1976年）、アラン・R・ボール／フランシス・ミラード『圧力団体政治―東西主要国の比較分析』（監訳、三嶺書房、1997年）

監修・編者紹介

岡野　加穂留（おかの　かおる）

1955年、明治大学経済学部政治学科卒業。同大学院修了。

ジョンズ・ホプキンス大学ＳＡＩＳ大学院、ストックホルム大学ＣＰＡＳ大学院各客員教授、ワシントン外交調査センター特別研究員、内閣総理大臣外政問題懇談会委員、文部省大学設置学校法人審議会委員、大学基準協会副会長・理事、21世紀フォーラム第1期国内委員、明治大学教授・政治経済学部長・水泳部長・ラグビー部長・学長・理事兼評議員、東京経済大学理事等歴任。

現在、明治大学名誉教授、日中学術交流機構代表理事、スウェーデン社会研究所理事、大学セミナー・ハウス理事。

〔主要著作論文〕

『光りの国とやみの国』（経済往来社、1976年）、『政治風土論』（現代評論社、1978年）、『政治の舞台』（ぎょうせい、1978年）、『政治改革』（東洋経済新報社、1990年）、『知的野蛮人のすすめ』（講談社、1993年）、『日本国にもの申す』（東洋経済新報社、1994年）、『世界の議会』（編著、ぎょうせい、全12巻、1985年）

編者紹介

藤本　一美（ふじもと　かずみ）

1973年、明治大学大学院政治経済学研究科博士課程修了。

現在、専修大学法学部教授、都立大学法学部兼任講師。

〔主要著作論文〕

『アメリカ近代政党の形成』（御茶の水書房、1981年）、『アメリカの政党と政党再編成』（勁草書房、1988年）、『国会の再生』（東信堂、1989年）、『現代アメリカの政治改革』（彩流社、1991年）、『海部政権と政治改革』（龍渓書舎、1992年）、『アメリカ政治の変革』（第三文明社、1993年）、『解散の政治学』（第三文明社、1996年）、『米国議会と大統領選挙』（同文館、1997年）、『アメリカの政治資金』（勁草書房、1999年）、『戦後政治の争点』（専修大学出版局、2000年）

現代臨床政治学叢書１

村山政権とデモクラシーの危機――臨床政治学的分析

2000年10月15日　　初　刷第１刷発行　　〔検印省略〕

＊定価はカバーに表示してあります

編者 ©岡野加穂留・藤本一美／発行者　下田勝司　　印刷・製本　中央精版印刷

東京都文京区向丘1-5-1　振替00110-6-37828　　発行所

〒113-0023　TEL (03) 3818-5521　FAX (03) 3818-5514　　株式会社 東　信　堂

E-Mail　tk203444@fsinet.or.jp

Published by TOSHINDO PUBLISHING CO., LTD.

1-5-1, Mukougaoka, Bunkyo-ku, Tokyo, 113-0023, Japan

ISBN4-88713-376-6　C3031　¥4200E